KB066269

우루무치烏魯木齊
신장웨이우얼자치구
新疆維吾爾自治區
둔황敦煌
칭하이성青海省
시닝西寧
간쑤성
시짱자치구西藏自治區
창두昌都
라싸拉薩
쓰촨성四川省
청두
판즈화攀枝花
취징曲靖
바오산保山
쿤밍昆明
윈난성雲南省

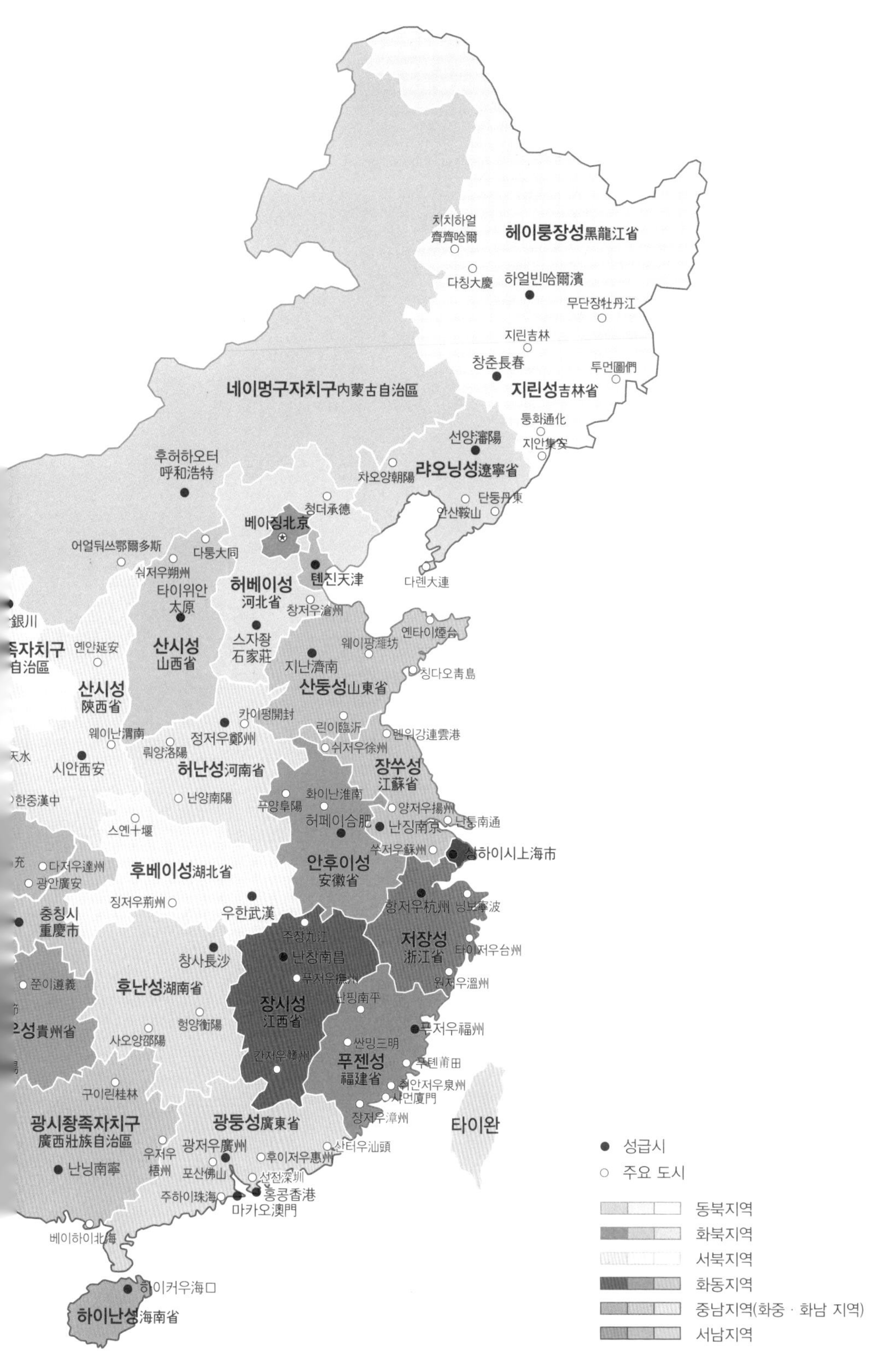

헤이룽장성黑龍江省
치치하얼
齊齊哈爾
다칭大慶
하얼빈哈爾濱
무단장牡丹江
지린吉林
창춘長春
투먼圖們
지린성吉林省
네이멍구자치구內蒙古自治區
퉁화通化
지안集安
선양瀋陽
랴오닝성遼寧省
차오양朝陽
단둥丹東
안산鞍山
다롄大連
후허하오터
呼和浩特
청더承德
베이징北京
어얼둬쓰鄂爾多斯
다퉁大同
숴저우朔州
톈진天津
타이위안
太原
허베이성
河北省
창저우滄州
스자좡
石家莊
산시성
山西省
옌안延安
옌타이煙台
웨이팡濰坊
지난濟南
칭다오青島
산둥성山東省
산시성
陝西省
카이펑開封
정저우鄭州
린이臨沂
롄윈강連雲港
웨이난渭南
뤄양洛陽
시안西安
쉬저우徐州
허난성河南省
장쑤성
江蘇省
난양南陽
화이난淮南
푸양阜陽
양저우揚州
허페이合肥
난징南京
난퉁南通
한중漢中
스옌十堰
쑤저우蘇州
상하이시上海市
다저우達州
광안廣安
후베이성湖北省
안후이성
安徽省
징저우荊州
우한武漢
항저우杭州
닝보寧波
충칭시
重慶市
주장九江
난창南昌
저장성
浙江省
타이저우台州
창사長沙
푸저우撫州
원저우溫州
쭌이遵義
후난성湖南省
장시성
江西省
난핑南平
헝양衡陽
구이저우성貴州省
사오양邵陽
싼밍三明
푸저우福州
간저우贛州
푸젠성
福建省
푸톈莆田
구이린桂林
취안저우泉州
샤먼廈門
장저우漳州
광시좡족자치구
廣西壯族自治區
광둥성廣東省
타이완
우저우
梧州
광저우廣州
후이저우惠州
산터우汕頭
난닝南寧
포산佛山
선전深圳
주하이珠海
홍콩香港
마카오澳門
베이하이北海
하이커우海口
하이난성海南省
성급시
주요 도시
동북지역
화북지역
서북지역
화동지역
중남지역(화중 · 화남 지역)
서남지역

일러두기

1 인명이나 지명 등 고유명사의 중국어 표기는 국립국어원의 외래어표기법에 따랐다. 예컨대 毛澤東은 '마오쩌둥毛澤東'으로, '浙江省'은 '저장성浙江省'으로, '深圳'은 '선전深圳'으로 표기했다. 단, 몇 가지 다른 방식이 적용된 부분도 있는데, 다음과 같다.

① 중국 지역을 크게 나누는 '華北', '東北', '華東', '華中', '華南', '西南', '西北'은 '화베이', '둥베이', '화둥', '화중', '화난', '시난', '시베이'와 같은 중국어 발음 표기가 아니라 우리식 한자 발음을 그대로 표기했다.

② 지역 이름과 행정구역 단위가 같이 표기될 경우, 예컨대 北京市, 寶安區, 小崗村은 전체 단어를 중국어 발음(베이징스, 바오안취, 샤오강춘)으로 표기하지 않고 '중국어 발음+우리식 한자 발음'(베이징시, 바오안구, 샤오강촌)으로 표기했다.

③ 고유명사라고 하더라도 한국인에게 익숙한 단어는 우리식 한자음으로 달았다. 예컨대, 『人民日報』는 『런민르바오』가 아닌 『인민일보』로, 單位는 '단웨이'가 아닌 '단위'로 표기했다.

2 한자 표기는 본문의 경우에 번체를, 미주와 참고문헌의 경우에는 번체든 간체든 필자의 표기 방식을 따랐다. 본문에서 특별히 번체로 표기한 까닭은 독자들이 읽기 편하게 하려는 목적이고, 미주와 참고문헌의 경우에는 서지 사항이라는 점을 감안했기 때문이다.

도시로 읽는 현대중국 2

| 개혁기 |

도시로 읽는 현대중국 **2** —개혁기

초판 1쇄 인쇄 2017년 12월 21일
초판 1쇄 발행 2017년 12월 30일

엮은이 박철현
펴낸이 정순구
책임편집 정윤경 조수정
기획편집 조원식
마케팅 황주영

출력 블루엔
용지 한서지업사
인쇄 한영문화사
제본 한영제책사

펴낸곳 (주) 역사비평사
등록 제300-2007-139호 (2007.9.20)
주소 10497 : 경기도 고양시 덕양구 화중로 100(비젼타워21) 506호
전화 02-741-6123~5
팩스 02-741-6126
홈페이지 www.yukbi.com
이메일 yukbi88@naver.com

ISBN 978-89-7696-432-8 94300
ISBN 978-89-7696-430-4 (set)

이 책은 한국출판문화산업진흥원 2017년 우수출판콘텐츠 제작 지원 사업 선정작입니다.

도시로 읽는 현대중국 2

| 개혁기 |

박철현 엮음

역사비평사

차례 | 도시로 읽는 현대중국 1– 사회주의 시기

머리말

최근 중국 베이징에서는 농민공農民工 밀집 거주 지역의 화재 사건으로 촉발된 이른바 '저단인구低端人口' 강제 축출 작업이 대대적으로 진행되고 있다. 들려오는 소식으로는 축출된 농민공이 10만 명에 달한다고 한다. 베이징 전체에 이런 농민공은 얼마나 될까? 2014년 통계로 베이징 전체 상주인구는 2,151만 명이고 그중 '외래인구外來人口'는 818만 명이다. 이 외래인구 중 절대다수는 농민공이다. 이들 농민공은 보험, 주택, 교육, 의료 등 주민으로서의 기본적인 권리를 온전히 누리지 못하고 있다. 이유는 딱 하나다. 바로 이들이 베이징호구 소지자가 아니기 때문이다. 같은 주민이면서 단지 베이징호구 소지자가 아니라는 이유로 기본적인 권리를 온전히 누리지 못하게 된 이유가 뭘까? 그리고 왜 이들은 기본적인 권리도 누리지 못하는데 베이징으로 몰려들었을까? 아니, 그보다 왜 이들은 베이징에서 강제 축출되고 있는 것일까?

이런 의문의 중심에는 바로 '도시(城市)'가 있다. 『도시로 읽는 현대중국』은 바로 중국 '도시'의 문제를 다룬다. 좀 더 정확하게는, '도시'라는 렌즈로

1949년 이후 중국의 역사를 읽으려고 한다.

1992년 한중수교가 이뤄진 후 급속히 늘어난 관심을 배경으로, 국내에서는 공산당, 정부, 사상, 정치운동, 계급, 기업, 민족, 문화 등의 틀로 현대중국을 이해하려는 시도들이 있었고, 그에 상응하는 많은 성과도 거두었다. 하지만 이러한 분석 틀 외에도 이 책 『도시로 읽는 현대중국』은 '도시'라는 렌즈를 통해 이 거대하고 복잡한 나라를 읽어내는 방법 또한 있다고 독자들에게 제안한다.

앞서 말한 농민공 강제 축출 사건과 같은 중국 사회의 기층을 이해하기 위해서만이 아니라, 공산당과 국가라는 상층의 움직임을 이해하기 위해서도 '도시'는 매우 유용한 키워드이다. 한 가지 예를 들어보자. 중국공산당은 '도시공작(城市工作)'을 중시하여 건국 이후 1962년, 1963년, 1978년 3차례의 '전국全國도시공작회의'를 개최했다. 그런데 그 이후 37년 만인 2015년에 '중앙中央도시공작회의'를 개최한다. 이는 무엇을 의미하는가? 이제 '도시공작'을 국방이나 외교처럼 중국공산당 '중앙'이 직접 챙기지 않으면 안 될 중요한 문제로 인식하기 시작했다는 뜻이다. 또한 2015년 '중앙도시공작회의'는 '중앙경제공작회의中央經濟工作會議'와 함께 개최되었다는 점도 중요하다. 당시 국가주석을 포함한 중국공산당 정치국 상무위원회 7명 전원이 두 회의를 공동으로 개최했다는 것은, 중국 최고지도부가 도시의 문제를 경제의 문제와 동일한 비중으로 다루기 시작했음을 의미한다. 도시가 국방, 외교, 경제의 문제와 비슷한 반열에 오른 것이다.

중요한 것은 이러한 개혁기의 '도시문제'를 제대로 이해하기 위해서는 사회주의 시기에 대한 이해가 반드시 선행되어야 한다는 사실이다. '농민공 강제 축출' 사건의 사회적·구조적 원인을 근본에서부터 이해하기 위해서는 건국 초기인 1950년대에 신생국가 중화인민공화국이 국내외적으로 어떠한 정치·사회·경제 상황에 처해 있었는지 파악해야만 한다. 또한 1960년대, 70년대 중국의 노동자 주택은 어떻게 건설되었으며, 도농이원구조가 내지 농촌과 연변 조선족 청년들의 '마음'과 '이동'에 어떤 영향을 미쳤는지, 당과 국가는 사회주의 도시를 어떻게 디자인하려 했는지, 경제특구 선전을 능가하는 '사회주의 버전 초고속 도시화'는 어떻게 가능했는지 이해하지 않고는 개혁기 도시를 제대로 이해할 수 없다. 요컨대 개혁기(1978년~)가 사회주의 시기보다 훨씬 더 길어진 지 이미 오래지만, 사회주의 시기 중국 도시의 경험이 남긴 유산은 지금까지도 살아 있다는 말이다. 이에 더해 '중심'뿐 아니라 '주변'에도 주목하여 식민도시 경험을 가진 홍콩과, 북한과 접한 변경도시 연변에 관한 글을 추가했다. 이를 통해 '본토/내지'가 아닌 도시들에서 국제대도시 담론 극복을 위한 풀뿌리 도시권 운동과 격동의 현대사를 배경으로 북중 '국경을 가로지르는 소속의 정치'를 보여줌으로써 현대중국 도시에 대한 이해의 지평선을 확장하고자 했다.

『도시로 읽는 현대중국』은 이러한 복잡다단한 문제들을 읽어내는 '도시'라는 렌즈를 제공하고자 한다. 가장 기본적인 질문부터 해보자. 우리가 중국 도시를 알아야 할 이유는 무엇인가? 답은 간단하다. 사회주의 시기 중국 도시 경험과 도시화는 세계 어디에서도 찾아볼 수 없는 매우 독특한 사례이며, 특히 개혁기 도시화는 인류 역사상 유례없는 속도와 규모로 진행되었기 때문이다. 예를 들어, 2011~2013년 사이 중국이 사용한 시멘트의 양은 미국이 20세기의 백 년 동안 사용한 양보다 더 많다. 1978년 이후 지금까지 매년 평균 1,000만 명 이상의 농민이 도시로 이주했으며, 현재 중국 전체 농민공의 숫자는 2억 7,000만 명이다. 2017년 11월 11일 '광군제光棍節'(중국판 블랙프라

이데이) 단 하루 동안 중국 온라인 쇼핑몰 알리바바의 매출액은 28조 원이었다. 도시와 농촌을 가리지 않고 중국 전역에서 온라인 주문과 배송이 이뤄졌다. 이렇게 도시적 라이프 스타일이 광대한 중국 농촌까지 확산되는 현실을 '행성적 도시화(planetary urbanization)'라고 할 수 있지 않을까? 이 급속한 도시화가 사회, 경제, 자연에 끼친 영향력이 단지 중국 국내에만 머무르겠는가?

『도시로 읽는 현대중국』은 위에서 제기한 다양한 문제들에 답하기 위해 사회주의 시기와 개혁기의 중국을 (불)연속적으로 인식하면서, 기층과 상층의 정치·경제·사회·문화의 여러 측면을 '도시'라는 렌즈로 읽어낸다.

흔히 '머리말'에서는 책의 내용을 간략하게 소개하는데, 『도시로 읽는 현대중국』은 독자들이 현대중국을 이해하기 위해 사용할 수 있는 렌즈를 자임하는 만큼, 이 책의 글들을 '매칭'해서 읽는 법을 제시하고자 한다. 대부분의 독자들은 이 책에 나오는 중국 도시들과 지역들의 위치는 물론 주제도 낯설 것이다. 두 권의 책은 편의상 사회주의 시기(1권)와 개혁기(2권)로 나누고 각각에서 상호 관련성이 높은 글들을 묶어 부部 체제로 편제했다. 그런데 앞서 말했듯이 사회주의 시기와 개혁기에 (불)연속적으로 접근하는 편이 중국을 더 잘 이해하는 방법이 될 수도 있다. 따라서 두 권의 책을 관통하는 상호 관련성에 따라 특정 글들을 함께 읽는 것도 좋은 방법이다. 그런 의미에서 글이 배치된 순서대로 읽는 방법과는 별개로, 이 책 1, 2권에 실린 총 25편의 글을 '매칭'시켜 읽는 또 다른 두 가지 방법을 제시하고자 한다(표시는 각 글의 필자명과 시작 쪽수).

첫째, 도시나 지역별로 매칭할 수 있다.

- 베이징: 이원준(1권 14쪽), 박경석(1권 38쪽) 박상수(1권 114쪽), 구소영(1권

149쪽)

- 상하이: 김승욱(1권 68쪽), 김도경(2권 152쪽)
- 광둥: 윤종석(2권 44쪽), 신현방(2권 176쪽), 조문영(2권 246쪽), 정규식(2권 287쪽)
- 동북: 한지현(1권 90쪽), 김재은(1권 212쪽), 박철현(2권 325쪽)
- 서남: 이현태(1권 172쪽)

둘째, 더 다양하게는 주제별로 매칭할 수 있다.

- 국유기업 노동자, 농민공, 노동 체제, 사회주의 노동자: 한지현(1권 90쪽), 박자영(1권 266쪽), 조문영(2권 246쪽), 정규식(2권 287쪽)
- 노동자 주택, 게이티드 커뮤니티, 주택제도 개혁: 김승욱(1권 68쪽), 김도경(2권 152쪽), 이성호·이승욱(2권 346쪽)
- 자본의 도시, 토지 사유화, 불평등: 신현방(2권 176쪽), 조성찬(2권 194쪽), 이성호·이승욱(2권 346쪽)
- 도시화 전반, 이민도시, 신형도시화, 사회주의 도시화: 이현태(1권 172쪽), 박인성(2권 16쪽), 윤종석(2권 44쪽), 박철현(2권 79쪽)
- 도농 문제, 성중촌: 김재은(1권 212쪽), 성근제(1권 241쪽), 이선화(2권 386쪽), 장호준(2권 422쪽)
- 축적의 메커니즘: 하남석(1권 190쪽), 신현방(2권 176쪽)
- 공산당과 도시, 국가와 도시, 사회주의 도시 실험: 이원준(1권 14쪽), 박경석(1권 38쪽), 박상수(1권 114쪽), 구소영(1권 149쪽), 이현태(1권 172쪽)
- 이동과 경계, 네트워크: 김재은(1권 212쪽), 이선화(2권 386쪽)

- 청년: 김재은(1권 212쪽), 성근제(1권 241쪽), 장정아(2권 112쪽), 조문영(2권 246쪽)
- 시민권, 도시권: 박철현(2권 79쪽), 장정아(2권 112쪽), 신현방(2권 176쪽), 조문영(2권 246쪽)
- 변경도시: 김재은(1권 212쪽)
- 저항운동: 장정아(2권 112쪽)

『도시로 읽는 현대중국』이 두 권의 책으로 나오기까지 너무나 많은 분의 노력과 도움이 있었다. 먼저 잦고 번거로운 엮은이의 요구 사항에 진지하게 응해주시고 귀중한 글을 기꺼이 보내주신 필자들에게 고마움을 표한다. 다음으로 '중국 도시'라는 낯선 주제로 25편이나 되는 글들을 두 권으로 내자고 했던 엮은이의 제안을 흔쾌히 받아주시고, 한국출판문화산업진흥원의 '2017년 우수출판콘텐츠 제작 지원 사업'에 신청하여 지원을 받을 수 있도록 애써주신 역사비평사 정순구 대표님께 감사드린다. 그리고 중국, 북미, 유럽, 서울, 지방 등에 흩어져 있는 필자들에게 엮은이를 대신해 수고스런 연락을 하고 개별 필자들의 글이 매끄럽게 읽힐 수 있도록 윤문 조언까지 해주신 역사비평사 편집부 조수정, 정윤경 선생님께도 감사를 드린다. 이 두 권의 책이 현대중국을 읽을 수 있는 좋은 렌즈가 되기를 바란다.

2017년 11월

엮은이 박철현

中國都市

도시로 읽는 현대중국 2

1부 | 도시화, 신형도시화

도시화를 통해 본 개혁기 중국

박인성

1. 도시화란 창문으로 중국 들여다보기

중국을 제대로 알아야 대처할 수 있다고 한다. 맞는 말이다. 마땅히 그렇게 해야 한다. 그런데 그게 쉬운 일이 아니다. 우선, 광활한 국토와 14억에 달하는 인구를 보유한 대국大國이고, 장구한 역사를 거쳐오면서 각 지역별로 자연환경, 민족, 문화, 사회 풍습, 정치·경제 제도 등의 차이가 매우 크기 때문이다. 게다가 근대 이후 반봉건 체제에서 사회주의 체제로, 그리고 다시 '중국 특색의 사회주의 체제'로 전환 중에 있고, 최근에는 개혁·개방 이후 이룩한 양적 성장의 바탕 위에서 경제정책 기조를 중저속 성장으로 변속하는 '신상태新常態(New Normal)'로 전환했다. 그뿐 아니라 밖으로는 '육상 및 해상 신실크로드(一帶一路)' 건설과 해외 특구 건설 등을 추진하고 있으며, 그 과정에서 수많은 문제가 복잡하게 얽혀 있기 때문에 중국을 파악하는 일은 결코 간단치 않다. 이 글에서는 중국을 제대로 알기 위한 노력의 하나로, 1978년 중국공산당(이하 '중공')이 개혁·개방을 공표한 이후 진행된 '도시화' 진행 과정을 농촌과 도시, 농업과 비농업(공업과 서비스업), 농민과 시민 간의 관계라는 관점에서 주요 변화 동향과 문제 중심으로 분석, 고찰하고자 한다.

도시화(城鎭化)란 농업을 주생산력으로 하던 사회에 근대 공업이 출현하고 발전·확산되면서 농업인구가 비농업인구로 전이되고, 이들을 수용하는 공간 구조도 상응하게 바뀌는 과정을 가리킨다. 도시는 인류가 사회와 국가를 이루고 살기 시작한 고대 농경사회 이래 통치 권력과 상업·수공업의 중심지로 존재해왔으나, 상술한 바와 같은 관점으로 '도시화'를 보기 시작한 것은 산업혁명 이후 급속히 진행된 공업화 과정에서 농촌 인구가 공업도시로 집중하는 현상이 나타난 후부터라고 할 수 있다. 이 과정에서 산업 측면에서는 공업과 서비스업의 확대 발전과 농업 비중의 감소, 토지이용 측면에서는 비농업용 도시형 토지의 이용 증가와 시가화市街化 지구의 확대, 그리고 기반시설, 공공서비스, 환경, 문화 등의 공급과 소비 영역에서 도시와 농촌 간 차이 확대가 나타났다.

개혁기 중국 사회의 각 분야에서 돌출된 현황과 문제를 명확하게 이해하기 위해서는, 개혁·개방의 원인과 배경이 되었던 개혁기 이전 시기의 상황과 문제에 대한 심층적 고찰이 필요하다. 그래서 이 글에서는 개혁기 중국의 도시화 동력과 특징을 개혁·개방 이전 지령성 계획경제체제하의 관련 상황과 비교 분석·종합하는 방법으로 고찰했다.

2. 개혁·개방 이전의 도시화 특징

개혁·개방 이전 시기에는 중국의 도시화 속도가 매우 느렸고, 심지어 총

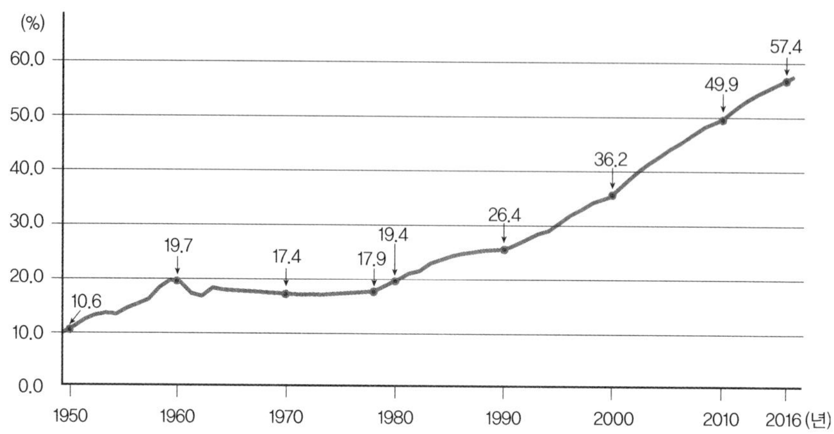

〈그림 1〉 중국 도시화율 추이(1949~2016)

1949년 건국 이후 중국의 도시화율은 개혁·개방 이전 시기 29년간 7.3% 증가했으나, 개혁·개방 이후 38년간 39.5% 증가했다.

* 출처: 중국 국가통계국(http://www.stats.gov.cn/)

인구 중 도시인구의 비중이 감소하는 역방향 도시화 현상도 나타났다. 1949년 10월, 중공 정권 출범 당시에 중국의 도시화율은 10.6%에 지나지 않았다. 다시 말해 그 무렵 중국 인구의 90%에 달하는 인구가 농민이었다. 개혁·개방이 선언된 1978년 말에는 도시화율이 17.9%였다. 그러나 〈그림 1〉에서 보듯 개혁·개방 이후에는 도시화 속도가 가속화되면서 2016년 도시화율은 57.4%에 달했다. 도시화율의 연평균 증가 속도를 비교해보면 개혁 이전 29년간은 0.25%이고, 개혁기 38년간은 1.04%로 4배 이상 차이가 난다. 개혁·개방 이전에 도시화가 이처럼 정체되었던 이유는 무엇일까?

개혁기 이전, 중국공산당중앙위원회(이하 '중공중앙')의 정책 기조는 중공업 위주의 부국강병 추구였으며, 이를 위해서 인민들에게 '선생산 후생활先生産後生活', 즉 자원과 노동을 생산 부문에 집중시키고 생활 부문의 문제는 참고

견딜 것을 요구했다. 또한 기존의 도시를 소비도시로 규정하고, 생산도시로 바꾸는 것을 핵심 정책 과제로 삼아 공업도시 건설을 우선적으로 추진했다. 이에 따라 자본집약형 중공업에 편중하여 공업을 발전시킴으로써 소비재 생산을 담당하는 경공업은 정책 및 투자 우선순위에서 뒤로 밀렸다. 요컨대 경제 효율보다는 사회주의적 집체화와 균형, 그리고 국방 관점을 중시했으며, 반면에 시장 요소와 서비스업은 '자본주의의 꼬리'로 간주하여 고용 창출 효과가 큰 개인 상공업과 서비스업을 엄격하게 통제하고 금지했다. 그 결과 도시 내에서 노동력 수요와 일자리가 감소했고, 실업 문제가 돌출되었으며, 도시경제와 함께 전국 경제도 침체되었다. 또한 계획경제에 따른 공상업공유제工商業公有制가 실시됨에 따라, 도시에서 상품 교역과 시장 유통 기능이 점차 쇠퇴했다. 이처럼 시장경제적 원리가 경시되고 행정이 경제를 주도하면서, 도시 간 경제적 연계가 행정 기능상의 연계로 대체되었고, 전통적인 도시경제 기능은 점차 사라지거나 기형적으로 변했다.

이 시기에 "농민 속으로" 등의 구호를 내걸고 도시의 지식 청년 등 젊은 노동력을 농촌과 산촌, 변방 지구로 하방下放했다. 그러나 하방을 실시한 실제 이유는 도시 내 청년 실업 문제의 해결과 농촌 노동력의 확보를 위해서였다. 이러한 정책의 제도적 기초는 농촌과 도시의 호구를 구분하고 인민공사 생산대生産隊 등 소속 단위별로 배급제를 시행한 호적제도였다. 호적제도는 공업화 추진의 소요 자금을 농업 잉여로부터 축적하기 위해 농업 노동력이 농촌에서 이탈하지 못하도록 통제해야 할 필요도 있었기 때문에 실시된 측면이 있다.[1] 따라서 이 시기 도시화 진행 속도는 매우 느렸으며, 특히 '문화대혁명'이라 불린 시기(1966~1976)에는 도시화율이 감소하는 역도시화 현상이 나타나기도 했다.

한편, 국토 및 지역 개발 정책의 측면에서는 국방과 균형 발전을 중시하여 주요 생산시설 건설을 중·서부 내륙 지구에 집중시키는 '삼선三線 건설' 전략이 추진되었다. 삼선이란 미국·소련과의 관계가 악화되자 전쟁이 불가피하다고 판단한 마오쩌둥毛澤東이 전국을 전쟁 발발 시 전후방 개념으로 1선, 2선, 3선 지구로 구분한 개념이다. 1선 지구가 최전방이고, 3선 지구가 상대적으로 가장 안전한 후방 지역이다. 이 전략에 따라 중·서부 내륙 지구에 칭하이성青海省 시닝西寧, 간쑤성甘肅省 란저우蘭州, 쓰촨성四川省 청두成都, 산시성陝西省의 바오지寶雞와 한중漢中, 후베이성湖北省 스옌十堰 등의 도시가 발전했다. 이 시기에 중국의 도시 부문에서 발생한 중요한 변화는 다음과 같다.

첫째, 도시 본래의 기능인 행정 기능 중심 도시가 발전했다. 이를 행정 중심 층차별로 보면, ① 각 성省정부는 재정 확보를 위해 지급시地級市 주변에 강철·기계·화공 등의 공업 시설과 연관 생산 및 배후 주거지를 건설했다. ② 지구 중심인 지급시는 관할 각 구區와 현縣, 현급시縣級市로 구성된다. ③ 현縣

Note | 지급시와 현급시

중국의 행정구역 층차 중 '지급시地級市'란 원래 '지구地區'에서 개편된 시市라는 의미이다. 예컨대, 산둥성의 옌타이시煙台市, 웨이팡시濰坊市, 지닝시濟寧市는 원래 각각 옌타이 지구, 웨이팡濰坊 지구, 지닝濟寧 지구였는데, 이들 지구를 1983년에 지급시로 개편한 것이다. 한편, 현급시縣級市는 '구區'와 같은 층차로, 지급시에 포함·구성된다. 산둥성 칭다오시青島市를 예로 들어보면, 7개 구(스난구市南區, 스베이구市北區, 쓰팡구四方區, 리창구李滄區, 라오산구嶗山區, 청양구城陽區, 황다오개발구黃島開發區)와 5개 현급시(지모시即墨市, 라이시시萊西市, 핑두시平度市, 자오저우시膠州市, 자오난시膠南市)로 구성되어 있다.

의 정치·경제·문화 중심지인 현급시에는 '5소공업五小工業'(점토, 강철, 전기, 화학비료, 농기계)이 발전했다. 둘째, 에너지·원재료 공업을 중시했으므로 다수의 광공업 신흥도시가 건설되었다. 셋째, 대부분 내륙 수운의 중심지였던 기존 도시들은 철도가 건설되고 보급되자 철도역이 입지한 도시들에 교통 중심 및 경제 중심 기능을 빼앗겼고, 이 때문에 각 도시의 위상과 도시 체계가 변했다. 성省정부 소재 도시가 변한 사례를 보면, 허난성河南省정부가 카이펑開封에서 정저우鄭州로 옮겨졌고, 허베이성河北省정부는 바오딩保定에서 톈진天津으로, 그리고 다시 스자좡石家莊으로 옮겨졌으며, 지린성吉林省정부는 지린에서 창춘長春으로, 헤이룽장성黑龍江省정부는 치치하얼齊齊哈爾에서 하얼빈哈爾濱으로 옮겨졌다. 이와 동시에 철도 교통이 발달하면서 동북 지구의 선양沈陽·하얼빈, 화북華北 지구의 베이징·톈진, 화동華東 지구의 난징南京·상하이, 화중華中 지구의 정저우鄭州, 화남華南 지구의 광저우廣州, 서남 지구의 청두成都·충칭重慶·구이양貴陽·쿤밍昆明 등의 도시가 교통 중심 도시로 발전했다.

3. 개혁기 도시화의 동력과 특징

개혁기에 들어선 뒤 급속하게 진행되고 있는 중국 도시 발전과 도시화의 기본 동력은 바로 개혁·개방 자체, 또는 개혁·개방 정책 실시에 따라 해방된 개체의 생산력과 부활된 시장이다. 극좌 노선과 계획경제의 틀 속에서 억제되었던 민간 부문과 개인의 생산 적극성이 아래로부터 위로(自下而上) 분출되었고, 이는 정부의 개혁·개방 정책과 제도로 수용되어 다시 아래로 추진·작동되었다. 또한 개혁·개방 정책은 집권적 지령성 계획경제체제 아래서 통제

받고 억눌려왔던 시장 기제 및 개인과 기업, 기층 지방정부 단위 등 경제주체들의 경제적 동기를 해방 및 부활시켰고, 민간과 기층에서는 다시 새로운 요구를 분출시키는 순환 구조 속에서 진행되었다.

주목해야 할 점은, 자본주의 시장경제체제를 경험해보지 못한 개혁·개방 이전 시기에 생산력을 억압하고 있던 질곡은 바로 중공이 '사회주의 개조'를 통해 구축한 국공유제와 지령성 계획경제체제를 근간으로 하는 사회주의 생산관계였으며, 결국 그것은 개혁의 대상이 되었다는 점이다. 즉, 중공 스스로 공유제와 지령성 계획경제체제가 인민의 삶의 질을 높이는 경제체제 및 기제로서 한계가 있음을 인정한 셈이다.

초급 및 고급 합작사-인민공사 체제를 구축하고 '대약진'과 '문화대혁명'의 좌절을 겪은 중국에서 개혁·개방이라는 대전환의 가능성이 움트기 시작한 것은 1976년 9월, 마오쩌둥의 죽음 이후부터다. 그해 10월에 국가주석 화궈펑華國鋒 및 왕둥싱汪東興으로 대표되는 마오의 후계 세력, 그리고 인민해방군 총사령관 예젠잉葉劍英과 덩샤오핑鄧小平 등 군부 및 혁명 1세대 원로파가 연합하여 4인방(왕훙원王洪文, 장춘차오張春橋, 장칭江青, 야오원위안姚文元)을 제압했고, 다시 그 다음 라운드에서 덩샤오핑과 후야오방胡耀邦이 주도한 실용주의 개혁파가 '진리 표준 논쟁'을 시작으로 화궈펑-왕둥싱 파와 권력투쟁을 벌여 승리한 뒤 1978년 12월에 개최된 중공 제11기 중앙위원회 제3차 전체회의(제11기 3중전회)에서 대내 개혁과 대외 개방 방침을 발표했다.

개혁·개방 정책은 농촌 및 농업 부문에서 시작되었는데, 농촌 개혁의 맹아는 1978년 12월 안후이성安徽省 샤오강촌小崗村 생산대의 18호 농민이 결의한 '생사협약'으로 상징된다. 생사협약이란 안후이성 펑양현鳳陽縣 샤오강촌의 18호 농민이 생산대 대장 옌훙창嚴宏昌의 주도하에 '세대별 경지 분할(分田

Note | 진리 표준 논쟁

1978년에 덩샤오핑-후야오방을 중심으로 한 개혁·개방파가 마오쩌둥 노선의 계승자인 화궈펑-왕둥싱 파의 '두가지 범시(兩個凡是: 무릇 마오 주석이 내렸던 결정을 굳건히 유지해야 하고, 무릇 마오 주석이 생전에 했던 지시를 어김없이 준수해야 한다)' 주장에 대해 "실천이 진리를 검증하는 유일한 기준이다(實踐是檢驗眞理的唯一標准)"라는 주장으로 맞서 대토론을 벌인 일을 가리킨다. 이 논쟁은 실질적으로 문화대혁명 노선과 개혁·개방 경제 건설 노선 간의 대결이었다. 결국 덩샤오핑-후야오방의 실용주의 개혁파가 승리함으로써 중국의 개혁·개방이 시작되었다.

到戶)' 경작을 실행하기로 결의하고 작성한 각서이다. 이것은 중국 농촌 개혁의 핵심인 '가정생산연계도급책임제(家庭聯產承包責任制)'로 대전환하는 서막이 되었다. 농촌과 농업 부문의 개혁·개방은 이어 소득 증대와 농업 노동력의 비농업 부문으로의 이동을 촉진시키기 위한 생산책임제, 물가 개혁, 향진기업鄕鎭企業 육성 등의 정책으로 시행되었다. 향진기업은 농촌의 잉여노동력을 이용하여 농촌 소재 공장에서 공업 생산 활동을 하는 기업을 가리킨다. 이른바 '농토는 떠나되 농촌은 떠나지 않고(離土不離鄕), 공장에 들어가되 도시에는 들어가지 않는다(進廠不進城)'는 말로 상징된다.

개혁·개방 이후 현재까지 중공이 추진한 개혁·개방 정책의 내용은 크게 두 단계로 구분할 수 있다. 첫째 단계는 1978년 중공 제11기 3중전회부터 1992년 중공 제14차 당대회 개최 이전까지로, 개혁·개방의 방향과 목표를 탐색했다. 이 기간 중 1980년대 중반까지는 개혁의 중점이 농촌에 있었다. 인민공사 제도가 폐지되고, 세대별로 농지를 분할 경작하는 경작권을 인정해주는 것을 핵심으로 한 가정생산연계도급책임제가 정착되었다. 그러다가 1990년대 초부터 개혁의 중점이 농촌에서 도시로 이전해갔으며, 개혁·개방의 실험 지구인 경제특구가 연해沿海 지구와 창장長江 연안 지구로 확산되었다.

두 번째 단계는 1992년 중공 제14차 당대회 이후 현재까지 사회주의 시장경제의 개혁·개방 목표를 확립한 시기이다. 이 시기에는 "큰 것은 움켜쥐고, 작은 것은 푼다(抓大放小)"는 기조하에 국유기업 개혁의 심화, 생산자료의 가격 쌍궤제雙軌制(계획경제에서 시장경제로 가는 과도기에 '계획 내'와 '계획 외' 양 체제에 기초를 둔 제도를 이원적으로 운영한 것. 생산자료 방면에서는 개혁·개방 이후 원유·석탄 등 주요 생산자료의 초과생산분을 국내 공급가보다 비싼 가격으로 대외 수출하도록 허용한 제도) 취소와 생산요소의 시장화 개혁 추진, 시장 체계의 완비, 지령성 계획에서 지도성 계획으로 전환, 시장경제에 적응하는 재세財稅·금융·외환 및 대외경제체제 개혁, 새로운 거시규제 체제의 초보적 구축, 연강沿江, 연국경(沿邊) 및 성회省會 도시 개방, 세계무역기구(WTO) 가입 등이 추진되었다.

1978년 말 개혁·개방 선언 이후 40년 가까이 추진한 주요 개혁 방향은 다음과 같이 정리할 수 있다.[2] ① 고도 집중 계획경제에서 사회주의 시장경제로, ② 단일 공유제에서 공유제 경제를 주체로 하는 다종多種 소유제 경제로, ③ '일대이공一大二公'('첫째 크게, 둘째 공유'라는 뜻으로, 농촌에서 생산 합작사와 인민공사를 추진하면서 내건 구호)의 인민공사에서 농가별 생산연계도급(家庭聯產承包)과 쌍층雙層 경영(농가별 생산연계도급책임제 아래서 농가와 집체 쌍층이 경영 주체로서 운영하는 방식)을 기초로 하는 농촌기본경제 제도로, ④ 국유·국영 체제에서 현대 기업제도로, ⑤ 국가에 의한 가격 결정과 집중관리가격 체제에서 통일, 개방, 경쟁, 질서 있는 현대 시장 체계로, ⑥ 지령성 계획 체제에서 예측성 및 규제성 지표를 기초로 하는 국가거시규제로, ⑦ 평균주의 분배 방식에서 노동에 따른 분배를 주체로 하는 다종 분배 방식과 생산요소 참여 및 수입 분배 제도가 병존하는 방식으로, ⑧ 봉쇄·반봉쇄에서 전방위 개방으로.

개혁기 도시인구가 증가하게 된 배경은 농촌에서 농가별 '생산연계도급책임제'가 실시되고 개체의 경제활동에 대한 자유가 확대되면서 호구제도의 인구 이동 통제 기능이 느슨해진 데서 비롯했다. 즉, 베이징·상하이·톈진·광저우廣州·선전深圳 등 대도시와 경제특구에서 공업과 상업, 서비스업, 비공식 부문 등의 고용 수요가 급속히 증가함에 따라 염가의 농촌 노동력이 도시로 대거 유입되었다. 단, 계획경제 시기의 배급 경제와 도농 간 인구 이동 통제 목적으로 시행해온 호적제도에 의해 도시호구와 농촌호구의 구분이 여전히 유지되면서 '농민공農民工'(중국어로 도시 노동자를 뜻하는 '공인工人'과 농민이라는 단어가 결합된 개념) 문제가 시민과 농민을 신분화·계급화시키는 사회구조의 문제로 심화되었다.

4. 도시화의 공간적 전개

1) 지역발전전략의 전환

개혁·개방 이후 중국 도시 정책의 기조는 '불균등 거점 발전'이었다. 즉, 도시 체계를 통해 상위의 거점도시에서 하위 체계의 도시로, 그리고 동부 연해 지구에서 중·서부 내륙 지구로 개발 효과를 분산시킨다는 방향이었다. 이러한 정책 목표를 달성하기 위해 동부 연해 지구에 경제특구와 개방도시를 설정하고, 거점도시로 육성하기 위한 각종 정책적 특혜를 부여했다. 개혁기에 처음으로 수립된 5개년 계획인 '6차 5개년 계획(六五計劃: 1981~1985)'에서는 '경제 효율 제고, 개발 여건이 우세한 지역에 생산력 배치'라는 원칙과 '동부 연해 지구가 보유한 기초를 적극적으로 이용하고, 그 특성과 우세를 충분히 발휘케 하고, 내지內地 경제를 이끌고 발전시키도록 한다'는 내용이 포함되었다. 즉, 국가 지역발전정책에서 다시 동부 연해 지구의 입지적 장점과 경제 효율을 중시하기 시작한 것이다. 그 결과 개혁·개방 이전 마지막으로 시행한 '5차 5개년 계획(1976~1980)' 기간에 42.2%였던 동부 연해 지구의 전국 대비 기본 건설 투자 점유 비중이 '6차 5개년 계획(1981~1985)' 기간에는 47.7%로 증가했고, 내지는 50.0%에서 46.5%로 감소했다.

개혁·개방 이후 현재까지 중공이 추진해온 도시 및 지역에 대한 발전 전략의 주요 흐름은 다음과 같다.

첫째 단계는 1980년대부터 1990년대 후반까지로, 동부 연해 지구에 각종 특구를 설치하고 생산력을 집중 배치하는 거점발전전략을 추진했다. 1979~1983년 기간에는 홍콩 및 타이완과 인접한 광둥성과 푸젠성福建省에 특수 정책을 시행한다고 선포하고, 광둥성 선전深圳과 주하이珠海에 실험적으로 경제특구를 설치, 운영했다.[3] 1984~1988년 기간에는 광둥성 산터우汕頭와 푸젠성 샤먼廈門을 경제특구로 지정하고, 해안선을 따라 최북단인 랴오닝성遼寧省 다롄大連에서 최남단인 광시성廣西省 베이하이北海에 이르는 14개 연해 항구도시(다롄大連·친황다오秦皇島·톈진天津·칭다오青島·옌타이煙台·롄윈강連雲港·난퉁南通·상하이上海·닝보寧波·원저우溫州·푸저우福州·광저우廣州·잔장湛江·베이하이北海)를 개방하고 국가급 경제기술개발구를 설립했다. 이어서 3개 삼각주 지구에 대한 좀 더 진전된 개방 방안을 발표했다.[4]

둘째, 1990년대부터는 상하이 푸둥浦東 지구의 개발·개방이 중국 도시 개발과 개방 정책의 중심이 되면서, 상하이를 핵으로 하는 창장長江 삼각주 지구가 중국 전국의 경제 발전을 선도하는 핵심 경제 지구로 부상했다. 또한 13개 변경 도시와 5개 창장 연안 도시, 그리고 변경 및 내륙 성·자치구의 성회省會 도시를 연이어 개방했다. 이 시기에는 외자 유치와 개혁·개방 정책 실험, 그리고 경제 발전 정책 추진을 위해 설립한 경제특구와 개방도시, 개발구 등이 도시경제 발전을 선도하면서 급속하게 성장했다. 각 도시에 건설되어 운영되는 개발구가 중심이 되어 도시 발전을 주도했고, 그에 따라 도시 규모도 급속하게 확대되었다. 상하이, 랴오닝성 다롄, 산둥성 칭다오靑島, 저장성浙江省 닝보寧波 등의 도시는 개혁·개방 이후 약 20여 년 만에 도시 규모와 용지 규모가 모두 2배 이상 증가했다. 또한 수많은 신도시가 출현했다. 광둥성의 선전과 주하이 경제특구가 대표적인 사례이고, 난하이南海, 순더順德와 장쑤성江蘇省의 장자강張家港, 쿤산昆山, 그리고 저장성浙江省 항저우杭州의 공항 배후도시로 건설된 샤오산蕭山 등 중소 규모의 신도시가 많이 발흥했다. 내국인과 외국인에게 여행 자유의 폭이 확대되면서 관광도시도 급속하게 발전했다. 1983년부터 중국 정부는 옌안延安, 징강산井岡山 등 혁명 기념 전적지를 홍색 관광상품으로, 안후이성 황산黃山, 후난성湖南省 장자제張家界 등의 도시를 풍경 지구 관광거점도시로 조성했다.

셋째, 동부 연해 지구와 경제성장 격차가 심화되면서 중·서부 내륙 지구의 불만이 경제문제에서 사회·정치·민족 문제로 확대·돌출되자, 동부 연해 지구에 편중된 불균형 발전과 지역 간 격차 문제를 중시하고, '서부 대개발', '동북 진흥', '중부 굴기崛起' 전략을 추진했다. 그리하여 중공 제17차 당대회(2007. 11) 이후 '과학적 발전관'과 '조화사회(和諧社會)' 목표를 확정했다. 즉, 경제성장 방식의 전변轉變과 질적 발전을 동시에 강조했는데, 경제체제와 정치체제의 개혁 및 사회 영역과 문화 영역의 개혁은 종합성·연계성(配套性)·협조성을 확보하면서 추진해야 한다는 점과 함께 지역 간 협조 발전, 도농 통합발전, 자연과의 조화 등을 더욱 강조했다. 중공 제17차 5중전회(2010. 10)에서 통과된 「12차 5개년 계획(2011~2015) 건의」에서는 '승동계서承東啓西'와 '포용성 발전'을 정책 기조로 채택했다. 즉, 동부 연해 지구의 발전을 계승하면서 중·서부 지구와 조화, 협조, 포용하겠다고 했다. 또한 서부·동북·중부 지구의 풍부한 에너지자원 개발과 농공업 생산 기지 및 교통 운수망 건설, 그리고 내수 시장 확대도 겨냥했다.

최근에 중국 정부는 양적 성장을 통한 자본 축적과 풍부한 외환 보유량을 바탕으로 해외 진출(走出去)을 추진하고 있다. 특히 '육상 및 해상 신실크로드(一帶一路)' 건설, 동남아와 중앙아시아 등지에 해외경제특구 개발, '아시아 기초시설투자은행(AIIB)' 조직 등을 추진하면서 경제권과 연계된 기반시설의 건설 사업 범위를 국제적으로 확대하고 있다. 이 같은 해외 진출과 '육상 및 해상 신실크로드' 건설 추진에 따라 지역발전정책의 거시적 틀도 기존의 4개 대구역(동부, 중부, 서부, 동북 지구)에 3개 지지구支撑區를 추가했다. 3개 지지구는 '육상 및 해상 신실크로드', '창장 유역 경제지대長江流域經濟帶', 그리고 '징진지京津冀'(징진지는 각각 베이징, 톈진天津, 허베이河北를 가리키는 京, 津, 冀를 뜻한다) 수도권 지구이다.

2015년 11월에 중국 '국가발전 및 개혁위원회'가 발표한 「13차 5개년 계획(2016~2020) 건의」의 전체 3개 부분 8개 장 내용 가운데 제2 부분의 5개 장(3~7장)이 지역발전정책과 관련된 내용이다. 그 주요 내용은, 창신創新 발전 견지 및 발전의 질과 효익效益 적극 제고(3장), 협조 발전 견지와 평형 발전 구조

적극 형성(4장), 녹색 발전 견지와 생태 환경 적극 개선(5장), 개방 발전 견지와 합작 공동 승리 적극 실현(6장), 그리고 발전의 공동 향유 견지(7장) 등이다.

2) 도시군과 주요 발전 축의 형성

도시군(城市群)이란 하나 또는 수 개의 대도시를 중심으로 하여 일정한 자연환경과 교통 조건을 기초로 도시 간 대내 및 대외 연계를 부단히 강화하면서 형성·발전하는, 상대적으로 완정完整된 도시집합체(城市集合體: urban cluster)를 가리킨다.

2000년대에 들어선 후 중국 지역경제의 발전 구도와 형세상에 보이는 특징은 지역 간 경쟁이 더 이상 단일 도시 간에 나타나지 않고, 도시권을 기초로 하는 지역 전체 간의 경쟁 양상이 갈수록 뚜렷해지고 있다는 점이다. 이에 따라 지구 내 각 도시 및 도시군 간에 분업·합작 네트워크가 지역 경쟁력을 결정하는 핵심 요소가 되고 있다.[5] 이 같은 요소로 볼 때 비교적 성숙도가 높고 발전 속도가 빠른 곳은 상하이–난징–항저우 축을 중심으로 하는 창장 삼각주 지구와 홍콩–선전–광저우 축을 중심으로 하는 주장珠江 삼각주 지구, 그리고 베이징–톈진 축을 중심으로 하는 징진지 지구이다. 중국 정부도 경제의 세계화 및 지역 일체화 추세에 대응하고 국가 경쟁력을 높이기 위해 거시적 차원의 도시 공간 계획과 도시군 발전 전략 추진에 적극적이다.

위 3개 도시군의 지구별 특징을 살펴보면 다음과 같다. 첫째, 주장 삼각주 지구는 개혁·개방 이후 선전, 주하이, 산터우 경제특구의 주도하에 가장 먼저 발전하기 시작했으며, 광저우–선전을 중심축으로 홍콩, 마카오와 지역경제 일체화를 실현하는 방향으로 발전하고 있다. 둘째, 창장 삼각주 지구는

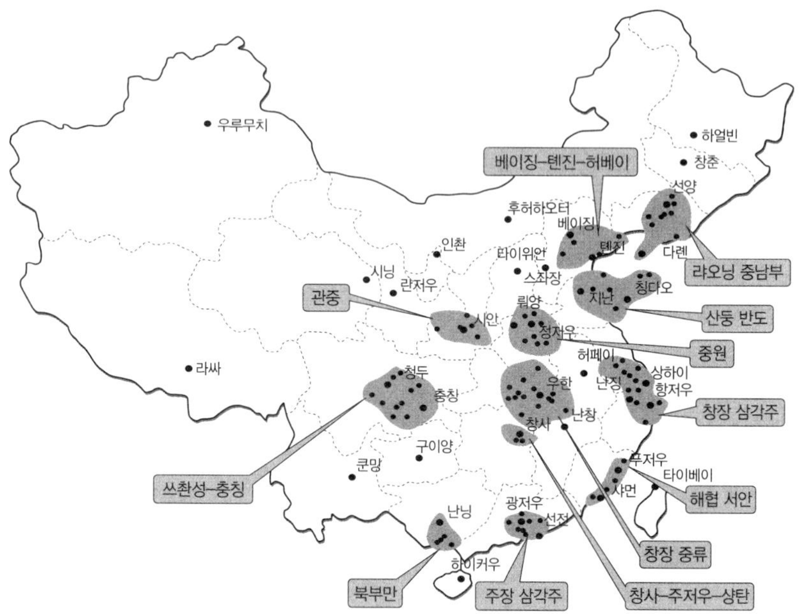

〈그림 2〉 형성 발전 중인 중국 10대 도시군

2017년 현재 '도시군'이라는 명칭에 걸맞는 것은 창장 삼각주 도시군과 주장 삼각주 도시군, 그리고 징진지 도시군 정도이다.

* 출처: 박인성, 『중국의 도시화와 발전축』, 한울아카데미, 2009, 314쪽.

상하이를 중심으로 저장성 북부(浙北), 장쑤성 남부(蘇南) 지구를 포함하며, 안후이성 일부 지구까지 배후지를 지속적으로 확대하고 있다. 셋째, '징진지' 지구는 베이징과 톈진 두 대도시의 특색과 우세가 매우 강해서, 이들 중심 대도시와 지구 내 여타 중소 도시 간의 수직적 연계는 강하지만 수평적 연계는 미약하다. 베이징은 정치, 문화, 고급 과학기술에서 우세를 보이고, 톈진은 항구와 제조업이 우세하다. 이 외에도 랴오닝 중·남부, 산둥반도의 도시군과 같이 성정부가 성회省會 도시 중심으로 주변 도시들과 연계하면서 추진하는 유형과 푸젠성 샤먼-취안저우泉州, 저장성 타이저우台州-원저우溫州 지

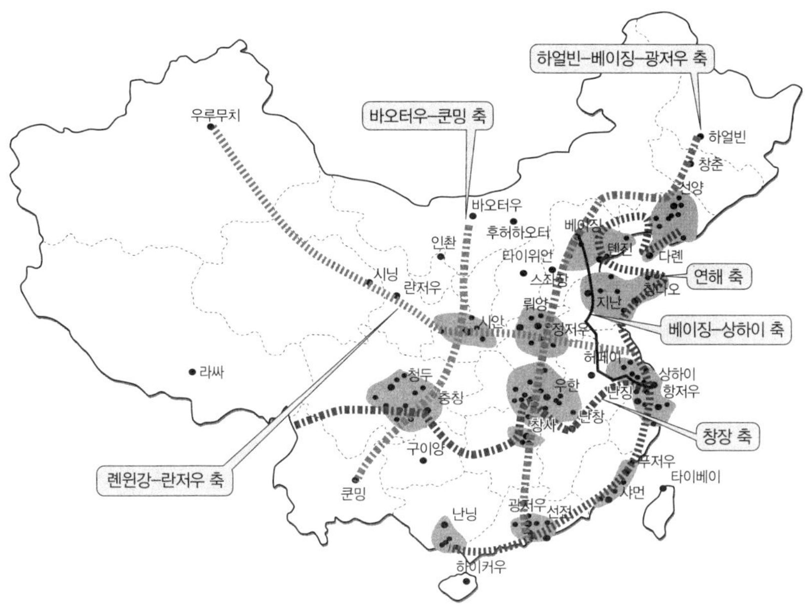

〈그림 3〉 중국의 '2횡 3종' 발전 축

중국의 주요 국토 발전 축은 동서 방향으로 2개의 횡축(롄위강–란저우 축 / 창장 축), 남북 방향으로 3개의 종축(연해 축 / 하얼빈–베이징–광저우 축 / 바오터우–쿤밍 축)이 형성·발전 중이다.

구와 같이 사영私營 개체 기업을 중심으로 자생적 상향식 경제 발전 동력이 더욱 강하게 작동하면서 형성되는 중소 도시 밀집 도시군도 있다. 〈그림 2〉는 이렇게 형성된 중국의 도시군을 나타낸 것이다.

한편, 개혁·개방 이후 효율 우선의 거점개발전략이 중시되면서 연해 지구의 항구도시를 중심으로 도시 및 지역 간 연결 교통망이 빠르게 형성·발전되었다. 거시적 차원의 국토 발전 축과 베이징이나 상하이 같은 대도시 내부 공간 및 외곽 주변 지역의 공간 구조 모두 그 발전 방향은 주요 교통 간선과 교통망 구조를 중심으로 발전 중이다. 〈그림 3〉에서 보듯, 주요 국토 발전

저장성 원저우시 거리 시장

우리에게는 익숙하고 자연스러운 거리 시장의 모습이지만, 중국에서는 개혁·개방 이후에야 이런 시장이 형성될 수 있었다. ⓒ박인성(촬영일: 2009. 7. 5)

축으로는 대륙교大陸橋(land bridge)라고도 불리는 중국횡단철도(TCR) 축과 창장長江 축을 횡축으로 하고, 연해 축, 하얼빈–베이징–광저우 축, 바오터우包頭–쿤밍 축을 종축으로 하는 '2횡 3종兩橫三縱'의 발전 축이 있다.

3) 도시계획의 임무와 역할 변화

개혁·개방 이전 시기에 중국에는 시장 기제가 없거나 매우 취약했으므로 시장에 대한 상응 기제로서 도시계획의 역할이 거의 존재하지 않았다. 이 시기 도시계획은 국가계획의 틀 안에서 중점 건설 사업을 기술적 측면에서 시행하기 위한 수단에 불과했다. 고도의 집권식 지령성 계획경제체제하에서 국민경제계획의 핵심 목표 및 임무는 생산 목표량의 설정과 생산물 배분에 관한 노르마norma(定額)를 결정하고 하달하는 일이었으며, 그 다음 단계에서는 이 노르마를 공간적으로 배분하고 구체적인 하부 건설 사업의 항목과 연결시키는 일이었다.[6] 그러나 이런 상황하에서는 만성적인 재원 부족 현상이 야기될 수밖에 없었고, 도시 내 신규 시설 건설 공급은 물론 기존 시설의 유지 관리 측면에서도 구조적인 문제들이 누적, 심화되었다.

개혁·개방 이후에는 시장 요소의 영역과 영향이 확대·강화되면서 개체의 행위와 영향을 중시하고 다양한 선택 대안과 적용 범위를 인정하는 방향으로 변화가 진행되었다. 이에 따라 도시계획의 주요 기능인 시장에 대한 거시적 규제라는 역할도 회복되었다. 특히 토지사용제도 개혁이 진전되면서 국유토지의 사용권이 소유권에서 분리되고 상품화가 진행되었는데, 그 결과 도시 토지에 가치와 가격이 형성되었고, 토지 소유자인 정부는 국유토지 사용권의 출양出讓(국유토지를 정부가 부동산 개발업자 등 민간에게 최초로 양도하는 것. 반면, 출양받은 토지를 다시 재양도하는 것은 '전양轉讓'이라고 함)을 통해서 획득하는 지대(地租) 수익을 늘리기 위해 도시 토지의 가치와 가격이 상승할수록 재정수입 증대에 도움이 된다는 점을 점차 중시하게 되었다. 그러한 인식은 도시계획의 목표·임무·역할에도 더욱더 강하게 반영되고 있다. 요컨대 토지 출양의 수익이 도시 재정수입에서 차지하는 비중이 커지면서, 지방정부의 도시계획과 도시 개발의 주요 목표 및 임무에 토지사용권 출양을 통한 지대 수익을 증대시키고자 도시 지가 상승을 지향하려는 의도가 점점 강하게 반영되고 있다. 이에 따라 지방정부가 개발상開發商의 개발계획 내용에 대한 사전 심사와 비준, 그리고 사후 관리, 감독 절차 및 과정에서 도시계획상의 요구 반영과 이행 가능성을 갈수록 중요한 판단 기준으로 삼고 있다.

5. 신형도시화와 중국 특색의 농촌 문제

1) 신형도시화 정책의 배경과 추진 동향

중국에서 이른바 '신형도시화(新型城鎮化)'라는 용어가 등장한 것은 도시화율이 50% 선에 임박하던 2000년대 후반이었다. 이 개념과 함께 '신형 공업화', '농업 현대화', '도농 일체화(城鄕一體化)', '중국 특색의 도시화'라는 용어도 거론되었다. 이는 중공중앙과 국무원이 개혁·개방 선언 30주년을 맞아 소강사회小康社會의 전면적 실현을 추진해야 할 단계에 진입했다고 공표한 것과도 연관된다. 즉, 인민 모두에게 소강사회의 실현을 느끼게 하려면 양적 성장 외에도 도농 간, 계층 간, 지역 간 격차를 뛰어넘는 공평한 분배와 거주 및 생활환경의 질, 환경보호와 에너지 절약 등 질적 측면에서 발전이 필요했는데, '신형도시화'는 이 같은 희망 속에서 설정된 목표이자 수단이라고 할 수 있다.

개혁·개방 이후에는 경제 효율과 시장 기능이 중시되고 지방의 재량권이 커지면서 경제 발전과 함께 도시화가 본격적·가속적으로 진행되었고, 중국 정부도 연이어 도시화 관련 정책을 제출했다. 1984년 농촌 중심지인 소성진小城鎭 발전을 요구하는 의견을 제출한 이래, 제15차 당대회(1997) 및 제16차 당대회(2002)에서 거듭 소성진 발전에 대한 요구를 제출했고, 제17차 당대회(2007)에서는 "중국 특색의 도시화 길을 가야 하고, 도농 통합, 합리적 배치, 토지 절약, 큰 것이 작은 것을 대동한다는 원칙에 따라 대·중·소 도시와 소성진의 협조 발전을 촉진하자"는 요구를 제출했다. 2012년 말에 개최된 중공 제18차 당대회와 2015년 3월에 개최된 양회兩會(매년 3월에 개최되는 전국인민대표대회와 전국정치협상회의를 가리킴. 중요한 두 가지 회의라는 의미) 기간까지 '신형도시화', '중국 특색의 도시화', '인간 위주의 도시화' 등의 정책 구호가 빈번하게 제기되었다. 2014년에는 「국가 신형도시화 규획 2014~2020년(國家新型城鎮化規劃 2014~2020)」이 발표되었다.

그러나 도시화라는 용어 앞에 붙은 '신형'의 의미를 어떻게 해석할 것인가를 두고 중국 내에서도 광범위하고 다양한 토론이 진행 중이다. 핵심 쟁점은 '신형도시화'의 방향과 내용을 에너지 절약, 친환경, 건강, 귀농·귀촌, 그리고 농업 현대화 등 이른바 후도시화(Post Urbanization)로 추진하자는 것이고, 이를 위한 선결 과제로서 호적제도와 농촌집체 소유 토지의 사용권 유전流轉 문제에[7] 대한 대응책을 마련해야 한다는 것이다.

최근 중국 정부는 '신형도시화' 정책의 목적을 도시화 과정 관리를 통한 내수 확대와 신성장 동력을 만들어내기 위한 것이라고 발표했다. 이는 세계 금융 위기의 충격과 타격을 받은 결과, 그간 수출과 외자 유치에 기반을 두고 고속 성장을 유지해온 총량 경제성장이 둔화되자 도시화 과정 관리를 통한 내수 확대로 신성장 동력을 만들어내겠다는 정책 의지를 밝힌 것이다. 그러나 그 배후에는 이제까지의 양적 성장과 급속한 도시화의 그늘에서 점차 심각하게 누적되고 돌출되어온 삼농三農(농업·농촌·농민) 문제와 민생 문제, 그리고 계층 간, 도농 간, 지역 간 격차와 에너지 및 환경 문제에 대한 종합적이고 본질적인 대책을 모색해야 한다는 사회적 요구와 압력이 있었다.

2016년 3월, 전국 양회 기간 중 전국인민대표대회에서 확정·발표한 「13차 5개년 계획(2016~2020) 강요」에 포함되어 있는 '신형도시화' 관련 내용은 다음과 같다.

첫째, 인간 위주의 신형도시화를 추진한다. 호적제도 개혁을 추진하고, 도시에서 안정적 취업과 생활 능력을 갖춘 전이轉移 농업인구의 전 가족 도시 전입 및 정착을 촉진하며, 도시 주민과 동등한 권리와 의무를 부여한다. 거주증 제도를 실시하고, 상주인구 모두 기본 공공서비스 혜택을 향유할 수 있도록 한다.

둘째, 도시에 들어와 정착한 농민의 농촌토지도급권, 택지사용권, 집체수익분배권을 보호하고, 법에 의거하여 유상양도(有償轉讓)할 수 있도록 허용한다. 주택제도 개혁을 심화한다. 도시 내 불량주택 지구와 도시 및 농촌 지구의 위험주택 개조를 강화한다.

셋째, 농촌 토지의 도급 관계를 안정시키고, 토지소유권, 도급권(承包權), 경영권 분할방법을 완비하며, 법에 의거하여 농촌토지경영권(경작권) 유전流轉을 추진하고, 신형 농업경영 주체 양성 체계를 구축하며, 신형 직업농민을 양성한다.

2) 중국 특색의 농촌 문제와 농민공 문제

농촌을 근거지로 삼고 혁명전쟁을 하던 시기에 중공은 도시를 매국노, 매판자본가, 부패 관료의 활동 무대이자 부패와 타락의 상징이라 여겼고, 농민 군중에게도 그렇게 선전했다. 반면, 농촌은 그러한 도시를 타도하기 위해 전쟁 및 혁명을 수행하는 기지이자 사회주의 신중국의 희망이라고 홍보했다. 이는 중공 지도부의 주요 인물 대부분이 농촌 출신이라는 사실과도 연관된다. 그러나 일제가 패망한 후 시작된 제2차 국공 내전에서 승세를 타자 농촌 지구에서 전개하는 유격전만으로는 힘들다고 판단하여 보급병참기지로서 도시의 역할을 중요하게 여기기 시작했다. 다시 말해 도시의 지원이 없다면 운동전이 불가능한 상황이 되었다. 이에 따라 도시에 대한 중공 지도부의 인식이 바뀌기 시작했다. 게다가 4대 전투(국공 내전에서 중공이 승세를 굳힌 4개의 주요 전투. 동북 지구의 랴오닝-선양瀋陽 전투, 화북 지구의 화이하이淮海 전투, 베이징과 톈진을 장악한 베이핑北平-톈진 전투, 창장을 넘어 강남 지구를 장악한 도강渡江 전투)에서 승리한 뒤에는 농촌 근거지에서 투쟁하고 생활하던 중공의 간부들이 거주지를 베이징과 각 지방의 중심 도시로 옮겨 도시 주민이 되었다. 이런 까닭에 (전시 전략 측면뿐만 아니라) 평화 시기의 생산과 생활 측면에서도 도시에 대한 입장과 인식이 바뀌었다.

보통 인민들에게도 혁명의 열정과 공산풍共産風의 영향을 받아 농촌에 대한 인상이 낭만적 색채로 치장된 기간이 있었다. 그러나 오래가지 못했다. 대부분의 인민은 도농이원구조 안에서 수차례에 걸쳐 수천 수백만 명이 농촌으로 하방下放되고, 다시 도시로 복귀(回城)하는 경험을 축적하면서 도시 생활과 도시인, 그리고 농촌 생활과 농민에 대한 인식과 기억을 선명하게 새겼다. 즉, 도시(城市)는 상등 국민의 신분 및 기본적인 생존과 생활을 보장해주는 곳인 반면, 농촌과 농민은 그와 대조되는 하등 국민의 장소와 신분의 상징이 되었다.

도시와 농촌에 대한 이 같은 인상은, 농민 희생과 농업 잉여를 기초로 추진된 도시 공업화 건설, 사회주의 신농촌 건설 구호와 도시 청년의 실업 문제가 연관된 '상산하향上山下鄕운동'〔대약진운동과 문화대혁명 시기에 도시의 지식 청년들에게 산으로 가고(上山), 농촌으로 가서(下鄕) 농업 생산에 종사할 것을 장려한 운동〕, 그리고 도농 이원의 사회구조 속에 도시호구를 가진 시민에게만 제공되는 배급 경제하의 각종 생활 및 복지 혜택과 그에 따라 형성된 시민 자격과 신분에 대한 심층 의식 형태가 바탕에 깔려 있었다.[8] 농촌호구와 도시호구를 구분하는 호적제도는 농촌과 도시 간의 인구 이동을 제한하는 데 이용되었을 뿐만 아니라, 도시에 각종 혜택을 편향적으로 제공하고 도시 주민에게만 주택·식량·부식·교육·의료·취업·보험·노동 등 각 방면의 복지 제공을 보장하는 제도적 근거가 되었다. 또 다른 한편으로는 식량 생산과 공업화 추진을 위한 농업 잉여 확보를 위해 농민을 농촌에 잡아 두고 수탈하기 위한 기제로도 작동되었다.

중공은 농민을 기반으로 혁명에 성공하여 대륙의 권력을 잡았으나, 혁명 이후 치국治國 단계와 국가 현대화를 추진하는 과정에서 농민과 농촌의 희생을 요구했다.[9] 농민공과 삼농三農 문제의 근원은 중공이 채택·고수한 공업화와 부국강병 정책의 기조를 도농이원구조하에서 농민에 대한 수탈과 희생에 두고 있다는 데 있다. 농민은 도시 주민이 누리는 복지제도나 사회보장제도와 무관할 뿐만 아니라, 시시때때로 도시의 공업 발전을 지원해야 한다는 명목하에 굶주림 속에서도 더 허리띠를 졸라 매야 했으며, 국가와 집체集體에 더 많이 상납하라는 독촉을 받았다. 상징적인 예를 들면, 이른바 '3년 곤란 시기'에 발생한 대규모 아사자 등 '비정상 사망자'의 대부분이 양식을 직접 생산하는 농촌의 농민들이었으며, 직접 양식을 생산하지 않는 도시 주민들 중에는 아사자가 거의 없었다.[10] 당시 호적제도는 농민들이 농촌을 떠나지 못하게 막았고, 그 결과 '사회주의 신중국'의 대다수 농민은 농촌에서 속수무책으로 배곯았다.

도농이원구조가 유지된 채로 개혁·개방 정책이 농촌과 농업에서 도시와 공업으로 확대 추진되면서 도농 간 격차는 급속하게 벌어졌고, 삼농 문제도 심화되었다. 이 중에서 대표적인 문제가 '농민공' 문제다. 농민공이란, 도시로 진입하여 주로 건설 현장의 잡부, 보모, 유흥업소 종업원 등 도시 내 비공

Note | 3년 곤란 시기

'3년 곤란 시기三年困難時期'란 1959~1961년 기간 중 대약진운동을 전개함에 따라 농업을 희생시키고 공업 발전을 추진하면서 초래된 전국적인 식량 부족 상황 아래 중국 전국에서 약 3,000만 명이 '비정상적으로 사망'한 시기를 가리킨다. 개혁·개방 이전 시기에 중국 관방 자료에서는 그때의 기황 원인을 자연재해로 돌리기 위해 이 시기를 '3년 자연재해 시기'라 칭했으나, 개혁기에는 '3년 곤란 시기'라 칭하고 있다. 해외 및 서방국가 학자들은 '3년 대기황三年大饑荒' 또는 '대약진 기황大躍進饑荒'이라 일컫고 있다.

식 부문의 비정규직이나 계절성 노동에 종사하면서 도시 내 그늘 지대에 거주하며 떠돌고 있는 농민군체農民群體를 가리킨다. 2016년 말 중국 내 농민공 수는 2억 8,171만 명으로 전년 대비 1.5% 증가했고, 증가 속도는 전년 대비 0.2% 빨라졌다. 이 가운데 1980년 이후에 출생한 이른바 '신세대(新生代) 농민공' 비중이 49.7%로, 전년 대비 1.2% 증가했다.

지금도 여전히 중국에서 호적제도는 농민과 시민의 신분을 구분하고, 나아가 그 신분을 후대까지 세습시키고 있다.[11] 즉, 농민공이 장기간 도시에 거주한다고 해도 도시호구를 획득하기는 매우 어렵다. 게다가 도시에서 태어나고 성장한 농민공 자녀들은 '신세대 농민공'으로서 부모의 농민공 신분을 이어받는다. 이들은 똑같은 일을 해도 도시호구를 가진 시민 노동자보다 보수가 적고, 사회보장 대상자의 범위에서도 제외된다. 오히려 농민공이기 때문에 깔보는 시선과 차별 대우까지 감수해야 한다. 도시민 앞에서 스스로 움츠러들고, 자신이 '비천한 농민 신분'임을 스스로 자각하고 인정하게 된다.

이들은 도시호구를 가진 사람들을 '그들 도시 사람'이라 부르고, 자신은 '우리 외지 농민'이라 부른다. 스스로 자신을 도시의 국외자로 여기며, 종종 어쩔 수 없다는 듯 자조적으로 "우리는 농민이지 않은가?"라고 말하면서 의사표현이나 행동에도 소극적이다. 이들의 실제 노동시간은 노동법에서 규정한 시간을 초과한다. 상하이의 4개 건설공사장에서 일하는 농민공을 대상으로 조사한 결과에 따르면, 1년 365일 휴일 없이 일하고, 하루 노동시간은 10시간을 넘으며, 야간작업도 자주 있다. 이 외에 작업장 위험에 대한 안전보장, 임금 체불, 보험 등의 문제도 있다.[12]

한편, 도시정부 입장에서는 도시 노동자들이 꺼리고 기피하는 일을 저임금의 노동력으로 해결할 필요성 때문에 농민의 도시 진입에 대한 규제를 완화하고, 심지어 통로나 구멍을 열어 두기도 한다. 농촌정부도 도시로 나간 농민공들이 돈을 벌어 온다면 지역경제에 도움이 되므로 농민의 도시 유출을 적극적으로 규제할 이유가 없다.

도농이원제 호적제도에 대한 비판과 반발이 갈수록 빈번해지고 사회정치적 문제로 확대되면서 중국 정부는 각급 지방정부와 도시정부가 도농이원제 호적제도를 취소 또는 변경할 수 있도록 허용하고 있다. 예를 들면, 최근에 허베이河北, 랴오닝遼寧, 산둥山東, 광시廣西, 충칭重慶 등 12개 성(자치구, 직할시)급 지방정부가 농업호구와 비농업호구로 이원화 되어 있는 호구 성격 구분을 취소하고, 도시와 농촌의 호구등기제도를 통일하여 '거민호구居民戶口'라 통칭하고 있다. 이 외에 베이징과 상하이는 농업인구를 비농업인구로 전환하는 제한 조건을 완화했으며, 광둥성의 포산佛山·선전·중산中山 등지에서는 도시화 수준이 비교적 높은 농촌 지구의 주민들을 포괄적으로 비농업호구로 전환해주었다.

농촌이 도시보다 낙후하고 농민은 도시 주민보다 가난한 상황, 그리고 공업화와 도시화 과정에서 돌출되는 삼농 문제는 중국만의 문제는 아니다. 그러나 '중국 특색'의 농촌 문제는 개혁·개방 이전 계획경제체제 시기부터 형성, 심화되어왔다. 이 중에서도 핵심 문제는 '시민'과 '농민'을 구분하는 호적제도 및 농민의 토지사용권(경작권)에 대한 재산권 행사상의 제한이라 할 수 있다. 따라서 중국 정부가 목표로 하는 '신형도시화' 또는 '중국 특색의 도시화' 추진을 위한 선결 과제는 중국 특색의 농촌 문제 안에 내재된 호적제도와 농민의 토지사용권 문제에 대한 해결 방안 마련일 것이다.

6. 도시화 과정의 교훈

1978년 중국의 개혁·개방 결정은 지난 세기 사회주의진영 국가에서 발생한 양대 사건 중 하나로 꼽을 수 있다. 양대 사건의 나머지 하나는 중국의 개혁·개방 11년 뒤에 일어난 1989년 독일의 베를린 장벽 붕괴이다. 이후 소련과 동구권 사회주의국가들에서는 공산당 정권이 몰락하기 시작했다. 지령성 계획경제체제의 문제점을 인식하고 개혁과 개방을 추구한 중국, 반면 제때에 선택과 결단을 내리지 못한 소련 및 동구권 국가의 대조적인 운명은 그 자체로 역사의 교훈이 될 것이다. 이 글에서는 이같이 시작되고 진행된 개혁기 중국 사회의 변화를 도시화라는 관점에서 고찰했다. 이를 통해 얻을 수 있는 주요 함의를 정리해보면 다음과 같다.

먼저, 중국의 도시 정책 경험 및 주요 대도시와 도시군(城市群), 그리고 국토 및 지역 발전 축의 형성 동향에 대한 심층적 이해는 우리 기업의 대對중국 투자뿐 아니라 중국 내수 시장의 개척을 위한 투자 환경을 파악하는 데 기초가 될 것이다.

다음으로, 중국이 체제 전환 과정에서 축적한 도시화와 그에 관련된 정책 경험이 지역 및 도시 정책에 주는 함의를 천착해볼 수 있다. 개혁기 중국에서 생산력을 억압하는 질곡이자 개혁의 대상으로 지목된 것은 바로 중공 정권이 사회주의 개조를 통해 구축했던 국공유제와 지령성 계획경제체제였다. 이는 사회주의 이론을 경제 건설과 인민의 삶의 질을 높이는 실천 수단으로 채택하기 위해서는 한층 정교한 정책 설계와 실천을 통한 검증이 필요하다는 역사적 교훈을 알려준다. 단, 중공은 개혁을 실시할 수밖에 없었던 이유가 공유제를 기초로 하는 사회주의 생산관계에 기인했던 것은 아니며, 자본주의 시장경제체제 단계를 거치지 않은 반봉건 상태에서 지나치게 급진적이고 조방적으로 사회주의 단계로 질러가려고 시도한 극좌 모험주의 노선에 기인했다고 해명한다.

아무튼 이 같은 교훈은 중국 정부가 견지하고 있는 '지역 협조 발전' 또는 '신균형 발전' 정책에도 반영되었다. 즉, 지역 간 협조를 전국적인 경제성장 추세를 유지하는 틀 속에서 추진한다는 것이다. 이는 개혁·개방 이전 시기에 '동보전진同步前進, 동보부유同步富裕' 식의 평균주의적 지역 균형 정책을 밀어붙이다가 좌절한 뼈아픈 경험 때문이라 할 수 있다. 개혁기 중국의 도시 정책 기조도 이 같은 맥락에 따라 소성진小城鎭에 중점을 둔 균형 중시에 대도시를 중시하는 효율 중심의 정책을 절충하면서, 중국 특색의 '신형도시화'와 '농업 현대화'의 길을 탐색하는 단계이고, 경제 발전 방식의 전변과 함께 다원화·종합성·연계성·협조성·포용성 확대를 추구하고 있다.

중국이 도시화 과정에서 축적한 이러한 경험과 교훈은 북한의 도시화와 그 관련 정책에도 중요한 함의를 제공해줄 것이다. 북한 노동당 정권이 개성과 금강산, 나선 지구 등에 중국의 경제특구와 비슷한 성격의 특구를 설치하고 운영하는 등 중국식 개혁·개방 노선을 채택하여 시행하고는 있으나, 아직까지도 중국과 같이 개혁·개방 정책 채택과 실시 의지를 대내외에 공식 발표한 적은 없다. 즉, 북한 '특구'의 주요 목적은 당면한 경제난을 타개하기 위한 외화벌이일 뿐, 중국처럼 '특구' 설치의 전제나 목적이 개혁·개방 정책 확대를 위한 것이 아니다. 그러나 현재 장마당 경제 확산 등 아래로부터 변화 요구가 분출되고 있는 북한의 상황은, 개혁·개방 이전 시기에 중국에서 지령성 계획경제체제가 생산력을 억압하는 질곡으로 작용했던 상황과 본질적으로 같다고 할 수 있다. 따라서 북한 정권도 중국식 개혁·개방 모델을 어떤 형태로든 수용할 수밖에 없을 것이다. 이 경우, 중국이 개혁·개방 전후에 축적한 경험이 매우 유용한 함의를 제공해줄 수 있을 것이다.

급속한 도시화의 아이콘, 선전
—이중도시, 이민도시로서의 발전

윤종석

"시간은 금이고, 효율은 생명이다.(時間就是金錢, 效率就是生命)"

—초대 서커우蛇口 공업구 관리위원회 주임, 부 동사장董事長 겸 당위원회 서기 위안겅袁庚(1980)

"개혁과 혁신은 선전의 근본이고, 선전의 혼이다.(改革創新是深圳的根, 深圳的魂)"

—2010년 선전 경제특구 30주년을 맞이하여 선정된 '선전 10대 관념' 중 하나

1. 최초의 경제특구, 선전

개혁·개방 이후 중국은 연 10%가 넘는 경제적 급성장을 해왔다. '죽의 장막'을 걷고 시작한 (포스트 사회주의로의) 개혁과 (글로벌 자본주의 체제로의) 개방은 전 세계 자본을 중국으로 빨아들였다. 중국은 세계의 공장이자 세계의 시장이 되었으며, 글로벌 정치·경제에서 G2 중 하나가 되었다. 이러한 '중국의

두 개의 뤄팡촌

선전과 홍콩에는 높은 철책을 사이에 두고 각각 뤄팡촌이 형성되어 있다. 홍콩 뤄팡촌은 선전 뤄팡촌 사람들이 건너가서 형성된 마을이다. 철책을 기준으로 왼쪽이 홍콩 뤄팡촌이고, 오른쪽이 선전 뤄팡촌이다.

* 출처: 『南方都市报』

부상'을 보여주는 극적인 사례가 바로 홍콩과 선전深圳에 존재하는 뤄팡촌羅芳村이라는 마을이다.

뤄팡촌은 원래 선전 지역의 작은 마을이었지만, 1960~1970년대 선전 뤄팡촌에서 홍콩으로 도망 나간 사람들이 집단으로 거주하면서 홍콩에도 또 하나의 뤄팡촌이 만들어졌다.[1] 개혁·개방 초기인 1970년대 말, 뤄팡촌은 경제특구 건설을 위해 시찰 나온 주요 인사들이 반드시 들르는, 개혁·개방의 필요성을 상징하는 지역이었다. 그 무렵 홍콩 뤄팡촌 사람들은 홍콩 내 최하층 노동자로 생활함에도 1인당 연평균 소득이 13,000위안元으로, 선전 뤄팡촌 사람들의 연평균 소득인 134위안보다 거의 100배가 높았다. 이처럼 엄청난 소득 격차는 그 자체로 개혁·개방의 필요성을 명확히 보여주었다.

그렇다면 지금은 어떨까? 2015년 현재, 선전 뤄팡촌은 선전 발전의 상징

중 하나로 꼽힌다. 1인당 연평균 소득에서 선전 뤄팡촌 사람들은 이미 홍콩 뤄팡촌 사람들을 앞선다. 더욱 흥미로운 사실은 선전 뤄팡촌의 발전에 홍콩 뤄팡촌 사람들이 상당 부분 기여했다는 점이다. 혈연이나 지연 등으로 친밀한 관계에 있던 이들은 개혁·개방 이후 마을 단위의 개발회사를 설립하여 발 빠르게 건물을 증축하고, 외지에서 유입되는 사람들을 대상으로 부동산 임대업 등 각종 사업을 시작했다. 즉, 홍콩으로 도망갔던 사람들로부터 자본주의 경험을 배움으로써 다른 지역에 비해 더욱 빠르고 안정적으로 변화와 전환에 나설 수 있었던 것이다. 이들 중 상당수는 홍콩과 선전, 두 지역 모두에서 생활한다. 돈벌이의 기회가 있는 선전에서는 임대료와 사업을 통해 돈을 벌고, 안락한 생활환경이 갖춰진 홍콩에서는 편안한 노후를 보내며 두 도시의 장점을 누리고 있다.

뤄팡촌 이야기는 오늘날 중국의 개혁·개방체제가 어떻게 성공했는가에 대한 하나의 시사점을 제공한다. 즉, 자본도 기술도 없고, 자본주의적 경영 및 관리의 경험도 없는 중국이 어떻게 발전할 수 있었을까에 대한 이야기다. 흔히 중국에서 지역의 경제성장과 도시 발전을 "돈은 어디에서 나오고, 사람은 어디로 가야 하나(錢從哪裏來, 人到哪裏去)"의 문제로 말한다. 부족한 자본과 넘쳐나는 인구 속에서 어떻게 경제성장을 이룰 수 있을까라는 고민이 담긴 문제의식이다. 선전 경제특구는 개혁·개방 이후 중국의 경제성장과 체제 전환을 살펴볼 수 있는 하나의 '창窓'이자 '거울'과 같다.[2] 덩샤오핑鄧小平이 경제특구를 '기술의 창구, 관리의 창구, 지식의 창구이자 대외 정책의 창구'라고 말한 이유가 바로 여기에 있다. 선전은 최초의 경제특구로서 개혁·개방의 시험장이자 창구窗口, 척후병(排頭兵)으로 기능해왔다. 또한 홍콩을 통해 자본주의적 요소를 중국에 도입한 첫 시험장이었고, 개혁과 혁신을 통해 '선전 속도深圳速度'라 불릴 정도의 경제적 급성장을 이루어냈다. 그러나 단기간에 급성장을 이룩했던 만큼 풀리지 않은 문제 또한 산적해 있다. 2010~2011년 폭스콘Foxconn 노동자의 연쇄 자살은 급성장에 가려진 문제들을 보여주는 상징적 사건이었다.

선전의 급속한 도시화와 경제성장의 모습은 개혁·개방 이후 중국의 전환과 발전이 어떻게 이루어졌는지를 잘 보여준다. 한낱 작은 어촌에 불과했던 선전은 급속한 발전을 통해 베이징, 상하이, 광저우 등과 나란히 주요 대도시의 반열에 올랐다. 홍콩을 통해 도입된 자본·기술·관리의 경험은 선전의 경제성장을 추동했고, 외부로부터 물밀듯이 밀려온 젊은 노동력은 선전의 경제건설과 도시 발전의 핵심 주체였다. 두 지역의 지리적 인접성을 기반으로 한 선전과 홍콩의 '이중도시'적 성격은 개혁·개방 초기의 경제특구를 설치할 때부터 주요하게 고려되었으며, 이후 발전과 전환 과정에서도 중요한 영향을 미쳤다.

대부분의 노동력이 외부로부터 유입된 '이민도시'적 성격 또한 마찬가지다. 그들은 '선전에 온 건설자(來深建設者)'라는 말처럼 새롭게 만들어진 공간의 경제성장과 도시 발전을 위해 불나방처럼 뛰어들었다. 그러나 기존 체제의 사회질서에 구애받지 않을 수 있다는 특징은 커다란 장점이자 또한 단점이기도 했다. '경제특구'로서 개혁 정책을 다른 지역보다 먼저 추진할 수 있었던 '특별함'은 선전의 놀라운 경제성장을 이끈 주된 동력이었지만, 다른 한편으로 급속한 도시화의 과정에서 겹겹이 쌓여가는 사회경제적 모순은 또 다른 '특별한' 사회경제적 전환을 필요로 했다. 이중도시, 이민도시로서의 성격을 통해 선전 경제특구의 발전과 전환 과정을 살펴보면서, 중국의 개혁·개방 과정을 되짚어보자.

2. 중국의 급속한 도시화와 '선전 속도'

선전의 경험을 되짚어 보는 일은 최근 중국 사회의 변화와 관련해서도 의미가 깊다. 최근 중국은 다시 한 번 커다란 '변화'의 시기를 겪고 있다. '중국의 꿈(中國夢)'과 '신형도시화', '중국 제조 2025', '인터넷 플러스'에 '일대일로一帶一路'까지, 새로운 미래의 중국을 이야기하는 여러 정책과 방침이 쏟아

Note | 중국의 꿈(中國夢)과 업그레이드 전략

중국의 경제적 급성장은 동남 연해 지역을 바탕으로 한 저임금·저부가가치의 제조업 중심으로 이루어져왔다. '세계의 공장'이라는 수식어는 바로 이 같은 중국 경제성장의 기본적 토대를 잘 보여준다. 다만 2000년대 중반 이후에는 과거의 양적 지표에 중심을 둔 경제 발전 방식에서 벗어나 고부가가치, 하이테크 기술을 중심으로 한 질적 지표에 초점을 맞추는 정부의 노력이 지속되고 있다.

2012년 시진핑習近平이 집권하면서 이러한 흐름은 더욱 본격화되어, '신형도시화', '중국 제조 2025', '인터넷 플러스', '일대일로' 등 질적 업그레이드를 중시하는 다양한 정책이 제시되고 있다. '위대한 중화민족의 부흥'이라는 이데올로기적 측면뿐 아니라 고부가가치 제조업으로의 질적 업그레이드를 추구하는 '중국 제조 2025', 온라인과 오프라인의 결합을 통한 새로운 영역의 발전을 추동하는 '인터넷 플러스', 중국과 주변 세계를 한층 긴밀하게 결합하여 공동 발전을 모색하고자 하는 '일대일로一帶一路' 등은 바로 이런 맥락에서 파악할 수 있다. 또한 사회적 측면에서도 '신형도시화'를 통해 기존의 양적 도시화에서 상대적으로 부족했던 '인간의 도시화'를 강조함으로써 질적인 측면의 도시화를 업그레이드하겠다는 의지를 표명하고 있다. 그러나 도시화를 여전히 미래의 경제 발전을 위한 도구적 혹은 보완적 성격으로 본다는 점에 대해서는 여러 비판이 제기된다.

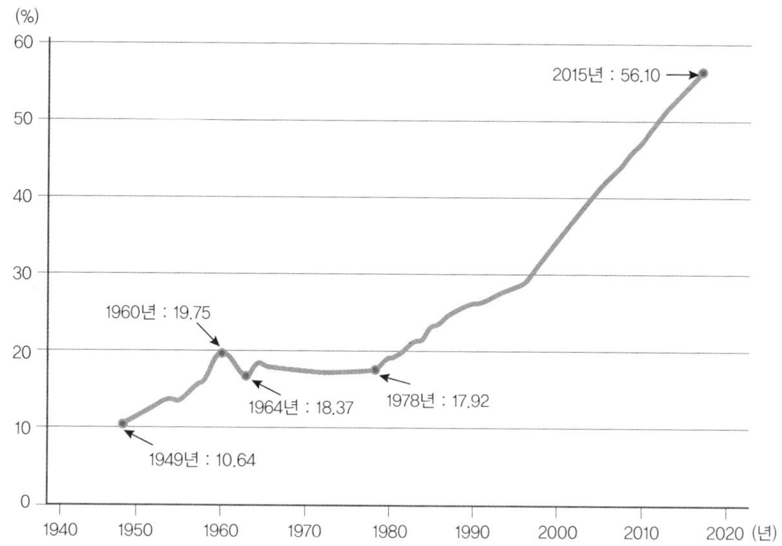

〈그림 1〉 중국 도시화율의 변화(1949~2015)

1949년 이후 중국은 제3세계 지역의 과잉 도시화에 비해 상대적으로 과소 도시화의 특징을 띠고 있다. 이데올로기적·정치경제적 차원에서 도시의 발전은 억제되었고, 1960~1970년대 도시화율은 10% 중·후반 대에 머물렀다. 그러나 1978년 개혁·개방을 시작으로 빠른 속도로 도시화가 진행되고 있다.

※ 도시화율 = (도시인구城鎭人口) / (도시인구 + 향촌인구鄉村人口)

※ 인구 기준은 호구인구가 아니라 상주인구常住人口(6개월 이상 한 지역에 머무르는 인구)임.

* 출처: 『中國統計年鑑 2015』를 바탕으로 필자가 재구성.

져 나오고 있다. 여기에 비친 미래의 중국은 매우 현대적이고 고도로 산업화되었으며, 세계와 긴밀히 연결되어 있는 개방적인 이미지다. 사실 개혁·개방 이후 중국 사회의 변화는 너무 빨라서 현기증이 날 정도이다. 더 이상 과거의 '사회주의 중국'을 떠올리기 쉽지 않을 정도로 많은 면에서 이미 상당한 '전환'이 이루어졌다. 그렇기에 개혁·개방을 상징하는 선전 지역이 그 전환의 과정에서 어떻게 대처해왔으며, 어떤 길을 모색하고 있는지는 충분히 살펴볼 가치가 있다.[3]

그중 가장 주목할 만한 변화가 바로 '급속한 도시화'이다. 중국 전체적으로 1960~1978년 기간에 도시인구의 비율은 일정 수준을 유지하거나 다소 감소했던 데 반해, 개혁·개방 이후에는 매우 빠르게 증가했다. 중국의 도시인구는 1980년 1억 7,000만 명(전체 인구의 19.4%)에서 2015년 현재 약 7억 7,000만 명(56.1%)으로 증가했다. 도시 공간 또한 크게 증가했다. 도시 수는 1978년 193개에서 2014년 703개로 증가했으며, 도시 면적도 크게 증가했다.[4] 그뿐 아니라 거점도시를 중심으로 여러 도시들이 하나의 경제권으로 묶인 '도시군(城市群)'으로 발전하면서, 도시들 간 상호 보완과 협력을 중점에 둔 '도시군 발전 전략'이 새로운 지역발전전략으로 주목받고 있다.

그러나 도시화의 질적 수준은 매우 떨어지는 편이다. 중국의 「국가 신형도시화 규획 2014~2020년(國家新型城鎭化規劃 2014~2020)」(이하 「국가 신형도시화 규획」)에 따르면, 2013년 현재 상주인구 도시화율은 53.7%이지만 호구인구 도시화율은 36%에 머무르고 있다.[5] 농민공農民工으로 대표되는 2억 이상의 농촌 출신 도시 상주인구는 도시지역에서 제도적·비제도적으로 많은 차별을 받아왔다. '거짓 도시화(僞城鎭化)', '반도시화(半城鎭化)'라는 말에서 드러나듯, 인구 차원에서 도시화의 질적 수준을 높일 필요가 다분하다. 실제로 「국가 신형도시화 규획」에서는 2020년까지 상주인구 도시화율을 60%, 호구인구 도시화율을 45%까지 높이는 것을 목표로 삼고 있다. 또한 인구의 집중에 비해 도시 기반시설 및 도시 기능의 확충은 미흡하기 때문에 도시 주민에게 상당한 불편과 불만을 야기하고 있다. 더욱이 급속한 도시화는 불균등 발전으로 이어져서 상당한 사회경제적 문제를 초래했다. 인구, 자본 등 대부분의 자원이 동남 연해 지방에 집중되면서 지역 간, 도농 간, 계층 간 격차는 더욱 확대되었다. 〈그림 2〉에서 보듯, 일부 대도시에 도시인구의 상당수가 집중되어 있으며, 대도시와 중·소도시 간 불균등 발전 또한 심각하다. 지역별 상주인

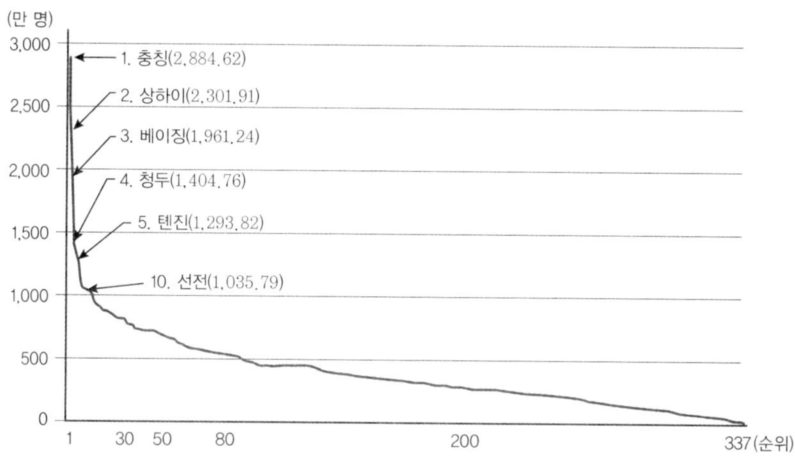

〈그림 2〉 2015년 중국의 도시 순위(1~337위)와 인구 규모의 관계

개혁·개방 이후 중국의 도시들은 그 숫자도 늘어났지만 규모 면에서도 크게 발전했다. 기존의 대도시인 베이징·상하이·텐진·광저우는 인구수와 규모 면에서 크게 증가했고, 충칭重慶·청두成都 등의 도시는 행정적·종합적 측면의 필요 때문에 상당한 수의 인구와 규모를 갖추게 되었다. 물론 개혁·개방 이후에 새롭게 급성장한 도시도 많이 있다. 특히 선전은 1978년 작은 어촌에 지나지 않았지만, 2015년 현재 전국 10위권의 대도시로 급성장했다.

* 출처: 中國統計局(http://www.stats.gov.cn/tjsj/) 자료를 바탕으로 필자가 재구성.

구 도시화율로 볼 때, 동부 지역이 62.2%인 데 반해, 중부 지역은 48.5%, 서부 지역은 44.8%로서 그 격차가 매우 크다. 특히 징진지京津冀(베이징北京·텐진天津·허베이河北), 창장長江 삼각주, 주장珠江 삼각주 등 3대 도시군은 전국 토지 면적의 2.8%에 불과하지만, 인구수로 보면 전체 인구의 18%가 집중되어 있고 국내총생산액은 36%를 차지할 정도다.[6]

중국의 급속한 도시화와 발전은 어떻게 가능했으며, 어떻게 진행되고 있는가? 개혁·개방 이후 변방의 어촌에서 베이징, 상하이, 광저우와 견줄 만한 대도시로 성장한 '선전 경제특구'의 경험을 통해 이를 탐구해보고자 한다. 중국의 개혁·개방을 대내·대외 개방과 체제·제도 개혁이라고 한다면, '선전'은

〈표 1〉 선전 경제특구의 사회경제적 지표 발전(1979~2015)

구분	GDP (만 위안)	1차산업 (만 위안)	2차산업 (만 위안)	3차산업 (만 위안)	상주인구 (만 명)	호구인구 (만 명)	비호구인구 (만 명)	1인당 GDP[1)] (위안)
1979 [A]	19,638	7,273	4,017	8,348	31.41	31.26	0.15	625.21
2015 [B]	177,502,990	56,600	72,055,300	102,918,000	1,137.89	354.99	782.9	153,819.7
증가배수[2)] [B/A]	9,038.75	7.78	17,937.59	12,328.46	36.23	11.36	5,219.33	246.03

1) 1인당 GDP : GDP / 상주인구(필자가 직접 계산)
2) 증가배수 : 2015년 수치 / 1979년 수치(필자가 직접 계산)
※ 1979년에 3차산업의 비중이 높은 이유는 홍콩을 상대로 상업에 종사하는 사람이 많았기 때문이다. 선전은 경제특구로 지정되기 이전에도 홍콩과 인접해 있다는 지리적 이점 때문에 상업 무역이 1차산업이나 2차산업보다 빠르게 발전했는데, 이는 광둥성의 다른 지역과 구별되는 차이다.(陶一桃·魯志國 主編,『中國經濟特區史要』, 商務印書館, 2010)
* 출처: 深圳統計(http://www.sztj.gov.cn), 검색일: 2016. 4. 26.

대표적 경제특구로서 홍콩과 지리적으로 인접하여 대외 개방성을 갖고 있을 뿐 아니라 외래인구가 대부분을 차지하는 이민도시의 성격을 갖고 있기 때문에 급속한 변화와 전환을 살펴보기에 적절하다.[7]

선전의 급속한 도시화는 〈표 1〉의 사회경제적 지표를 통해서도 여실히 드러난다. 1979년부터 2015년까지 선전의 국내총생산(GDP)은 9,038.75배, 상주인구는 36.23배, 1인당 GDP는 246.03배 증가했다. 아울러 인구 천만 명 이상의 대도시로서 그 실력 또한 기존 주요 대도시들과 필적할 만큼 성장했다. 경제 규모 면에서 2015년 전국 주요 대도시 중 베이징, 상하이, 광저우에 이어 4위를 기록했으며, 1인당 GDP로는 세 도시를 모두 앞질렀다. 또한 수출입 각각과 그 총액 기준으로도 전국 주요 도시 가운데 1위를 차지했다. 하나의 어촌에 불과하던 '선전'이 30여 년 만에 이룩한 결과는 실로 놀라웠다.

아울러 선전 경제특구의 공간 또한 크게 확대되고 조밀해졌다. 일반적으

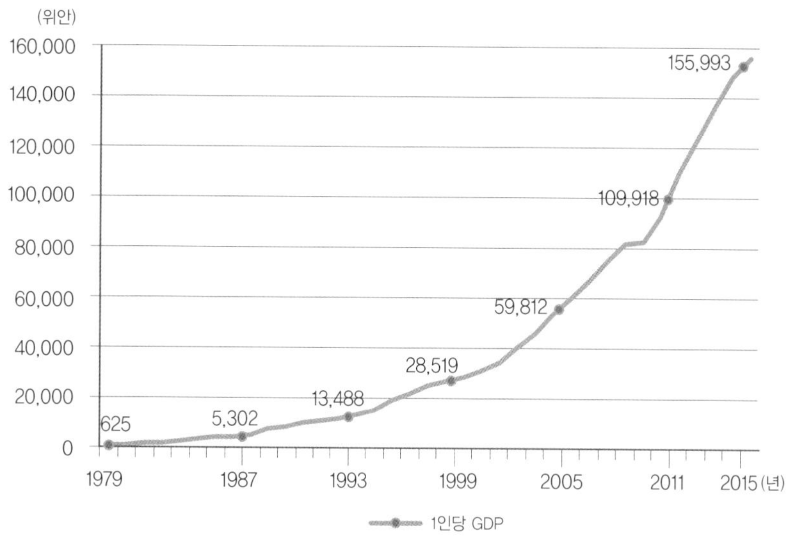

〈그림 3〉 선전의 1인당 GDP 변화(1979~2015)

선전은 경제특구 초기에 20~30% 이상의 고성장을 지속하면서 개혁·개방의 총아로 떠올랐다. 그러나 2000년대 이후까지 30년 이상 높은 성장률을 지속하기란 결코 쉽지 않다. 이런 차원에서 2000년대 중반 이후 사회경제적 변화와 선전 경제특구의 질적 고도화를 위한 노력에 주목할 필요가 있다.

* 출처: 深圳統計(http://www.sztj.gov.cn), 검색일: 2016. 4. 26.

* 필자가 선전 GDP를 상주인구로 나누어 직접 계산한 것.

로 급속한 도시화는 도시 내 무질서한 공간 구조를 양산하고 도시의 통합적 기능을 상당히 저해하곤 한다. 선전의 경우 사회주의 체제의 전환과 변경이라는 성격 때문에, 경제특구의 안과 밖을 경계 지어 구분하고 사람과 물자의 통행을 엄격히 관리했다. 그러나 인구가 급증하면서 특구 내 개발 공간 및 자원의 부족, 경제특구 안과 밖의 커다란 개발 격차는 선전의 발전에 상당한 문제를 야기했다. 하나의 해결책으로써 선전시정부는 경제특구의 공간적 확장을 추진했다. 2004년 선전은 모든 농촌지역을 행정적 차원에서 도시지역으로 전환하면서, 중국 최초로 '농촌 없는 도시'가 되었다.[8] 선전 지역 내 도시와 농촌의 통합적 관리가 추진되면서 특구 내외의 토지, 인구, 경제, 행정 관리 체제 등을 일치시키는 노력이 함께 진행되었고, 2010년 선전 경제특구가 선전시 전체로 확대되면서 선전은 경제특구로 완전히 통합되었다.[9]

선전의 급속한 경제성장과 도시화는 '선전 속도'라 일컬어질 만큼 중국판 개발주의를 대표한다. 또한 "시간은 금이고, 효율은 생명이다", "개혁과 혁신은 선전의 근본이고, 선전의 혼이다"라는 표어는 선전에서 면면히 이어져오는 개발주의를 상징한다.[10] 선전 경제특구는 거침없는 경제성장 속에서 1980년대 이후 '전국 첫 번째'의 영예를 수없이 얻었다.[11] '선전 속도'는 '돌진적 근대화'처럼 맹렬히 발전만을 꾀하는 선전 경제특구를 상징하는 말이었다. 오로지 성과만을 위한 제도 개혁, 최단시간 내 행정 처리는 선전에서만 가능한 일이었다. 1985년, '3일에 1층'을 건설할 정도로 빠르게 세운 선전국제무역중심빌딩(深圳國際貿易中心大廈)은 '선전 속도'란 말을 탄생시켰다. 1992년 남순강화南巡講話를 거치면서 개혁·개방은 가속화되었고, 선전의 개발은 더욱 빨라졌다. 1996년에 완공된 선전디왕빌딩(深圳地王大廈)은 최고 속도로 '9일에 4층'을 지어 올릴 정도였고, 당시 아시아 최고 높이로서 선전의 발전과 기술 혁신을 상징했다.

선전 경제특구의 돌진적인 경제성장은 매우 필사적인 것이었다. 개혁·개방 초기에 중국의 경제성장 가능성은 상당히 의심스러웠다. 중국 내 자본은 절대적으로 부족했고, 그렇다고 기술 수준이 높은 것도 아니었으며 현대적인 경영·관리의 경험 또한 부족했다. 오직 저렴한 노동력과 미개발의 토지만이 다른 국가에 비교우위를 가졌을 뿐이었다. 더욱이 중앙정부는 명확한 개혁의 청사진도, 개발을 지원할 충분한 자금도 갖고 있지 못했다. "중앙은 돈이 부족하니 광둥성 스스로 방법을 생각해봐라(中央缺錢, 廣東省自己想辦法)"는 덩

〈표 2〉 선전에서 시작된 주요 개혁 실험 일람표

주요 분야	주요 내용
입찰제도 개혁	프로젝트 입찰(工程招標) 제도 도입(1981) : 공사 기간 단축 및 비용 절감
가격 및 세금, 무역제도 개혁	물가 개혁 시행(1981), 특구 내 기업의 소득세 세율 통일(1985), 보세생산자료시장 개장 및 '선전유색금속거래소深圳有色金屬交易所' 건립(1991), 출입국 관리 체제, 세수 징수 및 관리 체제 개혁(1995), 상업 무역 유통 체계 개혁 및 외국기업에 대한 내국인 대우 시행(1997)
임금·기업제도 개혁	임금분배제도 개혁(1982), 노동계약제 도입(1982) 및 계약 노동자에 대한 사회보험 시행(1983), 기업 봉급제도 개혁(1983) 및 정부기관, 사업 단위의 봉급제도 개혁(1984), 최초의 주식제기업 성립(1983: '深寶安 A'), 국영기업에 대한 주식제 개혁 시작(1986), 최초의 국유자산 관리·경영 전문 기구 설립(深圳市投資管理公司, 1987), 국내외 국유기업 공개 양도(1990), 최저임금제도(1992), 국제 관례에 의거하여 기업 분류·등록을 심사 비준제에서 승인제로 개정(1993), 28개 기업의 현대 기업제도 건립 실험장 선정(행정 주관 부문으로부터 기업 독립, 경영자 연봉제와 종업원 주주제 실험 시행, 1994), 사회보장제도 및 사회 중개 조직에 대한 개혁(1995), 대형 기업집단 건립(1996), 시 소속 국유기업에 대한 전면적인 기업제도 개조(1997)
인사·행정제도 개혁	인사제도 개혁(1980년대, 2000년대), 시 소속 국유기업 경영 간부진 관리체제 개혁(1996), 행정제도 개혁(大部制 등, 2000년대 후반)
금융제도 개혁	외환조절센터 건립(1985), 최초의 기업 자체 주식제 상업은행(招商銀行, 1987), 최초의 주식 공개 상장 은행(深圳發展銀行, 1987), 현대적 증권기업(深圳證券公司, 1987), 최초의 주식제 보험회사(平安保險股份有限公司, 1988), 은행 업종에 자산위험관리 시행(1993), 비상장기업 주권 대리거래제 실험(1996)
토지·주택제도 개혁	토지사용권 유상양도 및 토지사용비 징수(1980). 국유토지사용권 유상양도(1987), 최초의 토지 경매(1987), 실물 분배에서 현금 보조로 주택 분배 방식 개혁(1988)
과학기술 분야	국내외 지적재산권교역소 건립(產權交易所, 1993), 중국하이테크기술성과교역회(中國高新技術成果交易會, 1999년 이후 매년 개최)
문화 정책 실시	'문화입시文化立市' 전략 실시(2003), 선전국제문화산업박람회 개최(深圳國際文化產業博覽會, 2004), 디자인 도시(設計之都, 2008)

* 출처: 윤종석, 「체제 전환과 중국의 선전 경제특구: 전환과 발전의 이중주로서의 예외 공간」, 박배균·이승욱·조성찬 편, 『특구: 국가의 영토성과 동아시아의 예외 공간』, 2017에서 재인용.
* 필자가 직접 정리하여 작성.

샤오핑의 말은, 당시 선전 경제특구가 처한 어려운 현실을 여실히 보여준다. 홍콩과의 지리적 인접성은 선전이 경제특구로 선정될 때 주요한 고려 사항이었고, 이는 경제특구로서 최고의 입지 조건이 되었다. 홍콩을 통해 자본·기술·관리 등 자본주의적 요소들이 도입되고 외자기업과 민영기업이 성장하면서 일자리도 빠르게 늘어났다. 중국 내륙으로부터 몰려든 엄청난 규모의 인구는 자신의 노동력을 저렴한 가격에 제공함으로써 선전의 발전에 기여했다. 최고의 입지 조건과 저렴한 노동력, 이 둘을 잘 결합해내지 못한다면 실패는 불 보듯 뻔했고, 심지어 성공한다 할지라도 사회주의 체제하에서 정치적 풍파를 맞을 위험도 상당했다. "죽을힘을 다해 혈로를 뚫는다(殺出一條血路)", "과감하게 돌진하고 과감하게 시험한다(敢闖敢試)"는 말처럼 절대 쉽지 않은 과정이었지만, "한 걸음 먼저(先走一步)", "용감히 천하에서 가장 먼저(敢爲天下先)" 개혁과 혁신을 통해 발전을 추동해왔다.

그러나 급속한 도시화와 양적인 경제 발전에는 명확한 한계가 있었다. 염가 노동력에 기반한 제조업 중심의 산업 발전은 비교적 쉽게 빠른 경제성장을 가져왔지만, 그만큼 다른 지역과의 경쟁에서는 취약할 수밖에 없었다. 특히 개혁·개방이 확대됨에 따라 경제특구로서의 정책적 '특수'가 상당 부분 사라지면서 경쟁은 더욱 격화되었으며, 한정된 도시 공간과 자원으로 외부에서 유입된 수많은 인구를 관리하는 일은 커다란 짐이 되기 시작했다.

이제부터는 발전과 전환의 길목에 선 선전의 변화를 산업고도화, 광역도시화의 측면과 인구 관리의 측면에서 살펴볼 것이다. 홍콩과의 지리적 인접성과 이민도시로서의 성격은 선전의 질적 도약과 새로운 출로를 여는 데 중요한 기반이 되었다. 선전은 개혁과 혁신을 자신만의 '특별'한 것으로 삼아 '특구'로서 정체성을 지켜나가고 발전을 시도하면서, 기존의 발전에 대해 재인식하고 향후 발전을 위해 자신의 자원을 적극적으로 활용하고 있다. 한 지역이 30년 넘게 고성장을 유지해왔다는 점에서 그 경험에 대해 좀 더 자세히 살펴볼 필요가 있다.[12]

3. 이중도시로서의 홍콩과 선전: 산업고도화와 광역도시화

개혁·개방 초기 중국은 노동력과 토지 자본의 비교우위를 바탕으로 외국자본과 기술, 관리의 경험을 도입하여 경제 발전을 꾀했다. 그러나 문화대혁명의 풍파를 10여 년 겪은 탓에 전국적으로 자본주의적 요소를 동시에 도입한다는 것은 쉽지 않은 일이었다. 더욱이 사회주의 중국이 죽의 장막을 걷고 개혁·개방을 한다고 해도, 외부에서 볼 때는 정치·경제적으로 불확실성이 많기 때문에 중국 대륙으로 진출하는 일은 결코 쉬운 결정이 아니었다. 경제특구는 개혁·개방의 실험실로서 중국 내에서 '예외적인 공간'이었다. 경직된 계획경제를 벗어나 '체제 외'적인 요소를 먼저 도입하는 '제한적인 공간'으로서, 중국판 구획화 기술(zoning strategy)의 결정체이자 불균등 공간발전전략의 대표적 사례였다. 중국 사회주의 체제에 얽매이지 않는 별도의 논리가 외부로부터 도입되어 경제특구 공간에 펼쳐졌다. 그런 면에서 경제특구는 중국 영토 내에 있지만 '체제 외' 실험 공간이었고, 시장경제적 요소와 계획적 요소가 병존하는 '이중적인 공간'이었다. 또한, 결과가 성공적이라면 그 성과는 중국 국내로 확산될 것이므로 특구로서의 특별함이 궁극적으로 사라지게 될, 다시 말해서 '체제 내'로 다시 되돌아갈 운명을 지닌 '잠정적인 공간'이었다.[13] 이런 측면에서 경제특구의 발전(development)이란 개발(development)의 과정이자 그 결과인 동시에, 체제 전환의 시작이자 그 과정 또는 결과이기도 했다. 경제특구를 동남 연해 지역의 변경에 설정한 이유도 충분히 이해할 만했다. 구체제의 유산에서 좀 더 자유롭고, 외부로부터 자본과 경험, 기술을 좀 더 쉽게 도입할 수 있는 효율적인 측면도 있지만, 그 전환에 따른 위험부담을 체제의 핵심부에서 최대한 멀리 두고 싶은 '거리 두기'의 심리가 존재했다.[14]

초기에 홍콩과 타이완 등의 화교 자본은 중국의 경제 발전에 결정적으로 중요한 역할을 담당했으며, 특히 홍콩은 선전 경제특구로 들어가는 완충지이자 중개지 역할을 수행했다. 선전 경제특구는 홍콩과 중국 대륙을 연결하는 통로였고, 바로 그 덕분에 중국 대륙의 노동력, 토지 자원과 글로벌 자본주의의 자본·기술·관리가 결합될 수 있었다. 중국은 선전이라는 '창(window)'을 통해 글로벌 자본주의의 경험을 보고 배울 수 있었으며, 홍콩이라는 '거울'을 통해 자신의 존재와 미래를 비춰볼 수 있었다.[15] 사실 홍콩은 개혁·개방 이전부터 상수도나 생필품 자원 등의 문제에서 중국 대륙과 상호 의존적이었다. 산업고도화의 맥락뿐만 아니라 언어적·문화적 차원의 동질성 또한 홍콩이 선전과 세계를 연결하는 중개지 역할을 하는 데 중요한 요소였다.[16]

선전 경제특구 내에서 추진된 새로운 실험과 시도는 홍콩이 있었기 때문에 가능했을 뿐 아니라 중국 내에서 '특수'하고 '특별'할 수 있었다. 그래서 지금부터는 홍콩과 선전의 이중도시적 성격에 기반하여 선전 경제특구의 산업고도화와 광역도시화를 살펴보겠다.[17]

초기의 선전 경제특구는 주로 저렴한 노동력과 외국자본의 도입에 기반하여 경제성장을 이룩했다. 그리고 홍콩은 자본·기술의 도입과 운용에 상당히 중요한 역할을 했다. 1979년 어촌이던 서커우蛇口에 중국 최초의 대외 개방형 공업단지가 건설되어 23개 공장이 입주한 이래, 삼래일보三來一補 산업과 삼자기업三資企業은 선전 경제특구의 발전을 주도했다.[18] 즉, 낮은 기술력과 저렴한 노동력을 활용하여 완성품을 생산하고, 기존의 설비·인력이나 현물출자한 토지·건물 등에 외국자본의 투자를 받아 합작을 하거나 가공·수출산업에 외국자본이 독자로 경영하는 기업을 다수 받아들인 것이었다.

생산원가 절감을 모색하던 외국자본들은 선전 경제특구로 공장을 이전하

Note | 삼래일보 산업과 삼자기업

삼래일보 산업이란 임가공 위탁 생산방식을 뜻하는데, 상세한 내용은 다음과 같다. 외국의 위탁자가 원부자재와 포장재를 공급하고 중국 내 수탁 가공공장이 조립·가공하여 완성품을 만든 뒤 외국 위탁자에게 공급하는 '위탁 가공(來料加工)', 외국 위탁자가 완성품의 디자인과 규격, 상표, 품질 기준 등을 제시하면 중국 내 수탁 가공공장이 그 요구에 맞춰 필요한 원부자재와 포장재를 독자적으로 구매하여 완성품을 생산한 뒤 외국 위탁자에게 공급하는 '견본 가공(來樣加工)', 외국 위탁 가공자로부터 부품과 조립 설비 등을 공급받은 후 중국 내 수탁 가공 공장이 이를 조립·생산한 완성품을 외국 위탁자에게 공급하고 조립 비용만 받는 '녹다운 수출(來件裝配)', 중국 측이 외국으로부터 자금이나 기계 설비, 기술, 특정 원료 등 생산 재료를 공급받아 완성품을 생산하고 위탁자에게 다시 수출하되 생산 재료의 대금을 완성품으로 상환하는 '보상무역補償貿易'을 이른다.

삼자기업이란 외국 기업이 중국에 투자하는 대표적인 3가지 기업 형태를 가리키며, 중국 경내에서 설립된 중외합자경영기업中外合資經營企業, 중외합작경영기업中外合作經營企業, 외상독자기업外商獨資經營企業을 일컫는다. 중외합자기업은 반드시 중국 정부의 심의·인가를 받아야 하고 관리를 받는 반면, 중외합작기업과 외상독자기업은 정관에 따라 좀 더 자유로운 경영이 가능하다는 점에서 차이가 있다.

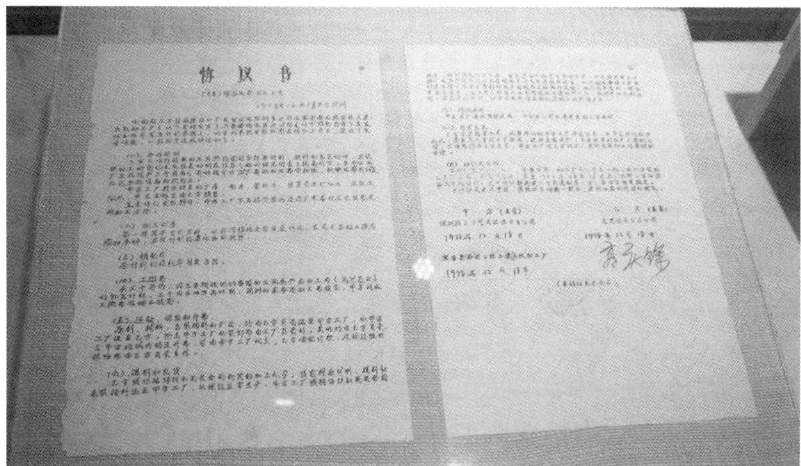
协议书

중국 최초의 삼래일보 기업 자리에 건립한 바오안 노무공박물관(위)과 중국 최초의 삼래일보 기업협의서(아래)

바오안 노무공박물관寶安勞務工博物館은 2006년 바오안구寶安區정부가 최초의 삼래일보 기업인 상우이 전자제품공장(上屋怡高電業廠)의 부지를 매입하여 설립되었고, 2008년부터 일반에 공개되었다. 3,500km^2 부지, 4,700km^2 의 건물을 총 5개 구역으로 나누어 노무공의 역사와 문물을 전시하고 있으며, 과거 공장 시설 및 생산품도 함께 보존하고 있다. 바오안구는 선전 내에서도 가장 이른 시기에 빠른 속도로 노무공들이 외부로부터 유입된 지역으로, 2010년을 전후한 노무공의 수는 400만 명을 넘어설 정도였다. 상우이 전자제품공장은 1978년 12월 18일 설립된 최초의 삼래일보 기업으로서, 2010년 영업 총액이 5억 위안에 이를 만큼 크게 성장했다. ⓒ윤종석기 시작했고, 이때 홍콩은 중국과 세계를 연결하는 중개지 역할을 수행했다. '전방 상점 홍콩, 후방 제조공장 선전(前店後廠)'이라는 말처럼, 홍콩의 염가제조업 등이 선전으로 이전했지만 일정 기능은 홍콩에서 담당했다.[19] 홍콩 자본은 '홍콩 본사 – 선전 제조공장'의 생산방식을, 기타 외국자본은 선전에 제조공장을 선정하고 홍콩에 대표사무소나 현지법인 형태의 지사를 설립하여 '외국 본사 – 홍콩 지사 – 선전 생산공장'으로 연결되는 3각 임가공 위탁 생산방식을 활용했다. 이러한 방식은 홍콩 지사를 통하여 선전 경제특구 내 생산공장에 대한 금융, 원자재 공급, 생산품 선적, 품질 관리 등의 업무를 관장함으로써 원가 및 품질 관리는 물론 세제 혜택까지 받을 수 있는 장점이 있었다.[20]

이에 더해 자본의 투자자이자 중개지로서 홍콩의 역할은 절대적이었다. 1979년부터 2009년까지 선전 지역으로 유입된 외국인 직접투자(FDI) 금액은 456억 2,000만 달러(USD)였으며, 선전 지역으로 진출한 외자기업의 50%는 실제로 홍콩 기업이었다. 또한 선전의 수출입에서도 홍콩은 중개지로서 중요한 역할을 수행했다. 선전의 수출입 총액은 1979년 1,676만 달러에서 2014년 4,877억 6,500만 달러로 약 29,000배 증가하여 3년 연속 중국 도시 중 수출입 총액 1위를 차지했으며, 수출 규모로 보면 2015년까지 중국 도시 중 23년 연속 1위를 차지했다. 2013년 현재 선전 수출입 총액의 34.15%, 수출 총액의 59.18%는 홍콩을 통해서 이루어지고 있다.

그러나 저렴한 노동력에 기반한 단순 제조업 및 가공무역으로는 현재만큼의 발전을 이루기 힘들었을 터다. 현재 선전의 산업 발전은 초기와 비교할 수 없을 정도로 현저하다. 선전은 첨단기술산업과 금융산업, 물류산업, 문화산업을 4대 지주 산업으로 하는 현대적 글로벌 도시로 거듭나고 있다. 화웨이, 비야디(BYD) 등 첨단 기업들이 발전하면서 첨단 전자·통신산업의 세계적 중심지이자 세계에서 가장 빠르고 값싸게 시제품을 만들 수 있는 제조업 창업의 중심지로 주목받고 있다. 아울러 구매력이 상승함에 따라 서비스업 또한 크게 발전하고 있다.[21] 현재 선전 중심가에 자리 잡은 백화점 등 상업시설은 갈수록 현대화되고 있으며, 디자인 및 건축 비엔날레 등 문화 행사는 점점 더 큰 이목을 끌고 있다.

이런 차원에서 선전의 발전 및 전환과 관련하여 산업고도화[22]는 주의 깊게 살펴볼 필요가 있다. 가공무역 중심의 외향형 경제로 발전한 도시 및 지역이 초기에 경제적인 급성장을 이룩하는 것은 흔한 일이지만, 산업고도화를 거쳐 첨단산업도시, 현대적 서비스업의 도시로 거듭나는 것은 결코 쉽지 않

Note | 선전의 첨단기술산업

선전의 화창베이華強北 전자상가는 대형 IT 산품의 집산지로서 중국 제일의 전자상품 시장으로 일컬어진다. 아울러 선전에는 전자·통신 산업사슬 중 저부가가치에서 고부가가치 제품까지 모두 포괄하는 생산 기지가 모여 있다. 화웨이, 폭스콘이 자리 잡은 룽화龍華 지구, 중싱中興·창웨이創維·TCL·창청長城·진뎨金蝶·텅쉰騰訊 등 대형 IT기업들의 첨단과학기술단지, 휴대폰·노트북·MP3 등 디지털 제품이 운집해 있는 톈안天安 디지털단지와 처공먀오 지구(車公廟園區), 각종 부품과 중간제품으로 가득 찬 바오안구寶安區 각지의 가공무역구는 전자·통신 산업의 발전에 기반이 되고 있다. 산업 규모가 확장됨에 따라 저부가가치 산업에서 고부가가치 산업으로, OEM에서 ODM, 다시 자기 상표를 갖춘 모델 생산으로 전환하면서 전자·통신 산업이 크게 발전하고 있다. 그뿐 아니라 기업의 연구 센터가 집중되어 있으며, 그 결과 다수의 특허가 출원되면서 선전은 특허 출원량에서 중국 제1의 도시로 자리 잡았다.[23]

은 일이기 때문이다. 더구나 저렴한 노동력과 낮은 기술력으로 단순 가공·조립 제품을 수출하던 염가제조업이 아니라, 자신의 기술력과 브랜드를 갖추고 세계적인 기업으로 성장하는 모습 또한 매우 흥미로운 부분이다.

전자·통신산업은 1990년대에도 선전의 주요 산업이었지만 1990년대 중반부터 2000년대 초·중반을 거치면서 질적인 변화를 겪었다. 사실, 선전 경제에 영향을 끼친 국제 분업 체계의 지리적 재편은 크게 두 차례 이루어졌다. 1980년대 초반 이전까지는 상대적으로 염가제조업 중심이었다. 당시 동아시아 국제 분업 체계에서 노동 밀집형 산업들이 선전 등 광둥 지방으로 대거 이전했는데, 특히 홍콩에서 이전해온 산업이 상당수였다. 이 과정에서 선전 경제특구는 저렴한 노동력과 토지 자원을 바탕으로 가공무역 중심의 공업화를 달성할 수 있었다. 두 번째 이전은 1990년대 중반부터 2000년대 초·중반에 이루어졌다. 자본·기술 집약형 산업이 동아시아뿐만 아니라 선진국으로부터도 선전 등 광둥 지방으로 이전했는데, 이 과정에서 전자·통신산업을 중심으로 한 첨단기술산업이 선전 지역에서 크게 발전했다.[24] 1990년대 이후 전자·통신산업이 발전하고 기업 간 경쟁이 극심해지면서, 저렴한 노동력에 기반한 생산 기지가 집적되어 있던 선전은 글로벌 자본에게 매력적인 공간이 되었다.[25] 이와 함께 선전 당국의 첨단산업 발전 전략이 맞물리면서 선전은 부품 생산부터 조립까지 모든 것을 갖춘 첨단 전자·통신산업의 중심 기지로 변모해갔다.[26]

〈표 3〉은 2000년대 선전의 산업고도화 양상을 잘 보여준다. 외국자본의 선전 내 투자는 〈표 3〉에서 보듯이 공업, 특히 전자·통신산업에 상당 부분 집중되었다. 전자·통신산업은 2002년 이미 선전의 공업 생산액 중 과반수 이상을 차지했고, 특히 전자 및 통신설비 산업은 44%의 비중을 차지할 만큼

<표 3> 2000년대 선전의 산업고도화

연도	1인당 GDP (위안)	산업별 GDP 비중 (성장 기여도[1])		수출 내 첨단기술 상품 비중[2]	비농업 인구 비중	실제 외자 이용액(단위: 만 USD, %)[3]			
		2차 산업	3차 산업			공업	상업[4]	부동 산업	상업적 서비스업[5]
2000	32,800	49.7 (61.1)	49.6 (37.8)	0.19	0.92	222,702 (75.0)	5,587 (1.9)	40,473 (13.6)	–
2002	40,369	49.3 (54.0)	50.1 (44.4)	0.34	0.87	336,943 (68.7)	13,115 (2.7)	51,018 (10.4)	–
2004	54,236	51.6 (64.3)	48.1 (36.7)	0.45	1.00	145,123 (61.8)	11,407 (4.9)	18,694 (8.0)	–
2006	68,441	52.6 (51.2)	47.3 (47.8)	0.45	1.00	189,097 (57.9)	15,423 (4.7)	21,097 (6.5)	–
2008	83,431	49.6 (51.7)	50.3 (48.3)	0.44	1.00	152,987 (38.0)	80,362 (19.9)	42,717 (10.6)	52,587 (13.1)
2010	94,296	47.2 (56.5)	52.7 (39.8)	0.44	1.00	164,623 (38.3)	89,554 (20.8)	56,872 (13.2)	49,597 (11.5)
2012	123,247	44.3 (32.4)	55.6 (65.4)	0.41	1.00	181,153 (34.6)	121,492 (23.2)	55,414 (10.6)	76,601 (14.7)

1) 성장기여도(産業貢獻率)는 전체 GDP 증가액 중 산업별 증가액의 비율임.
2) 첨단기술상품 수출액을 총수출액으로 나누어 필자가 계산함.
3) 비율은 각 산업별 외자 이용액을 총액으로 나누어 필자가 직접 계산함.
4) 상업과 음식·숙박업이 모두 포함됨.
5) 렌탈과 상업적 서비스를 제공하는 산업을 포함함.
* 출처: 『深圳統計年鑑 2014』

압도적인 위상을 가졌다.[27] 2013년에도 컴퓨터, 통신 및 전자설비 제조업은 공업 생산액 중 55.2%로 1위를, 전기기계 및 기자재 제조업이 8.7%로 2위를 차지했다. 게다가 부품 생산부터 조립에 이르는 첨단 전자·통신산업의 제조 생태계는 또 한번 질적으로 변화하고 있다. 선전의 화창베이華強北는 세계 전자 제품의 주요 시장으로, 화웨이는 첨단 전자·통신산업을 대표하는 기업으로 주목받고 있다. 또한 선전은 매년 세계 최대 규모의 창업 축제인 메이커

선전시 하이테크 과학기술산업원구

선전의 경제 발전은 전자·통신산업 중심으로 이루어졌으며, 화웨이, ZTE, 텐센트, 바이두 등이 대표적이다. 이들 기업은 단순한 제조를 넘어서서 첨단 제품의 연구 개발(R&D)에 대한 투자와 혁신으로 유명한데, 그중 화웨이는 특히 연구 개발에 대한 규모나 특허의 수에서 가장 많이 알려져 있다. 선전시 하이테크 과학기술산업원구(深圳市高新技術產業園區)는 1996년 9월에 설립된 이래 중국의 하이테크 과학기술산업 발전을 상징하는 지역으로 자리매김하고 있다.

선전 메이커 페어(Maker Faire)

전자·통신산업을 중심으로 발전한 제조업 기반과 첨단산업에 대한 투자 및 R&D 열기는 곧 선전을 중국에서 유명한 '창업도시' 중 하나로 이끌고 있다. 선전은 글로벌 창업을 위한 제조 플랫폼으로 주목받고 있으며, 매년 개최되는 선전 메이커 페어와 창업 주간은 날이 갈수록 더욱 큰 관심을 받고 있다. 사진은 2017년 선전 메이커 페어의 창업 주간 홍보물이다.

페어Maker Faire를 개최하면서 제조업 창업의 중심지로 부상하고 있다.

산업고도화와 함께 공간적 차원의 변화도 나타나고 있다. 1990년대 중반 이후 국제적·지리적 분업 체제의 변화와 더불어 홍콩과 선전의 관계 또한 '전방 상점 – 후방 공장' 모델에서 홍콩과 주장 삼각주 지역을 포괄하는 지역적 통합 모델로 변모하였다.[28] WTO 가입 이후의 세계화·지역화 양상과 중국 정부의 정책적 노력은 공간적 차원의 변화를 촉진하였다. CEPA(Closer Economic Partnership Arrangement)는 홍콩과 선전 간의 경제협력을 촉진하는 데 중요한 역할을 했으며, 중국 정부가 '지역', '경제권', '도시군' 발전 개념을 도입하면서 추진한 '주장 삼각주 일체화 전략'은 지역 간 협력과 통합을 더욱 가속화했다. 2015년 3월 광둥 자유무역구의 설립은 주장 삼각주와 홍콩, 마카오를 연결하여 발전케 하려는 중국 정책 당국의 의지를 강하게 드러낸 것이었다. 주장 삼각주 내 도시 간 협력이 촉진되는 가운데, 홍콩–선전–광저우–주하이珠海–마카오 벨트의 연결성은 더욱 중시되고 있다.

특구 외에 둥관東莞과 후이저우惠州 등 후방 쪽에서도 산업 및 도시 확장이 급속하게 이루어지고 있다. 이미 1990년대 중반에 지리적 분업의 재편이라는 차원에서 노동 밀집형 산업인 삼래일보 산업이 대량으로 관외關外와 둥관 지역으로 이전했고, 선전 지역은 '제2차 창업'을 선언하며 첨단기술산업을 육성한 바 있다.[29] 그뿐만 아니라 2000년대 초·중반 이후 선진국의 첨단기술산업이 선전 지역으로 들어왔는데, 특구 내 공간적·지리적 한계 때문에 특구의 관외 지역과 둥관, 후이저우 지역이 선전 소재 기업들의 지리적 이전 대상이 되기 시작했다.[30] 2009년 주장 삼각주 일체화 계획의 일환으로 광둥성정부가 '선전–둥관–후이저우 일체화(深莞惠一體化)' 계획을 기초시설, 산업발전, 도시계획, 환경보호, 공공서비스 등 다섯 가지 측면에서 추진함에 따라

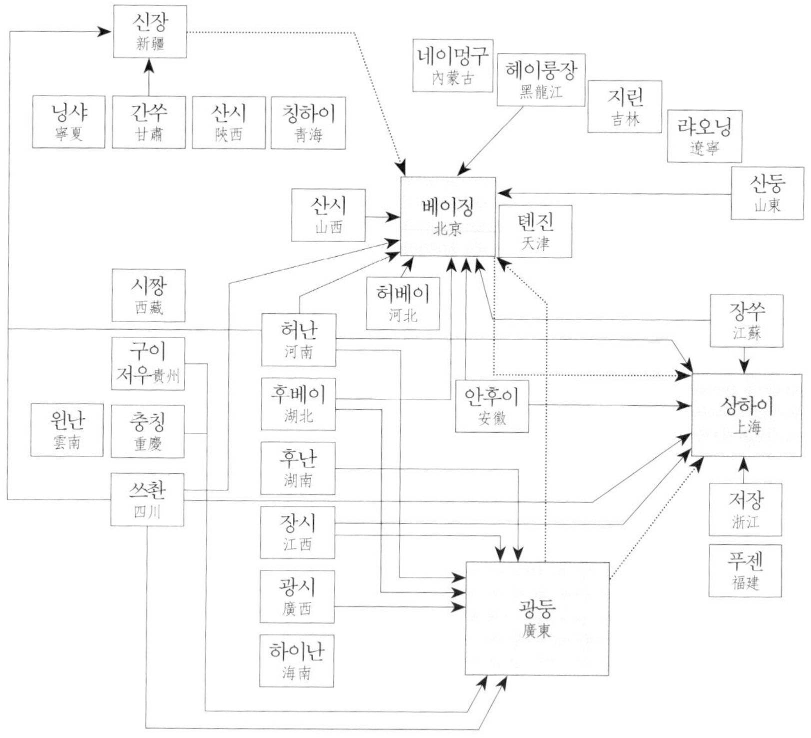

〈그림 4〉 지역 간 농민공 이동 경로(베이징·상하이·광둥을 중심으로)

개혁·개방 이후 먼저 발전하기 시작한 동남 연해 지역으로 농촌 출신의 인구가 몰려들었다. 동남 연해 지역의 베이징·상하이·광둥 지역에는 상당수의 농민공이 유입되었으며, 특히 선전 경제특구가 포함된 광둥 지역은 농민공이 제일 많이 유입된 곳이다. 한편 서부 농촌 출신의 일부 인구는 신장웨이우얼자치구新疆維吾爾自治區 지역으로 유입되기도 했다.

* 출처: 『中國農民工調査研究報告』, 2006, 533쪽.

광역도시화는 더욱 가속화되고 있다.[31]

산업 차원뿐만 아니라 생활 측면에서도 선전은 홍콩과 더욱 긴밀해지고 있다. 선전 주민들의 구매력이 크게 상승함에 따라 상대적으로 앞선 홍콩의 교육 및 문화, 의료 서비스는 선전과 홍콩 모두의 공유재처럼 변화되고 있다. 더구나 선전 시민들에게 홍콩을 드나들 수 있는 통행증 발급 요건이 완화되면서 선전과 홍콩은 하나의 생활권으로 점점 자리매김되고 있다. 선전-홍콩 간 출입경 통로를 매일 왕복하는 선전의 어린 학생과 비즈니스맨들의 이야기는 널리 알려진 바 있다. 선전과 홍콩을 매일 오가는 초등학생과 유치원생들이 1997년 500명에서 2013년 현재 1만 6,000명 이상으로 급증했다.[32] 앞서 이야기한 뤄팡촌 또한 이러한 '두 도시 생활'의 한 사례이다.[33] 이 같이 홍콩과 선전은 경제적 측면뿐만 아니라 사회, 일상생활의 측면에서까지 한층 긴밀히 연결되고 있다.

4. 이민도시와 인간의 도시화: 도시민화와 위험도시화

중국의 도시 발전은 산업의 차원뿐만 아니라 인구 이동과 관리라는 차원에서도 살펴볼 수 있다. 중국에서 급속한 도시화는 대규모 농촌인구의 도시 이동을 특징으로 한다. 2015년 현재 3억에 가까운 인구가 농촌을 떠나 도시로 이주하여 생활하면서, 생산 차원은 물론이고 생활 및 소비의 차원에서도 급속한 도시화가 이루어졌다. 도시에서 생활하는 이들을 위해 공장용지를 비롯하여 주거, 임대, 상업 및 서비스업 등에 필요한 도시건설용지가 빠르게 확대되었다.[34]

그러나 앞서 「국가 신형도시화 규획」에서 밝혔듯이, '인간의 도시화'는 상대적으로 더디게 이루어졌다. '농민공'으로 대표되는 농촌 출신의 인구는 해당 도시의 호구를 가지지 않았다는 이유로 도시 생활에 필요한 공공서비스에서 상당 부분 배제되었다. 도시화의 문제를 해결하기 위해 중국 정부의 「국가 신형도시화 규획」은 '인간의 도시화'를 핵심으로 '3개의 1억 명' 목표

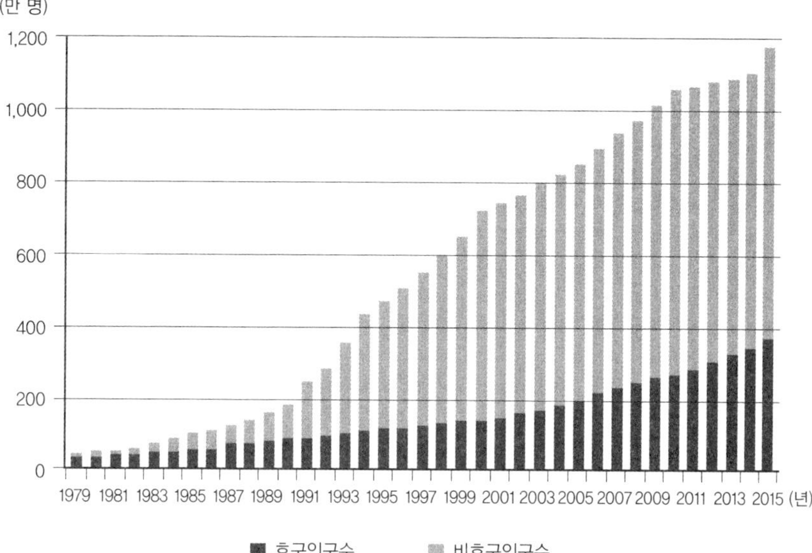

〈그림 5〉 선전 인구의 변화(1979~2015)

경제성장과 더불어 선전의 상주인구는 크게 증가했지만, 호구인구수에 비해 비호구인구수의 비중이 여전히 훨씬 크다. 더구나 선전 토박이로 따져보면 거의 대부분이 외지에서 유입된 인구이며, 그런 까닭에 이민도시로서의 성격이 더욱 두드러진다.

* 출처: 深圳統計(http://www.sztj.gov.cn) 자료를 바탕으로 필자가 재구성.

를 제시했다. 즉, 2020년까지 1억 명의 농촌인구에게 도시호구를 부여하고, 1억 명이 거주하는 도시 빈민촌을 개량하며, 중·서부 내륙지역에서 1억 명의 인구를 도시화하겠다는 것이다.

그러나 '인간의 도시화'는 상당히 많은 도전이 필요하다. 대량 인구의 높은 유동성은 급속한 도시화에 많은 기여를 했지만, 다른 한편 높은 임금과 더 나은 조건을 찾아 움직이는 인구는 유동성이 심한 까닭에 기존의 호구제도만으로는 관리하기가 쉽지 않다. 유동인구는 빠른 산업화와 도시화에 필요한 단기적 노동 수요를 맞춰준 대신, '잠시 머물렀다가 갈 사람'으로 인식되어서 장기적인 도시 개발 및 재정 부담에서는 제외되었고, 그 덕에 단기간의 발전에 유용한 측면이 있었다. 그 과정에서 겪게 되는 사회경제적 위험은 온전히 농민공 개인의 문제로 돌려졌다.

문제는 인구의 유동성이 여전히 높고 그 규모 또한 크게 확대되는 동시에, 새로운 세대가 출현하고 있다는 점이다. 신세대 농민공은 1세대 농민공에 비해 상대적으로 도시의 물질문명에 익숙하고 농촌보다는 도시 거주를 희망하며, 권리 의식이 강하다고 평가된다. 기존과 다른 새로운 관리 방식이 절실히 필요한 단계에 진입한 것이다.

선전의 경우 〈그림 5〉에서 보듯, 외지 출신의 비호구인구가 도시인구의 대부분을 차지하는 이민도시로서 새로운 인구 관리 방식이 절실했다.[35] 외부로부터 유입된 대량의 노동력은 선전의 급속한 경제 발전과 도시화에 크게 기여했고, 경제특구로서 기존의 사회경제적 질서에 구애받지 않아도 된다는 점에서 '전환'과 '발전'이 상대적으로 용이한 면이 있었다. 그러나 다른 한편, 한정된 도시 공간과 자원으로 외지에서 온 수많은 인구를 관리해야 하는 어려움은 경제특구 초기부터 고질적인 문제로 작동했다. 1979년 선전 호구인구는 31만 명에 불과했으며, 이후 외지에서 유입된 인구가 급속히 늘어나 2015년 현재 인구 총 1,137만 8,900명 중 선전 토박이는 극히 드물었다. 결국 외지 출신의 인구를 어떻게 효과적으로 관리하고 도시 발전에 동원할 것인지가 매우 중요한 문제였다.

사실, 기존 중국의 인구에 대한 셈법은 기본적으로 인구 유동을 거의 배제하기 때문에, 선전의 인구 관리 방식에는 큰 도움이 되지 못했다. 실제로 선전의 도시화율에는 여러 맹점이 존재한다. 우선 도시인구로만 따졌을 경우에 도시화율은 100%에 이른다. 이미 2004년에 모든 농촌을 도시로 행정적으로 전환시켰기 때문이다. 그러나 100%라는 수치는 말 그대로 이상적일 뿐, 각 지역별로 조건이 불균등한 현실을 전혀 반영하고 있지 못하다. 다음으로, 상주인구로 따지는 수치의 부정확성이다. 2014년의 상주인구 1,077만 8,900명 중에서 호구인구는 332만 2,100명으로 호구인구에 따른 도시화율은 30.8%에 불과하다. 잠시 머물렀다 가는 인구와 거주증을 신청하지 못한 인구까지 포함한다면 비호구인구는 사실상 1,500만 명에 달할 것이며, 그 결과 선전의 실제 도시화율은 22%에 지나지 않을 것이라는 보도는 어느 정도 합리적이다.[36] 2015년에 수정된 「선전 경제특구 거주증 조례(深圳經濟特區 居住證條例)」에 따르면, 연속 12개월 이상 안정된 주거지와 직업을 갖춰야 거주증을 신청할 수 있다. 그러나 선전의 노동시장은 이직률이 매우 높기 때문에 연속 12개월 이상을 채우지 못하는 인구가 꽤 있을 것이라 추정하기란 어렵지 않다.

개혁·개방 이래 호구인구와 비호구인구 간 차별은 심각한 불공평을 초래했고, 비호구인구가 대부분인 선전 지역에서는 더욱 심각한 문제였다. 비호구인구는 본지 호구인구에 비해 취업, 자녀 교육, 사회보험 등 많은 영역에서 상당한 차별을 받아왔다. 전국적으로 '1억 명의 농촌인구를 도시인구'로 전환하는 '도시민화' 목표가 있다고 하더라도, 선전과 같은 대도시는 인구 증가를 끊임없이 통제하고 관리할 수밖에 없다. 선전의 경제 발전과 도시 개발에 외지 출신들의 수많은 공헌이 있었을지라도, 도시 공간과 자원이 제한적인 현실에서 선전 호구를 부여할 때 여러 문턱을 설정하는 것은 아주 이해하기 어려운 일은 아니다. 다만 그 내용을 통해 선전 정책 당국의 인구 관리 방향성을 살펴볼 필요는 있다.

〈표 4〉는 비호구인구가 호구를 신청하는 데 필요한 점수를 정리해 놓은

〈표 4〉 점수적립제 호구 신청 점수표(2015)

<table>
<tr><th>1급 지표</th><th>2급 지표</th><th>점수(3급 지표)</th><th>설명</th></tr>
<tr><td rowspan="4">개인</td><td>학력/
기술·기능</td><td>60~100점(학력)
20~100점(기술·기능)</td><td>● 학력 : 전문대학 이상
● 기술·기능 : 초급공 이상
● 학력과 기술·기능이 결합되어 점수가 부여되기도 함</td></tr>
<tr><td>기능대회</td><td>10~60점</td><td>구급 3등상~국가급 1등상</td></tr>
<tr><td>발명 창조</td><td>최고 50점</td><td>발명 특허와 실용신안</td></tr>
<tr><td>표창 영예</td><td>25점</td><td>최근 5년간 선전시 당위원회와 정부가 수여한 표창, 영예</td></tr>
<tr><td rowspan="4">납세</td><td>개인소득세</td><td>30~100점</td><td>납세액 구간에 따라 점수 부여</td></tr>
<tr><td>기업 운영</td><td>30~100점</td><td>기업세 54만 위안 이상</td></tr>
<tr><td>투자</td><td>30~100점</td><td>기업세 11만 위안 이상</td></tr>
<tr><td>개체공상호
경영자</td><td>30~100점</td><td>납세액 5만 4,000위안 이상</td></tr>
<tr><td rowspan="2">보험
참가</td><td>양로보험</td><td>매년 3점</td><td rowspan="2">보험 참가의 최대 점수는 60점</td></tr>
<tr><td>기타
사회보험</td><td>보험별 매년 1점</td></tr>
<tr><td rowspan="2">주거</td><td>거주 조건</td><td>20~30점</td><td>부동산 소유</td></tr>
<tr><td>거주 기간</td><td>1~10점</td><td>매년 1점</td></tr>
<tr><td>연령</td><td>실제 연령</td><td>18~35세 : 5점
35~40세 : 1점
40세 이상 : 감점</td><td>40~45세는 1년마다 2점씩 감점
45세 이상은 1년마다 5점씩 감점</td></tr>
<tr><td rowspan="2">장려
추가 점수</td><td>사회 서비스
(최근 5년)
(선전 지역)</td><td>2~5점(헌혈)
5~10점(자원봉사)
1~3점(자선 기부)</td><td>● 헌혈은 건별 점수
● 자원봉사는 표창과 등급 중 가장 높은 건만 인정
● 자선 기부는 2,000위안마다 1점</td></tr>
<tr><td>신청 단위</td><td>10점</td><td>호구를 신청한 단위가 연속으로 산재보험을 1년 이상 납부했을 경우</td></tr>
<tr><td rowspan="3">감점</td><td>신용불량</td><td>1건당 20 / 40점</td><td>● 선전시 개인신용조회의 경우 20점
● 인력자원 보장 부문의 인재 영입 계통인 경우 40점</td></tr>
<tr><td>위법</td><td>1건당 80점</td><td></td></tr>
<tr><td>산아제한
위반</td><td>자녀 1명당 50점</td><td>● 점수 처리가 완료된 후 5년간 인재 영입 신청할 수 없음
● 5년이 지난 후 자녀 1명당 50점 감액</td></tr>
</table>

* 출처: 「2015年深圳積分入戶指標及分値表」(深圳市人力資源和社會保障局) http://bsy.sz.bendibao.com/bsyDetail/609575.html (검색일: 2015. 6. 30). 윤종석, 「'선전의 꿈'과 발전 담론의 전환: 2000년대 사회적 논쟁을 통해 본 선전 경제특구의 새로운 위상정립」, 『현대중국연구』 제17집 제1호, 2015에서 재인용.

것이다.[37] 합계 100점 이상을 얻으면 호구 신청 자격을 얻을 수 있는데, 이 표를 통해 우리는 누가 선전 호구을 얻기 쉬운지 예상해볼 수 있다. 즉, 일정 이상의 학력과 기술·기능이 있는 개인, 일정 규모 이상의 사업가 및 투자자, 일정 정도 이상의 재산을 갖춰 부동산을 구매할 수 있는 자산가가 비교적 호구를 취득하기 쉽다. 또한 35세 이하의 젊은 나이에 헌혈, 자원봉사, 자선 기부 등 사회 활동에 적극 참여하는 사람이라면 더할 나위 없다. '신인구보너스 시대'에는 경제활동 인구의 비율도 중요하지만, 그들의 인적 자본 또한 중요하기 때문이다. 거주증은, 호구를 갖지 못했지만 선전에서 안정적인 생활을 영위하고 있는 상당수의 사람들에게 적용된다. 연속 12개월 이상의 안정적인 직업과 주거지를 갖는다면 기본 공공서비스와 보조금 등을 호구 주민과 큰 차별 없이 누릴 수 있다.

그러나 문제는 이러한 요건을 채우지 못하거나 채우기 쉽지 않은 이들이 매우 많다는 사실이다. 2012년 선전시 공안부가 발표한 조사에 따르면, 2012년 비호구인구는 1,532만 8,000명에 달해 호구인구의 5배에 해당했다. 그중 120만 명은 안정적인 소득이 없었고, 80만 명 이상은 소득 없이 장기간 선전에 체류했다.[38] 더구나 공안부가 발표한 수치는 2012년 선전통계국이 발표한 비호구인구 767만 1,300명의 두 배에 달한다. 그만큼 인구 이동이 빠르게 이루어지고 있으며, 또 그만큼 관리하기도 어렵다는 이야기가 된다.

이처럼 높은 '유동성'은 한편으로는 '기회'로 작용함으로써 농민공으로 대표되는 비호구인구의 도시 진입과 도시 생활에 기여했다. 즉, 기존 국유기업의 정규 노동시장 외에 외자기업이나 민영기업 등에서 비정규적 고용이 창출될 때 이를 채워준 노동력은 바로 외부로부터 유입된 농민공이었다. 이들은 선전의 경제성장을 이끈 주축인 외자기업과 민영기업들에게 거의 무한

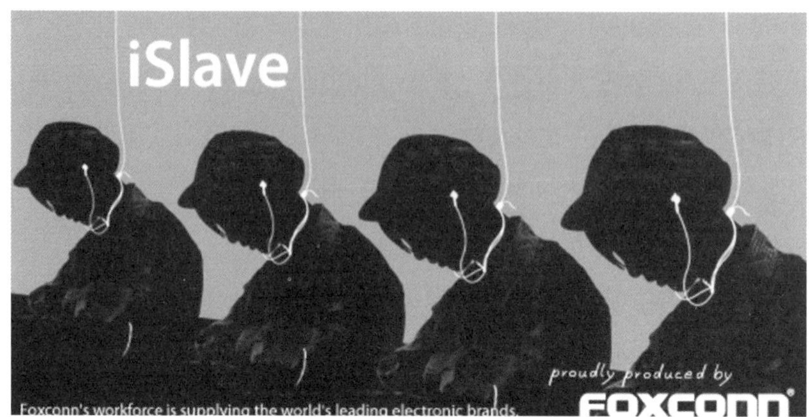

노예적 현실 속에서 애플의 첨단 상품을 생산하는 폭스콘 노동자
첨단 제조업의 어두운 면을 보여주는 대표적인 사례가 2010~2011년 정점에 달했던 폭스콘 노동자의 자살 사건이다. 폭스콘 노동자들은 글로벌 첨단 상품인 아이폰을 생산하는 주체이지만, 짧은 시간에 많은 물량을 효율적으로 생산해내기 위해 엄청난 초과 노동시간과 억압적인 노동환경을 견뎌내야만 했다.
* 출처: Greenpeace Switzerland(http://Greenpeace Switzerland/flickr)

한 노동력을 제공했다. '잠시 머물다 갈 사람(暫住人口)'으로 인식되었기 때문에 기존의 도시 재정 및 사회보험에도 큰 부담이 되지 않았다. 농민공 스스로도 '잠시 머물다 갈 사람'이라는 생각에 단기적인 소득 증대에만 매달렸을 뿐이다. 사회보험 가입이 독려되더라도 개별 농민공은 사회보험료를 납부하는 대신 그 돈을 자신에게 직접 주도록 회사와 거래하곤 했다. 더구나 글로벌 출시를 위해 단시간 내 대량생산이 필요한 글로벌 생산 체제는 짧은 기간 압축적인 초과근무를 마다하지 않는 노동력이 요청되었다. 농민공들은 더 높은 소득을 위해 초과근무를 기꺼이 받아들였고, 압축적인 초과근무의 시기가 지나면 더 나은 임금을 찾아, 그리고 초과근무가 가능한 일자리로 옮기곤 했다. 기업 입장에서는 인력 관리의 유연성을, 농민공 입장에선 소득 증대의 극대화를 노릴 수 있었다.

통합과 자발적 참여를 강조하는 선전의 표어
2010년을 전후하여 선전은 외지에서 유입된 인구에 대해 포용적인 담론과 제도를 마련하고 있다. 특히 '선전에 온 사람은 모두 선전 사람이며, 선전에 왔으니 모두 선전 사회에 기여하는 자원봉사자가 될 수 있다'는 표어는, 선전 지역 출신 위주로 전개된 과거의 사회적 담론과 커다란 차이를 보인다. ⓒ윤종석

그러나 높은 유동성은 곧 높은 위험을 의미했고, 급속한 도시화 속에서 이러한 위험은 사회적으로 불균등하게 분배되었다. 특히 농민공들은 가장 높은 위험을 감수해야만 했다. 호구제도에 따른 차별로 취업 및 사회보험 등 공공서비스를 제대로 활용하지 못하면서, 공식적인 제도보다는 비공식적인 혈연·지연 등으로 변동성과 위험에 대처할 수밖에 없었다. 더구나 글로벌 자본주의와 직접적으로 연결된 개방도시의 특성상 선전 경제는 글로벌 경제의 주기적인 변동에 노출되어 큰 영향을 받았다. 사회적 관계망의 취약성은 억압적인 노동 현장, 불안정한 일자리 및 생활과 맞물려 농민공 개개인에게 높은 위험을 안겨 주었다. 2010~2011년 세계적인 주목을 받았던 폭스콘 노동자의 연쇄 자살은 바로 이 같은 고위험적 환경에서 발생했다.

또한 급속한 도시화는 시민들의 안전 및 윤리에 대한 무감각, 간부들의 부

정부패 및 유착, 관련 규정의 미비 등으로 위험을 증폭시키곤 한다. 이로 인해 상상하기조차 끔찍한 대형 사건·사고가 발생했고, 그 대부분의 피해는 일부 계층에 집중되었다. 2015년 12월 20일 선전 광밍신구光明新區에서 쓰레기산이 무너져 발생한 사고는 급속한 도시화가 부른 대형 참사이다. 100미터에 달하는 건축 폐기물과 흙더미는 곧 급속한 도시화에 따른 소홀한 관리와 난개발로 인해 빚어진 인재人災였던 것이다.[39]

물론 선전시정부는 2010년대 들어 '선전에 온 사람은 모두 선전인(來了就是深圳人)'이라는 슬로건하에 호구인구와 비호구인구를 가리지 않는 인적 통합을 시도하면서 선전식 '인간의 도시화'에 나서고 있다. 거주증 제도 도입 및 호구제도 개혁은 가장 중요한 조치로서, 이미 앞서 설명한 바 있다. 또한 선전에서는 수많은 청년이 자원봉사자나 사회복지사로 도시의 공공 및 사회서비스 확충에 힘을 쏟아오고 있다. 선전 중심가에 건축된 '시민광장', 도서관, 박물관 등 현대적인 공공시설은 시민에게 편의를 제공하고 있으며, 문화시설 또한 빠르게 확충되고 있다. 아울러 사회조직 및 인터넷을 통해 정부 정책에 대한 시민 참여를 독려하고 있다.

그럼에도 과거 특구 경계 안과 밖의 발전 격차는 여전히 크고, 빈부 및 기회 격차는 특히 호구의 유무에 따라 크게 갈리면서 '불공정' 논의가 끊이지 않는다. 게다가 시민 참여 또한 자발적인 결사로 전개된 활동이라기보다는 공산당과 정부에 의해 추동되는 동원식이 상당수라는 점에서 그 실제적 효과에도 많은 의문이 제기되곤 한다. 이민도시의 성격은 곧 선전의 급속한 도시화의 기반이자, 정책적 난점을 양산하는 문제로서 아직도 많은 도전을 남겨 놓고 있다.

5. 급속한 도시화의 미래?

지금까지 살펴본 선전 경제특구의 경험은 중국에서 급속한 도시화가 어떻게 가능했는지, 그리고 어떻게 지속되어왔는지를 일정 정도 해명해준다. 홍콩을 통해 들어온 세계의 자본과 기술이 중국 내부의 농촌으로부터 유입된 대량의 인구와 맞물려 급속한 도시화와 경제성장의 밑바탕을 만들었다. 또한 경제특구로서 갖는 정책적 자율성은 선전의 개혁·혁신 노력과 어우러져서 다른 지역보다 빠르게 정책적 전환을 이루어냈다. 이민도시이자 새롭게 계획된 도시였기에, 전환과 발전에 걸림돌이 될 수 있었던 기존의 사회경제적 관행은 크게 문제가 되지 않았다. 선전 경제특구에서 시도된 수많은 개혁정책은 개혁·개방기 중국의 전환과 발전에 중요한 시금석 역할을 수행했다.

선전은 '선전 속도'라 불릴 정도로 엄청난 속도의 도시화와 경제성장을 이룩해냈다. 염가제조업에서 첨단산업으로 산업고도화가 진행되면서, 선전은 첨단 전자·통신산업의 중심지이자 글로벌 제조업 창업의 중심지가 되고 있다. 또한 생산 및 소비, 생활의 측면에서 전방 도시인 홍콩, 후방 도시인 둥관과 후이저우와의 연결성이 강화되고 있으며, 더 넓게는 주장 삼각주 차원의 일체화된 발전의 맥락하에 놓여 있다.

그러나 급속한 도시화는 도시화의 질적 수준까지 담보하지는 못했다. 특히 비호구인구가 대부분을 차지하는 선전의 특성상 '인간의 도시화'는 결코 쉽지 않은 문제이다. 점수적립제 호구제도와 거주증 제도는 과거에 비해 불공평을 시정한 측면도 있지만, 급성장하에서 이루어진 기회와 위험의 집단별·개인별 차별적 분배는 쉽게 고쳐지기 어렵다.

선전시정부는 최근 '속도의 선전'에서 '효익이 높은 선전(效益深圳)', '조화로운 선전'으로 발전 전략 및 발전 담론의 전환을 시도하고 있다. 개방과 포용, 관용의 모습이 더욱 강조되면서 청년·대학생·농민공 등 다양한 주체의 '선전의 꿈'이 널리 홍보되고 있다.

이렇듯 급속한 도시화의 문제를 해결하기 위해 질적인 발전으로 전환을 꾀하지만, 그 과정에서 다시 '개발주의'가 지속되는 토대가 만들어지는 상황이 또다시 전개되고 있다. 과거처럼 양적인 성장에만 집중하는 것은 아니지만, '전환'과 '발전'에 대한 필요는 정부뿐만 아니라 민간 차원에서도 존재한다. 불균등 발전을 해소하기 위해서는 덜 발전된 지역을 속히 개발해야 하고, 기회의 불균형을 해소하기 위해서는 개인의 인적 자본을 향상시키는 데 필요한 자기 계발 및 정부 보조의 기술 훈련을 촉진해야 한다는 논리다. 그뿐만 아니라 자원봉사 및 사회 서비스의 참여, 사회조직의 증가는 시민 의식과 사회 발전의 지표로 꼽히지만, 자발적인 사회 활동이라기보다는 정부 주도로 사회적 관계망의 결핍을 메우는 동원적 성격이 강하다. 1억 명의 농촌 인구에게 도시호구를 부여하겠다는 시진핑習近平 정권의 「국가 신형도시화 규획」이 우려스러운 것도 이 때문이다.

사회적 역량이 성숙하지 못한 탓에 정부가 주도적으로 나설 수밖에 없는 상황, 그리고 새롭게 증가하는 사회적 역량을 정권의 안정과 정책적 목표 속에서 관리해야 하는 상황이 중첩되고 있다. 더욱이 도시화를 새로운 경제성장의 돌파구로 삼는 최근 중국 정부의 언급은 이를 더욱 우려스럽게 만들고 있다. 급속한 도시화의 미래가 어떤 식으로 다시 진행될지, 그 속에서 새로운 상상력이 제출될 수 있을지, 그리고 이러한 것들이 과거와는 다른 도시화의 양상을 발생시킬 것인지는 계속 주목해야 할 부분이다.

중국에서 도시민이 된다는 것
—위계적 시민권과 서열화

박철현

1. 도시와 호구제도

2020년까지 인구 100만 명을 넘는 도시가 최대 200개까지 증가할 것으로 예상되는 중국은 1949년 10월 건국 당시 도시화율이 10.6%에 불과했다. 사회주의 시기에도 도시화는 매우 완만하게 진행되어 개혁기에 들어서기 직전인 1978년 도시화율은 17.9%로서, 건국 이후 30년 동안 기껏 7.3% 증가했을 뿐이다. 이렇게 낮은 도시화율을 보이는 까닭은 사회주의 시기 동안 중국이 도시의 중공업 중심 중대형 국유기업과 그곳에 소속된 노동자계급의 권익을 보호하기 위해 농촌에서 도시로의 인구 이동을 사실상 전면 금지했기 때문이다. 그러나 1978년 이후 개혁기에 들어서서 도시화가 급속히 진행되어 2011년 50%를 돌파했고, 2020년이면 60%에 이를 것으로 예상된다.

개혁기를 전후로 이같이 도시화율에 큰 차이가 나타나고 있는데, 이는 개혁기에 들어서서 기존의 도시와 농촌을 분리하고 농민의 도시 이동을 막는 '호구제도戶口制度'가 점차 약화된 데서 비롯한다. 그 결과 일자리를 찾아 농촌에서 도시로 이주하는 농민공農民工의 숫자는 1980년대 말부터 급격히 증가하기 시작했으며, 중국 국가통계국에 따르면 2015년 현재 전체 농민공의 숫자는 2억 7,747만 명에 이른다.

그런데 최근 들어 중국은 사회주의 시기와 개혁기에 걸쳐 위와 같이 추진해온 도시화와 다르게 다양한 사회경제적 문제를 해결하기 위한 국가전략적 차원에서 '신형도시화(新型城鎮化)'를 추진하고 있다. 신형도시화의 핵심은 바로 '인간의 도시화(人的城鎮化)'이다. 여기서 '인간'은 농민공을 가리킨다. 따라서 '인간의 도시화'는 앞서 언급한 2억 8,000만 명에 가까운 농민공을 도시 주민, 즉 '시민市民'으로 만들겠다는 뜻을 내포하고 있다. 1950년대 이후 중국은 줄곧 도시와 농촌을 분리하고 시민과 농민을 구분하는 '도농이원구조都農二元構造'에 기초한 발전 전략을 추구해왔으므로 이러한 '농민공의 시민화市民化'는 기존 호구제도의 획기적인 변화를 의미한다. 이는 향후 중국의 사회와 경제에 큰 영향을 미칠 것이다.

이 글에서는 '농민공의 시민화' 실현을 위해 전국적으로 확산 중인 '점수적립제 도시거민호구 취득(積分落戶)' 제도를 집중적으로 분석할 것이다. 이 제도는 '생득적인' 방식으로 시민권市民權을 부여하는 기존의 호구제도와 완전히 다르며 '능력'에 따라 시민권을 부여하는 방식이기 때문에, 중국 도시사회의 커다란 변화를 예고한다.

이 글은 다음과 같이 구성된다. 먼저, 1949년 이후 중국이 도농이원구조에 기초한 발전 전략을 추구하게 된 배경과 1950년대 후반 성립된 호구제도의 내용에 대해서 살펴본다. 다음으로, 개혁기 도시화의 과정과 '신형도시화' 전략의 추진 배경을 살펴본다. 그런 다음 '점수적립제 도시거민호구 취득' 제도의 내용을 분석하고, 광둥성廣東省, 베이징北京, 상하이上海를 중심으로 지역별 구체적인 추진 상황을 검토한다. 마지막으로, '점수적립제 도시거민호구 취득' 제도에 따른 중국식 '위계적 시민권(hierarchical citizenship)'의 형성 가능성을 진단하고, 이것이 중국 도시사회에 가지는 의미를 분석한다.

2. 건국 초기 중공업 위주 발전 전략과 도농이원구조의 형성

1949년 10월 건국 당시 중국은 국가 건설의 측면에서 볼 때 여러 가지 난제에 직면해 있었다. 쓰촨四川, 윈난雲南, 구이저우貴州의 서남 지역과 티베트는 아직 '해방'되지 않은 상황이었고, 게다가 '해방'된 지역에서는 여전히 국민당 잔존 세력, 제국주의 세력, 봉건 세력 및 토비土匪의 저항이 지속되고 있었기 때문이다. 요컨대 건국을 했지만 국가적 통일은 미완성 상태였다. 아울러 국가적 통일만큼 중요한 문제는 바로 오랫동안 심각하게 파손된 경제를 복구하는 일이었다.

건국 초기 공산당의 경제정책은 생산력 회복을 위해 기존의 경제 시스템을 온존시키는 데 역점을 두었고, 그에 따라 경제는 차츰 재건되어갔다. 1952년 말쯤에는 주요 산업부문의 생산량이 전전戰前 최고치에 도달하고 전반적인 통치 질서도 회복되었다. 공산당은 경제 발전에 대한 자신감을 바탕으로 1953년부터 경제발전계획을 시작하고, 곧바로 제1차 5년 계획(1953~1957)에서 중공업 위주의 발전 전략을 추구했다. 사실, 당시 중국 상황에서는 막대한 규모의 농촌 노동력을 활용한 경공업 위주의 발전 전략을 추구하는 방향이 더 적절했다. 하지만 중공업에 대한 공산당 지도부의 오랜 지향, 건국 당시 후진 농업국이라는 공통점을 지닌 국가이자 사실상 유일한 사회주의국가인 소련의 공업화 '지도', 그리고 한국전쟁의 영향 등으로 인해 중공업 위주의 발전 전략을 추구하게 된 것이다.

근대 공업의 생산요소인 자본, 노동, 기술, 토지 중 노동을 제외하면 모든 것이 부족한 상황에서 중국은 중공업 위주의 발전 전략을 실현시키기 위해 공업 발전에 필요한 교통, 통신, 에너지 관련 인프라 및 숙련된 노동력을 이미 일정 수준으로 갖추고 있는 도시지역에 집중적인 투자를 시작했다. 이 도시들은 건국 이전부터 중공업이 발달한 지역이거나 공업 발전을 위한 인프라가 갖춰져 있는 지역으로, 동북3성東北三省(지린성·랴오닝성·헤이룽장성) 및 상하이와 그 주변 지역들이 대표적이다. 또한 중공업 투자에 필요한 자본을 마련하기 위해 농산물의 의무수매제를 실시하여 핵심 농산물에 대한 정부 독점을 확립하고, 농산물 가격을 공업생산물보다 상대적으로 낮게 책정했다. 이런 방식으로 농업에서 추출한 잉여가치를 도시 중공업 부문에 투자하는 발전 전략이 제1차 5년 계획부터 본격화되어 1978년 개혁·개방 직전까지 지속되었다.

자본 집약적 중공업 위주의 발전 전략을 추구하기 위해서는 도시지역의 노동자계급에게 상대적으로 높은 임금과 사회경제적 보장을 제공하고 도시의 각종 사회·경제·문화 인프라에 집중적인 투자를 해야 한다. 그러자면 도시인구에 대한 통제가 필요한데, 여기서 중요한 핵심은 기존 인구 규모를 유지하면서 농촌에서 도시로의 인구 유입을 차단하는 일이었다.

호구제도는 바로 이러한 이유로 농민의 도시로의 이동 금지를 목적으로 만들어졌으며, 1958년 1월 9일부터 시행된 「중화인민공화국 호구등기 조례中華人民共和國戶口登記條例」로 정식화되었다. 「중화인민공화국 호구등기 조례」에 따라 모든 인민은 농업호구農業戶口와 비농업호구, 이 두 가지 중 하나로 정해졌다. 이후 모든 인민은 농민(=농업호구)과 시민(=비농업호구)으로 나뉘고, 농민은 특별한 경우를 제외하면 도시로 이동하는 것이 원칙적으로 금지되었다. 이에 따라 중국에서는 대약진운동大躍進運動 기간인 1958~1960년을 제외하고 농민의 도시 이동이 철저히 금지되었으며, 호구제도에 기초한 도농이원 분리구조를 통해서 추출한 모든 가용 자원을 도시 중공업 부문에 최우선적으로 투자하는 발전 전략을 1978년 개혁·개방 직전까지 지속했다.

이 기간에 도시 주민은 노동자로 단위單位(직장)에 소속되어 노동에 대한 보수인 급여를 받는 동시에, 의료·교육·문화·주택·식량 등 생활에 필요한 거의 모든 사회경제적 보장을 받으면서 안정적인 삶을 누렸다. 이러한 급여와 사회경제적 보장은 기본적으로 국가가 단위를 통해 노동자에게 제공했다. 반면 농민은 인민공사人民公社에 소속되었으며, 자급자족의 원칙에 따라 소속 인민공사의 당해 연도 생산량을 개인의 노동점수에 따라 분배받았기 때문에 도시 노동자와 달리 국가에서 제공해주는 급여나 보장은 없었다.

3. 신형도시화와 '점수적립제 도시거민호구 취득' 제도

1) 신형도시화

1978년 12월 중국공산당 제11기 중앙위원회 제3차 전체회의에서 개혁·개방이 선언된 이후, 중국은 계급투쟁과 계획경제를 핵심 내용으로 하는 마오쩌둥毛澤東 시기와 결별한 뒤 경제 건설을 가장 중요한 목표로 설정하고 이를 실현하기 위해 시장경제를 채택했다. 건국 초기의 발전 전략이 자본 집약적 중공업 위주였다면, 1980년대 개혁기의 발전 전략은 풍부한 저임금 노동력을 활용한 경공업 위주로 구성되었다.

저렴한 노동력을 활용하는 발전 전략은 1980년대 내내 지속된 농업 부문의 개혁을 통해 비로소 그 기초가 마련될 수 있었다. 사회주의 시기 동안 유지되어온 호구제도에 따라 도농 간 인구 이동을 금지한 결과, 개혁·개방 무렵 중국은 전체 인구 약 10억 명 중에서 8억 명이 농촌에 살았다. 그러나 1980년대 초 농업 개혁을 통해 기존의 집체 농업이 호별 영농戶別營農으로 바뀌고 향진기업鄕鎭企業이라는 농촌공업기업이 발달하기 시작하자, 기존에 농업 부문에 결박되었던 대량의 잉여 노동력이 비농업 부문으로 이동할 수 있게 되었다.

1980년대가 농촌 개혁의 시대였다면, 1990년대는 개혁의 초점이 도시지역으로 바뀌었다. 이때부터 국유기업 개혁이 시작되고, 사영기업私營企業과 외자기업外資企業 등 '비공유제非公有制' 기업이 생겨나면서 저임금 노동력의 수요가 급격히 증가했다. 이에 따라 1980년대 대부분 농촌의 농업 부문과 향진기업 등에 고용되었던 농촌의 잉여 노동력이 1980년대 말부터 도시로 이동하기 시작했다. 중국에서는 이 같은 농민의 취업과 거주의 특징을 가리켜 "농업을 떠나지만 고향에서는 떠나지 않는(離土不離鄕)" 1980년대와 "농업도 떠나고 고향에서도 떠나는(離土又離鄕)" 1990년대로 구분하기도 한다.

국가의 입장에서 볼 때 개혁기 중국의 최고 경쟁력인 풍부한 저임금 노동력을 활용한 경제발전전략을 현실화하기 위해서는 농민들이 도시로 이동해서 취업을 해야 한다. 그러나 도시 취업을 원하는 농민들이 한꺼번에 도시로 들어온다면, 주택·문화·교육·복지 등 '도시 공공재(urban public goods)'를 잠식할 수 있을 뿐 아니라 이미 국유기업의 개혁 과정에서 쫓겨난 도시 주민들과 저임금 일자리를 두고 노동시장에서 경쟁이 발생하여 도시 주민들의 권익을 해칠 우려도 있다. 한편, 소속된 도시 주민을 최우선시하는 도시정부 입장에서도 농민공을 활용한 경제발전전략은 필요하지만, 그렇다고 농민공의 무차별적인 도시 진입을 허용하기도 곤란한 문제였다.

따라서 국가는 개혁기에도 기존 호구제도의 핵심 내용인 농업호구와 비농업호구의 구분은 여전히 유지하면서, 농민공의 도시 진입을 허용하되 도시 공공재에 대한 농민공의 접근은 차단하는 방식을 취했다. 예를 들어 농민공이 도시로 데리고 들어온 자녀나 도시에서 태어난 자녀라 해도, 그 자녀의 호구는 원칙적으로 부모를 따라가기 때문에 여전히 농업호구, 즉 농민이다. 교육·문화·복지·주택 등과 같은 도시 공공재는 도시 주민에게만 제공했으므로 농민공은 접근할 수 없었다. 또한 국유기업 개혁이 시작되기 전부터 소속 노동자에게 지급되는 임금보다 각종 명목의 사회경제적 보장으로 소요되는 비용이 훨씬 컸기 때문에, 기업 입장에서 볼 때도 비용이 많이 드는 도시호구 소지자보다는 기업 차원의 사회경제적 보장을 제공할 필요가 없고 저임금만 지급하기만 하면 되는 농민공 고용을 선호했다. 도시정부 또한 기업으로 하여금 저임금 농민공의 고용을 유도하되, 도시 공공재에 대한 농민공의 접근은 막는 방식으로 경제발전전략을 구축했다.

1990년대 이후 농민공이 대규모로 도시에 진입함에 따라 도시화도 급속히 진행되어 도시화율은 2003년 40.5%, 2011년 51.3%에 이르렀다. 하지만 이러한 도시화는 농민공을 사실상 '2등 시민'으로 만들고, 농민공의 노동에 대한 대가를 저임금에 묶어 두는 방식으로 이룩한 경제 발전에 따른 것이다. 도시정부도 기업도 농민공의 '노동력 재생산' 비용은 전혀 지급하지 않고, 농민공이 전적으로 자신의 '노동력 재생산' 비용을 스스로 감당하도록 만든 방식의 경제 발전 방식이었다. 이 같은 방식은 급속한 도시화율 증가와 양적인 경제 발전을 가져왔지만, 2억이 넘는 농민공의 차별이라는 심각한 문제를 낳았다. 여기에 임금 체불로 인한 농민공의 저항이 빈발하면서 사회적 문제로 대두되자, 중국 정부는 기존의 개혁기 도시화가 1차산업의 비중 감소, 3차산업의 비중 증가, 인구의 도시 이동이라는 구조적 변동뿐 아니라, 환경오염, 농촌과 농업의 황폐화, 도시로의 과도한 인구 집중, 농민공 차별 등의 심각한 사회·정치적 문제를 낳았다고 인식하기 시작했다. 마침내 이러한 문제점을 해결하기 위해서는 기존의 도시화와 다른 방식의 도시화를 추진해야 한다는 결론에 도달했다. 이렇게 기존의 도시화와 차별화된 도시화를 '신형도시화'라고 이름 지은 뒤 국가전략적인 차원에서 추진해갔다.

신형도시화 추진의 배경으로 이와 같은 중국 내부의 사회·정치적, 경제적 맥락과 함께 고려해야 할 것은 바로 국제적 맥락이다. 2008년 미국 서브프라임 모기지 사태로 촉발된 세계적인 금융 위기로 인해 중국은 국내 소비 감소, 수출 부진, 연해 지역의 2,000만 농민공 실직에 따른 경제·사회적 불안정을 경험해야만 했다. 이 때문에 중국은 수출 위주의 대외 교역에 의존했던 기존의 경제 발전 모델에 대한 대안을 모색하기 시작했다. 그 과정에서 농민을 도시로 이주시켜 당시 50%에도 미치지 못하는 낮은 도시화율을 끌어올리고, 소비를 진작시켜 유효 수요를 창출함으로써 기존의 개혁기 경제성장 방식을 '지속 가능한 성장' 방식으로 전환하는 전략을 내놓았는데, 이것이 바로 신형도시화의 중요한 목표라고 할 수 있다.

신형도시화 전략을 추진하기 위해서는 농민의 도시 이주가 핵심 과제인데, 문제는 앞서 보았듯이 기존에도 이미 연간 대량의 농촌인구가 도시로 이주하고 있었으며 그 과정에서 각종 사회·경제적 문제가 발생했다는 점이다.

따라서 신형도시화는 이런 기존의 방식과 다른 도시화를 추진하는 데 있었다. 여기서 관건은 도시민과 농민을 분리하고 농민의 도시 이주를 제한하는 기존의 호구제도를 개혁하는 일이었다.

개혁기의 분권화로 일정 영역에서 자율적 의사 결정권을 갖게 된 각급 지방정부는 이 문제들을 해결하고 해당 지방의 경제를 성장시키기 위해 필요할 경우 상급 정부의 비준하에 호구제도 개혁을 위한 각종 조치를 취했다. 그런데 이 글에서 중점적으로 논의하는 '점수적립제 도시거민호구 취득' 제도는 기존의 지방정부들이 일정 정도 자율적으로 추진했던 여러 조치와 달리, 좀 더 거시적이고 장기적인 중국의 사회·경제적 발전 전략이라는 맥락에서 설계된 신형도시화의 중요한 구성 요소이다. 그러므로 그 위상과 파급력에서 특별할 수밖에 없다.

2) '점수적립제 도시거민호구 취득' 제도

'점수적립제 도시거민호구 취득' 제도는 농민들을 도시로 이주시키는 신형도시화 전략에서 호구제도 개혁의 한 가지 방식으로 추진되었다. 도시화를 적극 고무하지만, 이전처럼 연해 지역의 대도시로 농민들이 집중되는 현상을 막고 중소 도시로의 이주를 유도하며, 각급 지방정부가 해당 지역의 조건에 맞는 노동력을 확보할 수 있도록 돕는 제도적·정책적 장치라고 할 수 있다.

2014년 3월 16일 중공중앙中共中央과 국무원國務院이 발표한 「국가 신형도시화 규획 2014~2020년(國家新型城鎭化規劃 2014~2020)」(이하 「규획」)에서 '점수적립제 도시거민호구 취득' 관련 내용을 보면 다음과 같다.

첫째, 전국의 도시를 상주인구 규모에 따라 초대도시超大城市(1,000만 명 이상) – 특대도시特大城市(500만 명 이상) – 대도시大城市(100만 명 이상) – 중등도시中等城市(50만 명 이상) – 소도시小城鎭(10만 명 이상)로 분류한다. 둘째, 이들 도시가 속한 성省 단위 점수적립지표(積分指標)와 해당 도시 단위 점수적립지표를 만든다. 성 단위 점수적립지표는 일반적으로 학력, 기술, 사회보험료 납부 기간, 사회 공헌도에 따라 차등적인 점수를 적용하는데, 차감되는 지표도 있다. 도시 단위 점수적립지표는 성 단위 지표를 토대로 각 시의 상황과 목적을 반영하여 동일한 지표라도 서로 다른 배점을 부여할 수 있다. 예를 들어 광둥성廣東省 광저우시廣州市는 상대적으로 고학력자를 선호하여 이들에게 높은 배점을 부여하고, 주하이시珠海市는 공급 부족 업종의 기술자에게 상대적으로 높은 배점을 부여한다. 셋째, 특정 도시로 이주하여 그 도시의 거민호구를 취득하려는 농민은, 우선 그 도시가 속한 성의 점수적립지표에 따라 합산한 자신의 점수가 도시거민호구를 취득할 수 있는 신청 자격 조건에 도달해야 하고, 다음으로 그 도시 단위의 점수적립지표에 도달해야만 비로소 자신이 원하는 도시의 도시거민호구 신청 자격을 취득하게 된다.

'점수적립제 도시거민호구 취득' 제도의 시행 방안에 담긴 핵심적인 의미를 분석하면 다음과 같다.

첫째, 「규획」의 관련 항목에 따르면, "상주인구 규모로 분류한 도시에 따라 농민의 도시거민호구 취득에 차별을 둔다. 거민호구 취득에서, 초대도시는 엄격히 제한하고, 특대도시는 제한하고, 대도시는 합리적으로 개방하고, 중등도시는 질서 있게 개방하며, 소도시는 전면 개방한다"고 되어 있다. 이는 곧 중국 정부가 '점수적립제 도시거민호구 취득' 제도를 통해 농민을 대규모로 이주시키고자 하는 대상 지역이 베이징, 상하이, 광저우廣州, 선전深圳, 우한武漢, 충칭重慶, 톈진天津과 같은 기존의 거대 도시가 아니라, 도시와 농촌의 경계 지역인 성향결합부城鄕結合部, 도시의 교외 지역, 중소 도시 등이라는 사실을 보여준다.

둘째, 「규획」은 '인간의 도시화', 도시와 농촌의 공동 발전, 효율적 자원 사용과 생태 문명 건설, 지역 전통문화의 부흥, 시장 주도와 정부 보조, 중앙과 지방의 협조 등을 주요 지도 사상으로 내세우고 있다. 이는 간단히 말해, 해당 도시가 자신의 경제 발전과 산업구조에 필요한 '우수한 노동력'을 안정적으로 확보하는 것이 '점수적립제 도시거민호구 취득' 제도의 시행 목적임을 의미한다. 이것이 가능하기 위해서는 중앙정부와 성급 정부가 사전 조율을 통해 해당 도시의 발전 전략을 고려하여 도시 점수적립지표의 항목, 요구 점수, 가산점 등을 미리 결정해 두는 일이 필수적이다. 결과적으로 이런 과정을 통해서 도시들 사이에는 '위계(hierarchy)'가 형성된다. 동시에 도시들이 부여하는 도시거민호구들 사이에도 '위계'가 형성된다. 예를 들어 인구 규모나 경제 발전 정도에서 상대적으로 앞서는 도시인 광저우시의 도시호구 취득 신청 자격을 갖추는 데 필요한 점수는, 위계상 광저우시보다 낮은 위치에 있는 중산시中山市의 도시호구 취득 신청 자격을 갖추는 데 필요한 점수보다 높을 수밖에 없다.

셋째, 앞서 밝혔듯이 점수적립지표를 구성하는 항목은 중앙정부의 발전 전략과 해당 성 및 도시의 발전 전략 사이에 긴밀한 조율과 협의를 통해 최종적으로 결정되는데, 이는 개혁기 분권화로 지방정부가 자신의 발전 전략에 부합하는 노동력을 선발할 자율성을 획득했기 때문에 가능했다. 즉, 1980년대 들어 분권화로 지방정부의 재정수입이 급증한 반면 중앙정부의 재정수입은 급감하자, 중앙정부는 '국가 능력(state capacity)'을 회복하기 위해 1994년 중앙과 지방의 재정수입원을 분리하면서 최대 재정수입원인 부가가치세의 75%를 중앙이 가져가는 '분세제分稅制' 개혁을 단행했다. 그 결과 재정수입이 급감한 지방정부는 재정수입을 확보하기 위해 경제 발전에 사활을 걸었고, 이 과정에서 발전 전략과 관련된 지방정부의 자율성도 증가했다.

그렇다면 실제로 지역에서는 '점수적립제 도시거민호구 취득' 제도가 어떻게 추진되고 있을까? 이 제도의 지역별 실시 현황은 해당 지역의 사회·경제적 조건을 그대로 반영하고 있다. 이 글에서는 광둥성, 베이징, 상하이의 사례를 살펴보기로 한다. 이 세 지역은 각각 화남華南, 화북華北, 화동華東을 대표하기도 하지만, 개혁기 사회·경제적 변화 과정의 차별성에 따라 각각 매우 특색 있는 '점수적립제 도시거민호구 취득' 제도가 시행되고 있기도 하다.

4. '점수적립제 도시거민호구 취득' 제도의 지역별 사례

광둥성, 상하이시, 베이징시를 지역별 사례로 선정한 이유는 두 가지다. 첫째, 이 지역들은 모두 중국의 3대 경제권인 주장珠江 삼각주(주장 하구의 광저우, 홍콩, 선전, 마카오를 연결하는 삼각지대), 창장長江 삼각주(상하이시와 장쑤성江蘇省 남부, 저장성浙江省 북부를 포함한 창장 하구의 삼각주 지역), 징진지京津冀(베이징, 톈진, 허베이)를 대표하는 지역이다. 신형도시화가 이 세 지역의 거점 도시를 중심으로 해당 경제권의 도시와 농촌을 사회적 경제적으로 통합해가는 과정과 직결된다고 할 때, 해당 경제권을 대표하는 지역에서 '점수적립제 도시거민호구 취득' 제도의 실천 양상을 분석하는 것은 매우 중요하다. 둘째, 이 지역들은 각각 개혁기 중국 경제 발전의 다른 단계와 특징을 나타낸다는 점에서 대표성을 지닌다. 광둥성은 1980년대에 최초로 개혁·개방이 시작된 곳이며 현재는 상주인구 중 농민공의 비중이 매우 높은 지역이다. 경제 수도 상하이는 1990년대 개혁·개방이 도시지역으로 확산될 때 푸둥신구浦東新區가 국가급 신구로 지정되어 국가전략적 차원에서 개혁·개방을 위한 다양한 실험이 이루어진 곳이자 중국 최대의 경제권인 창장 삼각주의 대표 도시이다. 베이징은 최근 추진되고 있는 거대 수도권 건설 프로젝트인 '징진지 일체화'의 중심 도시이기 때문에 '점수적립제 도시거민호구 취득' 제도도 수도로서 특수성을 반영하는 방향으로 추진되고 있다.

1) 광둥성

광둥성은 '점수적립제 도시거민호구 취득' 방식의 새로운 호구제도가 전국 최초로 시행된 곳이다. 이러한 '선진적' 제도를 최초로 시행할 수 있었던 것은 다음과 같은 사회경제적 조건이 형성되어 있었기 때문이다. 먼저, 개혁기 초기인 1980년대부터 광둥성은 선전, 주하이珠海, 산터우汕頭와 같은 경제특구에서 시장경제 실험을 했다. 이 특구들은 주로 저임금 노동력을 경쟁력으로 삼아 해외 자본을 유치하여 가공무역 위주의 산업구조가 형성되었던 까닭에 기업들도 주로 외자기업外資企業이나 합자기업合資企業이었고, 국유기업國有企業이나 집체기업集體企業과 같은 '공유제公有制' 기업의 전통이 약했다. 게다가 노동력의 다수도 현지나 외지의 농민이었다. 특히 1990년대에 접어들어 전 세계 정보통신산업 관련 다국적 기업들이 광둥성에 제조공장이나 부품공장을 설립했는데, 이 공장에 필요한 농민공 노동력이 쓰촨四川·후난湖南·후베이湖北·광시廣西·장시江西·허난河南 등 내륙으로부터 광둥성으로 대거 유입되었다. 이 같은 경향은 이후 2000년대까지도 지속되었다. 통계에 따르면 2013년 선전 상주인구 1,062만 8,900명 중 선전 호구 소지자가 아닌 사람이 752만 4,200명으로 전체의 71%에 가까웠다. 광둥성 지역의 도시들은 해당 도시호구 소지자보다 광둥성 안의 농촌호구 소지자나 광둥성 밖의 호구 소지자가 더 많은 '이민도시'의 성격을 매우 강하게 띠었다.

광둥성의 선전, 둥관東莞, 포산佛山, 광저우 등의 도시는 이처럼 농민공이 대거 유입되면서 이미 2000년대 들어 농민공이 상주인구 전체의 절반을 넘어섰고, 이보다 작은 중소 도시들에서는 해당 도시호구 소지자보다 농민공이 훨씬 더 많은 상황이 종종 발생했다. 이렇게 도시정부의 관할 행정구역 내부에 그 도시의 호구 소지자보다 농민공으로 대표되는 외지인이 훨씬 더 많은 모순적 상황이 발생했을 뿐 아니라, 앞서 지적한 농민공 차별 등의 사회적 문제가 심각해지자 2010년 1월 12일 광둥성 중산시에서 전국 최초로 '점수적립제 도시거민호구 취득' 제도를 실시했다.

사실 중산시는 이보다 훨씬 전인 2007년에 이미 '백 명의 우수 외지 농민공(百佳外來工)' 선발 제도를 실시하여 중산시 호구를 부여하고 있었다. 이 제도는 중산시의 건설에 기여한 농민공에게 평가를 거쳐 '똑같은 중산 건설자(同是中山建設者)'라는 호칭을 붙이고 중산시 호구를 부여해준 방식이었다. 그런데 우수 농민공을 대상으로 선발했다는 점에서 모든 농민공에게 점수적립 지표에 따라 총점을 계산하여 호구 취득의 기회를 공평하게 부여한 2010년의 '점수적립제 도시거민호구 취득' 제도와 달랐다.

중요한 것은 '점수적립제 도시거민호구 취득' 제도에는 행정적 모순과 차별을 해결하고자 하는 사회·정치적 목적과 함께 경제적 목적도 있었다는 점이다. 다시 말해, 중산시가 '점수적립제 도시거민호구 취득' 제도를 실시한 이유는 전체 상주인구 300만 명 중 농민공 인구가 100만 명이라는 행정적 모순 및 농민공에 대한 사회적 차별 같은 문제를 해결하기 위한 목적도 있었지만, 특히 경제적인 목적이 중요했다. 2010년의 중산시 산업구조를 보면 1차산업 4%, 2차산업 60%, 3차산업 36%였는데, 이 가운데 2차산업은 주로 포장 인쇄, 금속, 조명, 의류, 가구, 소형 가전, 식품 등으로, 과거 1980년대 개혁·개방 초기부터 시작된 해외 수출용 '저低기술 노동 집약적 산업'이 일정한 경쟁력을 가진 산업클러스터를 형성하고 있었다. 문제는 이러한 업종의 경쟁력은 광둥성 내의 다른 도시뿐 아니라 다른 성들도 비교적 짧은 시간 내에 추격 가능했기 때문에, 중산시로서는 이들 업종의 기존 경쟁력을 유지하면서도 '고高기술 산업'이나 '자본 집약적 산업'으로 산업구조를 개편하는 일이 무엇보다 시급했다. 2010년 12월 중산시정부 경제무역국에서 발행한 문서를 보면, "기존의 저기술 노동 집약적 산업구조를 조정하여 교통과 해양 장비 제조, 전력 설비 제조, 고기술 정보·통신, 신에너지, 생물 의약 산업을 위주로 하는 고기술 자본 집약적 산업구조로 바꿀" 것을 강조하고 있다. 따라서 이 시기 '점수적립제 도시거민호구 취득' 제도는 사회정치적 원인도 작용했지만 산업구조의 고도화에 필요한 노동력을 확보하려는 경제적 목적이 있었다는 사실을 알 수 있다.

통계에 따르면 2010~2013년 4년 동안 이 제도의 실시로 중산시 호구를 취득한 농민공은 모두 1만 765명인데, 이 가운데 전문대 학사 이상의 학력자가 51.44%, 일정한 전문 기술 능력의 보유자가 35.45%였다. 또한 연령 범위는 16~35세가 60.01%를 차지했다. 2012년 중산시 공산당위원회의 서기 쉐샤오펑薛曉峰이 언론 인터뷰에서 밝혔듯이, 이 시기의 호구 취득자는 대부분 고기술·고학력 소지자로서 당시 중산시 산업구조 고도화에 필요한 '젊은 인재'였다. 여기서 중요한 사실은 4년 동안에 호구 취득을 위한 점수적립지표의 점수 배분에 변화가 생겼다는 점이다. 2010년 시행 첫해에는 '주택 소유'보다는 기술과 학력을 상대적으로 더 중시했기 때문에 고졸 학력을 갖췄어도 15점만 부여했다. 그러나 주택을 갖고 있지 않더라도 호구 취득 신청이 가능했으므로 4년 전체 기간 호구 취득자 중 99명이 무주택자였다. 하지만 2013년에는 기술과 학력보다 '주택 소유'를 상대적으로 더 중시하여 중졸 학력이라도 20점을 부여하고, 주택 소유자에게는 2010년의 10점보다 5배나 높은 50점을 부여하는 등 '학력 문지방'은 소폭 낮추고, 대신 주택 소유와 같은 '자산 문지방'을 대폭 높였다. 이외에 점수적립지표의 항목도 더욱 세분화되었다. 이러한 변화는 중산시가 산업구조 고도화라는 2010년 당초의 목표를 2013년을 전후하여 어느 정도 달성했기 때문에 이제는 기존과 다른 '인재'가 필요해졌음을 의미한다. 이것은 기존처럼 고기술 자본 집약적 산업으로 산업구조 고도화를 계속 추진하면서도 현대적인 고부가가치 서비스업이라는 3차산업으로 도시 경제발전전략의 강조점이 일정하게 이동했기 때문이다. 즉, '고기술·고학력' 노동력을 추가로 확보할 필요성이 상대적으로 감소했기 때문에 '학력 문지방'을 소폭 낮춰 농민공의 도시 진입에 대해 한층 개방적 태도를 취함으로써 사회·정치적 효과를 거둔 것이다. 하지만 그와 동시에 '자산 문지방'을 대폭 높여서 실질적으로 도시 진입이 가능한 농민공의 수를 제한하는 경제적 효과를 거두었다.

중산시의 사례에서 볼 수 있듯이, 광둥성 주요 도시들의 경우 농민공 비율이 전체 상주인구의 최소 30~50%에서 최대 70%에 이를 정도로 높은 상황에서 발생하는 행정적 모순과 사회적 차별과 같은 심각한 사회·정치적 원인과 산업구조 고도화에 따른 필요 노동력 확보라는 경제적 목적이 작용하여 전국 최초로 '점수적립제 도시거민호구 취득' 제도를 실시했다고 할 수 있다.

2) 상하이시

상하이시가 본격적인 개혁·개방에 들어간 것은 1992년 푸둥浦東이 국가급 신구新區로 지정되면서부터이다. 1980년대 개혁·개방이 주로 광둥성, 푸젠성福建省, 하이난다오海南島 등 동남 연해 지역에서 특정 도시를 경제특구로 지정하여 시장경제 실험을 하는 방식이었다면, 1990년대는 개혁·개방의 대상이 내륙지역으로 확대되고 특히 상하이시의 푸둥이 국가급 신구로 지정됨으로써 개혁·개방이 전면적으로 확대되었다. 사실 1980년대 초반부터 호구제도가 이완되면서 상하이시 유동인구가 증가하기 시작했는데, 본격적인 개혁·개방 직전인 1988년에 상하이시 호구를 소지한 호적인구가 1,000만 명이고 유동인구는 100만 명이었다. 1992년 푸둥신구浦東新區 지정과 덩샤오핑鄧小平의 남순강화南巡講話로 시장화 개혁이 가속화되자 유동인구가 급증하여 1993년에는 250만 명에 이르렀다. 10년 후인 2003년에는 480만 명이 되었다가, 2015년 현재 전체 상주인구는 2,415만 2,700명이고 그중 호적인구는 1,433만 6,200명으로 유동인구가 무려 1,000만 명에 육박했다.

상하이시는 2002년에 '거주증居住證' 제도를 실시했다. 이 제도는, 상하이시에 유입된 유동인구를 대상으로 1980년대 중·후반부터 실시하던 임시 거주증인 '잠주증暫住證' 제도가 취업·교육·의료 등에 대한 농민공의 권리를 제한하여 사회적 차별 문제가 심각해지자, 이를 대체한다는 명목으로 도입되었다. 거주증은 A, B, C 세 종류로 분류되는데, A와 B는 학사 이상의 학력을 지닌 국내외 인재를 대상으로 했으며, C는 상하이에 와서 일하는 농민공을 대상으로 발급했다. 당시 상하이시정부는 '거주증' 제도의 실시 목적이 국내외 인재의 상하이 취업과 창업을 지원하여 '도시 종합 경쟁력'을 강화시키는 것이라고 명시했다.

상하이시는 2013년 6월 13일 기존 제도를 '점수적립제 거주증(積分制居住證)' 제도로 바꾸고 점수적립지표의 세칙을 발표했다. 그런데 이 제도의 적용 대상을 기존의 '거주증' 소유자로 특정했다. 따라서 기존의 '거주증' 소유자가 '점수적립제 거주증' 취득 신청을 했다가 실패하면 원래의 '거주증' 소유자로 돌아가고, 또한 '점수적립제 거주증' 취득자에게 보장되는 각종 공공서비스에서도 당연히 배제되었다. '거주증' 소유자의 자녀는 상하이에서 고등학교 이상의 학교에 응시할 수 없으며 그 자녀와 배우자는 사회보험에 가입할 수도 없었다.

이 세칙에 따르면 점수적립지표는 기본 지표, 가산점 지표, 감점 지표로 구성되는데, 그 주요 항목과 배점은 다음과 같다. 기본 지표는 연령(56~60세 사이 5점, 한 살 어릴 때마다 2점 추가, 최대 30점), 교육 배경(전문대졸 50점, 박사학위 110점), 전문 기술(최대 140점), 상하이시 직업 경력과 사회보험료 납부 기한(매년 3점) 등으로 구성된다. 가산점 지표는 노동력 공급 부족 분야 전공(최대 30점), 투자에 따른 납세 및 인력 고용(최대 100점), 직원사회보험료 납부(최대 100점), 특수한 공공서비스 종사 및 국가 표창(최대 110점), 상하이시 호구를 지닌 배우자(40점) 등으로 구성된다. 감점 지표는 증빙서류 허위 및 조작(150점), 행정구류(50점), 형사범죄(150점) 등으로 구성된다.

이러한 점수적립지표에 따라 합산한 총점이 120점에 도달하면 '점수적립제 거주증'을 취득할 수 있는 신청 자격이 부여되었다. 상하이시에서 제공하는 각종 공공서비스는 '점수적립제 거주증'을 취득한 사람만 누릴 수 있는데,

그중 핵심은 자녀 교육과 사회보험(노령, 실업, 질병, 사망)이다. '점수적립제 거주증'을 취득한 자의 자녀는 상하이시 소속 고등학교와 전문대 및 종합대학의 학사·석사·박사 과정에 응시할 수 있는 자격이 주어지고, 그의 자녀와 배우자는 상하이시 사회보험에 가입할 수 있다.

점수적립지표의 항목을 살펴보면 기술·학력·고용에 강조점을 두었음을 알 수 있는데, 문제는 이러한 지표를 충족시킬 수 있는 농민공이 매우 드물었다는 사실이다. 2015년 말까지 '점수적립제 거주증' 취득 신청을 한 110만 명 가운데 30만 명이 120점을 넘었지만, 실제로 상하이시 거민호구를 취득한 인원은 2만 6,000명에 불과했다. 이는 120점에 도달하면 누구나 '점수적립제 거주증'을 취득할 수 있지만, 그중에서 바로 거민호구를 취득하거나 '점수적립제 거주증'을 취득한 뒤 다시 거민호구로 전환할 수 있는 인원은 극소수라는 사실을 의미한다.[1]

사실 2002년 당초 '거주증' 제도를 실시할 때도 'C 거주증' 소지자는 단지 상하이에서 '합법적이고 안정적'인 직업과 거주를 하고 있다는 사실을 증명할 뿐이고, 국내외 인재에게 발급된 'A, B 거주증'의 소지자에게 제공되는 공공서비스(자녀 교육과 사회보험 등)를 전혀 받을 수 없었다. 또한 2016년 상하이 신세대 농민공 중 70%가 중졸 학력에 지나지 않기 때문에 14년 전인 2002년 1세대 농민공이 전체 농민공의 다수를 이룰 때는 농민공의 평균 학력이 이보다 훨씬 낮았다고 추정할 수 있다.[2] 따라서 2002년에 '거주증' 제도를 실시할 때부터도 그 목적은 유동인구의 압도적인 다수를 차지하는 농민공에게 도시 공공재에 대한 공평한 접근을 제공한다는 데 있다기보다는 상대적으로 우수한 기술과 학력을 소유한 '인재'를 유치하는 데 있었다. 아울러 점수적립지표 방식으로 바뀐 2013년 6월 이후에는 앞서 살펴본 배점에서 알 수 있듯이, '낮은 연령층, 부유층, 고기술 고학력층'에 절대적으로 유리한 지표에 따라 '점수적립제 거주증'을 부여했기 때문에, 빈곤·저기술·저학력을 갖고 있는 농민공의 절대 다수는 '점수적립제 거주증' 취득으로부터 사실상 차단되었다고 볼 수 있다.

여기서 주의할 점은 '점수적립제 거주증'과 거민호구는 완전히 다르다는 것이다. 거민호구를 취득하기 위해서는 '점수적립제 거주증'을 7년 동안 유지하고 사회보험료도 7년 동안 납부하며, 법률에 따른 납세와 직업 수준을 갖춰야만 한다. 그런 다음에야 비로소 상하이시 거민호구를 신청할 수 있는 자격 명단에 이름을 올릴 수 있다. 거민호구는 2014년 8월 농업호구와 비농업호구의 구분이 공식적으로 폐지된 이후 기존 도시 주민들에게 부여한 호구이다. '점수적립제 거주증'은 해당 소지자의 부모가 공공서비스나 최저 생활 보장을 누릴 수 없으며, 주택 구매 신청을 할 수 없다는 점에서 거민호구와 큰 차이를 보인다. 상하이시는 인구 규모에 따른 도시 위계 중 최상위인 초대도시에 속하므로 거민호구 취득을 엄격히 제한하고 있다. 상주인구도 2020년까지 최대 2,500만 명으로 제한하는 것이 목표이기 때문에 거민호구 취득은 더욱 어려울 듯하다.

한편 2016년 4월 25일 상하이시정부는 향후 '점수적립제 거주증' 취득 단계를 거치지 않고 점수적립제 방식에 따라 바로 거민호구를 취득하는 제도를 추진할 계획이라고 밝혔다. 이 '점수적립제 도시거민호구 취득'은 기존 '거주증'과 '점수적립제 거주증' 단계를 폐지하고 상하이시에 거주하는 유동인구에게 점수적립지표에 따라 곧장 거민호구를 취득할 수 있도록 하는 제도로서, 기본적으로는 광둥성의 방식과 동일하다.

상하이시가 '점수적립제 거주증' 방식을 채택한 것은 다음과 같은 이유 때문이다.

첫째, 상하이시는 광둥성 중산시처럼 높은 유동인구 비율을 보이는데, 중산시와 달리 개혁기 초기인 1988년부터 호적인구가 1,000만 명에 이를 정도로 본래 '인구학적 동질성(demographic homogeneity)'이 매우 높은 대규모 주민 집단이 존재했다. 물론 이후에 농민공이 급증했지만, 동시에 기존 호적인구도 계속 증가하는 양상을 보이고 있었다. 따라서 상하이시정부로서는 인구학적 동질성의 약화 속도를 최대한 완만하게 하는 것이 중대 과제였다.

둘째, 1949년 건국 이래 중앙정부 재정수입의 가장 큰 원천이 바로 상하이시였다는 점을 생각하면, 1990년대 초 개혁·개방을 통해 저임금 노동력에 기초한 발전 전략을 실현시키기 위해서는 농민공의 대규모 유입을 허용하고, 이들 중 '인재'에게는 상하이 시민과 유사한 공공서비스 접근권을 부여해야 한다. 하지만 그렇다고 이들에게 기존 상하이시 주민과 동일한 '거민호구'를 바로 부여한다면 '인구학적 이질성'을 가속화시켜 사회경제적 질서에 큰 혼란을 초래할 수 있다. 그 때문에 '거주증' – '점수적립제 거주증'으로 이어지는 '유사 거민호구' 단계를 설정함으로써 농민공 중에서도 기술과 학력을 소유한 극소수에게만 공공서비스에 대한 접근을 허용하고, 대다수의 농민공은 배제시키는 효과를 거둘 수 있게 한 것이다.

셋째, 무엇보다 상하이시는 광저우시를 제외하면 광둥성의 다른 모든 도시보다 훨씬 상위에 있는 도시이다. 이는 인구 규모에 따른 위계뿐 아니라, 수도 베이징을 빼고 전국적으로 볼 때도 정치·경제·사회·문화 등 모든 측면에서 상하이를 따라갈 도시가 없다는 말이다. 따라서 '거주증'과 '점수적립제 거주증'이라는 '유사 거민호구' 단계를 설정함으로써 극소수의 '인재' 유치에 성공하면서도 대다수의 농민공은 배제할 수 있고, 동시에 초대도시 거민호구로의 전환은 최대한 차단시킬 수 있는 것이다. 이런 의도는 앞서 언급했듯이 110만 명의 신청자 중 최종 2만 6,000명만 거민호구를 취득했다는 사실로도 증명된다.

3) 베이징시

광둥성 중산시는 산업구조의 고도화가 '점수적립제 도시거민호구 취득' 제도를 도입한 주된 목적이었고, 상하이시는 인구학적 동질성-이질성의 문제 및 경제 수도와 초대도시의 위상 유지가 '점수적립제 거주증'을 도입한 목적이었다. 이에 비해 베이징의 '점수적립제 도시거민호구 취득' 제도는 '징진지 일체화'라고 하는 국가전략 차원의 지역 통합 프로젝트 속에서 인식할 필요가 있다.

한반도 크기의 징진지 지역은 전체 상주인구가 1억 1,000만 명이고, 창장 삼각주, 주장 삼각주와 함께 중국의 3대 경제권 중 하나이다. '징진지 일체화'는 베이징, 톈진, 허베이성을 사회경제적으로 통합하는 거대 수도권 건설 프로젝트로, 통합 과정에서 각 지역의 장점을 최대한 살려 공동 발전을 꾀한다. '징진지 일체화'를 실현하기 위한 구체적인 전략이 바로 「징진지 협동발전 규획」이다. 그 핵심 내용은 베이징의 수도 외적인 기능을 해소하고, 경제 구조와 공간 구조를 조정하여 인구와 경제 밀집 지역의 개발을 모색하는 것이다. 다시 말해서, 베이징시 인구를 엄격히 제한하고, 징진지 지역의 교통 일체화, 생태 환경 보호, 산업구조 고도화를 실현하는 것이 「징진지 협동발전 규획」의 구체적인 내용이다.

2003년 베이징시정부는 '취업거주증(工作居住證)' 제도를 도입하면서 그 목적을 수도의 인재 발전 환경을 고도화하고, 도시 종합 경쟁력을 향상시키기 위해서라고 명시했다. '취업거주증'은 기술과 학력을 갖춘 개인이 단순히 신청할 수 있는 것이 아니었다. 베이징시 관할 행정구역에 소재하는 기업 단위, 사업 단위, 민영 비非기업 단위, 사회단체, 외국(인)이 설립한 비非법인 기구 등에 고용되어 있어야만 신청할 수 있으며, 또한 일정 수준 이상의 학력, 기술, 자격을 갖고 있어야 한다. '취업거주증' 소지자는 그 자녀의 취학, 주택 구매, 양로보험과 의료보험 가입이 가능하다는 점에서 베이징 시민과 유사한 대우를 누릴 수 있다. 하지만 특정 직장에 소속된 사람만 신청할 수 있고, 학사 이상의 학력을 갖추어야 했다. 이 때문에 '취업거주증' 제도에서 농민공은 배제될 수밖에 없고 '인재'가 그 적용 대상이었다. 당시 농민공은 임시 거주증인 '잠주증'의 대상이었다.

2015년 12월 10일 베이징시정부는 「베이징시 거주증 관리 방법(심사 초안)」을 발표하고, 기존의 '잠주증'을 대체할 '거주증'을 도입하기로 한다. 이 '거주증'은 '취업거주증'과 달리 공안 기관에서 신청을 받아 처리하고 발급해 준다는 점에서 기존의 '잠주증'과 동일하다. 신청 자격도 베이징시에 와서 취업, 생활, 학습하고 있으며 '잠주증'을 소지하고 있는 사람을 대상으로 한다. '거주증'을 취득하면 시정부에서 규정한 공공서비스를 제공받을 수 있다. 따라서 '인재' 유치를 목적으로 하며 시민과 유사한 대우를 제공하는 '취업거주증'보다 신청 자격의 '문지방'이 훨씬 낮기 때문에 대상 인원의 범위가 넓은 반면 제공되는 혜택은 적다. 여기서 눈여겨볼 사실이 있다. 바로 「베이징시 거주증 관리 방법(심사 초안)」 제17조에 '점수적립제 도시거민호구 취득' 항목을 두고, '거주증' 소지자를 대상으로 점수적립지표 방식을 통해 베이징시 거민호구를 부여하겠다고 밝힌 사실이다. 요컨대 '거주증' 제도는 베이징시 전역에서 현재 시행되고 있는 것은 아니며, 공개 여론 수렴 중인 '점수적립제 도시거민호구 취득' 세칙이 확정되면 비로소 정식 시행될 전망이다.

베이징시가 발표한 「베이징시 점수적립제 도시거민호구 취득 관리 방법(여론 청취용)」의 구체적인 내용은 다음과 같다. 베이징시 '점수적립제 도시거민호구 취득' 신청을 하기 위해서는 선결 조건으로 베이징시 '거주증'을 소유해야 하고, 45세를 넘어서는 안 되며, 사회보험료를 연속으로 7년 이상 납부해야 하고, '계획생육計劃生育' 정책을 준수해야 하며, 위법 범죄 기록이 없어야 한다. 점수적립지표는 기초 지표와 유도 지표, 두 가지로 구성된다. 기초 지표의 항목과 배점을 보면, 합법적·안정적 취업(1년에 3점), 합법적·안정적 거주(자가주택 매년 1점, 임대주택 혹은 기숙사 매년 0.5점), 교육 배경(전문대졸 9점, 학사 15점, 석사 27점, 박사 30점)으로 구성된다. 유도 지표의 항목과 배점은 직장과 거주지 소재지(거주지를 도심 밖으로 옮길 경우 최대 6점, 직장과 거주지 모두 도심 밖으로 옮길 경우 최대 12점, 거주지를 도심으로 옮길 경우 최대 6점 감점, 직장과 거주지 모두 도심으로 옮길 경우 최대 12점 감점), 공해 유발 업종 취업(1년에 6점 감점), 혁신기업에 취업하거나 혁신기업 창업(최대 9점), 일정 수준 이상의 기술(최대 5점), 일정 수준 이상의 납세(6점), 불량 신용(12점 감점), 행정구류 처벌(30점 감점) 등으로 이루어져 있다.

이렇듯 베이징시 점수적립지표는 기술·학력·자산 등을 중시한다는 점에서는 광둥성 및 상하이시와 유사하고, '거주증'을 취득한 인원을 대상으로 점수적립지표를 적용한다는 점에서는 상하이시와 유사하다. 한편 연령을 45세 이하로 제한하고 있어, 상하이시(56~60세)와 비교했을 때 상당히 낮다는 특징이 눈에 띈다.

베이징시 점수적립지표의 가장 큰 특징은 거대 수도권 건설 프로젝트인

'징진지 일체화'와 직결된 지표가 두드러진다는 점이다. 첫째, 공해 유발 및 퇴출 대상의 업종이나 기업에 취업할 경우 감점을 부여하는데, 비록 점수는 작지만 인구와 산업의 집중으로 인한 환경오염에 시달리는 베이징시로서는 거민호구 취득을 위한 점수적립지표를 환경오염과 연계지을 수밖에 없다. 따라서 비非수도 기능을 다른 지역으로 분산하는 것이 중요한 목표인 '징진지 일체화' 전략 속에서 '점수적립제 도시거민호구 취득' 제도를 추진했다. 둘째, 직장과 거주지 소재지를 '도심 6구'에서 바깥으로 옮길 경우에 점수를 부여하고, 도심 6구 안으로 들어올 경우에는 감점을 한다는 점이 특히 주목된다. 도심 6구는 둥청東城, 시청西城, 차오양朝陽, 하이뎬海澱, 펑타이風臺, 스징산石景山으로, 관련 통계에 따르면 2014년 베이징시 전체 인구 2,151만 6,000명의 59.3%인 1,276만 3,000명이 집중되어 있는 지역이다. 동년 베이징시 전체 외래外來인구 818만 7,000명의 59.9%인 490만 4,000명이 이 지역에 집중되어 있으며, 이 외래인구의 압도적인 다수는 농민공이다. 따라서 거주지와 직장을 도심 6구의 바깥으로 옮기는 이들에게 점수를 부여하고 내부로 들어오는 이들에게 감점을 부여한다는 것은 곧 베이징시 '점수적립제 도시거민호구 취득' 제도가 '징진지 일체화' 전략과 긴밀히 연결되어 있음을 보여준다. 왜냐하면 '징진지 일체화'의 핵심 내용 중 하나가 바로 베이징시의 과밀화 해소이기 때문이다. 실제로 도심 6구는 베이징시 전체 면적의 8%에 불과하지만, 전체 상주인구의 60%가 거주하고 있으며 전체 산업의 70%가 집중되어 있다.[3] 따라서 점수적립지표를 통해 도심 6구의 인구와 산업의 분산을 유도하는 것은 베이징시의 과밀화를 해소하여 베이징·톈진·허베이성의 공동 발전을 도모하는 '징진지 일체화' 전략의 핵심 목적 중 하나이다.

이상과 같이 베이징시는 '점수적립제 도시거민호구 취득' 제도를 '징진지 일체화' 전략과 연계하여 사람들로 하여금 도심이 아닌 다른 지역에서 거주하고 취업할 것을 유도한다. 이러한 정책은 톈진 및 허베이성과 접한 퉁저우通州에서 좀 더 구체적으로 드러난다.

퉁저우는 1958년 베이징시에 편입된 현縣이었다가 1997년 구區로 승격되었다. 2015년 말 발표된 「베이징시 국민경제와 사회 발전 제13차 5년 규획(2016~2020)」에 따르면, 2020년까지 도심 6구의 인구를 2014년 대비 14% 감소시켜 200만 명을 바깥으로 분산할 계획인데, 행정 부중심副中心이 건설되는 퉁저우가 그중 40만 명을 수용할 계획이다. 퉁저우는 톈진 및 허베이성과 연결되는 지역으로, 수도 과밀화 해소와 '징진지 공동 발전'이라는 목표가 담긴 '징진지 일체화' 전략의 실현을 상징한다고 볼 수 있다. 2015년 2월 5일 중국 국가발전개혁위원회가 전국 62개 도시를 '신형도시화 종합시점지구'로 지정했는데, 퉁저우가 여기에 포함되었다. 그에 따라 퉁저우는 이미 '점수적립제 도시거민호구 취득' 제도를 실시하고 있으며, 이는 현재 여론 청취 중인 베이징시 거민호구 취득을 위한 점수적립지표에 상당 부분 반영되어 있다.

주목해야 할 점은 '점수적립제 도시거민호구 취득' 제도 실시를 위한 방안에 기술·학력·자산 등에 따라 거민호구를 부여하기 위해서는 농민공의 시민화에 소요될 비용을 분담하는 기제를 탐구할 필요성에 대한 내용이 포함되었다는 사실이다. 다시 말해, 농민공이 거민호구를 취득하여 시민이 될 수 있도록 하려면 교육·보험·주택뿐 아니라 각종 사회적 인프라 등의 소요 비용 분담 기제를 확정해야 한다는 뜻이다. 퉁저우구가 제시한 방안에 따르면, 거민호구의 취득 대상에 따라 차이가 있지만 대체로 구정부區政府는 교육·의료·임대주택 등 공공서비스 자원의 확충 및 기초시설의 신설과 확충 비용을 부담하고, 기업은 사회보험과 직업훈련 비용을 부담하며, 농민공 개인은 사회보험·임대주택·임대료 등을 부담하도록 했다.

지금까지 살펴보았듯이 베이징시의 '점수적립제 도시거민호구 취득' 제도는 '징진지 일체화', 곧 지역의 사회경제적 통합을 통한 발전 전략과 직결되어 있으며, 이 점은 앞서 지적한 공해 유발 및 퇴출 대상의 업종과 기업에 취업하는 것을 제한하고, 도심 6구에서 취업과 거주를 최대한 막을 뿐 아니라, 기술과 학력을 중시하고 안정적 자가주택 거주에 대한 강조 등에서도 명시적으로 드러난다.

이렇게 볼 때 개혁기에 늘어난 지방정부의 경제발전전략 수립과 실천에서 갖는 자율성을 배경으로 중앙정부와 조율과 협의를 통해 해당 도시정부의 사회경제 발전 전략에 필요한 노동력의 수용이란 차원에서 전국적으로 확산 중인 '점수적립제 도시거민호구 취득' 제도는 해당 도시가 처한 사회경제적 조건에 적합한 특징을 갖게 된다는 점을 알 수 있다. 광둥성(중산시)은 산업구조의 고도화, 상하이시는 인구학적 동질성과 이질성의 문제 및 경제 수도와 초대도시의 위상 유지, 베이징시는 '징진지 일체화'라는 거대 수도권 건설 프로젝트라는 사회경제적 조건에 적합한 형식과 내용의 '점수적립제 도시거민호구 취득' 제도를 추진하고 있는 것이다.

5. 위계적 시민권과 중국식 도시사회의 부상?

그렇다면 이 같은 '점수적립제 도시거민호구 취득' 제도의 전국적 확산과 실행이 중국의 시민권 및 도시사회에서 갖는 의미는 무엇일까?

1950년대 건국 초기 국내외적 요인에 의해 자본 집약적 중공업 위주의 발전 전략을 추구하게 된 중국은 이 전략을 실현시킬 수 있는 도농이원분리구조라는 사회경제적 조건을 창출했고, 이 때문에 모든 인민은 농민과 시민으로 나뉘어 서로 다른 사회경제적 삶을 영위할 수밖에 없었다. 개혁기 들어서 저임금 노동력에 대한 수요가 급증하자 농민공들이 대거 도시로 이주했지만, 호구제도가 여전히 유지된 탓에 온갖 사회경제적 차별에 노출되면서 도시에서 '2등 시민'으로 살아갔다.

그러나 2000년대 중·후반 국내외적 요인으로 촉발된 신형도시화 전략은 유효 수요를 창출하여 경기를 부양하고, 동시에 기존의 도시화로 초래된 각종 모순과 차별을 해소하기 위해 본격적으로 추진되었다. 신형도시화 전략의 핵심 내용인 '점수적립제 도시거민호구 취득' 제도는 지역의 특징을 반영하여 전국적으로 확산되고 있다. '점수적립제 도시거민호구 취득' 제도에 따라 부여되는 도시거민호구는 다음과 같은 의미를 지닌다.

첫째, 본래 '시민권'이란 시민의 권리를 의미하는 것으로, 국적을 기초로 해당 국적을 보유한 모든 이에게 주어지는 권리이다. 하지만 건국 이후 중국에서 시민권은 농촌에 사는 농민은 접근할 수 없는 도시민의 권리였으며, 그 결과 농민과 시민이 누리는 사회경제적 권리의 내용은 매우 달랐다. 실제로 1949년 이후 중국에서 시민은 도시민(城市人)을 가리키는 개념이었다. 국적을 보유하고 있으며 동시에 자신이 국가와 사회의 주권자임을 자각하고 책임과 권리를 적극적으로 실현하려는 주체적 존재인 '시민'의 본래 개념과는 다르다. 중국에서 이런 의미의 시민 개념에 가까운 단어는 인민人民와 공민公民인데, 이 두 가지 개념은 모두 현재 주권자로서 국가와 사회의 주요한 문제를 주체적으로 인식하고 해결하는 존재라기보다는 당과 국가의 지도하에 주어진 역할을 충실히 이행하는 존재라는 의미가 강하다. 물론 중국에도 '공민권公民權'이라는 표현이 있고, 이것이 어떤 측면에서는 일반적 의미의 시민권 개념과 유사하다. 그러나 도농이원분리구조 속에서 형성된 시민권은 온전히 도시민만의 배타적 권리였다. 이러한 시민권의 내용은 본래적 의미의 시민권과 별반 다르지 않은데, 중요하게 생각해야 할 지점은 다른 나라의 경우에 자신의 신분이 농민이냐 시민이냐를 가리지 않고 모두가 누릴 수 있는 권리로 인식된다는 점이다. 사회경제적 권리의 의미가 강한 중국의 시민권은 줄곧 도시민의 권리로서 인식되고 실천되었던 것이다.

그런데 개혁기 이전에 중국의 이러한 시민권은 생득적으로 주어지는 권리였다. 다시 말해 도시에서 태어나면 바로 주어지는 권리였다. 그런데 개혁기에 들어서 시민권의 구성 요소 중 일부분을 농민공에게 개방하는 변화가 일어났고, 최근에는 '점수적립제 도시거민호구 취득' 제도에 따라 생득적 권리로서 시민권 개념에 획기적인 변화가 발생하기 시작했다. 즉, 자신의 '능력(merit)'에 따라 획득할 수 있는 후천적 권리가 될 가능성이 생긴 것이다.

둘째, '점수적립제 도시거민호구 취득' 제도에 따른 신형도시화의 추진은 향후 '위계적 시민권'의 형성 가능성을 예고한다. '위계적'이라고 하는 것은 농민공의 '능력'이 각종 지표 점수로 환산되어 점수에 따라 농민공의 서열이 정해지고, 그 서열에 따라 거민호구 취득을 위한 기준점의 통과 여부가 결정된다는 의미이다. 즉, 자신의 능력에 따라 거민호구의 취득 여부가 결정되는 셈이다. 이것은 '시민권' 개념의 구성과 관련하여 다음과 같은 이론적 의미를 지닌다.

사회학자 스티븐 캐슬즈Stephen Castles는, '위계적 시민권' 개념을 통해 근대에 들어서 형식적으로 상호 평등한 국민국가들 사이의 체계가 등장했지만,

국제법, 교역, 국제적인 거버넌스 등에 의해 국민국가들(nation states)과 시민권들(citizenships) 사이에 사실상의 국제적인 위계 구조가 형성되었다는 점을 지적한다.[4] 그는 특히 '글로벌 시티Global City'와 같은 '초국가 사회 공간(transnational social space)'에서, 사실상 동일한 시민(citizen)으로 생활하고 해당 도시의 국적을 보유하지 못한 공통점이 있더라도 블루칼라 직종과 화이트칼라 직종으로 구분되는 외국인 이주 노동자들 사이에 위계가 생겨나고, 이들 이주 노동자와 거주국의 국적 보유자들 사이에 국적에 기초한 시민권의 위계가 생겨난다고 주장한다. 사회학자 사스키아 사센Saskia Sassen이 말하는 희망과 절망이 공존하는 글로벌 시티에서 생성되는 새로운 대안적 주체가 바로 캐슬즈가 말하는 위계적 시민권 구조에서 하층에 위치한 존재이다.

캐슬즈의 '위계적 시민권' 개념과 비교해보면, 중국의 '위계적 시민권'은 초국가 사회 공간인 글로벌 시티와 같은 곳만이 아니라 발전 정도와 인구 규모에 따라 일국 내 위계화된 도시들의 호구 취득자들 가운데 거민호구 취득자와 미취득자 사이에서도 발생한다. 이것은 앞서 광둥성, 상하이시, 베이징시의 '점수적립제 도시거민호구 취득' 제도에 대한 분석에서 알 수 있다. 거주국과 모국이라는 국적을 기초로 한 위계가 아니라 점수로 표상되는 '능력'에 기초한 위계라는 점에서 캐슬즈의 '위계적 시민권'과는 차이가 있다.

셋째, 비록 이 제도가 신형도시화 추진을 위한 방안이고 현재 광둥성·상하이·베이징·쓰촨·톈진 등에서 지역을 선정하여 실험 중이지만, 만약 실험 결과 그 타당성이 증명되면 중국의 기존 시민권 개념이 '능력'에 기초한 것으로 재구성되고, 이는 장차 '능력주의(meritocracy)'에 기초한 새로운 '중국식 도시사회(a Chinese Urban Society)'의 부상을 가져올지도 모른다.

기존 호구제도에 따라 특정 개인을 농민과 도시민으로 결정하는 유일한 근거는 부모의 호구였다. 즉, 부모의 호구가 농민이면 그 자녀도 농민이고, 도시민이면 자녀도 도시민이 되었다. 개혁기 이전 약 30년 동안 아주 예외적인 상황(군인, 대학생, 혼인)과 극소수의 인물을 제외하고, 농촌호구로 태어난 사람이 거주지를 이탈하여 도시로 가서 도시호구로 전환되는 것은 전적으로 불가능했다. 따라서 이 시기 중국의 도시호구(=시민권市民權)는 '시민'의 특권이라는 의미에서 '시민권(citizenship=urbanites' privilege)'이었다.

하지만 '점수적립제 도시거민호구 취득' 제도는 기존의 도시호구, 곧 시민권이 '생득적' 권리였던 것과 달리 자신의 노력에 따라 획득할 수 있는 '능력'에 기초한다. 그런 점으로 미루어 중국 도시 시민권 개념의 구성에 커다란 변환을 예고하고 있다. 중국에서 기존의 도시사회가 부모로부터 물려받은 생득적 권리를 가진 주민들로만 구성된 '(도)시민'사회였다면, 향후 도시사회는 이러한 '생득적 권리자'들이 위계화된 도시 체계 속에서 특정 도시의 요구 점수에 부합하는 '능력'을 통해 '시민권'을 획득한 농민공 출신의 시민들과 함께 구성하는 '(도)시민'사회(urbanites' society)로 이행할지도 모른다. 물론 이러한 생득적 권리와 '능력'에 따라 복합적으로 구성될 위계적 도시 '(도)시민'사회에서 시민권은 정치적 측면에서는 제한적이다. 왜냐하면 중국에서 시민권은 사회경제적 권리의 성격이 강하며, '능력'은 도시민으로 될 능력을 의미할 뿐 정치적 권리를 온전하게 획득할 능력을 의미하지는 않기 때문이다. 정치적 권리까지 온전하게 획득할 능력은 당과 국가의 상층부 권력자들 속의 '능력주의(賢能主義: meritocracy)'에서만 실현될 따름이다.

中國都市

도시로 읽는 현대중국 2

2부 | 공간의 정치경제

국제대도시이기를 거부하다
—홍콩의 도시공간운동

장정아

1. '국제대도시 홍콩'에 무슨 일이 일어나고 있는가

홍콩의 중국 반환 20주년 기념일인 2017년 7월 1일, 빅토리아공원의 빅토리아여왕상 앞에서는 홍콩의 주권을 영국이 다시 가져가달라고 요구하는 단체가 플래카드를 펼치고 성명서를 낭독했다.

> 영국이 홍콩을 소유해준 덕분에 홍콩이 조그만 어촌에서 번성한 도시로 발전했다. 19세기 말 홍콩은 대영제국 중 두 번째로 번영한 상업 부두였다. 1898년 7월 1일 대영제국이 홍콩의 판도를 확장해 신계新界를 99년간 조차했다. 신계 지역이 문명국가에 포함되면서 생활이 개선되어 처음으로 자유의 공기를 맛보고 이웃 국가(중국)의 혼란과 화禍를 피할 수 있게 되었다. 올해는 영국이 신계까지 홍콩 영토를 확장한 119주년이니 이를 경축하며, 주홍콩 영국총영사관에 가서 중국 측이 중영연합성명을 엄중히 위반했음에 항의하고, 영국에 홍콩을 다시 가져가달라고 요구할 것이다.

홍콩의 주권을 영국이 다시 가져가기를 바라는 사람들
2017년 7월 1일 홍콩의 중국 반환 20주년 기념일에 홍콩 빅토리아공원 빅토리아여왕상 앞에서 홍콩의 주권을 영국이 다시 가져가달라고 요구하는 단체가 기자회견을 열어 성명서를 낭독하고 있다. ⓒ장정아 (촬영일: 2017. 7. 1)

홍콩, 우리가 함께 구하자!!

현장에서 배포된 성명서를 필자가 가져다가 홍콩의 사회운동가들에게 보여주자, 그들은 그동안 이 담론을 그토록 비판하며 극복하려고 노력했는데 아직도 이걸 그대로 쓰는 이들이 있냐며 곤혹스러워했다. '아무것도 없던 어촌에서 국제대도시로 성장한 홍콩의 기적은 영국의 식민 통치 덕분에 가능했다'는 담론은 홍콩을 설명할 때 흔들리지 않는 단 하나의 스토리였다. 강권 정치와 낙후 경제로 상징되는 중국 대륙과 대비할 때 끌어들이는 '국제대도시'란 담론은 식민주의를 정당화하고 중국에 대한 우월감을 강화하며 홍콩의 정체성 형성에 핵심 역할을 했다. 반환이 결정되고서 불안해하는 홍콩인들에게 중국이 약속한 것은 "말이 그대로 뛰고 주식 투자와 춤이 계속되는" 곳, 즉 경제적 자유와 번영이 유지되는 경제도시였다. 슬픈 아이러니는, 150여 년 홍콩인들이 만들어온 삶의 방식을 경마와 주식과 오락으로 환원시켜버린 이 담론을 그들 스스로도 기꺼이 받아들였다는 데 있었다.

"홍콩은 식민화되기 전에 모국이 발달시켰던 도시가 아니라는 점에서 특이하다."[1] 영국 통치하에서 홍콩은 중개무역항으로, 공업도시로, 그리고 상업·서비스도시로 발전하면서 점차 '국제대도시'로 도약해나갔다. 이런 경제발전 경로는 영국의 특별한 배려나 영국 통치의 효과 덕분이라기보다 당시의 국제경제 형세 속에서 생존 공간을 찾아나간 결과로 이루어진 일이지만,[2] 그럼에도 '하늘이 도운 식민 통치'라는 이데올로기는 홍콩 사회에서 강력하게 유지되었다. 특히 홍콩은 다른 식민지와 달리 천연자원이 없어서 착취와 수탈을 별로 당하지 않았기 때문에, 식민 통치의 장점이 더욱 부각되었다.

1970년대부터 식민 정부는 영국에 대한 홍콩의 귀속감과 정체성을 적극적으로 주조해나갔는데, 그 핵심은 중국을 비롯하여 주변의 낙후된 지역에 대한 식민도시의 우월성, 사회주의 중국에 대비되는 자유 사회의 보루로서 갖는 자부심이었다. 이렇게 만들어진 '대大홍콩주의' 속에는 식민주의에 대한 비판뿐 아니라 어떤 비판적 성찰도 거세되어 있었다. 또한 중국 전체를 어두운 공산주의 사회이자 낙후된 농촌으로 환원시키는 이분법적 대립이 홍콩의 정체성을 떠받치고 있었다.[3]

중국 대륙에서 홍콩으로 온 이주민의 상당수는 농민 출신이지만 홍콩은 농업이 아닌 상공업에 기반한 사회였고,[4] 따라서 토지에 뿌리를 두지 않은 홍콩 사회에서 향촌적 생활 방식은 배타적 상상의 대상이었다. 홍콩인들에게 중요한 것은 토지에 대한 애착이 아니라 경제적 자유와 개방성, 실용성과 유동성이었으며, 누구나 맨몸으로 홍콩에 와서 성공할 수 있다는 '홍콩 드림'은 상당 부분 현실과 다른 이데올로기임에도 불구하고 오랫동안 지속되었다. 홍콩의 역사와 정체성에서 도시성은 핵심을 이루고 있었다.

정부가 일방적으로 주도해온 도시계획과 무차별적 철거·재개발을 홍콩인들이 계속 저항 없이 받아들인 배경에는 이런 홍콩의 역사가 있었다. 홍콩 경제에서 부동산은 중요한 축이고, 도시계획 자체가 경제 발전과 밀접한 관계 속에서 이뤄졌다. 홍콩의 도시계획을 비롯한 정부의 의사 결정은 시민의 민주적 참여가 배제된 채 내려졌으며, 식민 시기의 이 같은 통치 방식은 반환 후에도 이어졌다. 일방적 도시계획과 비민주적 결정 과정이라도 시민들이 큰 반발 없이 받아들이는 태도 역시 반환 전이나 후나 마찬가지였다. 홍콩의 가장 중요한 경쟁력은 현대화된 '국제대도시'라는 데 있다는 보편적 관념은 홍콩인들에게 도시 개발로 인한 집터나 역사문화 유적의 파괴마저 받아들이게끔 만들었다.

그런데 이런 홍콩에서 변화가 일어나고 있다. 부두와 골목, 집터와 문화유적의 파괴에 대해 항의가 생겨나고, 홍콩인이 원하는 홍콩은 어떤 도시인지를 두고 곳곳에서 토론이 벌어진다. 이는 더 나아가 통치 체제와 관상官商 결탁에 대한 문제 제기로도 이어지고 있다. 이러한 변화는 바로 도시 공간을 둘러싼 항쟁에서 시작되었다.

이 글에서 우리는 홍콩 도심의 부두 철거에 대한 반대운동이 항쟁 역사의 발굴로 이어지며 도시 공간의 의미가 재해석되는 과정을 살펴보고, 각 지역에서 커뮤니티운동을 통해 민주와 자치의 기반을 만드는 모습을 볼 것이다.

빈민가인 삼수이포深水埗 지역의 재개발에 대한 문제 제기가 도시 규획에 대한 참여 요구로 이어지며, 지역공동체 경제의 의미가 새롭게 조명되는 과정을 보게 된다. 이 글은, 오랫동안 견고하던 '국제대도시' 담론이 다양한 도시 운동 속에서 조금씩 극복되며 홍콩에 대해 다른 스토리가 씌어지고 있다고 주장하고, "도시공동체로서의 분명한 정치 표현 방식을 갖지 못했던"[5] 홍콩에서 일어나는 변화와 그 함의에 대해 이야기할 것이다.

2. 도시 공간을 둘러싼 싸움: '인민의 땅'임을 선언하다

1) 부두철거반대운동: 공공 공간에 대한 권리

앞에서 언급했듯 식민 통치하에서 발전해온 홍콩은 '현대화된 국제대도시'를 자신의 핵심 정체성으로 삼았고, '현대화'는 홍콩의 숙명으로 여겨졌다. 이 때문에 낡은 건물의 철거, 심지어 문화 유적의 철거도 당연하게 받아들여졌다. 식민 시절부터 정책 결정에 주민의 의견이나 공공 여론을 반영하는 민주적 절차가 잘 보장되지 않고 형식적인 여론 수렴만 거칠 뿐이었으며, 이런 통치 방식은 반환 후의 정부에도 그대로 이어졌다. 입얌총葉蔭聰은 이 같은 상황을 두고 "홍콩을 자유방임의 모범이라고 보는 시각은 틀렸다. 시구중건국市區重建局(도시 개발을 담당하는 정부 부서)은 엄청난 권력으로서 거액의 세금을 들여 부동산 시장에 관여했다. 행정적 절차도 더 빨라졌고, 토지 징집은 신속하게 진행되었다."라고 했다.[6] 오랜 시간 이어져온 방식이었으니 첨예한 비판 의식이 생겨나기는 쉽지 않았다. 야당에서 문제를 제기해도 여론에 큰 반향을 불러일으키지는 못했다.

그러다가 2000년대 들어 이런 상황에 변화를 몰고 온 일련의 사건이 벌어지기 시작했다. 그 불씨는 정치권이 아닌 민간에서 극히 평범한 청년들로부터 피어올랐다. 특히 시내 심장부인 센트럴(中環) 지역에 위치한 스타페리부두(天星碼頭, Star Ferry Pier)와 황후부두(皇后碼頭, Queen's Pier)[7]의 철거를 온몸으로 막아내며 항의하는 청년들의 모습은 깊은 인상을 남겼다. 이 사건으로 마침내 홍콩인들은 처음으로 질문을 던지기 시작했다. 과연 끝없는 철거가 홍콩에서 당연할 수밖에 없는 일인가? 우리가 원하는 홍콩의 모습은 무엇인가? 우리는 이 도시의 계획에 어디까지 참여할 수 있는가?

두 부두의 철거는 핵심 지대인 이곳을 상업 용도로 개발하려는 정부의 숙원 사업으로 오래전부터 알려졌으나 관심을 못 받다가, 홍콩의 대표적 상징인 부두와 종탑의 철거에 청년과 활동가들이 반대를 제기하면서 주목받기 시작했다. 그러나 정부는 2006년 말 스타페리부두와 종탑의 폐쇄 및 철거를 강행했고, 주로 젊은이로 구성된 시위자들은 단식까지 감행하면서 종탑의 역사를 기념하며 항의했다. 이때만 하더라도 시민들의 정서는 아쉬움과 추억 회상에 머물러 있었으나, 청년들은 단식 선언을 통해 자신들의 행동이 공공 공간을 둘러싼 싸움이며 정부의 통치 방식을 겨냥하는 정치적 항쟁임을 공표했다.

> 우리는 인민의 가장 소박한 무기인 신체를 가지고 불도저 배후의 검은손에 저항하는 수밖에 없다. 우리의 목소리는 분명하고 직접적이다. 스타페리부두와 종탑의 철거를 당장 중지하여 홍콩 시민의 문화유산과 공공 공간을 진정한 민주 협의 절차로 돌려달라. 우리는 진정한 이민위본以民爲本(민民을

근본으로 삼음)을 원한다. 우리는 진정한 홍콩인이 되길 원한다. 우리는 진정한 홍콩 문화를 원한다.[8]

스타페리부두와 종탑은 강제 철거되면서, 집단기억을 통해 환기되는 '홍콩 의식의 요람'[9]으로 부활했다. 시위자들은 곧 이어질 황후부두 철거에 맞서 반대행동을 시작하며 다양한 활동을 벌였다. 두 부두와 관련된 각자의 사진을 갖고 와서 전시하기, 두 부두 일대에서 벌어졌던 과거 사회운동에 대해 이야기하기, 창작음악회, 문학 살롱, '시민 자주'를 주제로 한 독립단편영화 관람 등의 활동이 전개되었다.

그런데 시민들이 훨씬 자주 이용했던 스타페리부두와 달리 황후부두는 식민 시대 영국이 임명한 총독이 홍콩에 첫발을 딛은 곳으로서 상징성이 큰 '식민 역사의 산증인'[10]이었다. 따라서 황후부두를 원래 자리에 그대로 보존해야 한다는 주장은 식민주의에서 못 벗어났기 때문이라는 비판을 받았다. 그러나 활동가들은 탈식민을 선포하는 '인민상륙행동'을 고안해냄으로써 식민 노스탤지어라는 비판을 넘어서고자 했다.

오늘 우리는 식민 시기의 황후부두 상륙 의례를 재연함으로써 다음을 선포하고자 한다.

홍콩이라는 토지는 이 공간에서 생활하는 인민의 것이며, 토지 규획과 사용을 결정할 권리는 인민에게 있다. 우리는 관료와 자본이 공모하여 인민의 생활공간과 공공 공간을 약탈하는 것을 더 이상 용납할 수 없다! 두 부두를 없애기로 한 정부의 결정은 바로 식민 정치체제의 가짜 여론 수렴 제도와 관료적 사유가 만들어낸 결과이다. 이제 하늘과 땅은 모두 인민에게

인민규획대회

2006년 말 스타페리부두와 종탑이 강제 철거된 후 2007년 1월 황후부두에서 열린 '인민규획대회'의 전단지이다. 정부에서 실행하는 도시 규획의 폭력성과 관상 결탁을 비판함과 동시에, 재개발계획의 주인은 인민이어야 한다고 주장했다. 사회운동에서 '인민'을 정면에 내세운 것은 반환 이후 사실상 처음이었다.

* 출처: 2007년 1월 현장에서 필자가 직접 수집

> 돌아왔으니, 우리는 홍콩의 도시 규획에 참여하고 결정할 권리가 있다. 우리는 집단기억이 아니라 집단행동을 하는 것이다! 우리는 인민에게 속한 공간을 되찾아오는 행동을 통해 홍콩인의 홍콩 통치 정신을 실천한다.
>
> —2007년 1월, 「인민의 황후부두상륙행동 선언문」에서

활동가들은 '인민 자주'라는 슬로건을 내걸고 폭력적·비민주적인 관상 결탁으로 진행되는 도시 규획에 문제를 제기하며, '인민규획대회'를 열어 인민규획현장을 만드는 운동을 벌였다. 황후부두는 더 이상 식민 시대 총독이 홍콩에 상륙했던 장소이기에 지켜야 할 가치가 있는 곳이 아니라, 무명의 시민들이 오가며 일상을 살던 곳이기에 지켜야 할 공공 공간이다. 이들이 만들어낸 '모두가 황후(人人都是皇后)'라는 구호는, 식민 시절의 여왕이 아니라 시민

한 명 한 명이 이 부두의 주인임을 의미했다. 활동가들은 두 부두 일대 지역에서 과거에 벌어졌던 항쟁의 역사를 발굴해내고 시민에게 알리며 함께 토론했다.

이런 움직임 속에서 도시 규획에 대한 민주적 참여는 중요한 어젠다로 떠오른다. 두 부두의 철거에 반대하는 움직임의 성격을 언론에서 '집단기억'과 노스탤지어에 기반한 행동이라고 묘사할 때, 이들은 정서적 해석을 거부하며 정치적 행동임을 명확하게 천명했다. 철거반대운동에 등장한 '민주 규획' 플래카드는 이를 잘 보여준다. 철거 반대에 그치지 않고, 홍콩의 규획 체계와 통치 체제에 대한 문제 제기로 나아간 것이다.

사실 홍콩 시민들이 문제를 해결하려 할 때 직접적 행동은 익숙하지 않은 방식이고 자본을 향한 문제 제기는 더더욱 낯설었다. 정부가 행하는 여론 수렴에서 의견을—반영되는지 여부와 상관없이—표출하는 것, 그리고 구의회와 입법회에 청원하는 것이 가장 익숙하고 거부감 없는 방식이었다. 그러나 식민 시절부터 이어져온 '비폭력적이고 점잖은' 방식에 대한 믿음은 2006년 말 산산이 깨져버리고 말았다. 당시 스타페리부두와 종탑의 철거가 불가피하다면 어디로 어떻게 옮기는 것이 최선인지를 놓고 많은 전문가와 시민이 열띠게 토론 중이었는데, 당국에서는 단식하는 청년들을 끌어내고 새벽에 기습적으로 종탑 철거를 강행했던 것이다.

사람들은 제도 내에서 가능한 채널을 동원하는 방식이 무용할 뿐 아니라 애초에 한계가 있었으며 식민 시기부터 줄곧 정부에 의해 주어진 '참여'의 공간은 지극히 제한적이었음을 깨닫기 시작했다. 문제의 근본 원인은 홍콩의 주요 정책이 관상 결탁의 시스템 속에서 결정된다는 데 있으며, 이 상황이 바뀌지 않는 한 '관심을 가지고 걱정하는 모임(關注組)'류의 활동이나 청원

Note | '관심을 가지고 걱정하는 모임'

'관주조關注組(Concern Group)'는 '관심을 가지고 걱정하는 모임'을 일컫는 말이다. 민주적 참여의 통로가 오랫동안 제한되었던 홍콩에서 '관심을 가지고 걱정하는 모임'을 만들어 목소리를 내는 것은 온건한 방식으로서 허용되어왔다. 홍콩 사회의 주요한 이슈와 관련해서는 어김없이 이런 모임이 만들어졌고, 지금도 그러하다. 그러나 2014년 우산혁명이 실패로 끝난 후, 이렇게 '의견만 내는' 행동 방식은 무의미하다는 공감대가 확산되었고, 이는 직접행동을 주장하는 우익 강경 본토파에 대한 지지가 빠르게 확대되는 기반을 제공했다.

으로는 아무것도 바꿀 수 없다는 인식이 생겨났다. 관상 결탁에 대한 직접적 항의의 목소리는 점점 높아져서 어느새 2017년 현재의 홍콩에서 상당히 익숙한 이야기가 되었다.

2) 저항운동의 역사와 도시 공간의 새로운 의미

홍콩의 도시계획과 철거·재개발 문제를 둘러싼 싸움은, 도시를 변화시킴으로써 자기 자신을 변화시키고 자신이 속한 사회를 바꾸겠다는 시민 의식의 고양으로 나아가게 되었다. 사실 이런 일은 어느 사회에서나 나타날 수 있다. 그러나 홍콩 도시계획의 역사가 특정한 가치와 결부되어 있었고 비민주적 통치 체제하에서 이뤄져왔다는 점에 비춰볼 때, 시민 의식의 각성이 도시 공간에 대한 항쟁에서 시작되었다는 점은 더욱 의미심장하다. "홍콩의 도시 면모와 이미지 구축은 반환 전이나 후나 모두 '센트럴(中環) 가치'에 의해

Note | 센트럴 가치

센트럴 가치(中環價值)란 홍콩의 정치 중심지이자 상업 중심지인 센트럴(中環)로 상징되는 가치를 의미한다. 2004년 타이완 학자 룽잉타이龍應台가 만들어 유명해진 용어로서, 그는 이렇게 비판했다. "센트럴이 홍콩을 대표해버렸고 '센트럴 가치'가 홍콩 가치를 독점하고 대표해버렸다. 자본주의 작동 논리 내에서 개인의 재부財富를 추구하고 상업적 경쟁을 중시하며 경제, 치부致富, 효율, 발전, 세계화를 사회 진보의 지표로 삼는 것이 바로 센트럴 가치이다. 외국인뿐 아니라 홍콩인 스스로도 보여주고 싶어하는 것은 이런 홍콩뿐이다."

2014년 우산혁명이 센트럴 점령을 목표로 했던 것은 이 지역의 상징적 의미 때문이었다. 우산혁명의 정식 명칭은 '사랑과 평화로 센트럴을 점령하라'이다.

주도되어왔다. 반환 후 정부의 통치 사유 방식은 여전히 식민 시대의 그것과 같다."[11] 홍콩인들이 대륙과 다르고 우월하다고 여기는 홍콩적 가치의 상당 부분은 이 '센트럴 가치'와 연결되어 있다. 하지만 이런 가치에 의문이 제기되고 있다. '홍콩은 어떤 도시여야 하는가', '홍콩이 어떤 도시이기에 사랑하는가' 하는 질문의 답에 균열과 변화가 생겨나고 있는 것이다.

부두철거반대운동이 점점 사회적 주목을 받으면서 '집단기억' 용어가 유행하자, 한편에서는 '왜 영국이 남겨 놓은 건물만 그리움과 집단기억의 대상인가', '중국과 관련된 역사는 왜 집단기억에서 배제되는가' 등의 질문이 나왔다.[12] 부두철거반대운동이 한창 전개될 때 활동가 에디 추Eddie Chu는 재개발을 주도하던 정부 부서인 발전국 국장(지금의 행정 수반) 캐리 람Carrie Lam(林鄭月娥)과 만난 자리에서 "빛나는 대항의 전통이 바로 이 부두를 원래 자리에 보존해야 하는 근거"라고 강조했다. 청년들이 맨몸으로 불도저에 맞서는 것은 단순한 그리움의 표현이 아니라 분명한 운동이다. 이 부두가 소중한 이유는 식민 유물이기 때문도 건축학적 가치가 있기 때문도 아니요, 홍콩인이 무수히 발을 디뎠던 공공 공간이고 항쟁의 역사를 담고 있기 때문이다.

> 스타페리부두에서 최후의 페리가 떠날 때 15만 명의 시민이 나와서 송별을 했다. 정부는 이런 정서를 이해한다고 말한다. 그러나 기억 보존 요구를 단순한 노스탤지어와 동일시해선 안 된다. 노스탤지어는 마치 무통분만처럼 아픔이 없는 기억일 뿐이다. 스타페리부두와 종탑을 보존하자는 요구는 결코 노스탤지어와 동일시될 수 없으며, 홍콩이 홍콩 시민의 도시임을 선언하려는 요구이다. 시민들은 현재의 정부가 식민 통치 수법을 계승하고 홍콩의 도시 기억을 없앤다고 항의하고 있는 것이다.[13]

잊혀 있던 저항 전통을 발굴해내면서, 바로 이 전통이야말로 홍콩을 사랑해야 할 이유라고 이야기한 것은 홍콩 역사상 처음이었다. 이는 국제대도시 홍콩을 자랑스러워하던 오랜 주류 담론에 대한 거부이다. 이해관계자도 아닌 청년과 활동가들이 도심의 공간에서 농성하고 불도저에 맞서 공간을 지키려 한 사건은 '보상'에서 '보위保衛'로 운동의 논리를 전환시켰다. "'보위'는 무언가 훼손되었을 때 교환되거나 보상될 수 없음을 의미하는 것으로서 홍콩 사회의 신분 및 존엄과 직결되며, 도시 생활에 대한 시민 권리의 신장이다. 서민 생활 경험을 담고 있는 리둥가利東街(인쇄업 점포들이 밀집해 있던 골목으로, 2004년 재개발을 둘러싸고 주민들이 처음으로 보상이 아닌 보위를 요구했고, 주민과 전문가가 함께 대안을 제시했으나 결국 정부의 방향대로 개발이 이뤄졌다) 등은 우리가 바라는 도시의 도래를 의미한다."[14] 홍콩인들은 자신이 살고 있는 땅을 새롭게 인식하기 시작했다. 정부로부터 분배받는 자원에 대한 권리와 편익에 대한 인식을 넘어서, 자신이 원하는 도시를 논하고 도시 정치에 참여할 권리를 이야기하고 있다. 이는 바로 1968년 르페브르Lefebvre가 제기했던 '도시에 대한 권리(도시권)' 의식의 출현이라 할 수 있다.[15]

홀스톤Holston은 도시 시민권의 구성 조건으로 네 가지를 말한다. 첫째 도시 주거가 동원의 기반이 될 것, 둘째 동원 어젠다가 '도시권'과 관련될 것, 셋째 도시가 주된 정치공동체일 것, 넷째 주민 자신이 도시에 기여한 바를 기반으로 권리와 참여적 실천 어젠다를 합법화할 것.[16] 특히 강현수에 따르면 르페브르가 도시권 개념을 제기한 핵심은 근대적 의미의 시민권이 가진 한계를 극복하려는 데 있었다. 즉 근대적 시민권은 국민국가의 영토 형성과 밀접히 연관되어 있어 '국민'에 한정되어 부여되므로, 이를 넘어서 도시에 거주하는 모든 이의 권리를 담아내기 위해 도시권 개념을 제시한 것이다.

홍콩에서 두 부두의 철거 사건 때 생겨난 항쟁은 바로 이렇게 도시 거주민 모두에게로 확대된 도시권을 체현하고 있었다. 앞에서 본 인민상륙행동 때 '본토호本土號(The Local)'라 이름 붙인 배에 함께 타고 황후부두에 상륙하는 퍼포먼스에는, 홍콩에서 사회적 차별을 당하는 이들, 곧 외국인 노동자,[17] 대륙에서 온 신이민新移民(홍콩에 거주한 지 만 7년이 안 된 사람을 가리키는 속칭),[18] 거류권 싸움을 하는 대륙 자녀(홍콩인이 중국 대륙에서 낳은 자녀),[19] 그리고 철거·재개발 지역의 주민 등을 참여시켰다. 이 도시에 살고 있는 이들은 누구라도 도시에 대해 함께 꿈꿀 권리가 있으며 모두가 이 땅의 주인이라는 상징적 행동이었다.

두 부두의 철거를 반대하며 청년과 활동가들이 맨몸으로 농성에 나선 사건은 이후 2014년 행정 수반의 직선제를 요구하면서 79일 동안 도심을 점령한 우산혁명으로 이어지는 도시 공간 항쟁의 씨앗이었다. 우산혁명은 정치적 이슈를 둘러싸고 일어났지만, 도심의 평화적 점령이라는 방식은 2006~2007년에 벌어진 부두철거반대운동의 전통을 계승하고 있었다. 우산혁명은 점령한 차도 위에 자습실과 물자보급소를 설치하는 등 다양한 예술 활동을 통해 공간에 새로운 의미를 부여했다. 점령과 함께 바로 시작된 길거리 강연의 이름은 '유동流動 민주 교실'이었다. 설령 강연을 진행하던 중에 철거되더라도 돌아다니면서 계속하겠다는 의지의 표현이었다. 이 교실을 만들어낸 교수는 이렇게 말했다.

> "황후부두 철거 1주년 때 부두에 와서 조의를 표하는 이들이 있었는데, 나는 이에 반대했다. 부두를 철거했어도 또 다른 항쟁 장소가 있는 것 아닌가? 우리는 움직이는(流動) '황후부두'가 필요한 것이고, 항쟁은 끝나지 않았다. 지금의 점령운동(우산혁명)이 만일 해산되고 끝나면 우리는 커뮤니티 속으로 들어가야 한다. 그래야 유토피아에서 현실 세계로 돌아온 낙차로 인한 파괴력이 중화된다. 항쟁의 주체에서 민주의 주체로 전화轉化되어야만 무너지지 않는다."[20]

우산혁명은 털끝만큼의 변화도 이루지 못한 채 해산되며 끝났다. 이후 한동안 허탈감과 무력감이 만연했지만, 우산혁명 참여자 중 일부는 약속대로 커뮤니티 속으로 들어갔다. 정부를 대상으로 하는 정치적 싸움은 실패했다. 그러나 그들은 각자 지역공동체로 돌아가 지역에서 자주적 권리를 실현하고 정치에 참여하며 도시를 바꿔나가는 움직임을 곳곳에서 전개하고 있다. 이는 다시 정치적 운동과 연결되면서 더 큰 공간을 만들어내고 있다.

3. 자기 커뮤니티는 자기가 책임진다

필자 당신은 이런 커뮤니티운동이 홍콩 사회운동의 출구라고 생각하나? 어떤 사람들은 이렇게 맨날 커뮤니티운동을 해봐야 중국과의 관계에서 너무 무력하기 때문에 결국 바꿀 수 있는 게 아무것도 없다고 비관적인데…….

커뮤니티운동가 출구? 그저 계속하는 거다. '그러고 나선 어떻게 할 건데?'라고 내게 묻지 마라. 운동하기도 바쁜데 그런 생각할 틈 없다. 낮에는 일해서 돈 벌고 시간 내서 하루에 몇 시간씩 온라인 그룹 관리하고, 저녁에 이 커뮤니티운동 사무실 열어서 이웃과 소통하고, 주말에도 강좌 열어서 사람들 모으고, 이런 활동을 다 공짜로 내가 유지하는 것, 그것만으로도 힘들다. 굉장히 힘든 거다. 소용없다고 말하지 마라. 하고 나서 이야기하자. 하고 있는 게 중요한 거다. 이 일을 하면서 사람들을 알아가며 기반이 만들어진다. 그러지 않고서 도대체 뭘 할 수 있다는 거냐? 물론 쉽게 바뀌지 않는다. 그건 나도 안다. 그렇지만 10년을 계속 해봐라. 반드시 바뀐다. 힘든 건 사실이다. 당장 이 사무실 임대료도 항상 걱정이고, 내 생활도 많은 부분을 포기해야 한다. 그래도, 지금의 홍콩에서 이것 말고 뭘 할 수 있을까?

—커뮤니티운동가와의 인터뷰, 2017. 3. 18.

마치 땅에 씨를 뿌리듯 장시간 인내심을 가지고 기다리며 서두르지 않는 게 가장 중요하다는 주장이 바로 최근 홍콩 사회운동계에서 유행하는 '심경세작深耕細作(깊이 갈고 정성껏 가꾸다)'이다. 홍콩 개항 이래 최대의 사회운동이라 불린 우산운동이 완패로 끝났는데도, 다들 스스로를 안위하면서 커뮤니티로 돌아가 심경세작을 하면 언젠가 반드시 곳곳에 꽃이 필 것을 운운하니 정말 놀라서 펄쩍 뛸 지경이다. 나처럼 사회에서 오래 굴러먹은 홍콩 사람들이 보기에 심경세작 같은 말은 너무 천진난만하다. 그들은 대부분의 홍콩인이 얼마나 눈앞의 성공과 이익에 급한 민족성을 가졌는지 절대 이해를 못하고 있다. 이런 집단, 이런 지역에서 '심경세작'이 뭘 심어서 거둘 수 있겠는가? (선거에서) 한 장의 표도 못 거둘 것이다.

—姚冠東, 「深耕細作」, 『謎米香港』 2014. 12. 22.

2014년 우산혁명 실패 후 홍콩 사회에서 가장 눈에 띄는 변화는 패배감과 무력감이었다. 점령에 참여했던 이들 중 일부는 이 무력감을 극복할 방법이 각자 자기 지역으로 돌아가는 일밖에 없다는 생각으로 곳곳에서 커뮤니티운동을 시작했다. 홍콩에서 지역사회 네트워크 형성과 참여는 주로 구의회와 신계新界 지역의 향사위원회鄕事委員會 주도로 이루어졌기 때문에 민간의 민주적 참여는 제대로 보장된 적이 없다. "홍콩은 식민 역사와 사회정치적 요소로 인해 경제 발전을 위주로 하는 사회가 되었고, 홍콩인은 영리한 소비자이자 피동적 시민이 되었다. 함께 나누는 생활 경험이 없는 커뮤니티에 살면서 사람들은 점점 서로 이야기하지 않게 되었고, 그저 한 발짝 떨어져 방관하며 수다 떠는 역할에 만족하게 되었다."[21] 이런 홍콩에서, 더 이상 구의회와 같은 제도권 정치에 의존하고 청원하는 데 그치지 않고 민주와 자주를 자기 지역에서부터 실천해나감으로써 민주적 정치체제의 기반을 만들겠다는 생각이 싹트기 시작한 것이다.

운동가들은 커뮤니티운동을 묶어줄 담론으로 '커뮤니티 시민헌장(社區公民約章)'을 만들었다. 자기 운명의 자주적 결정은 커뮤니티에서 시작된다고 선

커뮤니티운동 단체의 활동
이 커뮤니티운동 단체는 저소득층이 많은 지역에서 주민들의 수리 요청을 받아 가전제품이나 집안 수리를 해주며 주민들 속에 들어가 민주 이념을 전파한다. 지역의 아이들도 이 단체에서 함께 놀고 공부하며 활동에 참여하기도 한다. ⓒ장정아(촬영일: 2017. 3. 23)

포하는 이 헌장은 그동안 홍콩의 정치 구조에서 지역사회의 자주적 기능이 발현되지 못했음을 지적하면서, 민주 조직의 경험이 부족한 홍콩인이 커뮤니티에서부터 민주적 결정을 하며 정치에 대한 무력감과 냉담을 극복해야 한다고 주장한다. 지역사회 일에 주민들이 적극 개입하면서 구의회 선거와 신계 지역의 촌 대표 선거 등 지방 정치에도 참여하고, 이를 발판으로 홍콩 전체의 정치제도 개혁으로 나아가야 한다는 것이다.

이렇듯 지역사회 주민들의 관심사에서 출발하여 네트워크를 만들고 민주적 결정의 경험을 축적하여 정치적 기반을 만드는 움직임은, 필자가 직접 참여 관찰했던 몇 개의 커뮤니티운동에서 볼 수 있었다. 그중 한 단체는 지역 주민들의 집에 자원봉사자가 찾아가서 필요한 수리를 해주며 민주 이념을 전파했는데, 이 활동은 2014년 우산혁명 후반기에 점령구에서 토론하며 만들어낸 것이다. 이들의 활동은, 집이나 물건을 수리해달라는 주민의 요청이 들어오면 찾아가서 무료로 손봐주며 인간관계를 쌓는 식으로 이루어진다. 학생도 있지만 낮에 다른 일을 하면서 저녁에 자원봉사를 하는 50~60대의 기술자도 많이 참여한다.

2017년 3월 23일 수리 요청이 들어온 집에 이 단체가 가서 봉사활동을 할 때 필자가 참여 관찰했다. 함께 가면서 그들은 자원봉사의 원칙을 이야기해주었다. 물건의 경우 필수품만 고쳐주며, 집에 찾아가서 수리해주는 경우 주민이 다른 데서 도움을 받을 수 없는 상황인지 여부를 따져서 결정한다는 것이다. 이날도 베란다 쪽의 철망 수리 요청을 받고, 만일 본인이 마음대로 불법 개조해서 문제가 생긴 거라면 고쳐주지 않는다는 원칙을 확인시켜준 뒤에 갔다. 가보니 본인의 과실이 아닌 건물의 문제로 망가졌는데 고쳐줄 사람이 없는 상황이라, 전문 기술을 지닌 자원봉사자가 약 40분 동안 수리했다. 그사이 활동가는 한쪽에서 주민과 이야기를 나눴다. 집에는 아기와 아기 엄마, 그리고 여든이 넘은 할머니가 살고 있는데, 할머니는 거의 소통이 불가능해서 아기 엄마와 주로 이야기했다.

활동가 이번 행정 수반 선거에 관심 있나?

주민 그저 그렇다. 얼마 전 TV 토론 있던 날, 딱 하루 본 게 전부다.

활동가 보니까 어땠나? 누가 좋나?

주민 우퀵힝胡國興이 좋긴 하더라. 그렇지만 가능성이 없고 행정 경험이 없으니 존창曾俊華이 되면 좋겠지.

활동가 왜 존창이 좋나?

주민 중앙의 간섭을 덜 받을 것 같아서 좋다.

활동가 그런데 존창이 되어도 23조 입법은 한다고 하는데?

주민 난 23조 그런 건 뭔지 모른다. 그게 뭔가?

활동가 국토 안전을 보호해야 한다는 거다. 물론 그건 나쁜 거 아니다. 맞는 말이다. 그런데 우리 홍콩에 무슨 일이 있을 때 외국에 가서 도움 청하고 그러면 안 된다는 거다. 그런 게 다 금지되는 거다.

주민 음……. 그건 잘 모르겠다. 우리는 그런 건 별로 주의 깊게 못 봤다.

(시선을 피함. 활동가도 더 이상 안 물어보고 화제를 돌림)

활동가 그럼 선거에 대해 당신이 갖고 있는 기대는 뭔가? 존창이 되면 뭘 잘해줄 것 같나? 뭘 잘해주길 바라나?

주민 민생이지. 경제문제, 주거 문제.

활동가 이번 선거가 1인 1표인 것 같나?

주민 아니지. 중앙에서 다 조종하니까.

활동가 그럼 1인 1표를 어떻게 생각하나? 어떤 사람들은 1인 1표로 하면 너무 혼란스러워진다고 하는데?

주민 한 번도 안 해봤으니 해보는 거지, 뭐.

활동가 그럼 당신은 홍콩인들의 생각에 대해 그래도 믿음이 있는 거네?

주민 그렇지, 뭐.

(끝나고 나오면서 활동가가 필자에게)

"아까 봐라. 23조 이야기하면 그렇게 겁내는 거 봤지? 그럼 우린 더 이상 이야기 안 한다. 좋고 나쁘고 그렇게 당장 판단하게 할 필요 없다. 일단 이야기를 꺼내 놓는다. 자기들이 그다음은 알아서 생각하도록 하는 거다. 이렇게 한번 이야기를 꺼내 놨으니까, 그다음엔 좀 더 신경 써서 뉴스도 듣고

Note | 홍콩의 「기본법」 23조

중국 반환 후 홍콩의 소小헌법이라 할 수 있는 「기본법」 23조의 내용은 다음과 같다.

"국가에 대한 반역·분열·반란 선동 행위, 중앙인민정부를 전복하고 국가 기밀을 훔치는 행위, 그리고 외국의 정치조직이나 단체가 홍콩에서 정치 활동을 하는 것, 또 홍콩의 정치조직이나 단체가 외국의 정치조직이나 단체와 연계하는 것, 이 모든 행위에 대해 자체적으로 법을 제정하여 금지한다."

이 조항은 원래 1988년 초안이 나왔다가 여론의 반발로 1989년 2월 수정안에서 '전복' 구절이 삭제되었는데, 1989년 중국 톈안먼天安門 사건 발생 후 다시 대폭 강화되어 중앙인민정부 전복과 외국 조직·단체 연계 금지가 추가되었다. 홍콩 정부는 이 조항에 의거하여 2003년 이른바 '국가안전법'을 입안하려다가 반환 후 최대 규모의 반대 시위에 부딪혀 철회했다. 그러나 지금도 법 입안을 둘러싼 논란은 계속되고 있다.

그러겠지. 주민들에게 기대를 물어보면 대부분 일반화되어 있다. 구체적이지 않다. 민생을 잘 해주면 좋겠다, 이런 식으로 그냥 일반적인 이야기를 하는 사람들이 많다."

조별 자원봉사 활동이 끝난 후에는 모두 한자리에 모여서 각자의 활동 상황을 공유하며 밤 12시 가까이까지 토론이 이루어진다. 어느 주민네 집에 갔고, 현재 상황이 어떻고, 무엇을 고쳐줬는지, 어떤 대화를 얼마나 오랫동안 했는지, 주민의 신뢰가 얼마나 생겨났다고 느끼는지에 대해 공유하면서, "우리는 봉사 활동을 통해 이웃 속으로 들어가 그들이 뭘 원하는지 듣고 민주 이념을 퍼뜨리면서, 그들로 하여금 민주적으로 살아가도록 이끌어야 한다"는 이야기를 했다.

활동 사례에서 보듯, 커뮤니티운동은 철저하게 주민의 필요에서 시작하여 정치의식을 조금씩 일깨워나가는 것을 목표로 하되 서두르지 않는다. 중국과의 관계 등 정치적으로 민감한 이슈가 나와서 주민이 조심스러워하면, 무리하지 않고 그저 화제를 던져 둔 채 끝난다. 이후 활동가끼리 공유하는 자리에서는 이런 대화를 했을 때 주민이 조심스러워했다는 점, 그럼에도 이제 몇 번째 만났더니 처음보다 많은 대화가 가능해졌다는 점을 이야기하면서 향후 활동 방향을 토론한다. 이런 만남이 향후 23조 입법이나 행정 수반 직선, 정치체제 개혁 등 커다란 이슈가 있을 때 시민들에게 더 많이 관심 갖게 하고 참여하게 만드는 기반이 되리라고 보는 것이다.

커뮤니티 활동에 대해 회의적이고 비관적인 시각이 만연해 있는 것도 사실이다. 필자가 만난 많은 일반 시민은 물론이고 사회운동가, 심지어 민주파 국회의원조차도 "맨날 같이 축구하고 얼굴 보면 뭐하나? 선거 땐 결국 친정부파에 표를 던질 텐데" 하며 비관적이었다. 그러나 커뮤니티 활동은 분명히 홍콩에서 새롭게 생겨나는 의미 있는 움직임이다. '운명을 자주적으로 결정하겠다'는 우산혁명 때의 대표적 슬로건을 이제 그들은 구체적인 지역사회에서 더 많은 사람과 함께 실천하기 시작했다. 우산혁명 이듬해인 2015년, 극도로 '중국화'된 2025년의 홍콩 사회를 가상으로 보여준 독립영화 〈10년〉을 곳곳의 노천에서 주민들이 함께 보며 토론하고, 그해 열린 월드컵 예선 때 중국과 홍콩 대표 팀의 열띤 축구 경기를 각 지역에 모여 함께 보며 홍콩을 큰소리로 응원한 일은 모두 전례 없는 사건이었다. 특히 영화 〈10년〉은 50여 개 단체가 34개 지역에서 동시다발적으로 무료 상영을 해 하룻밤에 6,000명의 시민을 끌어모으기도 했다.

이 모든 활동은 조금씩 홍콩과 홍콩인들을 바꿔나가고 있다. 이들에게 홍콩은 꼭 중국보다 우월한 땅이어서 자랑스러운 곳이 아니라, 내가 바꿔야 하고 바꿔낼 수 있는 일이 많기에, 함께 민주를 배우고 실천해나갈 사람들이 있기에 사랑할 땅이 되고 있다. 정치운동에서 실패하더라도 무력감으로 정치에 냉담해지거나 홍콩을 떠나려 하기보다는 자신이 있는 곳에서 할 수 있는 일을 찾는 이들이 생겨나고 있다. 커뮤니티운동의 슬로건은 '커뮤니티에서 시작하여 홍콩을 되찾자'이다. 도시 심장부 세 곳을 점령했던 우산혁명과 달리 커뮤니티운동은 작은 지역들로 흩어졌지만, 그 흩어진 길들은 결국 홍콩이라는 도시를 어떻게 바꿔나갈지를 스스로 결정하는 길과 이어져 있다.

4. 우리가 원하는 도시를 만들어내자

1) 삼수이포 지역의 도시권 운동: 도시 규획에 참여하기

스타페리부두와 종탑이 철거된 후 2007년 1월 14일 황후부두에서 열린 '인민규획대회'에서는 정부의 폭력적 도시 규획을 비판하면서, 인민이 주인이 되어 커뮤니티를 되살려야 한다는 토론이 벌어졌다. 이날 논단에 나온 3명의 강연자 중 2명이 오래된 삼수이포 지역의 주민이었다. 삼수이포는 재개발과 규획에 대해 활발하게 시민의 참여가 이뤄지고 있는 지역 중 하나이다. 여기에서는 먼저 삼수이포 지역의 사례를 중심으로 시민의 참여 움직임과 그 함의를 살펴보고,[22] 공동체 경제에 대한 요구가 어떤 함의를 갖는지를 알아보자.

삼수이포는 홍콩 구룡반도에 위치한 지역으로 홍콩 전체 18개 구區 중 하나이며 정식 행정구역 명칭이기도 하다. 2016년 기준 40만 명이 삼수이포에 거주하고 있는데, 1990년대 내내 전체 18개 구 가운데 가장 많은 인구가 모여 살았다. 소득이 가장 낮은 지역이자 노인 인구의 비율이 가장 높은 지역으로, 단기 저임금 일자리를 구하기 쉬운 편이라 중국 대륙에서 온 지 얼마 안 되는 신이민과 빈민이 밀집해 있는 지역이다. 지금도 이곳에는 여전히 홍콩 빈민 거주지의 상징인 독특한 '새장집(籠屋, cagehome)'이 많이 남아 있다. 삼수이포는 또한 중국 대륙으로부터 건너와 불법으로 땅을 점유하여 판잣집을 짓고 살던 사람들을 재정착시키기 위한 공공임대주택이 최초로 출현한 곳이기도 하다.

오래된 건물이 많고 낙후된 삼수이포는 정부의 중점 재개발 지역 중 하나로 일찍부터 선정되었고, 2010년에 이미 2만m^2 이상의 면적에 대해 160여 개의 건물, 300개 이상의 상점, 그리고 6,000명 이상의 주민에게 영향을 미치는 재개발이 진행되었다. 정부가 철거와 재개발을 밀어붙이자 주민들은 민간단체와 결합하여 활발한 문제 제기에 나섰는데, 주목할 점은 이들이 단지 삼수이포의 여러 건물과 상점이 오래되었기 때문에 보호해야 한다는 논리를 넘어서, 그것들이 삼수이포 지역과 홍콩에서 가지는 가치에 대해 새로운 의미 부여를 했다는 점이다.

삼수이포는 과거 홍콩 공업의 집중지로서 대규모 공장뿐 아니라 가족 경영식의 공장이나 자영업자가 많은 지역이다. 1930년대에는 선박을 만드는 조선업이 발달했고, 이후 방직공장과 의류공장도 이 지역에 많이 자리 잡았다. 1980년대부터 중국의 개혁·개방과 함께 홍콩의 공장들이 대거 중국 대륙 쪽으로 이전하여 홍콩 제조업은 크게 감소했지만, 수작업으로 이루어지는

삼수이포 원더랜드 프로젝트

'삼수이포 원더랜드wonderland' 프로젝트는 오래된 가게가 많은 이 지역의 의미를 재조명하고자 민간 단체가 가게들의 역사와 업종의 특성을 인터뷰해 기록한 활동이다. 가게 주인들이 시민에게 설명해주는 활동도 함께 벌였다. 이 활동을 통해 가게와 수공업 기술은 '민간 지혜'로 정의되었다. ⓒ장정아(촬영일: 2012. 1. 21)

소규모 제조업을 비롯한 다양한 상공업 활동은 삼수이포에 아직 많이 남아 있다.[23] 삼수이포에 세워진 기존 건물의 대다수는 30년 이상 된 것으로, 이런 건물들 속에 최대한 공간을 효율적으로 활용하면서 다양한 형태로 자리잡은 점포들은 이제 점차 사라지고 있다.

이러한 삼수이포 지역의 재개발에 문제를 제기하는 단체들과 주민들은 단지 철거에 반대하는 데 멈추지 않고, 다원적 경영 공간의 보호, 그리고 소점포와 소상인의 보호가 규획의 중심 원칙이어야 한다고 주장한다. 삼수이포의 낡고 비좁은 가게를 지키고 있는 상인들은 시대에 뒤떨어진 사람들이 아니라 '민간 지혜'를 가진 이들로 조명되며, 수공예 전람회와 시민의 참관, 토론회가 열린다. 활동의 목적으로는 '저렴하고 편리한 생활 구역인 삼수이포의 특색 보존 및 공동체 경제 추동'과 함께 "새로운 시대의 '메이드 인 홍콩'을 만들어낸다"는 조항이 천명되어 있다. 오래되고 허름한 가게들은 노스탤지어의 대상이 되길 거부한다. 자체적 제조업이 거의 사라지는 홍콩에서, 이제 '메이드 인 홍콩' 제품이 있는지 아무도 기억하지도 이야기하지도 않는 홍콩에서 그들은 조그마한 가게를 지키며 수십 년 동안 한결같이 만들어온 물건들, 비좁은 홍콩의 특색에 맞게 만들어진 접이식 가구와 물품들이 가지는 의미를 이야기하면서 '메이드 인 홍콩'의 새로운 가능성을 묻고 있는 것이다.

민간단체와 주민들은 삼수이포에 소규모의 수공업 점포가 오랫동안 발달해왔다는 특성에 기반하여, 이 지역의 재개발은 단지 보상 차원을 넘어서 현존하는 '공동체 경제'를 살릴 수 있는 방향으로 이루어져야 한다고 강조한다. 이는 교환가치보다 사용가치를 중시하는 도시권 논의에도 부합하는 움직임이라고 볼 수 있다. 삼수이포 지역에서 벌어지는 움직임은 단순히 어떤 공간의 점유를 둘러싼 싸움이 아니다. '도시 주변부의 일상적 삶의 영역'[24]에 대한 표명이자 이곳을 더 이상 빈민들의 슬럼으로 규정하지 말라는 주장의 표명이다.

2012년 1월 15일 삼수이포에서는 '무엇을 먼저 할 수 있을까: 병적 경제모델에 항의하기'라는 주제의 시민 논단이 열려 전문가와 지역 주민이 함께 강연과 토론을 했다. 이날 논단에서 참석자들은 젠트리피케이션(낙후된 구도심이 재개발 등으로 부동산 가치가 상승하면서 기존 거주자와 임차인들이 내쫓기는 현상)을 거부하고 사람과 커뮤니티 사이의 관계를 유지할 것, 가게들 간의 연결과 같은 소규모 경제공동체 유지의 중요성, 삼수이포 지역 수공업자들이 지닌 '민간 지혜' 보호의 의미, 대형 체인점 거부, 좋은 물건에 대한 새로운 의미 규정 등의 문제와 관련된 토론을 벌였다. 다음은 강연자 중 한 사람인 '양심소비연맹' 발기인의 발언이다.

> 우리가 벌이는 '부동산 개발업자들의 상점에서 물건 안 사기' 운동, 그리고 오늘 제기된 공동체 경제 어젠다에서 나는 가장 중요한 관건이 우리가 담론 헤게모니를 가져와서 무엇이 좋은 물건인지 정의하는 문제라고 생각한다. 무엇이 좋은 선물인가? 무엇이 좋은 생활인가? 예를 들어, 우리 단체의 크리스마스 행동 때 성탄 선물 중 하나가 쌀이었다. 내가 잡화점에서 사장에게 투명한 비닐봉지를 달라고 부탁하여 거기에 쌀을 한 근씩 담아서 선물로 만들었다. 많은 이가 왜 성탄 선물로 쌀을 파는지 의아해했다. 나는, 쌀을 사기 위해 슈퍼마켓이나 체인점에 갈 필요 없이 소점포에 가면 되는 거라는 이야기를 하고 싶었다고 이야기해줬다. 결국 쌀도 아주 잘 팔리는 선물이 되어 많은 이가 사가지고 갔다. 그들은 가족과 친구들에게 쌀을 선물하며 똑같은 이야기를 해주고, 다들 재미있어했다. 쌀 점포에 가서 쌀을 사고는 '메리 크리스마스'라고 말할 수 있는 것이다. 이런 것이 좋은 경험이다. 우리는 이 행동 속에서 무엇이 좋은 일상 소비인가를 새로이 정의할 수 있었다.
>
> 중요한 건, 좋은 게 있으면 사람들이 이것을 즐길 줄 아는 태도를 가지고 지지하게 되는 거지, 순수하게 도덕적 책임 또는 사회운동이기 때문에 지지한다거나 하는 문제가 아니다. 무엇이 좋은 것인지를 새롭게 정의하고, 그걸 사람들이 진정으로 좋다고 느끼면 된다. 나는 이것이 '새로이 규정하기'라고 생각한다.

이런 운동은 단지 어떤 건물이나 지역이 보호되어야 한다는 차원을 넘어서 무엇이 좋은 삶인지에 대한 근본적 질문을 던진다. 이는 도시 공간에 대한 성찰을 통해 삶을 바꿔나가고 있다는 점에서 도시권 운동과도 연결된다. 그동안 길바닥 노점, 계단 옆 점포, 좁은 뒷골목 점포, 길거리 음식점 등 한 사람이 앉아 있기도 힘든 비좁은 가게들은 홍콩의 현대화 속에서 사라지는 게 당연한 것으로 여겨져왔다. 좁고 허름하고 낡은 공간은 결코 국제대도시 홍콩의 자랑일 수 없었다. 그러나 이제 '다원적 경영 공간', 공동체 경제라는 의미를 부여받고 있으며, 도시 공간 운용의 융통성을 보여주는 사례이자 홍콩의 특색으로 제시된다.

더 이상 삼수이포는 어둡고 슬럼화된 빈민가가 아니다. 비록 여전히 빈민과 가난한 노인과 신이민이 지친 몸을 누이는 곳이고, 아직도 개선되지 못한 열악한 거주환경은 많은 사람이 벗어나고 싶어 하는 것이지만, 삼수이포는 이제 문화유산의 거리로서 진정 '홍콩적인 특색'이 남아 있고 공동체 경제가 살아 있는 활기찬 지역으로 재조명되고 있다.

2) 공동체 경제의 의미: 대안적 생활 방식에 대한 모색

소상점이 보여주는 다원성의 의미에 대한 주목은 몇 년 전부터 홍콩에서 뜨거운 이슈가 되어온 노점 행상 문제와도 연결된다. 노점 행상은 식민 시기부터 가능한 한 없애야 하는 골치 아픈 문제로 여겨졌으며, 1973년부터는 아예 허가증 발급을 중지하여 점차 소멸을 유도해왔다. 이런 노점 행상이나 삼수이포의 소점포와 같은 다양한 형태의 상업이 보존되어야 한다는 요구는 불과 몇 해 전까지만 해도 미미했고 전 사회적 파급력도 갖지 못했다.

그러나 최근 중국과의 관계 속에서 새롭게 의미 부여되며 중요한 어젠다로 떠오르고 있는데, 이는 바로 홍콩의 대안적 생활 방식과 생존 경로의 모색과 관련된다. 정부는 중국 대륙 여행객을 쾌적하게 맞이하기 위한 서비스 도시로 탈바꿈하는 것만이 홍콩이 살아남을 수 있는 유일한 길이고 홍콩의 모든 도시 규획은 이 목적을 향해야 한다고 주장해왔다. 그러나 홍콩인들은 이에 반대하며 홍콩이 중국 대륙 여행객을 대상으로 하지 않고도 살아남을 방법, 중국 속에 완벽하게 편입되어 경제와 도시 면모가 획일화되지 않고도 살아남을 방법을 모색하기 시작했다. 홍콩의 골목 구석구석에서 서로 얼굴을 마주보며 물건을 팔고 인사하며 오랫동안 쌓아온 인간관계와 공동체 경제가 가지는 현실적 의미에 대한 고민으로 나아가고 있는 것이다.

이런 흐름 속에서, 점진적 폐지의 대상으로 당연시되었던 노점 행상에 대한 지지도 점점 확산되고 있다. 2016년 춘절 기간 중 노점 행상 단속에 항의하며 700여 명이 모인 집회가 일부 강경파의 주도로 '폭동'으로 변하면서 밤새 방화가 벌어지고 50명 이상 체포된 몽콕 시위(어묵혁명)는 사회적으로 큰 충격을 주었다. 시민들은 노점 행상 단속에 항의하기 위해 몇 백 명 이상 모여 시위를 했다는 사실에도 놀랐고, 이 시위로 하룻밤 사이에 번화가인 몽콕 길거리에서 경찰이 공포탄까지 쏠 정도의 폭력적 충돌이 일어났다는 사실에 더욱 놀랐다. 이 시위는 비록 강경파가 개입하면서 폭력적으로 변하기는 했지만, 수백 명이 시위를 지지하며 모여들었다는 사실은 정부의 무조건적 통제에 대한 불만과 함께 다양한 생활 방식에 대한 갈구가 점점 널리 공감되고 있음을 보여주었다. '왜 부동산 개발상이 독점한 건물과 상점에서 소비하는 것 외에 다른 선택이 불가능한가', '왜 길거리에서 어묵 하나도 마음대로 먹을 수 없는가'와 같은 물음은 더 이상 사소한 질문으로 넘길 수 없는 문제가 되었다.

현재 노점 행상의 대부분은 무허가 불법 영업을 하고 있는 탓에 단속 대상이지만, 새해를 맞이하는 춘절 기간에는 그 단속이 느슨한 편이었다. 그러나 2014년 우산혁명 이후 단속이 강화되어 2015년 춘절부터 경찰이 대대적으로 이들의 영업을 통제했고, 2016년에도 단속 과정에서 항의가 거세진 것이다. 예전의 홍콩이라면 노점상 단속에 항의하기 위해 몇 백 명이 모이기 어려웠을 것이다. 그러나 우산혁명을 거치며 생겨난 정부에 대한 반감, 그리고 홍콩의 심한 빈부 격차 속에서 부동산 개발상이 너무 많은 영역을 독점하고 있기 때문에 서민은 최소한의 생계유지도 어렵다는 주장이 점차 호응을 얻고 있다. 특히 본토파가 이런 상황을 본토('mainland'가 아니라 'local', 즉 '현지'라는 의미)[25] 어젠다로 끌고 오면서 정부가 홍콩 문화를 말살하고 모든 것을 중국화한다는 주장을 펼쳤다. 이 같은 논리는 점차 설득력이 강해져서 호소력을 얻고 있다. 노점 행상 문제는 길거리와 공공 공간의 사용·소유 권리와도 연결된다.

중국 대륙에로의 전면적 흡수 통합과 획일화에 대한 거부는 반중 움직임과 결합되어 다소 우익적이고 배타적인 방식으로 표현되기도 한다. 중국 대륙 여행객이 없이도 홍콩은 살아갈 수 있다며 눈에 띄는 모든 여행객에게 모욕적 언행을 하는 단체도 있고, 중국 대륙인에게는 물건을 안 팔겠다고 써 붙인 가게들도 출현하여 영웅시되곤 한다. 그러나 이런 현상이 상당한 지지를 받는다고 해서, 지지자들 모두가 정치적 독립까지 원한다고 보는 것은 오판이다. 중국화에 저항하며 살아남을 방법에 대한 비장한 모색이 점점 확산되면서 극단적이고 우익적인 행동이 지지를 받을 기반이 생겨나는 것일 뿐, 양자를 동일시해서는 안 된다.

지금까지 홍콩에 오랫동안 존재해온 가게와 사람들에 대해 새롭게 주목하는 움직임을 살펴보았다. 비록 이들이 대안적 생활 방식이나 중국과의 대립 문제를 명시적으로 내세우는 것은 전혀 아니지만, 홍콩의 현재 지형 속에서 이러한 문제들과 연결되는 지점은 분명히 존재한다. 홍콩의 성공 스토리는 영국 식민 통치 덕분이라는 단 하나의 스토리가 오랫동안 지배적이었다. 이제 일부 홍콩인들은 뒷골목과 길거리에서 만들어낸 생활 방식이 홍콩을 만들어왔다고, 그리고 어쩌면 그것이 우리를 앞으로 많은 변화 속에서 버티게 해줄 거라고 당당하게 선언하고 있다. 그 선언은 때로는 노점 행상에 대한 지지로, 때로는 체인점 안 가기 운동으로, 무엇이 좋은 소비이고 좋은 삶인지에 대한 토론으로, 그리고 재개발에 대한 반대와 시민의 대안적 규획 제시로 표출되고 있다.

5. 국제대도시 담론을 넘어서

1) 국제대도시 담론의 극복: 탈식민화의 시작

> 홍콩 역사는 다들 한 가지 스토리, 즉 작은 어촌에서 시작하여 금융 중심으로 변했다는 스토리만 생각하니, 우리 다음 세대는 홍콩인에 대해 고기 잡던 사람들과 주식 사는 사람들, 이 두 종류의 사람만 있다고 생각할 것이다. 아무도 우리에게 다른 이야기를 해주지 않았다. 홍콩인이 끊임없이 일어서서 싸워왔던 역사를 우리 다음 세대에게 알려주지 않으면, 그들은 자신을 억압하는 정부와 대면할 줄 모르게 되고, 그저 순민順民으로 사는 게

기쁘다고 생각할 것이다.

—황후부두 공개 논단(2007. 7. 29)에서 활동가 에디 추(현재 입법회 의원)의 발언

이 글에서 우리는 홍콩에서 공간을 둘러싼 싸움을 통해 통치 체제에 대한 문제 제기가 시작되고 '자주적 결정'이 여러 지역에서 다양한 층위에 걸쳐 학습되고 실천되는 것을 보았다. 이러한 새로운 움직임은 홍콩 역사에서 중요한 의미를 가진다. 먼저, 오랫동안 홍콩을 지배해온 '국제대도시 홍콩' 담론이 내포한 배타성과 우월성이 조금씩 극복되고 다른 스토리가 제시되고 있다.[26] 특별한 건축학적 가치가 있는 것도 아닌 부두를 지키기 위해 청년들이 단식을 하고, 각자 사는 곳에서 커뮤니티를 만들고 민주적 운영과 자주적 결정을 하는 움직임이 확산된다. 노점 행상이 홍콩 문화에서 차지하는 의미를 이야기하고, 재벌에게 독점된 공간에서 소비를 거부하며 곳곳에서 주민들이 자발적 시장을 만들고, 지역공동체 네트워크를 기반으로 정부의 발전주의와 통치 방식에 저항한다. 어떤 도시를 꿈꾸는지, 도시에서 어떻게 살아갈 것인지, 도시에서 살아가는 이들에게 어떤 권리가 있는지를 이야기하기 시작했음을 가장 극적으로 보여준 최초의 사건이 2007년의 '인민상륙행동'이다. 주변적 집단을 참여시켜 누구에게나 열려 있는 도시임을, 홍콩은 이 땅에 발 딛고 선 모든 이의 공간임을 천명한 것이다. 이는 탈식민화의 시작을 알리는 웅변적 장면이었다.

공공 공간에 대한 홍콩 정부의 정책은 시민의 자유로운 활용을 허용하기보다 엄격한 관리와 통제에 초점이 맞춰졌다. 2014년 우산혁명은 그토록 허용되지 않았던 공공 공간에 대해 도심부 점령이라는 형태로 권리를 주장했다는 점에서 분수령이 되는 사건이었다. 그리고 자유로운 사용권을 가진 점

령 기간 중, 도로 위에는 관우·예수 사당을 비롯하여 온갖 창의적 발상과 예술 작품이 매일 새롭게 선보였다. 그러나 사실 우산혁명은 도시 공간의 점령이 도시성이나 공간성과 관련하여 어떤 의미를 지니는지에 대한 본격적 인식과 논의에서 나온 것은 아니었다. 초점은 '도시 심장부의 평화적 점령을 통해 민주화 요구를 알린다'는 의미에 맞춰져 있었다. 또 점령 기간 운동 내부에서 점점 의견 대립과 충돌이 일어나면서, 중앙 무대의 철거, 곳곳의 유동 민주 교실에서 벌어진 갈등, 상호 간의 폭력적 대립 끝에 결국 무력하게 해산되었다. 우산혁명은, 월가 점령에 대해 그래이버Graeber가 보내는 찬사처럼[27] 해방적 의미를 갖는다고 낭만화하기에는 진통과 후유증이 너무 컸다. 그러나 우산혁명 이후 다양한 움직임은 분명히 새로운 흐름을 만들어내고 있다.

우산혁명 이후 홍콩에서는 홍콩인을 대상으로 한 경영모델이 소규모로나마 출현하기 시작했다. 커뮤니티의 조그만 가게들을 지키는 일은 단지 시대의 변화에 적응 못하는 이들의 향수에 불과한 것이 아니라 어떤 삶을 살 것인가의 문제라는 인식이 생겨나고 있다. 획일화될지언정 편리한 생활을 즐기던 홍콩인들이—물론 여전히 다수는 그러하지만—조금씩 획일화를 거부하며 길거리에서 어묵을 사 먹을 권리를 위해 모여 시위한다. 어떠한 주민의 참여도 없이 정부가 모든 철거·재개발계획을 결정한 후 주민은 최후의 순간에 보상만 받고 떠나던 홍콩에서 이제는 다른 목소리가 나온다. 내가 살아온 곳에서 공동체 경제를 유지하며 살아갈 권리를 보장하라는 목소리다.

'아무것도 없던 어촌이 영국 식민 통치 덕분에 국제대도시가 되었다'는 스토리는 조금씩 극복되고 있다. 홍콩인은 식민 통치가 가져다준 번영에 만족하고 기꺼이 순응하던 경제적 동물[28]이 아니라 사실은 끊임없이 싸워왔음

최근 홍콩의 사회운동을 다룬 책들
시민불복종(公民抗命), 점령, 항쟁, 1989년 중국 톈안먼 사건 지지 운동의 의미 재인식 등 과거 홍콩에서 찾아보기 힘들었던 단어와 스토리가 빈번하게 등장하고 있다.

을 뒤늦게 발견하면서, 그동안 잊어버렸던 역사적 싸움들을 발굴하여 홍콩의 스토리를 새로이 쓰려는 노력이 생겨나고 있는 것이다. 물론 이 글에 나오는 운동가들이 모두 기존 담론의 극복을 분명하게 의식하고 있는 것은 아니다. 지형은 훨씬 복잡하다. 항쟁의 역사를 강조하면서도 중국 대륙인에 대한 반감과 혐오에서는 우익 본토파에 동조하는 이들도 있고, 영국 식민 시기에 대한 향수를 공개적으로 드러내는 이들도 있다. 정부는 물론 여전히 이 국제대도시 담론을 사용한다. 홍콩을 설명하는 공식 담론에서 이 스토리가 폐기되기는 쉽지 않을 것이다. 그러나 적어도 좌익이든 우익이든[29] 이제 홍콩의 역사를 이야기할 때 인민이 항쟁해온 역사로 이야기하기 시작했다. 이는

2006~2007년 부두 사건 전에는 상상하기 어려웠던 일이다.

이 스토리 속에서 홍콩이 소중한 이유는 더 이상 홍콩이 대륙보다 현대적인 국제대도시이기 때문이 아니라, 앞선 이들이 계속 싸워온 역사의 땅이기 때문이다. 그렇다면 홍콩은 꼭 우월하지 않아도, 그 '현대성'과 '국제대도시' 담론에 균열이 생기더라도 사랑하고 지킬 가치가 있는 곳이 된다. 이렇게 역사적 항쟁을 전개해온 도시로서 홍콩에 대한 애착을 선언하는 것은 식민주의의 핵심 고리를 끊는 일이다.

식민 정부는 홍콩인들이 홍콩에 강한 정체성을 갖는 것을 우려했고, 혹 정체성을 갖더라도 정치성은 거세하고자 했다. 이런 홍콩에서 "시민사회의 자주 항쟁 전통이 바로 우리가 부두를 지키는 이유"[30]라고 천명하는 청년들이 등장했다. 커뮤니티를 만들어나가고 도시 규획에 참여하며 자기 운명을 스스로 결정하려는 움직임 속에서 홍콩이 국제대도시인지 여부는 더 이상 중요하지 않다. 홍콩인은 이제, 비좁고 어두운 뒷골목에서 만들어낸 생활 방식이 홍콩을 만들어왔다고 말하고 있다.

2) 홍콩 스토리의 새로운 가능성

반환 후 홍콩 정부는, 상하이를 비롯한 중국의 여러 도시가 급속히 발전하고 있으므로 홍콩이 살아남으려면 끊임없는 개발을 통해 더 현대화되고 편리한 도시로 만드는 길밖에 없다는 논리를 펴왔다. 홍콩 시민들은 한때 번영했던 국제대도시가 이제 중국의 평범한 도시들 중 하나로 전락할지도 모른다고 우려했고, 이 우려와 공포심은 정부의 일방적 개발과 규획 정책을 받아들이게 만드는 중요한 요인으로 작용했다. 국제대도시 담론을 적극적으로 활용하며 홍콩의 다른 가능성을 억압한다는 점에서 식민 정부나 반환 후의 정부나 차이는 없었다. "도시의 운명을 그저 적자생존의 논리로 단순화해버리는 '도시 다원주의'"[31]는 계속 홍콩을 지배했고, 정부는 중국의 다른 도시와 경쟁해야 한다는 점을 강조하며 '아시아의 국제대도시, 슈퍼 맨해튼, 중국의 뉴욕'이 되는 길만이 홍콩의 경쟁력이라고 했다.

필자는 '안정된 경제도시'로서만 존재 의의를 인정받아온 홍콩이 경제적 지위가 쇠락하면 존재 가치가 없어질 수밖에 없는 태생적 위험을 지적하면서, 국제도시로서의 홍콩이라는 비전의 허망함에 대해 오래전 논한 바 있다.[32] 이제 중국 대륙의 도시들이 놀랍게 발전하는 상황에서 홍콩이 여전히 가진 경쟁력은 무엇인가 하는 질문에 대한 답은 쉽지 않았고, 중국 대륙인의 관광과 쇼핑·투자에 편리한 도시를 만들어야 한다는 정부의 정책은 불가피한 선택처럼 여겨졌다.

이런 홍콩에서 굴곡진 역사에 대한 애착과 민주적 홍콩을 만들어나가겠다는 선언의 등장은, 홍콩이 중국의 대체 가능한 무수한 도시 중 하나에 불과하다는 담론에 대한 거부를 의미한다. 1970년대부터 홍콩에 대한 강렬한 소속감과 함께 정체성이 만들어져왔지만 국제대도시 담론은 부정되지 않았고, 오히려 그것은 정체성을 떠받치는 중추였다. 그런데 이제 국제대도시는 홍콩에 대한 애착에서 필수 조건이 아니다. 홍콩인들의 귀속감이 홍콩이라는 도시를 향한다는 점, 단순한 장소가 아니라 정치공동체로서 홍콩이 의미를 가진다는 인식의 등장은 새로운 시민권으로서의 도시권 논의와 연결 지어볼 수 있다.

강현수에 따르면, 르페브르가 제기한 도시권의 주요 내용에는 전유의 권리, 참여의 권리, 차이에 대한 권리와 정보에 대한 권리, 도시 거주자의 권리,

도시 중심부에 대한 권리 등이 포함된다. 특히 참여의 권리를 통해 도시에 대한 소속감과 정치적 일체감을 느끼는 것은 정확히 현재의 홍콩 상황에 적용된다. "모든 도시 거주자는 도시 시민이 될 수 있다. 그러나 실질적인 시민권을 전유하기 위해서는 시민들이 반드시 참여의 권리를 주장하여야만 하고 다른 사람들에게도 똑같은 권리를 허용하여야만 한다."[33] 앞에서 보았듯, 부두철거반대운동에서는 그동안 차별과 배제의 대상이 되어온 주변적 집단을 권리의 주체로 끌어들이고 참여시켰다.

"도시에 대한 권리는 도시를 변화시킴으로써 우리 자신을 변화시킬 권리이다."[34] 홍콩에서 약 10년 전부터 등장한 새로운 사회운동들은 도시를 변화시킴으로써 스스로를 변화시키고 새로운 주체성을 만들어내려는 움직임이다. 도시를 중요한 소속감의 대상으로 삼고 도시에 참여하는 삶이 자신의 권리와 주체성에서 핵심적 지위를 차지하는 것이다. 도시권 논의가 등장하게 된 배경은 국가 중심의 근대적 시민권이 도전을 받으면서 거주자 중심으로 도시 정치가 발전해야 할 필요성이 제기되었기 때문이다. "국가가 더 이상 우선권을 갖는 정치공동체가 아니며 국민은 모두 동일한 정체성과 귀속성을 갖는 집단으로 보기 어렵다"[35]는 인식과 함께 정치적 소속감이 국가에서 도시로 옮겨가는 흐름이 생겨나고 있는 것이다.

도시권 논의는, 도시 공간이 사회의 부정의(injustice)가 집중되는 장소가 되어왔다는 데 주목하며 공간정의론과 연결된다.[36] 홍콩 역시 모순이 집약되어 있던 도시 공간을 둘러싼 항쟁에서 시작하여 도시에 대한 권리 의식이 생겨났다. 물론 홀스톤이 말하는 '반란적 시민권(insurgent citizenship)'처럼 대안적 시민권이 홍콩에서 출현한다고 할 수 있을지는 좀 더 지켜봐야 할 것이다. 도시공동체에 대한 소속감이 구체적으로 어떤 종류의 시민권을 만들어내고 있는지는 아직 판단하기 어려운 상황이다. 그러나 분명한 것은, 새로운 종류의 시민권으로서 도시권이 완전한 형태로 출현했는지는 아직 유보적일지라도 적어도 이런 흐름은 홍콩을 중국의 여러 대체 가능한 도시 중 하나에 머물지 않게 만들고 있다는 점이다.

홍콩이 단지 더 현대화되고 더 자유로운 곳이기에 가졌던 차별성은 이제 사라지고 있다. 그럼 도시로서 홍콩은 어떤 의미를 가지는 곳인가? 여전히 국제대도시라 할 수 있는가? 이미 그 위상이 크게 추락했다는 것은 홍콩인들 스스로가 잘 알고 있다. 그렇다면 중국의 도시 중 하나로서 홍콩이 가지는 의미와 위상은 무엇인가? 중국 곳곳에 더 현대화되고 편리하고 세련된 도시가 속속 생겨나고 있는 지금, 여전히 홍콩에 발붙이고 살아가야 할 이유는 무엇인가? 이 점에서 우리는 홍콩이 보여주는 새로운 움직임에 주목해야 한다. 홍콩인들의 소속감과 정체성은 이제 홍콩을 향하고 있다. 이때 홍콩은 단순히 선전深圳 옆에 있는 도시로서 장소적 의미만 띠는 곳이 아니다. 사람들은 이곳을 바꿔나가고 민주적으로 참여하며 자기 자신을 변화시키고 있다. 홍콩과 홍콩인을 묘사하는 스토리가 바뀌고 있다.[37] 그리고 도시권 논의의 핵심인 자본주의적 관계에 대한 문제 제기도 이뤄지고 있다.

사실, 자본주의적 관계에 대한 문제 제기는 홍콩 사람들이 관심을 잘 기울이지 않는 이슈이다. 식민 통치하에서 사회주의 중국에 대한 반감을 기반으로 주조된 자유 사회의 정체성을 핵심으로 하는 홍콩에서 자본주의 비판이 공감대를 넓히기는 힘들었고, 지금도 사회주의운동 단체들의 영향력은 매우 약하다. 자본주의적 관계에 대한 비판이 이념적 좌파운동으로 확대되거나 주류 담론이 되기 어렵다는 한계를 간과해서는 안 된다.[38] 그럼에도 불구하고 정부와 자본의 결탁이 핵심 문제라는 지적은 분명히 공감대를 넓혀가고 있으며, 도시 공간을 둘러싼 싸움은 이런 변화의 결정적 계기가 되었다.

다시 한 번 강조하건대 이 글의 5장에서 제시하는 분석의 상당 부분은 홍콩 활동가들이 명시적으로 제기하는 주장이 아니다. 즉 '국제대도시 담론의 극복'이나 '도시권'과 같은 인식을 모든 활동가가 갖고 있지는 않다. 필자는 이 글의 서론을 열며 '어촌에서 국제대도시로의 변신'이란 담론을 극복하기 위해 싸워왔다는 홍콩 사람들의 이야기를 했지만, 그런 의식을 명확하게 가진 이의 수가 아직 많은 것은 아니다. 자신이 하는 활동을 도시권과 연결 지어 제시하는 사람도 드물다. 게다가 2011년부터 우익 강경 본토파의 활약이 두드러지자 현재의 상황을 비관적으로 보는 사람이 많다. 홍콩 사회는 여전히 중국과의 정치적 관계에 따라 많은 부분이 결정될 것이다. 그런 점에서 홍콩은 중국과의 관계로부터 비롯된 결정력을 부인할 수 없고, 이는 앞으로 더 커질 것이다. 최근 중국공산당 당대회에서는 '홍콩인에 의한 홍콩 통치' 원칙의 유지와 함께 중국의 전면적 관치권管治權을 강조하여 홍콩에 대한 통제가 강화될 것이라는 우려가 커지고 있다.

그러나 자신이 원하는 도시로 홍콩을 만들어나가는 움직임은 중국과 홍콩 사이의 정치적 관계 속으로 전부 환원되지 않는다. 중국과의 관계에서 지도자 직선제 등의 정치적 민주화와 더 많은 자율성을 얻어내는 것도 중요하지만, 홍콩을 바꿔나가기 위해 중국이 주는 공간만을 기다리지는 않는다. 2014년 우산혁명 때 등장한 구호는 "홍콩을 스스로 구한다"였다. 반환 전 홍콩에서는, 반환 후 자유와 민주화를 어떻게 얻어낼지를 두고 열띤 논쟁이 벌어졌다. 그 결과 홍콩에서 주류 담론으로 자리 잡은 것은, 먼저 중국의 민주화에 희망을 걸고 이를 통해 홍콩의 민주화를 만들어나가자는 기대였다. 하지만 그 기대가 깨지면서 우산혁명과 같은 운동이 폭발하기 시작했다. 어떻게 중국에 기대지 않고 살 것인가, 중국의 민주화 없이도 홍콩의 정치적 민주화는 가능한가. 이 질문에 사람들이 조금씩 답을 하기 시작한 것이다. 그 답은 표면적으로는 정치적 운동으로 보이지 않지만 정치성은 결코 거세되어 있지 않다.

홍콩에 대한 상상은 오랫동안 중국과 영국, 민족주의와 식민주의 간의 대립을 맴돌고 있었다. 그 대립에서 벗어나는 제3공간의 가능성을 논하는 담론은[39] 홍콩의 토착성 자체를 본질화·신성화한다는 점에서 더 큰 위험을 안고 있었다. 오늘날 등장하는 우익 본토파의 배타성과 폭력성은 이런 본질주의적 정체성 담론 속에 이미 배태되어 있었다.

필자는 이 글을 통해 홍콩에서 이러한 대립을 넘어서는 가능성이 생겨나고 있다고 주장하고자 했다. 민족주의냐 식민주의냐, 중국인으로서 삶을 살아가느냐 영국에 대한 향수를 품은 신민으로 남느냐의 양자택일이 아니라, 훨씬 낮은 층위처럼 보이는 곳에서 완전히 다른 상상이 시작되고 있다. 일부 학자들은 홍콩에서 새로운 종류의 '국민 소속감'이 생겨난다는 주장을 한 바 있다.[40] 즉 국가 자체에 충성하는 것이 아니라 시장(market)을 통해 국가에 충성하는 독특한 멘털리티가 형성되고 있다는 것이다. 이렇게 시장과 국가라는 대립에 초점을 맞추는 담론은 홍콩 정체성의 새로운 가능성을 논하면서 도리어 지극히 진부하고 폭력적인 대립 속으로 구겨 넣어, 모든 다른 상상을 억압할 뿐 아니라 이미 현실에 존재하는 움직임까지도 지워버리고 만다.

이 글에서 살펴본 대안적 움직임은 거대 담론이 아니어서 표면상으로는 새로운 흐름으로 명확히 드러나 보이지 않는다. 그러나 민족주의와 같은 거대 담론이 없이도, 시장과 국가 중 어디에 충성하느냐는 폭력적 질문 없이도, 이 땅을 지킬 가치가 있기에 여기서 살아가겠다는 스토리의 등장이야말로 어쩌면 홍콩의 비非국가성이 만들어낼 수 있는 진정 새로운 가능성일지도 모른다. 그 비국가성은 홍콩을 오랫동안 아프게 만든 취약점이었다. 아픔과 취약점을 낭만화하거나 본질화하려는 시도도 그동안 많이 있었다. 이 글에서 다룬 운동들은 그런 낭만화나 본질화를 담담히 거부하고 있다. 그 거부에서 가능성은 시작될 것이다.

옛 주택은 옛 정책, 새 주택은 새 정책
—상하이의 주택제도 개혁

김도경

1. 누가 이득을 취하고, 누가 불이익을 당했나?

중국의 '개혁'을 국가의 재정적 부담이 개인에게 이전되는 과정이라고 이해한다면, 그래서 시장이라는 공간이 중국 사회에 확대되는 일련의 과정이라고 이해한다면, 이 과정은 하나의 미스터리가 아닐 수 없다. 어느 누구도 자신의 부담이 늘어나는 것을 달가워할 리 없기 때문이다. 주택·교육·의료·여가 등 이전까지 복지 차원에서 국가로부터 제공받던 것들이 어느 순간 갑자기 시장에서 구매해야 할 상품이 된다면, 그 반발 심리와 허무감은 상상을 뛰어넘는 수준이 될지도 모른다. 게다가 그 '개혁'을 추구하던 사람들이 오히려 이전 체제에서 그 혜택을 충분히 누렸던 이들이라면, 의문은 더 커진다. 어떻게 '개혁'의 주체가 '개혁'의 대상이 될 수 있었을까? 이전보다 자신의 부담이 늘어나는 상황을 개인은 어떻게 별다른 저항 없이 받아들일 수 있었을까? 누군가의 이익이 줄어들고 반대로 그 부담이 늘어나는 것을 '개혁'이라고 일컫는다면, 어떻게 중국의 '개혁'은 큰 사회적 혼란 없이 순조롭게 진행될 수 있었을까?

이전의 논의들은 그 대답을 '점진성'에서 찾는 것처럼 보인다.[1] '점에서 면으로' 확대되는 개혁, 즉 특정 지역을 선택하여 우선 실험하고 그 결과를 토대로 대상 지역을 늘려가는 방식이 주효했다고 지적한다. 동유럽 사회주의국가들이 '쇼크 요법'을 택했다면 중국의 선택은 '가격 쌍궤제雙軌制'였음을 잊지 말아야 한다. 단번에 모든 것을 '개혁'할 수 없다면 쉬운 것부터 '개혁'하는 일이 현명할지도 모른다. '끊임없는 변화와 긴장 관리, 지속적인 실험, 그리고 임시 조정(ad-hoc adjustments)'이 어쩌면 다른 많은 정치체제에서는 보기 힘든 중국의 독특한 거버넌스governance 기술일 수 있다.[2] 그런데 개혁의 방식이 '점진적'이라고 해서 사회 구성원들의 이익 갈등이 자연스럽게 해소되는 것은 결코 아니다. 실험 지역에서든 확대된 지역에서든, 아니면 쉬운 사안이든 어려운 사안이든, 사회 구성원 간의 이익 갈등은 어떤 식으로든

Note | 쇼크 요법과 가격 쌍궤제

중국과 그 외 사회주의국가의 시장 개혁 방식에서 가장 큰 차이로 언급되는 용어가 쇼크 요법과 가격 쌍궤제이다. 두 가지 모두 시장 기제를 확대하는 방향으로 나아간다는 특징이 있지만, 그 방식에서는 다르다. 즉, 전자가 급진적이라면 후자는 점진적이라고 할 수 있다. 특히 가격정책에서 그 차이가 확연히 드러난다. 쇼크 요법을 선택했던 동구권의 많은 사회주의국가는 가격통제 정책을 즉각적으로 폐지했던 반면, 중국은 국가에서 거래하는 가격과 시장에서 거래하는 가격을 한동안 병존시키는 방식을 선택했다. 그 결과 관료들의 부정부패가 심해지기도 했지만, 그 점진적 성격 덕에 중국 사회가 체제 전환 중에도 안정을 유지할 수 있었다는 평가가 나온다.

지 조정되어야 할 대상이다. 시간이 흐른다고 저절로 자연스럽게 갈등이 해소되지 않는다는 말이다. 오히려 늦게 해결하면 할수록 '개혁' 자체가 지연될 확률이 높고 소기의 효과도 거두기 어려워진다. '개혁'의 구체적인 사례에서 사회 구성원들의 이익이 어떻게 조정되었는지, 그리고 그 과정에서 사회적 불만은 또 어떻게 처리되었는지를 살펴볼 필요가 여기서 발견된다.

중국의 주택제도 개혁과 그 과정은 바로 이를 살피보기 위한 좋은 사례일 수 있다. 1998년을 기점으로 중국 도시의 주택은 더 이상 복지의 대상이 되지 못하고 시장의 상품으로 바뀌어버렸다. 물론 그 이전에도 중국의 도시 주민들은 국가 소유의 공공주택을 '임대' 형식으로 사용하고 있었지만 그 임대료의 수준이 대단히 낮았으며, '단위單位'는 소속 '직공職工'들에게 주택을 제공해야 할 의무가 있었기 때문에 주택은 말 그대로 '무상 복지'의 하나에 속했다.

본래 '단위'는 재정적 지출 및 수입의 기준이 되는 개별 직장을 가리키는 말로서 기업, 사업 기구, 국가기관이 모두 포함된다. 단위를 단순히 '직장'이라는 말로 번역하기 힘든 이유는 그곳에서 기본적인 생산뿐 아니라 중요 자원의 배분과 행정 업무의 수행이 함께 이루어졌기 때문이다. 따라서 단위는 생활의 공동체를 의미한다고 봐야 한다. 특히 문화대혁명 이후에는 중앙정부는 물론 지방정부의 기능도 약화되면서 단위가 자체 역량으로 중요 자원을 조달해야 하는 상황이 심화되기도 했다.

그런데 1998년부터 이 단위들은 복지 차원의 주택을 더 이상 직공들에게 제공하지 않아도 되었다. 이 때문에 개인은 시장으로 나가 자신의 주택 문제를 해결해야 했다. 바로 이 지점에서 도시 주민들 간에 첨예한 이익 갈등이 나타나기 시작했다. '개혁' 이전에 단위에 소속되었던 직공들의 주택 복지는 취소되어야 하는가? 아니면 그들은 내버려 둔 채 새롭게 단위에 소속된 직공들만 주택 복지의 혜택을 주지 말아야 하는가? 한쪽에서는 사회공평의 차원에서 그 취소를 요구하겠지만, 다른 한쪽에서는 자신의 이익을 놓치지 않기 위해 분투할 것이 분명하다. 어떤 의미에서는 이 일련의 과정이 중국 '개혁'의 축소판인 셈이다.

이에 대한 논의는 이미 기존 연구에서 많이 다루어졌다. 중국 주택제도 개혁의 특징을 이른바 '증량식增量式'이라 부르는 모든 연구는 그 개혁이 기존의 체제를 해치지 않는 방식으로, 즉 새로운 요소를 늘리는 방식으로 진행되었다고 전제한다.[3] '증량 개혁'이라면 기존 체제의 수혜자들이 이익 조정을 겪게 되거나 불이익을 당할 상황이 만들어지지 않았다는 의미다. 하지만 '증량'이라는 용어는 이익 조정의 결과를 묘사한 말이지 그 과정을 보여주는 말은 아니다. 다시 말해 중국의 주택제도 개혁이 처음부터 '증량'의 차원에서 접근되었던 것이 아니라 서로 다른 의견이 첨예하게 맞서던 상황에서 최종적으로 '증량'이라는 결론에 도달했을 뿐이다. 이 과정을 간과한다면 '증량'의 방식이 마치 처음부터 기획되었던 것인 양 다루어질 테고, 그러면 그 과정에서 첨예하게 맞섰던 서로 다른 의견이 무의미해지고 만다. 결과적으로 누가 이 주택제도 개혁을 통해 이익을 취했는지, 그리고 누가 불이익을 당했는지가 감춰진다. 뒤에서 자세히 살펴보겠지만, '증량'의 방식으로 최종 결정된 중국의 주택제도 개혁은 또 다른 유형의 도시 진입 장벽이 되었다. 기존 도시 주민의 이익이 지켜지는 과정에서 새로운 도시 진입자의 부담이 더 커져버린 탓이다.

이 글은 주로 상하이시上海市의 주택제도 개혁 양상을 살펴보고자 한다. 몇 가지 이유가 있는데, 우선 상하이는 중국의 그 어느 도시보다 가장 먼저 주택제도 개혁에 착수했고, 이후 여러 도시가 본받는 하나의 전형이 되었다. 1991년 상하이시정부는 싱가폴과 홍콩의 경험을 참고하여 주택제도 계획을 수립했으며, 그 계획의 일부였던 주택공적금(住房公積金) 제도는 1993년 말에 이르러 104개 도시로 확대되었다. 특히 이를 주도했던 주룽지朱鎔基 당시 상하이시 시장이 1998년에는 총리의 자격으로 복지 차원의 주택을 상품 차원의 주택으로 바꾸는 데 앞장섰다는 점도 기억해야 할 지점이다. 나아가 상하이시 자체가 중국의 대표적인 대도시 중 하나이기 때문에 이전 주택제도의 문제를 고스란히 드러내고 있었다는 사실도 새겨볼 만한 점이다. 요컨대 옛 제도의 수혜자들이 어떻게 '개혁'을 받아들일 수 있었는지, 그리고 개인들의 불만은 어떻게 처리될 수 있었는지를 살펴볼 수 있는 좋은 사례이다.

2. 1980년대 주택제도 개혁의 연이은 실패

'개혁' 이전 중국 주택제도의 가장 큰 문제점은 주택 공급을 계속해서 유인할 만한 장치가 마련되어 있지 않았다는 데 있다. 앞서 언급했듯이, 주택은 기본적으로 지방정부 및 단위가 복지 차원에서 무상으로 소속 직공들에게 제공했기 때문에 주택 건설 비용을 회수하기가 어려웠다. 이는 〈표 1〉에 보이는 것처럼 그들이 주택 건설 투자에 소극적일 수밖에 없는 이유가 되곤 했다. 최초의 주택 건설 투자가 추가적인 주택 건설을 자극할 수 있는 시스템이 갖추어져야 하는데, 현실은 그 반대라 다른 재원이 준비될 때까지 추가적인 주택 건설이 연기되었던 것이다. 따라서 '개혁' 이전 중국의 도시 주민들은 만성적인 주택 부족으로 고통받았고, 지방정부와 단위들은 극심한 재정

〈표 1〉 '개혁' 이전 20년간의 중국 주택 투자 현황(단위: 억 위안, %)

연도	건설 투자	주택 투자	주택 투자의 비중	연도	건설 투자	주택 투자	주택 투자의 비중
1959	344.65	13.74	3.9	1969	185.65	10.21	5.5
1960	384.07	15.07	4.1	1970	294.99	7.62	2.6
1961	123.34	7.43	6.0	1971	321.26	13.71	4.5
1962	53.62	3.16	5.9	1972	312.79	17.97	5.7
1963	94.16	7.28	7.7	1973	321.26	19.85	6.2
1964	138.69	11.16	8.0	1974	333.01	21.55	6.5
1965	170.89	9.43	5.5	1975	391.86	22.94	5.9
1966	199.42	8.77	4.4	1976	359.52	28.16	6.1
1967	130.52	4.96	3.8	1977	364.41	25.06	6.9
1968	104.13	5.21	5.0	1978	479.55	37.54	7.8

* 출처: 『1991 중국통계연감』

부족에 시달렸다. 게다가 기존에 이미 건설해 놓은 주택이라도 언제나 추가적으로 일정 수준의 유지 및 보수 비용이 필요했다. 요컨대 '개혁' 이전의 주택 건설은 단 한 번의 재정지출로 마무리되는 일회성 사업이 아니라 지속적인 재정지출이 뒤따르는 상시 업무였다. 따라서 일종의 구조적인 악순환이 형성될 수밖에 없었는데, 정부 및 단위가 주택 문제를 해결하기 위해 그 부담을 지면 질수록 도리어 그 부담이 더 커지고 말았다. 오랫동안 중국의 주택 투자 비중이 8%를 넘지 못했던 까닭은 단순히 신규 주택 건설에 따른 재정지출이 부담스러웠기 때문만이 아니다. 기존 주택에 대한 유지 및 보수 비용이 만만찮았기 때문이기도 했다.

중국 도시의 주택제도가 안고 있던 또 다른 문제는 '불공평'이었다. 여기에는 두 가지 층위가 있었는데, 하나는 서로 다른 단위 사이의 불공평이고,

다른 하나는 같은 단위 안에서의 불공평이었다. 먼저 전자의 경우를 살펴보면, 교통·에너지·군수 등 상대적으로 재정적 여유가 있던 단위들은 비교적 손쉽게 주택 문제를 처리할 수 있었지만, 재정 부족에 허덕이던 단위들은 주택 공급에 상당한 어려움을 겪을 수밖에 없었다. 그에 따라 도시 안에서 보기 드문 풍경이 만들어지곤 했는데, 상반된 주택 환경이 울타리 하나를 사이에 두고 나란히 펼쳐졌던 것이다. 그 같은 모습이 단순히 물리적인 경계가 아니었음은 어렵지 않게 상상할 수 있다. 후자의 경우, 원칙적으로 단위의 주택 분배는 직공의 가족 수와 근무 연차 등을 고려하여 그 면적을 결정해야 했지만, 실제로는 당 간부가 임의로 결정하는 경우가 많았다. 어떤 의미에서는 계획경제체제가 갖고 있던 태생적인 병폐라고도 볼 수 있는데, 희소 자원의 배치가 기본적으로 분배라는 방식을 통해 이루어지다보니 분배하는 이에게 과도한 권력이 몰렸고, 이것이 '부정'을 쉽게 저지를 수 있는 환경을 조성했다.

상하이시도 예외는 아니었다. 쉬전량徐振良은 상하이시의 주택 문제를 크게 네 가지로 요약한 바 있다. 첫째, 주택 투자의 경로가 지나치게 좁았다. 정부 아니면 단위만 주택 투자에 나섰을 뿐, 민간 부문의 주택 투자가 전무한 상태였다. 둘째, 주택 관련 자금이 회전할 수 없는 시스템이었다. 주택은 우선 상품이 아니었으며, 정부나 단위가 가지고 있는 주택소유권은 양도가 불가능했다. 주택 거주자가 부담하는 지나치게 낮은 임대료로는 주택 보수 및 관리 비용의 1/10만 충당할 수 있을 뿐이었다. 셋째, 주택 분배의 불균형이 심각했다. 행정 분배와 무상분배가 원칙이다보니 서로 다른 단위 사이에, 혹은 서로 다른 계층 간에 불균형이 심화되었다. 마지막으로 넷째, 주택 수요를 제한할 방법이 없었다. 무상분배의 주택제도하에서는 주택에 대한 수요를 경제적으로 위축시키는 일이 원천적으로 불가능했다.

이러한 주택 문제를 해결하기 위해 중국공산당이 최초로 고안한 방식은 건설 비용에 준하는 가격으로 신규 주택을 개인에게 판매하는 것이었다. 1979년 시안西安, 류저우柳州, 우저우梧州, 난징南京 등지에서 이 정책이 처음 적용되었는데, 중앙정부가 투자를 맡고 지방정부가 건설과 판매를 담당했다. 1981년에는 이 정책이 60개 도시로 확대되었다. 특히 이를 기점으로 단위들은 자신이 보유하고 있던 기존의 공공주택도 거주자에게 판매하기 시작했다. 그러나 그 결과는 참담했다. 당시 도시 주민들 중 주택 건설 비용을 감당할 수 있는 이들이 대단히 적었기 때문이다. 1981년에 중국 전역에서 주택 거래에 성공한 사례는 겨우 2,418건에 그쳤다.[4]

1982년에는 정저우鄭州와 사시沙溪, 창저우床州, 그리고 쓰핑四平의 네 개 도시에서 새로운 주택제도 개혁이 추진되었다. 이번 개혁의 초점은 도시 주민들이 주택 건설 비용을 감당할 수 있도록 재정적 지원을 제공하는 데 있었다. 주택 건설 비용을 개인에게 부과하는 단순한 접근법으로는 소기의 성과를 거둘 수 없다는 판단이 내려졌기 때문이다. 당시 주택 가격은 주로 세 가지에 의해 결정되었는데, 하나는 주택 건설 비용이고 다른 하나는 토지 사용 비용이며, 마지막 하나는 도시 인프라의 건설 비용이었다. 1982년의 개혁은 이 주택 건설 비용 중 2/3를 단위와 지방정부가 보조하도록 했다. 이 방식은 일시적으로 성과를 거둬 1983년에만 네 개 도시에서 1,619채의 주택 거래가 성사되었다. 이에 힘입어 이 정책은 1985년 말 130개 도시로 확대되었다. 그러나 이 방안 역시 1986년에 중지되면서 스스로 실패임을 자인할 수밖에 없었다. 중앙정부의 판단과 달리 도시 거주자 중 누구도 주택 구매에 적극적이지 않았기 때문이다. 무엇보다 단위나 지방정부는 재정적 부담이 증가하는 상황을 꺼려 했으며, 더욱이 주택 판매의 증가는 곧 소속 직공에 대한 통제 능력 상실을 의미했기 때문에 기꺼이 받아들이기가 힘들었던 것이다. 일반 직공들도 달가워할 이유는 딱히 없었는데, 공공주택의 임대료가 대단히 낮은 상황에서 구태여 주택을 구매할 필요가 없었기 때문이다. 당시 한 조사에 따르면, 10~20%의 직공만이 이 방식에 찬성했고, 30~40%의 직공은 반대를 표명했으며, 나머지 40~55%의 직공은 관망의 태도를 보였다.[5] 임대료가 터무니없이 저렴한 상황에서는 주택을 상품화한다고 해서 주택 시장이 형성될 수 있는 게 아니었다.

1986년 국무원은 옌타이煙台, 창저우常州, 벙부蚌埠, 탕산唐山 등 네 개 도시에서 또 다른 방식의 주택제도 개혁을 추진했다. 이번에는 공공주택의 임대료를 현실화하여 건설과 보수, 유지의 비용을 감당케 하고, 금융 이자를 비롯한 관리비와 재산세 등도 임대료로 거둬들이는 데다 개혁의 초점을 맞췄다. 동시에 지방정부는 도시 주민에 대한 주택보조금을 지급하여 그들이 임대료 상승을 감당할 수 있도록 조치했다. 한편 중앙정부는 1인당 거주 면적의 표준을 설정했는데, 그에 따라 이 기준을 초과해서 주택을 점유한 도시 주민은 더 많은 임대료를 부담해야 했고, 반대로 이 기준에 못 미치는 가구는 그에 상응하는 보조금을 더 받을 수 있게 되었다. 이 개혁은 특히 옌타이 지방에서 성공적으로 이루어졌다. 이로써 도시 주민들의 주택 구매 욕구가 확인되었고, 기준을 초과해 거주하고 있던 3,000가구의 주택 주인이 바뀌었으며, 지방정부가 주택 관련 자금을 축적하는 쾌거도 이룩했다.

옌타이에서의 경험을 통해 자신감을 얻은 국무원은 1988년 이 방안을 전국적으로 확대하기로 결정했다. 이에 따라 공공주택의 임대료를 올렸고, 주택보조금을 마련하였으며, 지방정부 및 단위와 함께 개인까지도 주택 투자에 나서는 방안을 모색했다. 주택 대금의 분납도 허용하여, 최초 지불금을 전체 주택 가격의 30% 이상만 치르면 나머지 금액은 10년에 걸쳐 상환할 수 있도록 했다. 이런 영향 때문인지 1987년 중국 도시의 주택 총면적인 24억m^2의 절반에 해당하는 매물이 시장에 등장했다. 특히 지방정부들은 기존의 공공주택을 팔아서라도 재정 부족을 해소하려고 했기 때문에, 주택의 염가 판매가 전국적인 유행이 되기도 했다. 한 조사에 따르면, 1988년 거래된 공공주택 면적 645만m^2의 평균가가 1m^2당 65.7위안이었는데, 이는 1982~1985년에 거래되었던 공공주택 가격의 절반 수준에 지나지 않았다.[6]

그러나 이 개혁도 실패로 끝났다. 그 이유는 비교적 간단했다. 단위나 직공 모두 이전의 주택제도를 더 선호했기 때문이다. 지방정부와 단위는 주택보조금 지급과 임금 상승을 감당하기 어려웠고, 개인들은 임대료 상승을 받아들이기 어려웠다. 주야펑朱亞鵬은 당시 주택제도 개혁의 실패를 세 가지로 정리했다. 1980년대 말의 정치적 혼란과 주택제도 개혁에 필요한 금융 및 재산권 제도의 부실, 그리고 지방정부와 단위의 정책 집행자 및 도시 주민들의 반대가 그것이다. 1989년의 '6·4 톈안먼天安門 사건'은 외부 요인이라 치고, 금융 및 재산권 제도의 부실은 제도 개혁을 통해 어느 정도 수정·보완할 수 있다고 한다면, 가장 핵심적인 문제는 도시 거주자들에게 자신들의 부담이 늘어나는 상황을 받아들일 수 있도록 어떻게 잘 설득할 것인가에 있었다. 주택의 상품화, 공공주택의 임대료 제고, 주택보조금의 마련, 표준 거주 면적의 제정 등 구체적인 방안은 어느 정도 마련되었으므로 주택의 상품화를 기대해볼 수 있었지만, 어떻게 개인으로 하여금 이 개혁의 과정에 참여케 할 것인지는 여전히 숙제로 남아 있었다.

3. 1991년 상하이, 토론과 선전의 위력

1991년에 발표된 상하이시의 주택제도 개혁 방안은 기존의 개혁 방향에 주택 건설 자금을 마련할 수 있는 금융적인 조치가 추가되었다는 점에서 그 의미가 있었다. 일반적으로 다음과 같은 다섯 가지가 당시 상하이시 주택제도 개혁의 핵심으로 지적된다. 첫 번째는 주택공적금 제도의 신설로서, 이는 특정 계좌를 만들어 개인과 단위가 공동으로 적금을 붓고, 향후 주택 구매 시 개인이 이 적금을 활용할 수 있도록 한 제도이다. 그때 적금에 붓는 납입 금액은 임금의 5%로 정해졌는데, 그렇게 형성된 자금은 신규 주택 건설에 사용되어 주택 공급을 촉진하는 데 기여했다. 두 번째는 공공주택 임대료의 현실화와 주택보조금의 지원(임금의 2%)이다. 이는 이전의 주택제도 개혁에도 담겨 있던 내용이지만, 상하이시의 경우가 달랐던 지점은 그 인상 폭이었다. 1991년에만 100%가 인상되었고, 1995년부터 1998년까지 매년 50%씩 추가로 인상되면서 도시 거주자들의 주택 구매 욕구를 간접적으로 유인했다. 세 번째는 주택 채권의 발행이다. 공공주택에 새롭게 입주하는 거주자들은 의무적으로 상하이 주택발전저축관리센터에 20~80위안을 납입해야 했고, 이 투자금은 5년이 지난 뒤에야 연 3.6%의 금리로 회수할 수 있었다. 이 역시 기본 취지는 주택 건설에 필요한 자금을 확보하는 데 있었다. 네 번째는 공공주택의 할인 판매다. 중앙정부는 공공주택의 할인 판매를 국유자산의 손실로 간주했기 때문에 극도로 꺼렸지만, 도시 거주자의 구매 능력과 주택 시장의 활성화를 고려하면 불가피한 선택이기도 했다. 마지막 다섯 번째는 상하이시 주택위원회를 설치한 것인데, 향후 모든 개혁 방안과 건의가 이 기구를 통해 이루어졌으며, 〈표 2〉에서 볼 수 있듯이 주택 건설 프로젝트의

〈표 2〉 1991년 상하이시 주택제도의 개혁 이전과 이후

내용	개혁 이전	개혁 이후
기본 원칙	● 복지 차원의 주택 ● 정부의 통일적인 분배	● 주택의 상품화 ● 주택의 자체 해결
공공주택 건설 자금의 출처	● 정부와 단위의 공동출자 ● 개인 출자 불필요	● 공적금 제도의 추진 ● 개인 및 단위의 공동출자
공공주택 임대료	● 낮은 임대료 ● 재정 보조	● 임대료의 지속적인 인상
공공주택 분배 방식	● 무상분배	● 의무적인 주택 채권의 매입
공공주택 획득 방식	● 정부 및 단위의 분배 ● 구매 불필요	● 공공주택의 할인 판매 ● 주택 시장 자극

추진 및 주택자금의 감독과 관리도 모두 이 기구가 담당하게 되었다.

상하이시의 주택제도 개혁은 이전의 그 어떤 방안보다 전면적이고 혁신적이었는데, 특히 두 가지에 주목할 필요가 있다. 첫째, 강제적인 주택 저축 제도가 만들어졌다는 점이다. 주택공적금 제도가 그 대표적인 예로서, 이를 통해 도시 거주자들은 주택 구매 능력을 제고할 수 있게 되었고, 동시에 안정적인 주택 융자 방식이 마련되어 지속적인 주택 공급을 기대할 수 있게 되었다. 둘째, 주택 정책과 관리를 담당하는 새로운 기구가 고안되었다는 점이다. 이후 많은 도시와 지방에서 상하이시 주택위원회와 유사한 기구를 창설했다는 점을 고려하면, 이 제도 개혁이 중국 전역에 얼마나 많은 영향을 끼쳤는지를 짐작해볼 수 있다.

그런데 상하이시의 이러한 주택제도 개혁 방안에서 놓치지 말아야 할 부분은 상하이시 주민들이 참여했던 토론회와 상하이시정부가 대대적으로 전개했던 선전운동이다. 단순히 상하이시 정책 집행자들이 제도 개혁의 방안을 일방적으로 발표하고 실시했던 것이 아니라 정책 대상자와 함께 대화와

새로 건설되는 상하이시의 공공주택

상하이시는 1980년대에 수립한 주택 개혁 제도가 연이어 실패한 뒤 1991년 전면적이고 혁신적인 개혁에 착수했다. 사진은 1991년 1월 주룽지 상하이시 시장(맨 앞쪽 인물)이 양푸楊浦 지역의 주택 건설 현장을 시찰하는 모습이다.

* 출처: 鳳凰網財經(finance.ifeng.com), 2013. 8. 30.

교류를 나누고 설득이 진행되었다. 1990년 3월부터 상하이시정부는 12차례에 걸쳐 주택제도 개혁을 위한 전문가 회의를 개최했고, 이를 토대로 11월 초 상하이시정부의 주택제도 개혁 초안이 확정되었다. 상하이시 인민대표대회(이하 '인대人大') 상무위원회는 17개의 대표 단위를 선정하여 이 초안에 대한 토론을 진행케 했으며, 11월 30일에는 그 토론회를 시 전체로 확대하기로 결정했다. 그리고 12월 8일 상하이시정부는 주택제도 개혁의 초안을 도시 주민들에게 전면 공개하면서 대대적인 선전 작업에 돌입했다. 12월 25일을 전후해 상하이시 전체 주민이 참여하는 토론회가 사실상의 마무리 단계에 접어들었는데, 당시 언론 보도에 따르면 대략 80%에 달하는 상하이시 주민들이 이 토론회에 참가했다. 이듬해 1월 4일에는 주룽지 상하이시 시장이 TV 연설을 통해 상하이시가 처해 있는 주택 상황을 설명하면서 제도 개혁의 필요성과 미래 청사진을 제시했고, 이를 바탕으로 다시 사흘간에 걸친 상하이시 주민들의 토론회가 진행되었다. 1991년 3월, 20개의 대표 단위를 대상으로 주택제도 개혁 방안이 먼저 시행되었으며, 같은 해 5월 마침내 새로운 주택제도가 시 전체로 확대·실시되었다.

상하이시 주민들이 직접 참여할 수 있는 기회가 비교적 많았다는 점을 특히 눈여겨보아야 한다. 주택제도 개혁의 초안이 만들어지는 과정에서 학자 및 전문가가 참여하는 회의가 꾸준히 개최되었고, 초안 확정 뒤에는 17개 단위와 소속 직공들이 참여하는 토론회가 열렸으며, 상하이시 인대人大 상무위원회 역시 그 초안에 대한 심의를 지속적으로 진행했다. 마지막에는 상하이시 전체 주민이 참여하는 토론회가 2주에 걸쳐 지속되었는데, 상하이 주민의 80%가 참여했다는 언급이 혹 과장일 수는 있어도 주룽지 시장이 번번이 이 사실을 환기시켰다는 점을 고려하면 최소한 상하이시 주민들의 참여 열기가 뜨거웠던 것은 확실하다.

이 같은 토론회를 형식적인 행사로 간단히 치부할 수 없는 것은 상하이시 주민들의 의견이 실제로 구체적인 시행 방안 속에 반영되었기 때문이다. 전체적으로 토론회에서 제기되었던 16가지 의견이 초안에 반영되었다고 하는데, 그중 가장 대표적인 예가 주택공적금 제도에 대한 보완이었다. 이 당시 토론회의 최대 쟁점은 주택공적금 제도에 모든 주민이 의무적으로 가입해야 한다는 점이었다. 그렇게 된다면 이미 개인 주택을 보유하고 있던 대략 20%의 주민은 상대적으로 불이익을 받는다. 토론회 이후 주택제도 개혁 방안은 이 의견을 적극 고려해 주택공적금을 주택 구매뿐 아니라 주택 보수 및 확장에도 사용할 수 있도록 그 관련 규정을 정비했다. 그리고 공공주택의 임대료가 상승하면 민간 주택의 소유자도 임대료를 올릴 수 있을 거라는 의견이 제기되었는데, 그에 따라 민간 주택의 소유자가 과도하게 임대료를 올리지 못하게 해야 한다는 공감대가 형성되었다. 이 역시 초안에 반영되었고, 나중에 이 의견은 임대료 허가 제도로 발전하여 2000년까지 지속되었다.

이때 전개되었던 상하이시정부의 선전운동도 주목할 부분이다. 선전운동은 주택제도의 개혁이 단기적으로는 소득 감소를 유발할지 몰라도 장기적으로는 개별 가구에 실질적인 이익을 가져다준다고 강조했다. 예컨대 공적금 및 채권 제도의 신설에 따라 모인 자금은 주택 건설에 사용되므로 쾌적한 주거 환경을 더 빠르게 가져다줄 수 있다는 것이었다. 토론회 기간 중 상하이시의 1991년 준공 예정 주택 면적이 450만m²에 이른다는 소식이 전해졌고, 착공 면적 역시 500만m²에 달한다는 소식도 전해졌다. 주룽지 시장은 TV연설에서 '8·5 경제규획' 기간 동안 2,500만m²의 주택을 준공하겠다고 약속했고, 향후 10년간 그 면적을 5,000만m²로 늘리겠다는 의지도 피력했다. 물론 이 모든 일을 실현하기 위해서는 새로운 주택제도 개혁이 절대적으로 필요하다는 말도 덧붙였다. 나아가 상하이시 주민들에게 새롭게 추가되는 부담이 결코 소비가 아니라 저축임을 부각하는 선전을 계속 전개했다. 공적금은 직공과 단위가 함께 조성하는 자금이지만 결국 그 소유권은 '직공'에게 있었다. 주택 채권의 매입 역시 5년 후에 이자를 더해 돌려받을 수 있는 저축이었다. 공공주택의 임대료 상승도 임금의 2%에 해당하는 주택보조금의 신설로 어느 정도 상쇄할 수 있다고 홍보되었다.

무엇보다 중요한 것은 이 토론회와 선전운동이 전체적인 사회 분위기를 주도하면서 제도 개혁의 불가피성이 상하이시 주민들에게 전해졌다는 점이다. 상하이시의 유력 매체인 『문회보文匯報』와 『해방일보解放日報』는 주택제도 개혁 방안이 공개된 이후 연일 관련 기사를 내보냈는데, 그중에는 시장을 비롯한 고위급 관료들의 연설이나 담화도 있었지만, 학자 및 노동자, 간부, 판자촌 주민 등 상하이시 일반 주민의 지지 의견을 담은 기사도 있었다. 게다가 단위별로 진행되고 있던 토론회 양상도 매체를 통해 수시로 소개되었는데, 여기에는 건국建國기계부품공장, 신화新華의원, 상하이 제지공장, 퉁지대학同濟大學, 화롄華聯 상점, 교통대학 등 상하이시의 대표적인 단위가 모두 포함되어 있었다. 이름난 단위의 토론 상황과 그 적극적인 분위기가 지속적으로 알려지면서 이 개혁이 거부하기 힘든, 큰 시대적 흐름이라는 점이 상하이시 전체에 전해졌다. 상하이시 주민들이 새로운 제도를 받아들일 만한 심리적인 준비가 이 토론회와 선전운동을 통해 이뤄질 수 있었던 셈이다.

1991년 6월 상하이시의 주택제도 개혁 방안이 전면적으로 실시되었을 때, 공적금 제도에 참여한 단위와 직공의 수는 각각 2만 2,600개와 402만 2,600명이고, 그 수치는 전체 등록 단위와 직공의 90.3%와 93.5%에 해당했다. 6월 5일 첫 번째 공적금의 규모가 4,790만 위안으로 집계되었을 때, 여기에 기여한 단위와 직공의 수는 각각 1만 8,800개와 346만 명이었으며, 그 비율은 전체 참여 규모의 94.2%에 이르렀다. 같은 달 공공주택 임대료의 첫 번째 인상이 이루어졌지만, 당시 190만 가구가 공공주택 임대 증명 절차를 마쳤으며, 절대 다수의 직공들은 이미 5월에 신설된 주택보조금을 받아갔다. 19대에서 중공중앙 정치국 상무위원회에 진입한 왕후닝王滬寧 당시 퉁지대 교수는 상하이시의 대대적인 주택제도 개혁이 이처럼 순조롭게 진행될 수 있었던 데는 상하이시 전체 주민들이 직접 참여한 토론회와 선전운동의 영향이 컸다고 평가했다. 주룽지 또한 1998년 총리의 신분으로 전국적인 주택제도 개혁을 주도했을 때 상하이시의 이 경험을 직접 거론하면서, 매체를 활용하여 새로운 주택제도에 대한 토론회 및 선전운동에 신경 써줄 것을 주문했다.[7] '이 방식이 과연 바람직한가'라는 가치 평가를 내리기 이전에 그것이 대단히 효과적이었다는 사실은 부인하기 힘들 듯하다.

4. 옛 사람은 옛 제도로, 새 사람은 새 제도로

그럼에도 불구하고 이러한 설명이 여전히 부족해 보이는 까닭은 기존 제도의 최대 수혜자들이 토론과 선전을 통해 자신의 이익을 포기했을 만큼 낭만적일 것 같지는 않기 때문이다. 만약 기존 제도에서 혜택을 누렸던 이들과 혜택을 누리지 못했던 이들이 제도 개혁으로 동일한 부담을 나눠 갖게 된다면, 아무래도 상대적인 박탈감은 기존 제도로 혜택을 입고 있던 이들에게서 더 크게 느껴질 수밖에 없다. 게다가 그들이 바로 주택제도 개혁을 주도적으로 추진한 세력이라고 한다면, 스스로 그 박탈감을 선택했다고 가정하는 것은 지나치게 이상적이다. 실제로 1990년대 중국의 주택제도 개혁은 기존 체제를 해치지 않으면서 새로운 요소를 늘리는 '증량'의 방식으로 전개되었다.

예를 들어, 앞서 살펴보았던 상하이시의 토론회와 선전운동에서 첨예하게 의견이 갈렸던 사안 중 하나는 특별 대우를 받고 있던 퇴직 간부의 공공주택 임대료를 어떻게 처리할 것인가였다. 그들의 주택은 일반적으로 고급스럽고 면적도 넓은 편이었기 때문에 공공주택의 임대료 상승을 엄격하게 적용한다면 그들이 지불해야 할 임대료가 폭등하리라는 예상은 의심의 여지가 없었

상하이시의 한 주거지역
뒤쪽의 새로운 주거 건물과 앞쪽의 옛 주택이 구분되어 있어 묘한 느낌을 불러일으킨다. ⓒ 김도경

다. 이 때문에 상하이시정부는 최초 주택제도 개혁 방안을 설계할 때 임대료가 지나치게 상승하는 가구에 한해 주택보조금을 추가적으로 지급하는 안을 포함했다. 그런데 17개 단위를 선택하여 사전 토론회를 진행하는 과정에서 이 조항이 '불공평'하다는 지적이 제기되었고, 그 결과 1990년 12월 8일 대중에게 주택제도 개혁 초안이 공개되었을 때는 이 조항이 삭제되고 없었다. 그 초안에서 '감면 대상'으로 남겨 둔 것은 사회 극빈 계층 하나였을 뿐이다. 그런데 1991년 3월 17일 주택제도 개혁 방안이 최종 확정되어 발표되었을 때는 놀랍게도 그 '감면 대상' 안에 또 다른 하나의 대상자가 추가되었다. "퇴직 간부와 그 배우자의 주택일 경우, 공공주택 임대료의 상승분과 주택보조금 사이의 차이가 심해서 가계의 순 지출이 크게 늘어나면 적절한 감면 정책을 시행한다."[8]

이처럼 기존 수혜자들의 이익을 건드리지 않으려는 경향은 1998년에 전국적으로 시행된 주택제도 개혁에서 가장 극적으로 나타났다. 이 개혁의 핵심은 지금까지 복지 차원에서 주택을 제공하던 제도를 폐지하고 이를 화폐의 형식으로 임금에 포함해 지급하는 방식이었는데, 그 구체적인 양상은 임금 상승과 공공주택의 할인 판매, 그리고 주택공적금의 납입 비율 상승으로 나타났다. 1991년에 시행되었던 상하이시의 주택제도 개혁과 비교해보면, 주택 공급을 원활히 하기 위한 금융 기제의 마련이나 주택 거래 촉진을 위한 환경 조성 등에서는 유사하지만, 1991년의 상하이시 주택제도 개혁이 여전히 현물(주택) 제공을 고수했던 반면, 1998년의 전국적인 주택제도 개혁은 현물(주택) 대신 화폐를 제공하기로 결정했다는 점에서 차이가 있다.

문제는 기존 주택제도에서 복지 차원의 혜택을 누리고 있던 도시 주민들을 어떻게 간주할 것인가였다. '개혁' 이전 단위에 편입되어 있던 도시 주민들은 너무나 오랫동안 아주 낮은 임금으로 생활했기 때문에 주택을 구매하거나 임대할 능력이 사실상 부족했다. 따라서 그들에게 주택보조금을 지급해야 하는 것은 이론의 여지가 없었다. 그러나 그들에게 어떤 식으로 주택보조금을 지급할 것인지에 대해서는 다양한 의견이 존재했다. 여러 의견이 제출되었지만 대체로 두 가지로 요약된다. 하나는 연차 등을 고려해 화폐로 주택보조금을 지급하고 그들의 주택도 새로운 주택제도의 범위 안에 포함하는 것이었다. 이렇게 되면 그들은 주택보조금이 포함된 임금을 받는 대신 시장에서 주택을 구해야 한다. 자신이 거주하고 있는 공공주택도 예외 없이 시장의 매물이 되기 때문에 그의 선택지는 시장에서 형성된 가격으로 주택을 매입하든지, 아니면 임대하는 방법밖에 없다. 다른 하나는 그들에게 화폐로 주택보조금을 지급하지 않고 현재 거주하는 주택을 그대로 사용할 수 있게 하는 방안이었다. 이렇게 되면 그들은 예전처럼 자신이 살고 있는 공공주택에서 상대적으로 낮은 임대료를 내고 생활할 수 있다. 다만 공공주택의 할인 판매가 시행되는 상황에서 시장가격은 그 할인 가격보다 굉장히 높기 때문에 대부분 공공주택을 매입할 것이 분명했다.

이 두 방안의 장단점은 너무나 명확했다. 만약 전자의 방안을 택한다면 사회공평을 실현할 수 있다. 특히 '개혁' 이전에 단위에서 일하던 사람들 중에는 주택을 아직 분배받지 못한 사람도 있었고, 기준 면적에 못 미치는 주택을 분배받은 사람도 있었다. 만약 누군가 대폭 할인된 가격으로 공공주택을 매입한 다음 시장 거래를 통해 시세 차익을 누린다면, 이는 그들에 대한 또 다른 종류의 착취나 다름없었다. 이러한 불공평을 해소하기 위해서라도 새로운 주택제도의 범위 안에 모든 공공주택을 포함하는 것이 옳았다. 하지만 이 방안을 선택할 경우 막대한 재정적 출혈이 예고된다. 그 어느 단위도 소속 직공 모두에게 주택보조금을 지급할 수 있을 만큼 재정적 여유가 넉넉한 곳은 거의 없었다. 어떤 의미에서는 국가의 경제계획 수준을 넘어서는 조치이기도 했다. 게다가 도시 주민의 대부분이 기존 주택제도의 수혜자였기 때문에 이러한 주택제도 개혁에 찬성할 리도 없었다. 이 방식을 고수한다면 사회적 불만과 혼란이 가중될 것은 불 보듯 훤했다.

따라서 최종 결론은 후자였다. 1995년부터 1997년까지 이 두 가지 방안에 대한 논의가 계속되었지만, 결국 1998년 중국 정부가 복지 차원의 주택제도를 폐지하면서 공식 문서에 삽입한 표현은 '옛 주택(사람)은 옛 제도로, 새로운 주택(사람)은 새로운 제도로'였다. 이후 지방정부들이 구체적인 시행 방안을 내놓을 때도 그 기조는 크게 바뀌지 않았다. 이를테면 상하이시를 포함하여 80% 이상의 도시가 대단히 비슷한 주택제도 개혁 방안을 내놓았는데, 옛 직공 가운데 공공주택을 분배받은 이들에게는 공공주택을 할인 판매하여 그 재산권을 넘겨주고, 공공주택을 분배받지 못한 이들에 대해서는 그들이 주택을 구매할 경우 소득수준과 주택 시세를 고려해 일회적인 주택보조금을 지급하기로 했다. 그리고 신규 직공의 경우에는 경제 상황과 주택 시세, 임금 수준 및 연차 등을 종합적으로 고려해 매달 주택보조금을 지급하기로 결정했다. 물론 구이양貴陽처럼 예외적으로 전자의 방식을 선택한 경우도 있었지만, 전체적인 흐름은 옛 주택(사람)과 새 주택(사람)을 구분해서 서로 다른 제도를 적용하는 것이었다.

사실, 이 결과는 필연적이었다. 주택제도 개혁에 영향을 끼칠 수 있는 다수의 이익상관자(stakeholder)에게 이 방식이 더 매력적이었기 때문이다. 중앙정부의 입장에서 보면, 한편으로는 1990년대 말 일어났던 아시아 국가들의 금융 위기 때문에 국내 투자를 활성화시키는 일이 급선무였다. 실제로 2000년대 들어 중국이 높은 경제성장률을 기록할 수 있었던 데는 1998년에 추진했던 주택제도 개혁의 영향이 결정적이었다고 해도 과언이 아니다. 다른 한편으로는 '개혁'이 사회안정을 해쳐서는 안 되었다. 사회공평을 해치더라도 사회안정이 유지될 수 있다면 이상적이기보다는 현실적이어야 했다. "사회안정이 모든 것을 압도"하기 때문이다.

지방정부나 단위의 입장에서 볼 때 어차피 주택제도 개혁을 추진해야 한다면 자신들이 효과적으로 관리·통제할 수 있도록 그 대상을 좁히는 것이 좋다. 또한 주택제도를 전면적으로 실행할 때 발생하는 재정적 부담도 만만찮다. 매달 주택보조금을 지급하는 방식은 경제 상황에 따라 얼마든지 융통성을 발휘할 수 있으므로 이전의 주택 복지보다 비용이 적게 들기도 했다. 여기에 도시 주민들의 반발을 잠재우고 그들을 설득해야 하는 행정 비용까지 고려하면 옛 주택(사람)과 새 주택(사람)을 구분하는 방식이 아무래도 유리할 수밖에 없었다.

마지막으로 다수의 도시 주민들에게도 이 선택이 최선이었다. 어떤 의미에서는 1998년 주택제도 개혁의 최대 수혜자가 바로 그 '옛 사람'이라고 할 수 있는데, 표면적으로는 주택 복지가 사라져서 그들의 주택 부담이 증가한 것처럼 보이지만, 대폭 할인된 가격으로 공공주택을 구매할 수 있게 되면 시장 거래를 통해 엄청난 시세 차익을 실현할 수 있기 때문에 더 큰 이익을 바라볼 수 있는 셈이다. 도시 주민의 상당수가 당시의 주택제도 개혁을 손해로 인식하지 않았다는 사실이 이를 확인시켜준다.

상대적으로 불이익을 받은 이들은 '옛 사람' 중 주택을 분배받지 못한 사람과 1인당 주거 면적 기준에 못 미치는 주택에서 살고 있던 사람이었다. 그들은 '개혁' 이전에 단위의 직공이 되었지만 주택을 미처 분배받지 못하는 바람에 자신의 주택을 저렴하게 마련할 수 있는 기회를 놓치고 말았다. 물론 그들에게도 일회적인 주택보조금이 지급되었다. 그러나 원가로 공공주택을 구매한 후 시장을 통해 시세 차익을 실현했을 다른 직공들의 이익과 비교해 떠올려보면, 그들이 받은 보조금은 매우 하찮았다.

그런데 실상 가장 큰 불이익은 향후 도시로 편입될 '새 사람'들에게 돌아갔다. 2000년대 중국의 급속한 경제성장과 함께 농촌 출신의 많은 사람이 도시로 몰려들었지만, 그들은 빠르게 상승하는 주택 가격을 도저히 감당할 수 없었다. 이를 단순히 호구戶口의 문제로만 치부할 수 없는 이유가 있는데, 한때 주택을 마련하기만 하면 도시호구를 획득할 수 있는 시기가 있었기 때문이다. 더 중요한 사실은 이것이 다음 세대에 악영향을 끼쳤다는 점이다. 교육을 통해 사회경제적 지위의 상승을 꿈꾸던 농촌 청년들이 도시를 찾았으나, 값비싼 주택 비용으로 인해 '주택의 노예(房奴)'로 살 수밖에 없었다. 시장에서 주택을 구입해야 한다는 원칙이 1998년 이후 중국 사회에 동일하게 적용된 것은 사실이지만, 이미 도시 주택을 마련한 사람과 그렇지 못한 사람이 동일한 출발선에 있지 않았던 것도 사실이다. 1998년 이후 주택 시장이 '옛 사람'에게 가져다주었던 그 '시세 차익'은 대부분 '새 사람'이 도시 진입을 위해 지불했던 입장료였다.

5. 주택제도 개혁, 혹은 도시 입장료의 신설

1990년대 진행되었던 중국의 주택제도 개혁은 중국의 '개혁'이 국가(공공)의 재정적 부담을 개인(시장)에게 이전시키는 과정이었음을 여실히 보여주었다. 무상에 가까운 주택 복지가 더 이상 공공 재정으로 유지될 수 없음이 드러났을 때, 중국 정부는 이 복지 정책을 과감히 포기했으며 개인으로 하여금 시장에서 주택 문제를 해결하도록 했다. 따라서 이 '개혁'은 사회 구성원의 이익이 다시 조정되는 과정이기도 했다. 누군가의 부담이 늘어난다면, 반대로 누군가의 부담은 줄어들 것이기 때문이다. 이 글에서는 1990년대 주택제도 개혁의 사례를 통해 그 이익 조정이 어떻게 진행되었는지를 살펴보았다.

상하이시의 주택 개혁 사례는 시정부의 선전운동과 주민 참여에 바탕을 둔 토론회가 대단히 효과적이었음을 보여주었다. 상하이시정부의 선전운동은 주택제도 개혁을 하나의 시대적 흐름으로 인식하게끔 만들었고, 상하이시 주민의 80%가 참여했던 토론회는 주택제도의 필요성을 공감하는 계기가 되었다. 무엇보다 이러한 선전운동과 토론회를 통해 상하이시 주민들은 제도 개혁에 대한 심리적 준비를 할 수 있었다.

그런데 주택제도 개혁이 중국 사회에서 큰 불협화음 없이 진행될 수 있었던 것은 단지 선전운동과 토론회의 영향 때문이 아니었다. 더 중요한 이유는 그 이익 조정이 기본적으로 '증량'의 방식으로 진행되었다는 데 있다. 상하이시의 경우, 1991년의 개혁에서는 퇴직 간부를 위한 주택임대료 경감 조항이 신설되기도 했고, 1998년의 개혁에서는 기존 직공들이 할인된 가격으로 공공주택을 구매할 수 있었다. 기득권자의 이익이 줄어드는 방식, 즉 모든 공공주택을 시장에 공급하는 방식으로 제도 개혁이 진행되었다면 1998년의 주택제도 개혁은 큰 사회적 혼란으로 이어졌을 확률이 높다. '옛 주택(사람)은 옛 정책으로, 새 주택(사람)은 새 정책으로'의 취지는 결국 도시 기득권을 보호하겠다는 말이었다.

중국의 '개혁'이 점진적이었다거나 혹은 '증량'식이었다는 평가는 단순한 공간적인 범위나 시간적인 순서의 문제가 아닐 수 있다. 사회적 불만이나 혼란이 가중될 수 있는 부분을 선별하여 특정 집단의 이익을 보호해준 일이 그 핵심일 수 있다. 적어도 1990년대 중국의 주택제도 개혁은 이를 말해준다.

자본과 강탈의 도시, 광저우

신현방

1. 사회주의적 도시에서 자본의 도시로

시장경제의 도입 이후 중국은 눈부신 도시 발전을 이루었다. 2011년을 기점으로 중국 도시인구는 처음으로 전체 인구의 절반을 넘어섰으며, 예측에 따르면 2020년에 이르러 인구 기준 도시화 비율이 60%에 이를 것이라고 한다.[1] 물론 이는 인구센서스 기준으로 파악된 수치이므로, 통계에 잡히지 않은 많은 이주자 등을 고려한다면 실질적인 도시화율은 공식 발표보다 더 높아지리라 예상된다.

지난 2010년 상하이上海에서 열린 세계박람회의 주제는 '도시'였는데, 박람회의 영문 표어는 'Better City, Better Life'로서 도시환경 개선을 통한 삶의 질 향상을 표현했다. 중국 도시화율의 비약적인 상승에 비춰 이보다 더 적절한 표어는 없을 듯하다. 하지만 특이하게도 자국 국민을 대상으로 한 중문 표어는 다소 의미가 달랐다. '도시, 당신의 삶을 더 행복하게 합니다(城市, 讓生活更美好)', 즉 도시 자체가 행복한 삶의 원천임을 나타냈다.[2] 사회주의 계획경제에서 시장경제로 이행한 현대 중국에서 도시는, 그리고 도시화는 인구의 도시 집중 그 이상의 의미를 지닌다. 중국공산당에게 도시화는 정치적 프로젝트이자 경제적 프로젝트이기도 하며, 도시 공간 창출을 통해 공산당의 정치적 야망을 실현하고 통치의 정당성을 확보하기 위한 수단으로 이해할 수 있다.

특히 이 글에서 고찰하려는 것은 중국 도시가 사회주의적 도시에서 자본의 도시로 이행하는 과정이며, 이 과정이 토지 자산의 확보를 위한 도시민 권리의 강탈을 동반한다는 점이다. 여기서 중요한 것은 국가권력의 개입인데, 그 작동 방식을 조금이나마 엿볼 수 있는 사례가 몇 해 전 베이징北京에서 신규 건축물을 둘러싼 갈등이다. 지난 2013년, 영국 왕립건축가협회에서 수여하는 최고건축설계상을 자하 하디드Zaha Hadid가 수상했다. 수상작으로 선정된 건축물은 베이징에 세워진 '갤럭시 소호'라는 상업·업무 복합건물이었다. 수상 소식이 전해지자마자 베이징에서 오랫동안 역사 문화 보존에 매진했던 현지 NGO(Non-governmental Organisation: 비정부기구)는 이를 거세게 비판했다.[3] 갤럭시 소호 건물이 자리한 곳은 중국 법무부의 맞은편, 베이징 2환로 동쪽 대로변으로, 건물 주변은 오랜 세월을 견딘 구도심 골목(胡同) 주거지역이었다. 해당 건축물은 주변과 조화를 이루지 못한 채 마치 우주선이 착륙한 것 같은 모습이었다. NGO의 주된 비판 내용은 수상작, 곧 갤럭시 소호 건축물이 해당 지역의 사회·역사적 중요성을 간과했다는 것이었다. NGO는 건축설계상을 수상했다는 이유로 개발업자와 정부 관리들이 원주민의 법적 권리와 문화유산 보존을 무시하고 비슷한 유형의 프로젝트를 더 추진할 가능성을 우려했다. 이에 대해 자하 하디드 측은 "설계자로 임명되었을 당시에 이미 기존 주택 등은 존재하지 않았다"고 반박했다.[4]

이와 같은 에피소드는 중국에서 일어나는 도시화 과정에서 도시경관의 변화, 그리고 토지이용 변화에 국가권력이 적극적으로 개입했음을 여실히 보여준다. 어떻게 보면 갤럭시 소호 프로젝트는 '신축, 상업 젠트리피케이션(new-build, commercial gentrification)'을 대변한다. 이러한 개발 방식은 중국 도시 공간에서 무수히 많이 발견된다. 기존 공공임대주택을 허물고 그 자리에 상업 주택을 짓거나, 상업 공간을 창출하고 업무용 빌딩을 건설해서 지대 이익을 실현하려는 모든 시도가 여기에 해당될 것이다. 상하이 구도심에 위치한 유명 재개발사업 결과물인 '신톈디新天地'도 마찬가지다. 자하 하디드 측의 응대에서 표현된 바와 같이, 도시 개발 및 재개발사업을 추진하는 과정에서 지방 국가권력은 토지수용을 수행하고 기존 건물을 철거하며 도시민의 권리를 강탈함으로써 부동산 투자 및 자본축적의 기반을 조성한다고 볼 수 있다.

2. 토지에 기반한 자본축적으로서 도시화

계획경제에서 시장경제로 이행한 중국의 경우, 도시화 과정에서 특히 정치경제학적으로 중요하게 고려해야 할 점은 건조 환경에 대한 대규모 투자이다. 이에 대한 이해를 돕기 위해서는 데이비드 하비David Harvey 및 앙리 르페브르Henri Lefebvre가 지칭한 자본축적의 2차 순환을 알아볼 필요가 있다. 데이비드 하비는 1978년에 발표한 논문에서 세 가지 층위의 자본순환 과정이 상호작용하면서 자본축적이 이루어진다고 설명했다. 1차 순환은 산업자본에 의한 상품생산 및 잉여가치 창출과 노동력의 재생산을 지칭하며, 2차 순환은 상품생산을 지원하는 다양한 시설 및 설비 확충에 대한 생산적 투자, 그리고 노동력 재생산을 위한 주거 환경의 건설 등을 포함한다. 건조 환경에 대한 대규모 투자는 바로 이러한 2차 순환을 통한 고정자산 투자 및 부동산 자산의 축적이라 할 수 있다. 데이비드 하비는 자본주의에 내재하는 이윤율 저하 경향 및 과잉생산으로 인한 생산 위기가 잉여 자본과 잉여 노동력을 낳고, 그 과잉 축적 위기의 해결책으로서 잉여 자본이 건조 환경으로 전환(capital switching)된다고 보았다. 이를 통해 1970년대 이후 대두되기 시작한 각종 투기적 부동산 투자의 확산을 설명하기도 했다.

하지만 중국 도시화의 경우, 1차 순환(산업 생산과 노동력의 사회적 재생산) 및 2차 순환(건조 환경에 대한 자본의 개입과 주거 환경의 창출)이 어느 하나를 대체한다기보다는 서로 맞물려 상호 보완적인 관계에 놓인 것으로 파악할 수 있다.[5] 다시 말하면, 저렴한 노동력에 힘입어 '세계의 공장'이 되고자 했던 중국의 산업화 정책에는 이를 위한 사회간접시설, 생산 설비 및 주거 환경 등의 고정자산 형성을 위한 생산적 투자가 압축적으로 수반되었다는 것이다. 고정자산에 대한 투자 증대는 중국 경제 발전의 주요 동력이 되었으며, 도시 집적(urban agglomeration) 형성에 큰 기여를 했다. 요컨대 중국에서는 도시화 과정이 곧 자본축적 과정과 다르지 않다.[6]

중국 도시화는 지방정부의 권력 확대 및 역할 변화를 가져왔으며, 특히 토지 자산의 축적은 지방정부의 역할 증대를 위한 주요 기반이 되었다.[7] 이는 지방정부가 토지개혁을 통해 실질적(de facto) 토지 소유주가 될 수 있었기에 가능했다.[8] 그 의미를 이해하기 위해서는 먼저 중국 토지개혁을 살펴보아야 한다. 중국의 경우, 계획경제 초창기에 시행된 부동산 소유의 사회화가 부동산 시장을 실질적으로 없앴으며, 부동산 투자를 통한 이윤 추구의 기회를 금지했다. 개혁 시기에 정비된 중국의 토지 소유 체계는 1980년대 초 헌법에서 명문화한 바와 같은데, 도시의 경우 토지는 원칙적으로 국가 소유였으며, 농촌 토지는 농촌집체農村集體(rural collective) 소유로서 소유 주체 자체가 다르게 규정되었다. 1980년대 중·후반에 실시되기 시작한 토지개혁을 위해 제정된 토지 관리 관련 법령은 토지사용권이 이러한 소유권과 분리되어 시장 거래 대상이 될 수 있게 했다. 토지의 국가 소유라는 원칙을 훼손하지 않으면서도 토지의 상품 거래를 위한 토지 시장의 출현이 가능해진 셈이다.

토지개혁의 중요성은 토지 관련 수익이 예산 외 수입으로서 지방정부 재정에 큰 기여를 했다는 점에도 있다. 여기서 예산 외 수입이란 '중앙정부를 대신해 수행하는 정책 집행 과정에서 발생한 다양한 비과세 수입'을 일컫는다.[9] 토지개혁 과정에서 도시 용지 토지사용권 거래에 대한 관리·감독은 지방정부가 담당하도록 분권화가 이루어졌고, 1994년 이후의 세제 개혁을 통해 토지사용권 거래에서 얻어지는 수익은 지방정부 재정의 예산 외 수입으로 귀속되었다. 반면에 예산 내 수입의 상당 부분은 중앙정부가 가져갔다. 예를 들면 부가가치세의 경우 징수액의 75%가 중앙정부 차지였다.[10] 토지 사용 및 토지대금 징수에 관한 분권화가 이루어짐에 따라, 지방정부가 관할 구역 도시 용지의 이용 계획 수립 및 사용권 거래와 관련하여 직접적인 이해 당사자가 되었고, 도시 내 토지 자산을 직접 관리하게 되었다.[11]

예산 외 수입의 규모는 2006년의 경우 지방정부 과세 수입의 30% 정도에 달했다.[12] 예산 외 수입 항목 중에서 가장 중요한 것은 행정수수료인데,[13] 그 중에서도 토지 용도를 변경하는 과정에 발생하는 부과금이 도시 재정 확충에 큰 기여를 했다. 항저우杭州의 경우를 예로 들면, 예산 내 수입 대비 토지 관련 수입이 2009년 103.4%에 육박했으며, 베이징 및 상하이의 경우 각각 45.8%, 41.1%에 이르렀다.[14] 지방정부에게는 이러한 토지 관련 수입이 고정

자산 투자의 주요 재원으로 부상했다.[15] 이와 같은 재정 모델에서 토지 처분권을 가진 지방정부는 토지 자산을 최대한 많이 확보하기 위한 노력을 기울일 수밖에 없다. 그 노력은 농촌 토지의 도시 편입과 기존 도시 공간의 재개발 등으로 나타났다.

농촌 토지의 도시 편입은 곧 농촌 토지를 도시건설용지로 전환하기 위한 행정구역 팽창으로 이어진다. 그 과정에서 농촌 토지의 몰수 등이 이루어지고, 기존 농촌 토지의 이용자 및 점유자가 누렸던 토지 권리의 이양이 뒤따른다. 농촌집체는 보유 토지의 이용 계획을 세울 수 있지만 보유 토지를 시장에 직접 매각하여 거래 이익을 취하는 것은 법적으로 금지되었다. 토지사용권 거래는 도시건설용지에만 국한되었기 때문에, 농촌 토지가 토지 시장에서 거래되려면 해당 토지가 도시건설용지로 변경되어야 했고, 이를 위해서는 토지수용 및 용도 변경을 거쳐야 했다. 그에 따라 도시 경계에 위치한 농촌 지역의 도시 편입이 대규모로 이루어졌다.[16]

토지 자산에 대한 확보 노력은 기존 도시 공간의 재개발을 통해서도 이루어졌다. 이는 공공용지의 부동산 시장 편입과 밀접한 관련이 있었다. 사회주의 계획경제 아래 투자 부족으로 적절한 유지·보수가 이루어지지 못해 낙후된 공공주택 주거 지역은 너무 낡은 탓에 1990년대에 걸쳐 시행된 사유화 대상에서 제외되기 일쑤였으며, 이로 인해 새로 출현한 부동산 시장에 편입되지 못했다. 이 낙후 지역이 부동산 시장에 편입되기 위해서는 재개발 추진을 계기로 한 소유관계 재편이 요구되었다. 마찬가지로 사회주의 계획경제 당시 국유기업 및 정부 기관에 할당된 수많은 부동산 자산이 토지 시장에 편입되기 위해서도 토지수용이 필요했으며, 이는 종종 지방정부와 갈등을 빚는 요인이 되기도 했다.[17]

1980년대와 1990년대의 토지 및 주택 개혁 정책의 주요 목표 중 하나는 부동산의 상품 전환이었다.[18] 하지만 이런 정책을 시행한다고 해서 부동산이 시장에 자동으로 유입되지는 않는다. 이를 위해선 국가권력의 개입이 필요했다. 국가권력을 통해 토지 자산을 기존 소유관계에서 분리하고, 그렇게 확보된 토지가 자본축적에 복무하도록 하는 과정이 선행되어야 한다. 이는 다른 한편으로 해당 공간을 점유하고 이용하던 도시민의 자산 및 공간에 대한 권리가 훼손되고 강탈됨을 의미했다. 구체적인 강탈의 실행은 지방정부의 개입을 필요로 했는데, 다양한 행정 층위뿐만 아니라 개혁 시기에 드러났던 지방정부의 다양한 성격을 고려한다면,[19] 지방정부가 강탈에 참여하는 방식 역시 고정된 것이 아니라 시간과 공간에 따라 매우 다르게 나타날 수 있음을 짐작할 수 있다.

여기서 '강탈'은 데이비드 하비의 설명에 따른다. 하비에 따르면,[20] 강탈에 의한 자본축적 방식에는 네 가지 유형이 있다. 첫 번째는 공용 자산의 사유화 또는 상품화를 통해 축적의 경로를 새롭게 확보하는 것, 두 번째는 (투기적·약탈적) 금융화, 세 번째는 위기를 겪는 국가의 자산 저평가 및 자산의 갈취, 그리고 마지막 네 번째가 하위 계급에 불리한 방식으로 시행되는 사회 재분배이다. 하비는 마르크스가 주장했던 자본의 원시적 축적 방식이 현대 자본주의에서 강탈에 의한 축적으로 재현된다고 설명하며, '강탈'을 자본축적의 새로운 경로를 확보하기 위한 주요 방식으로 이해했다. 강탈에 의한 축적에서 강탈의 대상은 단지 물리적 자산이나 금융자산에만 그치지 않는다. 중요한 점은 이들 자산에 결부된 사람들의 권리가 강탈의 대상이 된다는 사실이다.[21] 필자 역시 이러한 권리의 강탈이라는 측면에 더욱 주목하면서, 앞서 소개한 강탈의 여러 유형 중 공용 자산의 상품화 및 사적 소유로의 전환,

불합리한 재분배 등을 중심으로 중국 도시화 과정에서 벌어지는 강탈을 다루려 한다.

3. 광저우의 도시 개발

광둥성廣東省 성도인 광저우廣州는 개혁 초창기에 지정된 14개 해안 개방도시 중 하나로, 중국 남부 지역의 경제·정치·문화 중심지이다. 광저우에서 상업적 재개발이 본격적으로 등장하고 도시 개발의 주요 동인이 된 것은 2010년 아시안게임 개최지로 선정된 2004년 이후이다.[22] 이는 베이징이 2008년 올림픽 개최지로 선정된 2001년 이후, 그리고 상하이가 세계박람회 개최 도시로 선정된 2002년 말 이후 재개발이 급증했던 현상과 유사하다.[23] 광저우에서 2000년대 이후 대규모로 진행된 재개발사업은 낙후된 도시 공간과 비공식 도시 공간에 대한 정부의 개입으로 진행되었다. 이는 특히 세계도시가 되고자 하는 광저우의 야심이 반영된 도시 현대화 사업의 일환이었다.

광저우 도시 재개발은 '삼구三舊 재개발'이라 일컫는 광둥성의 신규 재개발 정책으로 탄력을 받았다.[24] 이 정책은 세 유형의 낙후된 도시 공간을 재개발 대상으로 삼았는데, 여기엔 도심의 낡은 주거 지역, 산업 지역, 그리고 성중촌城中村이라 일컫는 예전 농촌 마을 등이 포함되었다. 광저우는 총 494km²에 이르는 광범위한 지역을 재개발 대상으로 선정했다. 이는 광둥성에서 지정된 재개발 지역 전체 면적의 42.4%에 달하는 규모였다. 2010년 1월 신문 보도에 따르면,[25] 120km²가량이 2020년까지 전면 철거·재개발될 계획이며, 추가로 100km²를 대상으로 환경 정비를 실시할 예정이었다. 토지 자산 확보가 중요한 광저우에게 삼구 재개발 정책은 토지 자산 확충에 크게 도움이 될 것이었다. 삼구 재개발 사업본부의 대변인 역시 이 점에 동의하면서 "매년 10~20km²의 토지가 공급될 예정이며, 이는 향후 10년 동안 광저우의 토지 문제를 해결할 수 있을 것"이라고 했다.[26]

광저우의 경우, 토지 자산의 상품 시장으로의 편입 과정은 2000년대 초반 이후 더욱 활발히 이루어졌다.[27] 토지사용권을 양도하는 과정에서 발생하는 정부 수입은 2000년대 내내 꾸준히 증가해 2009년에는 정부 재정의 1/4을 차지할 정도였으며,[28] 2005년부터 2009년 사이에는 총고정자산 투자의 60%에 달할 정도로 고정자산 투자 확충에 중요한 역할을 했다.[29] 따라서 삼구 재개발사업은 정부가 추진하는 도시 미관 개선, 현대화뿐만 아니라 부동산 시장 침체 방지, 정부 수입 확충을 위한 토지 자산 확보 등 다양한 목적을 충족시키는 사업이었다.[30] 삼구 재개발사업을 위해서는 광저우시정부와 시정부 산하 구區정부의 협력이 필수적이었는데, 이를 장려하기 위해 토지 경매대금의 20%를 구정부가 취득할 수 있도록 세제를 개편하기도 했다.[31] 특히 재개발에 투입되는 자금 확보를 위해 민간 자본의 참여도 독려했다. 광둥성은 본래 2006년까지는 개발업자가 성중촌 재개발에 참여하는 것을 금지했지만, 삼구 재개발 정책의 실시와 함께 이 금지 조치도 해제하여 부동산 자본의 참여를 보장했다.[32]

광저우 삼구 재개발사업에서 가장 많은 비중을 차지한 부문은 성중촌으로서, 전체 재개발 대상 지역의 절반 이상(53.9%) 규모였다.[33] 시 부지로 편입될 때 시 경계에 자리했던 성중촌은 도시가 지속적으로 팽창하면서 상당수가 도심에 위치하게 되었는데, 이로 인해 이들 성중촌의 개발 잠재력은 더욱 높아졌으며 재개발의 주요 대상이 되었다.

성중촌의 발생 배경을 살펴보기 위해서는 농촌지역의 토지가 어떤 방식으로 도시에 편입되고 그 과정에서 토지에 대한 촌민의 관계가 어떻게 변했는지를 이해해야 한다. 농촌 토지는 시장으로 직접 편입되는 것이 불가능하도록 법에 명시되어 있다.[34] 그에 따라 농촌집체 소유 토지의 시장 편입을 위해서는 먼저 토지의 용도 변경이 이루어져야 하며, 이는 곧 정부에 의한 토지 수용을 의미한다.[35] 경작지 몰수 및 도시건설용지로의 용도 변화가 이루어지는 과정에서 농촌집체는 주거용 부지 및 약간의 집체 경제용 토지만을 보유하게 되었다. 경작지를 잃은 개별 농민 가정은 가족 소유로 남은 주거용지를 이용하여 기존 주택의 일부를 임대 공간으로 전환하거나 불법 증축과 재건축을 통해 임대 공간을 확보함으로써 임대 수익을 올렸다. 대부분의 세입자는 적정한 주거 공간을 찾는 이주 노동자 및 그 가족이다.[36] 이와 같은 임대 공간의 창출은 기존 도시계획 규정을 따르지 않는 불법 증축과 재건축으로 이루어졌는데, 성중촌 역시 바로 그 점에서 중국 도시 공간의 비공식성을 대표하는 예라 할 수 있다. 변두리에 있던 성중촌은 도시의 확장에 따라 점차 도시 공간의 중심으로 포섭되었으며 개발 잠재력도 덩달아 비례하여 증가했다. 여기서 개발 잠재력이란 주변 토지 가치의 상승과 성중촌 내 토지 가치의 저평가로 인해 발생하는 지대 차이에서 생겨난[37] 이익 극대화 가능성을 의미한다.

성중촌으로 대변되는 농촌 마을 및 변두리 지역의 운명이 토지 자산에 기반한 자본축적에 종속되는 것은 중국 투기적 도시화의 중요 특징이다. 성중촌은 개혁·개방 시기에 주장珠江 삼각주 유역의 도시화 과정에서 많은 수의 농촌 마을이 도시 행정구역으로 편입된 이후 광둥성 도시화의 주요 특징 가운데 하나로 자리 잡았다. 그러므로 성중촌의 개발 과정에 대한 고찰은 중국 도시가 자본의 도시로 이행하면서 겪게 되는 철거의 정치, 강탈의 정치를 극명하게 보여준다. 광저우시정부는 2010년 광저우 아시안게임 개최 이전에 아홉 군데 성중촌의 전면 철거를 완료하는 것을 목표로 했다.[38] 파저우琶洲 성중촌은 그중 한 곳으로, 성중촌 재개발의 주요 사업 지구였다. 지금부터는 이 지역의 재개발 과정 및 갈등 양상을 좀 더 심층적으로 살펴보자.

4. 파저우 성중촌의 재개발

파저우 성중촌은 광저우시 하이주구海珠區 동쪽 끝에 자리하고 있다. 광저우시정부가 야심차게 추진하는 신규 CBD(Central Business District: 중심업무지구)의 남측 하단에 새로 건축된 중국수출입상품박람회장(中國進出口商品交易會展館) 곁이다. 이러한 지리적 입지 조건은 파저우 성중촌이 삼구 재개발 정책의 주요 대상 지역으로 선정되는 데 큰 영향을 미쳤다. 파저우 성중촌에 거주하던 마을 원주민은 3,000명쯤이었으며, 외지인 세입자를 포함하면 최고 1만 명의 거주민이 살고 있었다. 중국수출입상품박람회는 1957년에 처음 열린 이후 매년 두 차례 열리는 유서 깊은 행사이며, 행사 관련 인원이 파저우 성중촌에 종종 거주하곤 했다.

파저우 성중촌에서 최초 경작지 몰수가 1998년에 이루어졌음을 감안하면, 성중촌 재개발사업은 파저우를 대상으로 한 시정부 주도 토지수용 과정의 완성이었다고 볼 수 있다. 파저우 재개발 소식은 철거가 이루어지기 수 년 전부터 다양한 경로를 통해 마을 원주민들에게 전해졌고, 특히 2007년에는 각 가정의 주택 규모 실측까지 이루어졌다고 한다. 파저우 성중촌 재개발계획은 경작지 몰수 이후 남아 있던 잔여 주거 공간의 개발을 목표로 했으며, 재개발 이후에는 고급 상업 주택 및 상업·비지니스 지구를 건설하여 CBD 지역의 성장을 보조하고자 했다. 성중촌 재개발에 대한 부동산 자본의 참여를 보장한 삼구 재개발 정책에 맞추어, 파저우 재개발에는 중앙정부 국유기업인 보리그룹(保利集團公司) 계열인 보리부동산그룹(保利地產)이 개발사로 참여했다. 또한 2002년 농촌지역의 개혁 정책에 맞춰 설립된 파저우경제연사(琶洲經濟聯社)라는 집체 경제단위가 개발사의 현지 파트너로 참여하여 농촌집체에게 개발에 대한 권리를 일부 확보해 주었다. 이는 개발사와 경제연사가 병렬적으로 계약관계를 맺었다고 볼 수 있는데, 이에 근거하여 토지수용에 대한 보상의 일환으로 개발이익의 일부가 농촌집체에게 양도되도록 했다.

재개발 대상 면적은 총 75.76ha(757,600m²)에 이르렀으며, 재개발 이후 완공될 총 건축 규모는 185만m²로 재개발 이전 규모의 2.5배에 달했다.[39] 재개발 청사진에 따르면 고층 주택은 총 72만m² 규모로 건설될 예정인데, 이 가운데 32만m²는 기존 파저우 집체 소속의 농촌 세대 전용 주택으로 배정될 계획이었다. 주택 공간을 제외한 나머지 건축물은 상업·문화시설 및 업무용 빌딩, 국제 전시 공간이 들어설 예정이고, 이 중 46만m²는 파저우경제연사 소유로 임대 수익을 올리는 등 경제활동 공간으로 활용될 전망이다.[40] 원칙적으로 이러한 임대 수익의 실현은 파저우경제연사의 업무 계정으로 유입된 이후 재투자 및 집체 소속 원주민의 사회보장 비용 부담을 목적으로 한다.

이렇듯 표면적으로는 파저우 성중촌 재개발을 농촌집체 경제 유지 및 농촌집체의 개발이익 공유 측면에서 이해할 수 있지만,[41] 구체적인 실시 과정을 살펴보면 농촌집체의 이익과 개별 농촌 주민의 이익이 얼마나 균형을 이루었는지 의심스럽다. 우선 개발 결정 과정의 폐쇄성으로 인해 집체 소속 개별 농촌 주민들이 의사 결정 과정에서 소외되었던 점을 주시할 필요가 있다. 파저우 재개발의 중요 기점은 2008년 8월 28일에 발표된 파저우경제연사의 재개발종합계획이었는데, 이때 발표한 보상계획이 법적인 지위를 확보하기 위해서는 파저우 집체 소속 18세 이상 성인 원주민 2,288명 중 2/3 이상의 동의를 받아야 했다.[42] 하지만 파저우경제연사 지도부는 개발계획과 보상계획을 공식 발표한 지 일주일 뒤인 9월 4일부터 5일 동안 주민 동의를 확보할 것이라고 선언함으로써 주민들에게 개발에 대해 충분한 논의를 거칠 기회를 주지 않았다. 동의 확보 마감 시한까지 목표로 한 동의자 수 확보에 실패한 파저우경제연사는 목표 숫자를 채울 때까지 동의 확보 기간을 연장했으며, 연장 기간 동안 대규모 선전·홍보 활동을 수행했다. 결국 2008년 9월 30일, 원래 마감 시점으로부터 4주 가까이 지나서야 전체 원주민의 67.8%인 1,551명의 동의를 받아내고 파저우 성중촌 재개발의 정당성을 확보할 수 있었다. 하지만 여전히 개별 가정이 서명해야 하는 보상계획 동의서를 확보하는 일은 지지부진했으며, 아시안게임 개최를 6개월여 앞둔 2010년 4월 28일까지 단지 60%의 원주민만 보상계획에 동의한 것으로 파악되었다. 이를 타개하고자 또다시 적극 독려 과정이 이어졌고, 결국 넉 달이 더 지난 8월 23일에 98%의 농촌 주민으로부터 보상 동의서 서명을 받아냈다. 이를 토대로 2010년 아시안게임 개최 직전 마을 대부분의 철거를 진행했다. 하지만 그 과정에서 원주민의 불만이 팽배했는데, 불만의 상당 부분은 파저우경제연사 및 정부의 소통 부족과 보상 관련 정보 부족 때문이었던 것 같다.

파저우 재개발 과정을 살펴보면 강탈이 하향식으로 진행되는 무자비한 착취의 과정은 아니라는 점을 알 수 있다. 다시 말해 강탈은 물리력의 행사에 의거한 강제뿐만 아니라 강탈 대상을 상대로 설득에 기반한 포섭과 동의의

파저우 성중촌의 재개발
위 4개의 사진은 2009년 파저우 성중촌이 철거되기 전의 모습이고, 아래 4개의 사진은 2010년 9월에 철거가 한창 진행되고 있는 모습이다. ⓒ신현방

획득을 통해 이루어진다고 볼 수 있다.[43] 파저우 재개발 과정에서 농촌 원주민은 축출의 압력에 시달렸지만, 그 압력은 강압적인 방식과 설득의 방식 모두를 동반한 형태였다.

이렇게 파저우 재개발에서 드러난 성중촌 재개발 과정은 중국 도시화의 특성을 잘 드러내며, 사회주의 계획경제의 유산을 반영한다. 파저우 재개발 과정에서 드러난 강탈은 세 가지 특징으로 요약해볼 수 있다.

첫째, 파저우 재개발을 위해서 농촌집체 지도층 및 원주민을 포섭해야 했는데, 이는 저항을 줄이고 토지 몰수와 이익 극대화를 계획대로 추진하려는 목적 때문이었다. 농촌집체의 재개발 참여 자체가 사회주의의 유산으로서, 헌법에 보장된 농촌집체의 농촌 토지 소유에 근거한 것이었다. 농촌집체 지도층이 보유하고 있던 가족 관계와 씨족 관계에 근거하여 농촌 원주민을 설득할 필요성 역시 농촌집체 지도층의 매개로부터 비롯되어야 할 수 있는 일이었다.[44]

둘째, 파저우 재개발은 농촌 원주민의 권리 상실을 동반했다. 즉, 개별적으로 관리했던 주거용지 및 개별 가구 소유 주택을 기반으로 자유롭게 취득했던 임대 수익을 더 이상 누리지 못하게 된 것이다. 나아가 보상에 동의하도록 억압받는 과정을 겪어야 했다. 이들을 포섭하고 동의를 이끌어내기 위해 이주용 주택 제공 및 향후 집체 경제에 기반한 수익의 일정 지분 보장 등이 약속되었지만, 이러한 제도가 앞으로 원주민의 삶에 얼마나 기여할지는 지켜봐야 할 것이다. 성중촌 지도부가 정부와 협의 끝에 개발을 추진하고 개발업자와 협력 관계를 수립했다고 해서 촌민에게도 협력자의 지위가 주어졌던 것은 아니다. 촌민의 경우에 이미 정해진 보상 규정에 대한 동의 의무만이 존재했으며, 의사 결정 과정에 대한 참여는 지극히 제한적으로만 이루어졌다.

마지막으로 셋째, 파저우 성중촌 상주인구의 절대다수를 차지했던 이주민 세입자들은 성중촌 재개발로 인해 적정 주거를 상실하게 된 가장 큰 피해자 집단이었다.[45] 이주 노동자의 처지에서는 적정 주거에 대한 자신의 권리 및 정착에 유리했던 주거 환경의 강탈이야말로 파저우 재개발의 결과였다. 기존 문헌에 따르면,[46] 광저우 소재 성중촌의 전체 인구 중 57~81% 정도가 이주민이었다. 축출 이후 이주민에게 남은 선택은 비슷한 조건의 임대주택을 구하는 일인데, 이를 해결할 수 있는 지역은 새로이 도시로 편입된 외곽의 또 다른 성중촌일 가능성이 크다.[47] 외곽으로 이주하는 일이 여의치 않을 경우, 주거의 '강제 소비', 즉 선택의 여지가 없어 불가피하게 적정 주거료 이상의 주거비를 부담해야 하는 상황에 직면하게 될 것이다.[48] 그런 의미에서, 강탈과 축출이 동반되는 도시 재개발사업은 단지 현재의 권리 상실뿐만 아니라 미래 삶의 기회조차 위협하는 위태로운 상황을 초래한다고 볼 수 있다.

5. 철거 및 강탈에 의한 도시 개발

경제적·정치적 프로젝트로서 중국의 도시화는 자본의 도시로의 이행을 의미하며, 그 과정에서 공산당의 정치적 정당성 확보를 수반한다. 또한, 자본의 도시로의 이행 과정은 강탈의 역사이기도 하다. 중국 도시의 발전은 토지의 고도 이용을 위한 주민의 축출, 지대 이익의 실현이라는 측면에서 '신축 젠트리피케이션'을 낳는다. 하지만 대규모로 이루어지는 도시 재개발 과정을 '신축 젠트리피케이션'으로 한정해서 이해하는 것은 좀 더 근본적인 구조, 즉 축출의 근본 원인을 간과하게 만들 위험이 있다. 토지수용이 이루어지고 난 이후에야 비로소 자본 투자가 실행된다는 점에서 젠트리피케이션은 강탈이 이루어진 이후 부동산의 상품화에 따라 발생한다고 생각해볼 수 있다.

1990년대 이래 중국의 사회 공간적 경관이 재구성되는 주요 원인 중 하나는 주거 및 상업 용도의 토지사용권에 대한 인식과 제도의 변화였다. 이런 현상은 산업용 토지의 경우 산업자본의 투자 촉진을 위해 무상 또는 저렴한 가격으로 임대되는 것과 상반된 모습이다. 낙후된 주거 지역의 개량 및 주거 환경 개선보다는 전면 철거와 재개발이 도시 개발의 표준이 되었으며, 이는 상업 주택 및 상업·기업 활동 지구의 대규모 건설 등으로 이어졌다. 그 과정에서 원주민의 대규모 철거·이주가 중국 도시 성장의 역사와 함께하게 되었다.[49] 특히 전면 철거 방식의 재개발사업 등에 영향을 받은 도시민의 수는 상상을 초월하는 대규모였다. 베이징의 경우 2001~2008년 사이에 대략 150만 명이, 상하이의 경우 2003~2010년 사이에 47만 6,246가구가(가구당 3명으로 추산 시 대략 143만 명) 영향을 받은 것으로 집계되었다.[50] 그러나 이 수치는 공식 통계를 근거로 작성되었기에 이주민이 제외되었을 것이다. 이주민을 포함한다면 그 규모는 훨씬 커질 수밖에 없다. 이러한 재개발은 기존 주민의 보금자리가 토지이용의 효율화 및 토지 자산 확보를 통한 자본축적의 고도화라는 목적을 위해 의도적으로 파괴(Domicide)되었음을 의미한다.[51]

중국 도시화의 근저에는 강탈의 과정이 놓여 있다. 국가 엘리트들의 정치적 야망을 실현하고, 토지사용권의 거래를 통해 지방정부 재정수입의 극대화를 도모하고자 토지수용이 이루어지고, 그 과정에서 원래의 소유주와 사용자가 축출당하며, 자산에 대한 권리와 도시에 대한 권리가 모두 강탈당하는 것이다. 강탈은 개혁 정책 이전에 부동산 시장이 형성되지 않았던 중국에서 시장 형성을 위한 중요한 전제 조건이 되었다. 강탈을 통해 토지의 시장 편입이 이루어졌으며, 지대 차이에 의한 이익 실현이 가능해졌다. 이러한 모습은 시장경제로의 이행 과정에서 계획경제 당시 집단 소유로 전환되었던 자산 및 시장경제의 이윤을 창출하는 노동자가 중요 원천이 되었다고 이해한 앤 아나그노스트Ann Anagnost의 주장과 맥락을 같이한다.[52]

공산당 통치하에서 도시화가 국가 프로젝트로서 기능한다면, 중앙정부와 지방정부가 '강탈'이라는 배를 함께 탔다고 이해할 수 있다. 특히 지방정부는 분권화 과정에서 토지수용 권한과 토지이용 계획의 수립 권한을 가졌기 때문에 강탈의 중요 에이전트다. 지방정부의 강탈 추진은 이행기 중국에서 생존 방식이자 성장 방식이었다. 기존 도시 공간을 점유하고 생활과 상업을 영위하던 도시민이 지녔던 공간과 자산에 대한—소유권과 사용권 모두를 포함한—권리는 토지수용 과정에서 강탈당했으며, 상품으로 전환된 토지의 이력은 원점으로 조정되고 난 뒤 새로운 상품 세계의 역사를 작성하게 되었다. 토지수용과 도시 재개발은 기존 도시 공간과 현존 자산에 얽혀 있던 다양한 층위의 사회주의적 관계와 권리를 지워버리는 기능을 한다. 이를 통해 강탈은 도시 자본축적을 촉진하고 지방정부로 하여금 개발의 야망을 실현할 수 있도록 돕는다.[53] 결국 강탈은 중국 도시화 과정에서 고도의 정치적 프로젝트로 자리 잡았다고 할 수 있다.

토지, 욕망에 지다
—공공토지 사유화 경향과 대책

조성찬

1. 한계에 노출된 중국식 공공토지임대제 개혁

토지제도를 크게 유형화하면 토지사유제, 지대조세제, 토지공유제, 공공토지임대제의 네 가지가 있다. 토지사유제는 소유권의 세 가지 권능인 사용권, 처분권, 수익권이 모두 사적 주체에게 귀속된다. 지대조세제는 토지사유제의 변형으로, 지대地代의 사유화라는 폐단을 시정하고자 지대 과세를 통해 수익권만 공공에게 귀속시키는 제도이다. 토지공유제는 세 가지 권능이 모두 국가에게 귀속되는 제도이다. 마지막으로 공공토지임대제는 토지공유제의 변형인데, 사용권만 사적 주체에게 귀속시키며 주로 계획경제에서 시장경제로 경제체제를 전환하려는 국면에서 활용되는 제도이다.

역사적인 관점에서 중국의 토지제도사를 살펴보면, 한쪽에서는 토지 공유의 강력한 힘이 작동하고 다른 한쪽에서는 토지 사유의 강력한 힘이 작동하여 이 두 형태가 변증법적인 변화 과정을 거쳐왔다. 오늘날 중국에는 두 힘의 균형점에 토지소유권은 국가(공공)가 갖되 토지사용권은 물권物權으로 취급해 독립시킨 후 민간에게 양도(임대)하는 공공토지임대제가 자리를 잡았다. 그런데 실상 개혁기 이후부터 경제특구와 개발구 중심으로 도시화 성장 전략이 추진되면서 균형점이 다시금 공공토지의 사유화 방향으로 기울고 있다. 그 결과 자본주의 토지사유제를 실시하는 국가에서 경험하는 것과 유사한 부동산 문제가 발생하고 있다.

토지공유제와 토지사유제가 갖는 한계를 극복하기 위해 공공토지임대제 개혁을 추진했음에도 불구하고 중국은 여전히 토지문제에서 벗어나지 못하고 있다. 그 이유는 무엇일까? 이 글에서는 그러한 문제의 근원으로 빠른 경제성장 및 도시화에 따라 급등한 '사회적' 지대가 누구에게 귀속되느냐, 그리고 어떻게 제도적으로 뒷받침되고 있느냐에 주목한다. 즉, 토지제도의 유형보다는 눈에 보이지 않는 '지대의 사유화'가 핵심 문제일 수 있다는 것이다.

이 글은 이 같은 문제의식에 기초하여 중국의 개혁기 이후 도시화 과정에서 진행된 공공토지의 사유화 경향을 다양한 각도로 살펴보고자 한다. 또한 공공토지의 사유화 경향을 막기 위한 중국 정부의 정책적 노력도 함께 살펴보고자 한다. 이러한 탐색은 경제체제 전환 과정에 있는 북한에 정책적 시사점을 제공할 수 있을 것이다.

2. 개혁기 전후 중국의 토지개혁

1) 개혁기 이전의 토지제도 변화

중국의 토지제도 역사는 토지 공유화와 사유화 간의 힘 겨루기라고 해도 과언이 아니다. 토지제도의 변천은 바로 이러한 갈등에서 비롯했다. 개혁기 이전까지 토지제도는 크게 여섯 단계를 거쳐 변화해왔다.[1]

1단계는 하대夏代 이전, 즉 원고시대遠古時代의 토지 공동소유(共有) 시기이다. 이 시기에 토지는 부족 단위로 영역화되었을 뿐, 개인 단위의 재산권 개념은 형성되지 못했다. 2단계는 하夏·상商·주周 삼대부터 시작하여 춘추전국시대 말기까지의 1,700여 년 기간에 진행된 토지공유公有제 시기다. 이 무렵 공공토지임대제의 원형으로 볼 수 있는 정전제井田制가 시행되었다. 성인 남자는 가정을 이룬 후에 농지를 분배받아 경작하다가 늙거나 병들었을 때 농지를 반환했다. 농민들은 분배받은 토지에 대한 사용권만 있고 소유권은 없었다. 그러나 하조夏朝에 이르러 생산력 발전과 상품 교환의 활성화, 인구 증가, 농민 봉기 등이 발생하면서 정전제는 와해되기 시작했다. 이때 소유권의 사유화가 진행되면서 공유 성격의 토지사용권도 점진적으로 사유화되었다.

사유화로의 관성은 3단계인 토지사유제 맹아가 싹트면서 발전했다. 이 시기는 춘추전국시대부터 시작하여 진秦·한漢을 거쳐 위·진 남북조魏晉南北朝 시기까지 약 830년간 지속되었다. 이때 농지를 분배하고 반환하는 제도는 이미 붕괴되었으며, 개인이 토지를 자유롭게 매매했다. 그 결과 토지 겸병이 나타났고, 이를 막기 위해 개인의 토지 소유를 인정하되 면적을 제한하려는 성격의 한전제限田制와 점전제占田制 등을 시행했다.

4단계는 토지공유제 회복 시기이다. 이 시기는 남북조南北朝부터 수隋·당唐까지의 시기로, 약 260여 년간 진행되었다. 이 시기의 가장 중요한 제도는 균전제均田制로, 이전의 정전제와 유사하다. 균전제의 시행으로 국가의 토지소유권과 농민의 토지사용권 관계가 다시 중요해졌다. 이러한 제도적 전통은 훗날 쑨원孫文이 헨리 조지Henry George(1839~1897)의 『진보와 빈곤

(Progress and Poverty)』으로부터 영향을 받아 중화민국의 토지제도로 제시한 평균지권 사상의 기초가 되었다.

5단계는 토지사유제 확립 단계이다. 이 시기는 송宋 이후 청淸을 거쳐 민국이 설립될 때까지 1,200여 년의 기간이다. 1949년 신중국이 성립하기 이전, 중국에서는 토지 매매와 토지 겸병이 심각했다. 1930년대 중반에 국민당 농민위원회(부) 서기로 일하면서 21개 성省의 통계를 수집하는 일을 담당했던 마오쩌둥毛澤東이 직접 확인한 통계 수치에 따르면, 농촌인구의 10%밖에 안 되는 부농, 지주, 고리대금업자들이 경작지의 약 70%를 차지하고 있었다.[2]

6단계는 신중국 성립 후에 재수립된 토지공유제 단계이다. 농촌문제는 곧 농촌 '토지'문제라는 점을 간파한 마오쩌둥과 중국공산당은 신중국 성립 이전에 먼저 여러 해방구에서 토지를 농민들에게 나눠 주는 개혁 조치를 취했고, 혁명에 성공한 이후에는 여러 단계를 거치면서 도시 토지의 국유화 및 농촌 토지의 집체소유화를 완성했다. 그런데 토지국유화 및 집체소유화는 토지에 대한 개인의 권리를 인정해주지 않은 탓에 경제적·사회적 결과는 처참했다.

개혁기에 들어서 중국은 공공토지임대제를 실시하기 시작했다. 이 단계에서는 도시의 토지사용권을 유상양도함으로써 역사적 시행착오를 줄일 수 있었지만, 다른 한편 민간의 지대 추구가 허용됨에 따라 도시 토지문제는 새로운 형태로 전개되었다. 과거 농지 문제의 심각성만 인식했을 뿐 도시 토지문제, 특히 지대 사유화 문제에 대한 역사적 경험이 부재했던 상황에서 중국공산당은 어떻게 하면 도시 토지를 공평하면서도 효과적으로 이용할 수 있는지를 간과했기 때문이다. 이 글은 바로 이 점에 주목한다.

2) 개혁기 이후 토지 출양 중심의 공공토지임대제 개혁

신중국 성립 후부터 1978년 말 개혁·개방이 공표되기 이전까지 중국의 토지사용제도는 기본적으로 무상·무기한·무유통이라는 3무無 방식에 토대를 두었다. 정부 기관과 국유기업 중심으로 토지를 사용하되, 토지사용료와 사용 기한이 없으며, 사용권 유통도 허용되지 않았다. 그러다가 토지이용 체계가 한계에 이르자 문제의 심각성을 느낀 덩샤오핑鄧小平이 1978년 12월 중국공산당 제11기 중앙위원회 제3차 전체회의(제11기 3중전회)를 통해 「토지법」을 신속하게 제정·공포할 것을 건의했다. 또한 전국인민대표대회 제5기 제4차 회의에서 "모든 토지를 소중히 여기고, 합리적으로 이용하며, 경지를 잘 보호해야 한다"고 건의했다. 그 뒤 중국의 토지 사용 방식에 커다란 변화가 일어나기 시작했다.[3]

중국의 도시 토지 개혁은 1982~1987년에 선전深圳·푸순撫順 등의 도시에서 처음으로 토지사용료를 징수하면서 시작되었다. 1987년 9월 9일에는 선전 경제특구에서 중국 최초로 토지사용권 양도 방식으로 50년 기한의 주택용지를 건설기업에 양도했다. 이때 50년에 해당하는 토지사용료를 '일시불'로 받았다. 이후 1990년부터 이러한 방식의 토지사용권 유상양도 방식(출양 방식)이 전국 도시에 적용되었다.[4]

현재 중국에서 시행되고 있는 토지사용권의 배분 방식은 크게 행정배정(劃撥) 방식, 출양出讓 방식, 연조年租 방식, 기업 출자 방식, 수탁 경영 방식의 다섯 가지다. 토지를 사용하려는 정부 기관, 기업이나 개인은 이러한 다섯 가지 방식을 통해 국가로부터 토지사용권을 획득할 수 있다.

행정배정 방식은 개혁·개방 이전과 동일한 방식으로 주로 국가기관 용지,

군사용지, 도시 기반시설 용지, 공익사업 용지, 국가가 중점을 두는 에너지·교통·수리 등 기초시설 용지 및 기타 법률 및 행정규정에서 정한 용지를 배분하는 것이다. 무상으로 사용하며, 사용 기간은 제한이 없고, 허가 없이는 재양도·임대·저당 등을 할 수 없다.

출양 방식은 국가의 토지소유권을 대표하는 현·시 인민정부가 토지사용권을 토지 사용자에게 양도하고, 토지 사용자는 지방정부에 토지출양금을 일시에 지불하는 방식이다. 토지사용권 출양은 국유토지에 한해 이루어지며, 농민 집체 소유의 토지는 국유토지로 전환시킨 후에 가능하다. 출양 방식은 토지 유상 사용 방식 중에서 가장 주된 방식이다. 토지사용권은 양도 및 저당 등 물권적 행위가 가능하다. 「도시 국유토지사용권 출양과 재양도 임시조례」는 토지사용권 출양의 최고 기한을 용도별로 정하고 있다. 주거용지는 70년, 공업용지 50년, 교육·과학기술·문화·위생·체육 용지 50년, 상업·여행·오락 용지 40년, 종합 혹은 기타 용지는 50년이다.

연조 방식은 출양 방식의 한계를 보완하기 위해 1990년대부터 적용되기 시작한 토지 유상 사용 방식이다. 출양 방식과 비교했을 때 가장 큰 차이점은 토지사용료를 매년 납부한다는 점이다. 일반적으로 토지사용권의 임대기간은 길지 않고, 임대 기간 내에는 매년 토지 소유자에게 임대료를 납부한다. 토지사용료를 매년 납부하는 방식은 급속한 경제성장과 도시화가 진행되고 있는 중국에서 큰 의미를 갖는다. 왜냐하면 출양 방식은 초기에 토지사용료를 납부하면 그 이후 오르는 토지 가치가 토지사용권자에게 귀속되지만, 연조 방식하에서는 매년 오르는 토지사용권 가치에 기초하여 사용료를 납부하기 때문에 토지 가치 상승분의 공공 귀속이 가능하다. 이런 까닭에 연조 방식이 출양 방식보다 이론적으로 더 바람직한 방식이다. 현재 연조 방식을

〈표 1〉 토지사용권 배분 방식에 따른 비교

구분 / 배분 방식	유상 무상	기한	유통	배분 토지 또는 배분 대상	장단점	비고
행정배정	무상	무기한	유통 가능 (유통시 허가 필요)	공공시설 용지	● 부정부패 ● 지대 손실 ● 토지이용 저효율	개혁기 이전 방식
출양 (일시불)	유상	유기한 (장기)	유통 가능	개발용지 등	● 간접적인 임대제 ● 정부 재정수입 확충 ● 토지이용의 효율성 증대 ● 협상 방식은 문제	공공토지 임대제
연조 (매년 납부)	유상	유기한 (중·단기)	유통 가능	행정배정 용지 등	● 직접적인 임대제 ● 안정적인 재정수입 ● 토지이용의 효율성 증대	공공토지 임대제
기업 출자	무상	무기한	유통 불가	주식회사 전환 국유기업	● 토지 가치 평가의 자의성 큼	국가 토지 현물 출자
수탁 경영	무상	무기한	유통 불가	국유 대형기업	● 해당 기업 특혜 및 부패의 소지 큼	보유 행정 배정 용지 자체 개발

* 출처: 조성찬, 「중국 토지연조제 실험이 북한 경제특구 공공토지임대제에 주는 시사점」, 『한중사회과학연구』 통권 22호, 2012, 254쪽의 〈표 1〉을 수정함.

실험하고 있는 가장 대표적인 도시가 상하이 푸둥신구浦東新區와 쑤저우蘇州 공업단지 및 선전 경제특구이다.

〈표 1〉을 기준으로 신규 토지에 대해 토지사용권 배분 방식의 적용 현황을 정리해 놓은 자료가 〈표 2〉이다. 〈표 2〉에 따르면, 출양 방식이 2010년 기준 건설용지 공급 총량의 67.9%를 차지하여 가장 중요한 역할을 이루고 있다. 행정배정 방식 역시 2010년 기준 건설용지 공급 총량의 32.0%를 차지

〈표 2〉 토지사용권 배분 방식 통계(2001~2010) (단위: km², %)

연도	건설용지 공급 총량		행정배정		출양		연조		기타	
2001	1,786,783	100	739,795	41.4	903,941	50.6	101,283	5.7	41,764	2.3
2002	2,354,369	100	880,521	37.4	1,242,298	52.8	175,558	7.5	55,991	2.4
2003	2,864,367	100	652,582	22.8	1,936,040	67.6	105,516	3.7	170,230	5.9
2004	2,579,197	100	620,540	24.1	1,815,104	70.4	87,725	3.4	55,828	2.2
2005	2,442,695	100	646,234	26.5	1,655,861	67.8	80,441	3.3	60,159	2.5
2006	3,068,059	100	637,906	20.8	2,330,179	75.9	75,878	2.5	24,096	0.8
2007	3,419,740	100	760,880	22.2	2,349,601	68.7	293,972	8.6	15,282	0.4
2008	2,341,847	100	623,806	26.6	1,658,597	70.8	36,160	1.5	23,285	1.0
2009	3,616,488	100	1,222,875	33.8	2,208,139	61.1	90,300	2.5	95,173	2.6
2010	4,325,614	100	1,382,673	32.0	2,937,178	67.9	5,526	0.1	237	0.0

* 출처: 中华人民共和国国土资源部,『2011 中国国土资源统计年鉴』, 2011, 90~91쪽.

하고 있어 여전히 중요하게 역할하고 있음을 알 수 있다. 그런데 이론상 가장 바람직한 토지사용권 배분 방식인 연조 방식은 2010년에 0.1%에 불과했다. 그나마 2007년의 8.6%가 2001~2010년 기간에서 가장 높은 비율이었다.

2008년 이후, 연조 방식의 적용이 크게 줄어든 정책적 배경을 살펴보면, 정부는 1999년 7월 27일 「국유토지 임대 규범화에 관한 약간의 의견」을 공포하고, 경영성 주택개발용지에 대해 출양 방식을 주된 방식으로, 연조 방식을 보조 방식으로 적용할 것을 명확히 했다. 이후 2007년 9월 21일에 「국유건설용지사용권 입찰·경매 출양 규정」을 공포하고, 제4조에서 경영성 용지는 입찰이나 경매 등을 통해 출양 방식으로 사용권을 유상화할 것을 규정했다. 이와 같은 규정이 연조 방식의 입지를 더욱 위축시켰을 것으로 보인다.

3. 농지 수용 및 출양에 기초한 도시화 전략의 한계

산업구조 및 인구구조의 변화라는 일반적 의미의 비공간적 도시화는 토지 공급 체계의 변화를 통해 비농업 생산 공간(제조업·서비스업) 및 생활공간(주거)의 확대라는 공간적 도시화로 연결된다. 그런데 공간적 도시화는 다시 집적 효과와 규모 이익의 증가를 통해 양적·질적 측면에서 산업구조 및 인구구조의 발전을 도모하기 때문에, 결과적으로 도시는 토지 공급 체계를 중심으로 '자기 발전적(self-developing)'인 성격을 띠게 된다. 이때 정부가 토지 공급 체계를 통해 토지이용 방식을 관리하는 주된 이유는 토지의 외부성과 공급의 제한으로 인한 지대의 발생 때문이다.

중국은 개혁·개방 이후 경제성장이 급속하게 이루어지면서 도시화 역시 빠르게 진행되었다. 이러한 과정에서 토지의 공급 체계는 비공간적 도시화와 공간적 도시화를 매개하는 중요한 역할을 담당했다. 특히 1990년대 이후의 전체 과정을 살펴보면 다음과 같다. 우선, 지방정부는 토지를 통해서 투자 유치 및 도시 건설 자금을 확보하고자—이를 '토지 경영'이라고 부른다—토지사용제도 개혁, 분세제分稅制 개혁, 상하이 푸둥신구浦東新區에 대한 시범적 개발, 주택 개혁, 그리고 부동산업을 기간산업으로 삼는 정책을 추진했다.

지방정부가 채택한 주요 방법은, 첫째, 저가로 농지를 수용한 뒤 고가로 주거용 및 상업용으로 출양하여 거액의 토지 수입을 확보하고, 다른 한편으로는 협의 방식(또는 표면상 경매, 입찰 방식)을 통해 저가로 공업용지를 출양하여 투자를 유치하면서, 주거용 및 상업용 토지에서 얻은 수입으로 공업용 토지에서 입은 손실을 보충했다.

둘째, 도시 건설과 유지에 쓰이는 막대한 자금은 대부분 토지 및 토지와 관련된 수입으로부터 나왔다. 예컨대 도시 토지사용료 징수를 위한 연구와 실험을 가장 먼저 추진한 랴오닝성遼寧省 푸순시撫順市의 경우, 토지사용료 수입을 도시 기반시설 건설에 투자했다. 푸순시가 1984년부터 징수를 시작한 이래, 3년 동안 거둬들인 토지사용료는 총 2,847만 위안에 이른다. 이 가운데 2,000만 위안이 넘는 돈은 대부분 도시의 난방 공급, 도로 수리, 도시 녹화와 작은 주택단지 연계 건설 등에 투입되었다.[5] 그런데 토지 수입을 도시 건설에 투입한 뒤로 토지 가격은 더욱 상승하여 지방정부는 더 많은 수입을 얻을 수 있게 되었다. 그 덕에 지방정부는 도시계획을 통해 도시 규모를 확대하고, '도시계획→토지 개발→토지 수입→도시 건설→지가 상승'이라는 순환 고리를 창출할 수 있었다. 이처럼 토지 매수와 비축을 통한 토지 수익의 창출 및 개발구를 통한 공업용 지가 보상은 지방정부의 양대 토지 경영 수단이었다.

과거 10여 년 동안 지방정부의 이 같은 토지 경영 행위는 공업화 및 도시화를 급속히 추진하는 데 중요한 역할을 담당했던 반면, 농지의 저가 수용 및 토지 출양 방식에 기초하면서 심각한 지속 불가능성의 문제를 초래했다.[6] 지속 불가능성의 문제는 크게 세 가지로 정리된다. 첫째, 지방정부가 토지 재정에 지나치게 의존하면서 도심 비축 토지가 부족해지기 시작했다. 둘째, 지방정부가 실적주의 및 재정 확대를 위해 개발구 건설 사업을 진행하면서 농지의 위법 사용이 증가했다. 셋째, 농지의 위법 사용은 농민의 합법적인 권익을 침해했다.

4. 도시화에 따른 공공토지의 사유화 경향

1) 이론적 관점에서 본 사유화 경향

중국의 도시 토지는 토지국유에 기반하여 공공토지임대제를 실시하고 있다. 따라서 제도적으로 엄연히 토지사유제는 아니다. 그럼에도 불구하고 토지사유제하에 나타나는 토지문제와 유사한 현상이 발생했다. 그 이유가 무엇일까? 바로 이 점에서 중국의 공공토지 사유화 현상을 설명하기 위한 이론적 기초가 필요해진다. 그 출발점은 지대 자본화(land rent capitalization)라는 지가 이론이다.

지대 자본화란 미래에 아직 발생하지 않은 매 년도의 지대를 자본화율로 할인하여 현재 가치로 전환한 뒤 더하는 것을 의미한다. 우리가 흔히 경험하는 지가는 이론상 지대 자본화를 통해 형성된 가격이다. 지가와 지대는 본질상 같은 듯하지만, 중요한 차이점이 존재한다. 지대가 '이미' 생산된 부富의 일부로 '생산물 시장'에 속하는 반면, 지가는 '아직' 생산되지 않은 미래의 부 가운데 일부로 '자산 시장'에 속한다는 점이다. 지대가 지가로 전환(자본화)되면서 그 성격이 본질적으로 바뀐 것이다.

만약 정부가 해마다 지대를 전부 회수한다면, 지가는 이론상 영(0)으로 수렴하기 때문에 화폐시장에서 지가 총액을 현실화할 화폐가 필요하지 않게 된다. 그러나 정부가 지대를 회수하지 않고 시장이 지가를 기준으로 작동한다면, 토지 매매 시 지가를 현실화할 화폐가 필요하게 된다. 이때 공급되는 화폐는 아직 생산되지 않은 미래의 부를 미리 현실화하는 역할을 한다. 즉, 지대 자본화로 인해 지가신용화폐가 창조되는 것이다.

지대 자본화로 지가가 형성되고 이러한 지가에 기초하여 부동산 담보대출이 가능한 토지 시장에서 만약 지대가 공공으로 회수되지 않고 대부분이 사유화되면, 자산 시장에서 투기성 토지 수요(rent-seeking)가 증가하고 지가 역시 상승한다. 결국 이런 시스템에서 부동산 투기, 화폐 유동성 과잉 및 이로 인한 거품경제는 피할 수 없다.[7]

오늘날 지대의 대부분이 토지 불로소득으로 사유화되는 토지사유제 사회에서 지대 자본화는 부동산 담보대출의 필요성을 낳고, 결국 통화량 급증과 거품경제를 유발했는데, 이는 도시의 지속 가능한 발전을 위협하는 가장 핵심적인 원인이 되었다. 따라서 중국 역시 지대의 큰 비중이 사유화되고 지대 자본화가 이루어져 지가에 기초한 지가신용화폐가 창조된다면, 공공토지임대제를 시행하고 있다 하더라도 실질적인 의미에서 사유화 경향이 심화되었다고 해석할 수 있다. 하지만 안타깝게도 중국의 토지출양제는 지가신용화폐 시스템으로 가는 통로를 열어주었다.

2) 제도적 관점에서 본 사유화 경향

(1) 토지 출양 방식: 중국식 토지사유제 지가 시스템

〈표 1〉에서 토지 출양 방식의 핵심 원리가 최소 40년(상업용지)에서 최대 70년(주거용지) 동안 토지를 사용할 수 있는 권리, 즉 토지사용권을 지방 정부로부터 양도받아 사용하되 사용 대가는 토지출양금이라는 이름으로 '일시불'로 납부한다고 했다. 이러한 토지사용권은 용익물권에 해당하는 것으로, 양도와 저당 등 토지소유권의 기능을 대부분 가지고 있다. 여기서 문제는 일시불로 토지출양금을 납부하기 때문에 매년 납부해야 할 토지사용료(지대)를 토

지 사용 기간만큼 합산(지대 자본화)했다고 볼 수 있는 토지출양금이 사실은 '작은 지가'가 된다는 점이다. 게다가 급격한 도시 성장으로 인한 미래 지대 추정의 불확실성 때문에 지방정부가 일시불로 받은 토지사용료가 실제 토지 사용 기간 동안 회수해야 할 금액에 크게 못 미치는데, 이때 나머지 차액은 지대 추구의 대상이 되어 민간에게 귀속된다.

이러한 관점에서 지대와 관련된 중국 토지사용권 시장의 핵심적인 문제는 크게 두 가지다. 첫째는, 개혁·개방 이전 행정배정 방식을 통해 무상으로 토지사용권을 획득한 기업들이 개혁·개방 이후에도 지속적으로 지대를 향유하는 구조이다. 〈표 1〉의 기업 출자 방식과 수탁 경영 방식이 여기에 해당한다. 정부도 국유기업 개혁 과정에서 이 같은 문제를 해결하고자 지대를 매년 납부하는 방식으로 유상화하려고 하지만 쉽지 않은 과제다.

둘째, 출양 방식은 지대를 일시불로 납부하기 때문에 지방정부로서는 일시에 막대한 재정수입을 확보하여 도시 개발의 재원으로 활용할 수 있다는 장점이 있으나, 반면에 다음과 같은 한계가 존재한다.[8] ① 지속적이며 안정적인 재정수입의 근원을 포기하게 된다. ② 일시불로 지대를 납부하기 때문에 토지개발업자와 부동산 구입자들은 큰 재정적 부담을 떠안아야 하므로 이들에 대한 진입 장벽이 형성된다. ③ 재정적 부담을 해결하기 위해 불가피하게 부동산 담보대출을 받아야 하는데, 이는 부동산 거품을 조장하고 유동성 과잉을 초래한다. ④ 현재 시점에서 수십 년 후의 지대를 예측하여 총지대액을 결정하기 때문에 불완전한 지대 추정이 이루어지고, 이는 정부의 재정수입 유실을 초래한다. ⑤ 이러한 원인이 총체적으로 결합하여 부동산 투기를 부추기게 된다. 현재 급속한 경제성장을 보이는 중국 부동산 시장의 이면에는 이 다섯 가지 문제점이 모두 노출되어 있다.

위 : 베이징시 토지 출양을 진행하는 토지비축기구

베이징시 토지비축기구의 내부 모습이다. 전면에 '베이징시 토지거래시장(北京市土地交易市场)'이라는 글자가 보이고, 그 앞에는 경매 입찰을 진행하는 테이블이 보인다. ⓒ조성찬(촬영일: 2010. 7)

아래 : 베이징시 토지비축기구의 토지 출양 공고

베이징시 토지비축기구의 복도에 설치된 전자 게시판이다. 경매 입찰 물건에 대한 자세한 정보를 보여주고 있다. ⓒ조성찬(촬영일: 2010. 7)

중국 도시 토지의 핵심적 토지 공급 체계인 토지출양제는 토지 사용 기간 동안 납부해야 할 지대를 토지사용권 획득 초기 시점에 '일시불'로 납부한다. 이 때문에 지대의 자본화가 필연적으로 나타난다. 그 결과 앞에서 논한 문제들이 발생할 수밖에 없다. 이는 구조적인 문제다.

(2) 주택의 사유화·상품화와 토지출양제의 결합

중국은 1949년 중국공산당 정권의 출범 이후 약 50년간 시행해온 복지 개념의 실물 주택 분배제도를 1998년에 전면적으로 취소하고, 주택 사유화 및 상품화를 추진했다. 그 결과 실물 분배에서 화폐 보조 위주의 주택 분배 정책으로 바뀌었고, 그간 시행해왔던 주택의 무상분배, 저렴한 임대, 국가나 직장 단위에 주택 분배를 의지하는 제도와 관행이 근본적으로 변했으며, 주택 소비 주체가 집체에서 개체 소비자로 바뀌었다. 개체 소비자 주민이 개인적으로 주택을 구매할 수 있는 자유를 얻게 되면서 교외에 제2주택을 구매하는 일도 가능해졌다.[9] 개혁·개방 이전에 기업에서 저렴하게 제공받던 주택을 이제는 개별 소비자가 직접 주택 시장에서 구입해야 하는 상황으로 바뀐 것이다.

그런데 문제는 주택의 사유화와 상품화가 토지출양제와 결합되면서 파급력이 커졌다는 점이다. 감가減價되는 건물만 보유해서는 불로소득이 발생하지 않지만, 토지가 결합된 주택을 소유하게 될 경우에 급속한 도시화에 따라 오르는 지대가 고스란히 주택 소유자에게 귀속되는 구조가 형성된 것이다. 그 결과 상품화된 주택 시장은 주택 개혁 초기 주거 안정 목적의 주택 성격에서 벗어나, 이제는 자본주의 주택 시장에서 흔히 실행하는 투기 억제(주거 안정)와 경기 부양 사이를 오가는 정책 순환과정의 늪에 빠지게 되었다.[10]

베이징 근교의 주택 건설 현장

베이징시 근교에서는 주택 건설 사업이 많이 진행되고 있다. 땅바닥의 토질로 알 수 있듯이, 대부분 정부가 농지 또는 농촌건설용지를 수용하여 사업을 추진한다. ⓒ조성찬(촬영일: 2010. 7)

최근 사례를 살펴보자. 2015년 저성장 국면에 직면한 중국은 2011년부터 실시해온 강력한 부동산 규제 정책의 대부분을 풀고 다시금 부동산 경기 부양 모드로 선회했다. 이때 중국 정부는 '3·30 부동산 부양 정책'과 '9·30 부동산 대출 정책' 등을 통해서 통화 완화 조치, 실수요 지원 대책, 구매 제한 폐지, 주택공적금 완화, 금융 및 재정·세금의 조정 등 부동산 부양 정책을 실시했다.[11] 인민은행은 2015년 10월 24일에 기준금리를 0.25% 포인트 내림으로써 2014년 11월 이후에 여섯 차례나 금리를 인하했다. 이는 5번째 마이너스 금리 시대의 시작을 의미하는 것으로, 부동산 경기 부양이 주목적이었다.[12]

(3) 주택건설용지의 토지사용권 기한 자동 연장

2007년에 공공토지의 사유화 경향을 확실하게 보여주는 결정이 「물권법物權法」 제정을 통해 이루어졌다. 이는 주택 소유자들의 욕구와 염려를 반영한 것으로, 70년 기한의 주택건설용지 토지사용권을 자동으로 연장하겠다는 결정이다. 중국 부동산 시장에서 주택 구입 및 투기는 암묵적으로 토지사용권의 지속적인 소유, 즉 실질적인 토지 소유에 기초해왔는데, 이것이 정책으로 공식화된 셈이다.

한때 사유재산을 상징하는 '물권'이라는 단어는 각종 법률에서조차 금기시되었다. 그러나 사회주의 시장경제가 발전하고 도시화가 심화됨에 따라 개인 재산을 보호하기 위한 법률의 필요성이 제기되었다. 이후 5년여간의 긴 논쟁 끝에 2007년 3월 16일 제10기 전국인민대표대회 제5차 회의에서 「물권법」이 통과되었다.

새로 제정된 「물권법」은 모든 국민의 우려와 관심의 대상이 되었던 주택건설용지 사용권 기한과 관련하여 중요한 결정을 내렸다. 「물권법」은 제149조에서 "주택건설용지 사용권이 기간 만기에 달하면 자동 연장된다. 비주택건설용지 사용권 기한 만료 후의 연장은 법률 규정에 의하여 처리한다."라고 규정했다. 이는 출양 방식으로 토지사용권을 획득한 주택 소유자들이 부단히 제기해온 '70년 기한 만기에 도달한 뒤 우리의 주택과 재산권은 어떻게 되는가?'라는 의문과 불안감을 고려한 조치라고 할 수 있다.[13]

「물권법」은 기간 연장 이후의 토지사용료 지불 기준과 방법에 대한 명확한 규정을 포함하지 않았으며, 향후의 정책 연구 과제로 남겨 놓는다고 밝혔다. 그런데 「물권법」 제정 후 10년이 지난 시점에서 미완의 과제로 남겨 둔 문제에 대한 우려가 뜻하지 않게 중국의 작은 도시 원저우溫州에서 불거져

나왔다. 그리고 곧바로 중국 정부를 긴장시켰다.

(4) 토지사용권 만기에 따른 토지출양금 재납부 논쟁

2016년 4월경에 원저우시에서 출양 방식의 토지사용권 만기가 도래하면서 토지사용료 재납부 여부가 중요한 사회문제로 떠올랐다. 20년 전에 주택 사유화 실험을 전개한 원저우시가 20년 기한의 토지사용권과 주택(건물) 소유권을 결합한 상품 주택을 시장에 공급했는데, 그 기간이 지나자 매매가의 45%에 해당하는 30만 위안의 토지사용료 재납부가 문제된 것이다. 그 당시 개혁을 추진한 국무원이나 원저우시는 물론 현행 「물권법」에서도 '자동 연장'만 이야기했을 뿐, 토지사용권 만기 후의 토지사용료 재납부 문제는 명확하게 규정하지 않았기 때문이다.[14] 결국 원저우시는 '30만 위안 재납부' 발언은 취소했지만, 다른 명확한 입장을 밝히지는 않고 있다.

토지사용권 연장 방식과 관련하여 중국 학계의 논의를 정리하면, 부동산의 완전 소유화, 토지사용권의 무상 연장, 1년 단위의 계약 갱신 등이 제시되고 있다.[15] 부동산의 완전 소유화는 자본주의 토지 사유화를 주장하는 것이다. 토지사용권의 무상 연장은 계속해서 자동 연장하되 더 이상 토지출양금을 납부하지 않도록 하자는 것이다. 앞의 두 방식은 심각한 불평등 문제와 정부의 재정수입 감소를 초래한다. 그에 비해 1년마다 계약을 갱신하는 것은 출양 방식의 한계를 극복하고 일시불 납부의 부담을 줄여주기 위한 방안으로, 이 글에서 이론적으로 가장 바람직한 방식으로 평가한 토지연조제와 유사하다. 다만 차이가 있다면 토지연조제는 단기는 물론이고 중·장기간의 토지사용권을 안정적으로 보장해주면서 토지사용료(지대)를 매년 납부하는 데 초점이 있다.

중국 최초의 경제특구 선전은 이미 원저우시와 유사한 사례를 겪은 바 있다. 1980년 8월에 특구가 설립되고 20년 기한의 토지사용권을 분배했는데, 이것이 20년째 되던 해인 2000년에 접어들자 문제로 불거졌다. 그리하여 선전은 「선전시 만기 도래 부동산 계약 연장에 관한 규정」(2004. 4. 23)을 제정하고, 만기 토지에 대해 '토지출양금 납부'를 원칙으로 제시했다. 납부 금액은 당시 기준지가의 35%로 정했다(제3조). 그런데 이 규정이 말하는 부동산은 앞의 〈표 1〉에서 설명한 '행정배정 방식', 즉 무상으로 토지사용권을 취득하였거나, 낮은 수준의 지가를 납부한 뒤 행정배정 방식의 토지를 유상양도 방식으로 전환한 부동산에 해당하기 때문에, 이들 토지 사용자는 35%의 토지출양금을 납부할 마음과 여력이 있었다.

하지만 원저우시나 앞으로 나타날 사례들에 보이는 주택 소유자들은 상품주택에 대해 이미 대출을 받아 높은 수준의 가격으로 구입한 이들이므로 선전 사례와 동일 선에서 놓고 비교하기는 곤란하다. 토지출양제에 기초한 중국의 공공토지임대제는 처음에는 빠른 경제성장과 도시화를 보이면서 성공한 듯 보였지만, '지대 문제'는 향후에도 지속적으로 유사한 문제들을 속출해 낼 것이다.

(5) 도시 근교의 농촌집체 건설용지에 지어진 도시 주택의 합법화

중국은 현재 급속한 도시 성장에 따른 토지 수요를 주로 도시 주변의 농촌집체 건설용지 개발을 통해 해결하고 있다. 그런데 문제는 관련법에서 규정한 집체건설용지의 국유화 과정을 거치지 않은 채 건설업자들이 이곳에 도시용 주택을 건설하여 분양한다는 점이다. 도시화에 따라 도시 근교의 지가가 크게 상승하면서 건설업자들은 불법적이지만 막대한 개발이익을 누릴

베이징시 근교의 주택들
베이징시 근교에 지어진 아파트 단지이다. 사진에서 알 수 있듯이, 단지 주변에 기반시설이 충분히 정비되지 못한 상태다. ⓒ조성찬(촬영일: 2010. 7)

수 있기 때문이다. 이로 인해 주택을 구입한 가구는 주택재산권의 합법성 문제로 불안감에 빠졌다. 이처럼 법적 보호를 충분히 받을 수 없는 주택을 '소재산권 주택(小産權房)'이라고 부른다.

중국 정부는 '소재산권 주택' 문제를 해결하기 위해 2008년 10월 12일 중공 제17기 중앙위원회 제3차 전체회의를 통해 「농촌 개혁 발전 추진에 관한 약간의 중대 문제 결정」을 발표하고, 집체건설용지에 건설된 탓에 '법적 보호를 충분히 받지 못했던 주택'을 합법화했다.[16]

집체건설용지에 불법으로 지어진 도시형 주택의 재산권을 합법화한 결정은 재산권의 안정화를 도모했다는 점에서 볼 때 의미 있다. 그런데 이렇게 합법화된 주택은 원저우시 사례에서 나타난 토지출양금 재납부 논쟁의 구조적 문제에 휘말리게 될 것이다. 게다가 도시화가 교외로 확산되고 있는 상황에서 토지출양금 재납부 문제는 도시 내부는 물론이고 도시 근교와 심지어 농촌의 건설용지에까지 파급되어 중대한 사회문제가 될 가능성이 크다.

3) 경제적 관점에서 본 사유화 경향: 선전 사례

지금까지 이론적·제도적 관점에서 공공토지의 사유화 경향을 분석했다면, 이제는 토지 사유화의 본질인 '지대 사유화' 관점에서 살펴보자. 선전 경제특구는 1987년 9월 9일 최초로 협의 방식을 통해 면적 5,412m²의 주택용지를 50년 기한으로 108.24만 위안(1m²당 200위안)에 양도했다. 당시 「선전 경제특구 토지 관리 임시 규정」은 지대를 일시불로 납부하는 출양 방식 외에도 매년 납부하는 방식을 통해 토지사용권을 양도할 수 있도록 규정하고 있었음에도 최종적으로는 출양 방식을 채택했다. 결과적으로, 협의 방식과 출양 방식이 결합되면서 대량의 지대 수입이 유실되는 문제를 초래했다.[17]

〈표 3〉을 살펴보면 최초 사례에서 출양으로 인한 토지사용료 총액과 매년 납부 방식의 토지사용료 총액에 큰 차이가 나타난다. 만약 토지사용료를 매년 납부하는 방식을 선택했다면, 「선전 경제특구 토지 관리 임시 규정」에서 정한 상품주택용지 토지사용료 표준(30~60위안/m²)을 적용할 경우 50년 동안의 최저 총액은 811.8만 위안이고, 최고 총액은 1,623.6만 위안이다(사례 분석 I). 실제 거래된 출양 방식의 총액과 비교하면 각각 703.56만 위안(86.7% 사유화)과 1,515.36만 위안(93.3% 사유화)으로서, 큰 차이를 보인다. 선전시정부는 토지사용권을 매각하여 일시에 108.24만 위안의 재정수입을 얻었지만, 장기적으로 보면 최소 703.56만 위안의 재정수입을 포기한 꼴이다. 선전시가 두

〈표 3〉 일시불 방식 및 매년 납부 방식의 지대 총액 차이 분석

사례 분석 I		공급 면적 (m^2)	표준 (위안)	연한	임대료 총액 (만 위안)	차이 (만 위안)	사유화 비율 (차이/임대료 총액)
협의출양(실제)		5,412	200/50년	50	108.24(A1)	–	
매년 지대 납부 (가정)	주택용지 최저	5,412	30/1년	50	811.8(B1)	703.56 (B1－A1)	86.7%
	주택용지 최고	5,412	60/1년	50	1,623.6(C1)	1,515.36 (C1－A1)	93.3%
사례 분석 II		**공급 면적 (m^2)**	**표준 (위안)**	**연한**	**임대료 총액 (만 위안)**	**차이 (만 위안)**	**사유화 비율 (차이/임대료 총액)**
입찰 출양(실제)		46,355	368/50년	50	1,705.9(A2)	–	
매년 지대 납부 (가정)	주택용지 최저	46,355	30/1년	50	6,953.3(B2)	5247.4 (B2－A2)	75.5%
	주택용지 최고	46,355	60/1년	50	13,906.5(C2)	12,200.6 (C2－A2)	87.7%

* 출처: 조성찬, 「선전 경제특구 공공토지임대제 개혁 과정에서 지대 납부 방식의 중요성 연구」, 『현대중국연구』 제13집 1호, 2011, 328쪽, 〈표 2〉를 수정함.

번째로 1987년 11월 25일 공개 입찰 방식으로 면적 46,355m²의 상품주택용지 사용권(50년)을 선화개발공사(深華工程開發公社)에 매각한 사례 역시 결과는 같다(사례 분석 II).

〈표 3〉의 사례 분석은 토지임대료의 상승률을 고려하지 않았는데, 만약 토지임대료가 선전시 지가 상승률이나 주택 가격 상승률만큼 올랐다고 가정한다면 이야기는 더 심각해진다. 참고로, 중국 부동산 광풍을 선도한 선전시의 2016년도 평균 집값은 1m²당 5만 위안(약 930만 원) 수준으로서 전년도에 비해 50% 이상 치솟았다.[18]

선전시의 토지사용권 양도 사례는 중국 공공토지임대제 개혁에서 상징성

이 매우 크다. 하지만 아쉽게도 '출양' 방식을 적용함으로써 각종 부동산 문제, 즉 지가 및 주택 가격 급등, 토지사용권 재양도 과정에서 매매 차익 사유화(부동산 투기), 과도한 담보대출 의존 구조, 대출에 따른 금융 위기, 과도한 토지사용권 양도 및 불안정한 재정수입, 빈부 격차 및 도시의 지속 가능성 파괴와 같은 여러 문제점을 초래했다.[19]

5. 공공토지의 실질적인 사유화를 막기 위한 정책

앞서 이론적·제도적·경제적 관점의 분석을 통해 도시 토지의 소유권이 정부에 있다 하더라도 실질적인 의미에서 공공토지 사유화가 진행되었음을 알 수 있다. 사유화를 막기 위한 중국 정부의 정책적 노력은 크게 세 가지 차원에서 이루어지고 있다. 첫째, 사유화의 이론적·제도적 관점에서 분석한 토지출양제 자체를 극복하기 위해 이론적으로 타당성이 더 높은 토지연조제 실험을 전개하고 있다. 둘째, 사유화의 경제적 관점에서 분석한 지대의 사유화를 막기 위해 개발이익을 공유하는 방식으로 접근한 것인데, 충칭시重慶市 지표거래(地標交易) 사례가 이에 해당한다. 셋째, 토지출양제의 한계를 '보완'하면서 동시에 지대 사유화를 막기 위한 부동산 보유세 실험이다.

1) 토지연조제 실험: 상하이시

토지 출양 방식을 통해 한정된 토지자원에서 파생되는 토지사용권을 매각하여 재원을 마련하는 '토지 재정' 방식은 비축 토지의 감소라는 결과에 이르고 만다. 비축 토지의 감소를 경험한 지방정부는 도시 근교의 집체건설용지 수용을 확대하려는 노력과 더불어 도심 토지 역시 좀 더 효율적으로 이용해야 한다는 필요성을 깨닫게 되었다. 중국의 경제수도 상하이가 이를 잘 보여준다.

류수이流水는 상하이가 직면한 도심 토지의 부족 문제를 분석한 뒤, 도심 토지를 효과적으로 사용하기 위해서는 토지사용료를 일시불로 납부하는 출양 방식이 아니라 매년 납부하는 연조 방식으로 전환해야 한다고 제시했다. 그가 연조 방식을 제시한 근거는 상하이시가 1999년 5월 31일에 공포한 「상하이시 국유토지임대 임시판법」과 이 법률에 기초하여 진행한 '푸둥신구 토지 연조 방식 시범지역'의 경험이었다.[20]

국토자원부가 「국유토지임대 규범화를 위한 약간의 의견」(1999. 7. 27)을 공포하기 두 달 전인 5월 31일, 상하이시는 처음으로 「국유토지임대 임시판법」을 공포하고 푸둥신구를 상하이시의 '국유토지임대 시범지역'으로 지정했다. 「상하이시 국유토지임대 임시판법」은 국토자원부가 「국유토지임대 규범화를 위한 약간의 의견」을 통해 제시한 지도 원칙을 따르면서도 상하이시 자체의 독특한 규정을 담아 놓았다.[21] 상하이시 푸둥신구에서 실험한 토지 연조 방식의 해법은 일정 정도 성공을 거두었으며, 다른 도시의 실험보다 이론적 부합성 및 정책적 적용 가능성이 뛰어나 향후 중국 토지 정책의 나아갈 방향을 제시했다는 점에서 큰 의의가 있다.[22]

2) 도농 간 개발이익의 공유를 위한 지표거래 실험: 충칭시

충칭시는 현재 도시화에 따라 발생하는 개발이익을 도시와 농촌이 공유하기 위해 '지표거래'라는 아주 독특한 정책을 실험하고 있다. 지표거래를 한마디로 정의하면 '택지개발권 양도제'라고 할 수 있다. 개발이익 공유는 중국에서 토지 사유화의 핵심인 지대 사유화를 보완할 수 있는 정책적 노력으로 이해할 수 있다. 충칭은 지난 2007년 중국 정부가 도농 격차를 줄이기 위해 만든 '도농 종합 개혁 시범구'로 지정된 것을 계기로 2008년에 가장 먼저 이 제도를 도입했다.

중국은 식량 자급을 중시하기 때문에 전체 농지 면적이 18억 무畝(토지 면적 단위. 1무는 약 666.67㎡)이하로 줄어들지 않도록 신경을 쓰고 있다. 따라서 각 지방정부는 할당된 일정 면적의 농지를 유지해야 한다. 그런데 중국의 경제성장이 급속히 진행되면서 도시화가 빠르게 일어나고, 도시 주변부의 농지가 도시 용도로 전환되면서 지방정부는 농지 보호와 경제성장 사이에서 딜레마에 빠질 수밖에 없었다.

충칭시가 이러한 딜레마를 해결하기 위해 중국 최초로 추진하고 있는 일이 바로 지표거래다. 도시 주변부에서 멀리 떨어져 있으며, 도시로 진출한 농민공들이 사용하지 않는 주택용지와 그 부속시설의 용지, 향진기업 용지, 농촌 공공시설 용지 등 농촌의 건설용지를 농경지로 복원하면서 생기는 농지 면적만큼 해당 농촌 마을에 택지개발권을 부여하고, 원거리의 농촌 마을은 이 개발권을 토지거래소를 통해 도시 토지 개발자와 거래함으로써 도시와 농촌이 도시화에 따른 토지 가치 상승의 열매를 공유할 수 있다는 장점이 있다.[23] 추이즈위안崔之元은 이 방식을 중국의 노동자와 농민이 소자산계급으로 올라가 사회 전체가 프티부르주아 사회주의로 나아가기 위한 정책 중 하나라고 소개한다.[24] 도시 진출을 희망하는 원거리 거주 농민들은 지표거래를 통해 자본을 형성하여 도시로 진입할 수 있다. 이것이 정부 정책의 주요 목적이다. 지표거래는 신형도시화 전략과 연결된다.

2016년 현재 충칭시는 8분기 연속 성장률 1위를 기록하고 있는데, 충칭시 관계자는 이러한 성장의 배경으로 지표거래 제도, 공공임대주택 제도 및 농민공 복지제도에 따른 양질의 저임금 노동력이 풍부한 것에 주목했다.[25] 이 같은 발언을 통해 지표거래 제도가 어느 정도로 중요성을 갖는지 파악할 수 있다.

3) 부동산세(물업세) 도입 실험

초기에 '물업세物業稅'라는 용어로 사용되던 부동산세(地產稅)는 토지출양제로 공급된 토지를 대상으로 부과하는 보유세다. 중국 총리 리커창李克强은 「China 2030」 보고서를 통해 부동산세 도입을 강력하게 주장했다.[26] 이미 토지출양금을 납부했음에도 불구하고 부동산세를 또다시 부과하는 근거는 정부의 추가적인 기반시설 제공에 따라 개인의 재산 가치가 늘어났으므로 그 증가분에서 일정 정도를 환수하여 정부 비용으로 충당하겠다는 뜻이다.

부동산세의 도입 목적은 첫째, 지방정부에 안정적인 세원을 제공하고, 둘째, '토지 재정'에서 '공공 재정'으로 변화를 유도하며, 셋째, 빈부 격차를 축소하고, 넷째, 주택 투기를 억제하는 것과 동시에 주택 가격을 내리기 위해서다. 중국 정부는 이미 2003년 10월에 중공 제16기 3중전회에서 결의한 「중공중앙의 시장경제체제 개선을 위한 약간의 문제에 대한 결정」에서 "조건이 갖추어지는 대로 부동산에 대해 통일된 물업세를 징수하며, 이에 따라 관련된 세제와 비용을 폐지한다"고 밝혔다. 중공 제16기 5중전회(2005. 10)에서도 "점진적으로 물업세 징수를 추진한다"며 물업세 도입 의지를 분명히 했다.

이러한 정책 의지에 따라 중국 정부는 이미 시범 연구도시를 선정하여 정책 도입을 위한 구체적인 연구를 진행해왔다. 2005년에 베이징·선전·충칭·닝샤寧夏·랴오닝遼寧·장쑤江蘇 등 여섯 곳을 1차 시범 연구도시로 선정했으며, 2차로 2007년 9월에 안후이安徽·허난河南·푸젠福建·톈진天津 등 네 곳을 추가로 선정했다.[27] 그러나 아직까지는 중국 전체로 확산시키려는 정책적 의지와 움직임은 감지되지 않는다.

6. 중국의 토지개혁 경험이 주는 교훈

중국 토지제도사의 변증법적 변화 과정에서 얻을 수 있는 교훈은 크게 두 가지다. 하나는, 토지사유제(자본주의)와 토지공유제(공산주의) 사이에 다른 길이 있다는 것이다. 다른 길이란 바로 개혁기 이후 실시된 토지사용권의 물권화에 기초한 공공토지임대제다. 이 길은 고대 정전제와 균전제라는 역사적 근거를 갖고 있다. 다른 하나는, 역사상 유례없는 도시화를 통해 경제성장을 이룩한 중국이 도시화 과정에서 다시금 공공토지가 사유화되는 경향이 나타나면서, 사유화의 본질이 곧 지대의 사유화라는 것을 보여줬다. 다른 길로 인식된 중국의 공공토지임대제가 토지사유제 아래 나타나는 문제와 동일한 양상을 띠자, 토지 출양 방식에 이론적·제도적·경제적 한계가 분명하다는 점이 드러났다.

지금 중국에서 거품경제가 형성되고 있다는 지적이 나온다. 공공토지의 사유화 경향에 제대로 대처하지 못할 경우, 거품경제를 지나 거품 붕괴가 시작되면 부동산 가격이 하락하고 은행의 부실채권이 늘어날 터이므로 중국 역시 금융 위기를 피할 수 없게 될 가능성이 크다. 나쁜 의미의 새로운 역사가 써질 수도 있는 것이다. 중국 지도부의 정책적 결단이 요구되는 시점이다. 다행히 중국 정부는 이러한 문제를 인식하고 있는 듯하며, 그 나름의 대처 방안을 모색하고 있는 중이다. 다만 정책 의지가 충분해 보이지 않는 것이 아쉽다.

중국의 토지개혁 경험이 주는 또 하나의 교훈이 있다. 바로 인접 국가인 북한에 토지개혁이 나아갈 방향을 제시하고 있다는 점이다. 북한 경제특구의 토지이용 체계는 중국과 유사하면서도 차이가 존재한다. 모든 토지에 대해 토지이용료 명목으로 50년 기간의 지대를 일시에 납부하도록 하는데, 이는 중국의 출양 방식과 같다. 또한 같은 토지에 대해 10년 유예 후 매년 토지사용료를 납부하도록 규정하고 있는데, 이는 중국의 연조 방식과 같다. 하지만 같은 토지에 대해 일시 납부와 매년 납부를 동시에 적용하는 북한의 구조는 중국의 독립된 납부 방식과 엄연히 다르다. 이처럼 북한 경제특구의 토지이용 체계는 지대 납부만 보면 중국식 출양 방식과 연조 방식의 갈림길에서 있다. 북한이 중국의 경험을 합리적으로 참고한다면 지속 가능한 발전을 위해 연조 방식을 선택해야겠지만, 최근 발표한 개발구에서 해외 투자를 성공적으로 이끌어내자면 출양 방식과 유사한 정책에 대한 유혹을 뿌리치기는 쉽지 않을 것 같다. 그렇게 되면 설령 빠른 시간 내에 도시화에 따른 경제 발전을 도모할 수 있다 하더라도 지속 가능한 발전을 추동하기는 어렵다. 이런 점에서 한국은 북한이 연조 방식을 선택할 수 있도록 자본을 안정적으로 공급해줄 필요가 있다. 이것이 한국 정부가 대북 경제협력에서 우선적으로 추진해야 할 중요한 과제다.

항저우, 관광도시에서 스마트 도시로

노수연

1. 스마트 도시 항저우에 왜 주목하는가?

세계 각국은 도시화 진행 과정에서 발생하는 부작용을 최소화하면서 지속 가능한 발전을 유지하기 위해 다양한 도시화 모델과 도시 브랜드 구축을 실험해왔다. 특히 최근 4차 산업혁명이 부각되면서 도시의 스마트화가 큰 이목을 끌고 있다.

중국도 지혜도시智慧城市나 지능도시智能城市 등의 명칭으로 스마트 도시를 건설하고 있다. 2015년까지 세 차례에 걸쳐 이미 국가급 스마트 도시 시범지역 277곳을 선정했으며, 현 정부가 추진하는 신형도시화(新型城鎭化) 계획에서도 스마트 도시가 중요한 비중을 차지한다. 중국 정부는 2015년 발표한 500개 스마트 도시의 개발계획에서 2020년까지 관련 연구 개발에 500억 위안(한화 10조 원 상당), 인프라 사업에 1조 위안(한화 182조 원 상당)을 투입할 계획이라고 밝혔다. 또한 2015년 '인터넷 플러스Internet plus' 정책 발표를 계기로 인터넷을 비롯한 ICT 기술을 도시 건설에 접목하는 스마트 도시에 대한 관심도 전국적으로 증폭되었다.

항저우시杭州市는 그 어느 곳보다 적극적으로 스마트 도시 건설에 임하면서 단기간에 성과를 보이고 있다. '차茶와 비단의 도시', '관광 휴양의 도시' 등 천연자원을 기반으로 한 정적인 이미지가 강했지만 최근 들어 '국제 전자상거래 도시', '혁신과 창업의 도시'로 변모하는 중이다. ICT 기술과 플랫폼을 기반으로 한 스마트 도시 건설에서도 다른 지역보다 높은 성과를 거두고 있다. 2016년 9월 G20 회의 개최를 계기로 항저우시는 이른바 '지폐가 필요 없는' 스마트 도시로서 세계에 알려졌다. 또한 스마트 도시 사업의 일환으로 2016년 10월 인공지능을 도시교통 시스템에 접목한 시티 브레인City Brain(城市大腦) 사업 및 블록체인Block chain 도시 건설 등을 세계 최초로 진행하며 스마트 도시를 혁신 플랫폼으로 활용한 여러 가지 실험도 진행하고 있다.

그렇다면 항저우가 이처럼 스마트 도시를 기반으로 한 실험을 적극적으로 진행할 수 있었던 메커니즘은 무엇이며, 중국의 스마트 도시 건설에서 가지는 함의는 무엇일까? 항저우가 최근 적극적으로 추진하는 시티 브레인 사업을 사례로 위의 질문에 답을 찾아보도록 하자.

2. 항저우의 스마트 도시 건설, 어디까지 진전되었나?

항저우의 스마트 도시 건설은 현지 정부의 주도하에 2011년 본격화되었다. 저장성浙江省정부는 2011년 「스마트 도시 건설 시범사업 전개에 관한 통지(關于開展智慧城市建設試點工作的通知)」를 발표하고 항저우를 저장성 스마트 도시 건설의 시범도시로 지정했다. 이어 2012년 중국 공정원工程院은 '중국 스마트 도시'의 시범사업도시로 베이징北京, 시안西安, 항저우杭州, 우한武漢, 닝보寧波 등 5개 도시를 지정했다. 저장성정부도 항저우, 닝보 등 6개 도시를 스마트 도시 시범사업도시로 지정했고, 같은 해 항저우시정부도 「'스마트 항저우' 건설총체계획('智慧杭州'建設總體規劃) 2012~2015」을 발표하여 '스마트 혁신 도시 건설, 동양의 품격 있는 도시 건설, 행복하고 조화로운 항저우 건설'이라는 스마트 도시 건설 목표를 확정했다. 또한 중국 최초로 공공 와이파이를 전면 무료로 개방했다.

2014년에는 항저우시정부와 중국 공정원이 스마트 도시 건설 전략 협의에 합의하고 공동으로 '스마트 항저우(智能杭州)'를 건설하기로 했다. 제휴 내용은 크게 '스마트 항저우' 건설 마스터플랜 제정, 건설 방안 지도, 협력·발전 메커니즘 형성, 보장 조치 수립 등이었으며, 사물인터넷(IoT: Internet of Things), 클라우드 컴퓨팅, 빅데이터 산업 발전을 지원하기로 했다. 여기에 세계 500대 기업에 속하는 시스코Cisco사가 중국 본사를 항저우에 설립하면서 항저우시의 스마트 도시 건설에 참여하게 되었다.[1]

항저우시정부는 스마트 도시 건설과 밀접한 관계가 있는 스마트 경제 및 IT 경제 발전에 관한 정책도 잇따라 발표했다. 시정부는 2014년 「정보경제 발전 가속화를 위한 의견(關于加快發展信息經濟的若干意見)」을 발표하여 2020년까지 항저우시를 선도적인 정보경제도시이자 스마트 경제혁신도시로 건설할 것을 목표로 제시했다. 구체적으로는 국제 전자상거래, 전국 클라우드 컴퓨팅 및 빅데이터 산업, 사물인터넷 산업, 인터넷 금융 혁신, 스마트 물류, 디지털 콘텐츠 산업의 중심으로 발전시킬 계획이다. 또한 후속 조치로 2015년에는 「항저우시 스마트 경제 촉진 조례(杭州市智慧經濟促进條例)」를 제정했다. 현재 항저우시는 클라우드 컴퓨팅, 사물인터넷, 소프트웨어 및 정보서비스산업,

집적회로(IC) 설계, 문화 창의, 전자상거래를 스마트 산업으로 지정하여 육성하고 있다.

정부의 이와 같은 각종 정책에 힘입어 항저우시는 2015년 중국 국제 전자상거래 종합 시험구이자 중국에서 가장 아름다운 도시, 영세기업 창업·혁신기지 국가급 시범도시, 국가급 자주혁신 시범구, 중국 최우수 도시, 중국에서 가장 행복한 도시로 선정되는 등 우수한 경제·사회적 여건을 갖춘 도시로 평가받는다.[2] 또한 각종 스마트 도시 평가에서도 높은 점수를 받고 있어 중국 10대 스마트 도시로 선정되는가 하면, 2016년 중국 44개 도시를 대상으로 한 평가에서도 베이징, 선전, 난징, 상하이, 닝보, 우시無錫와 함께 모든 면에서 고른 발전을 보인 가장 우수한 제1군 스마트 도시로 평가되었다.[3]

산업 분야에서는 전자상거래, 소프트웨어, 사물인터넷 등이 고속 성장했는데, 2014년 중국 공업정보부로부터 '중국 소프트웨어 도시(中國軟件名城)'에 선정되었다. 또한 빈장구濱江區에 위치한 스마트 산업단지는 산업 연구소, 공공기술 서비스 플랫폼, 전문 인큐베이터 건설을 통해 스마트 헬스 네트워크 서비스 및 관련 장비 제조업, 정보 보안, 소프트웨어 및 서비스 아웃소싱, 빅데이터 등의 산업을 중점적으로 발전시킬 계획이다.

공공서비스 분야에서도 스마트화가 진행 중이다. 대표적인 사례가 항저우시 시민카드(市民卡)이다. 항저우시는 일찍이 2005년 중국 최초로 각종 사회보장 서비스와 함께 공공교통 이용, 소액 결재 기능 등의 전자신용 지불 기능을 포함한 스마트형 시민카드 40만 장을 발급했으며, 2014년 2월까지 총 800만 장 이상 발급했다. 시민카드는 사회보장, 공공교통, 공공서비스, 편의서비스 등 4대 영역에서 활용될 뿐만 아니라 정부의 정책 입안에 필요한 데이터를 제공함으로써 정부 관리의 수준 향상에도 기여하고 있다.[4]

가장 최근의 성과로는 시티 브레인 사업을 들 수 있다. 항저우시는 중국 최초로 도시에 인공지능을 결합한 스마트 시티 정책을 발표·시행한 사례이다. 2016년 10월 '시티 브레인'이라는 명칭의 스마트 도시 건설 계획을 발표하고, 우선 교통·에너지·수도 등 기초시설의 디지털화를 실현하고 있다. 시티 브레인은 초기 단계에서 샤오산구蕭山區를 대상으로 하는 프로젝트성 사업으로 진행되었는데, 이곳에서의 성공 경험을 다른 지역 및 업종으로 차츰 확산해나갈 계획이다.

일명 '항저우 도시 데이터 브레인(杭州城市數據大腦)'이라 불리는 이 프로젝트는 항저우의 5만여 개 도로에 설치된 CCTV를 통해 교통정보를 수집하여 관련 데이터를 교환·처리한 뒤 인공지능 시스템으로 의사 결정을 내리고, 다시 교통시설에서 이를 실행하는 것이다. 시티 브레인은 알리 클라우드의 ET 인공지능 기술을 사용하여 도시 전반에 걸쳐 실시간 분석이 가능하고, 공공 자원을 자동으로 조절하며, 도시의 교통 운영상 결함을 수정할 수 있게 된다. 이 브레인은 2016년 9월부터 항저우시 샤오산구 도심 도로에서 시범적으로 사용되기 시작했으며, 신호등 조절을 통해 이 지역 도로의 차량 통행 속도가 평균 3~5% 향상되는 성과를 거두었다. 시티 브레인은 현 단계에서는 교통에만 사용되고 있지만, 향후 에너지와 수도 등 기초시설을 모두 디지털화하여 도시 전체를 신경 네트워크 형식으로 연결할 계획이다.[5]

3. 시티 브레인 프로젝트의 운영 메커니즘

스마트 도시가 혁신의 플랫폼으로 주목받기 시작하면서 중국은 스마트 도시를 혁신 실험의 장場으로 활용하기 위해 노력하고 있다. 즉, 스마트 도시 프로젝트를 통해 발견된 수요를 충족하면서 도시문제를 해결하기 위한 다양한 기술적 실험을 진행하는 것이다. 항저우시 차원에서 주도적으로 진행하고 있는 시티 브레인 프로젝트 역시 인공지능 기술을 활용하여 구도심의 교통 문제를 해결하는 데 성과를 거두어 크게 주목받고 있다. 그렇다면 스마트 도시가 혁신 플랫폼으로 성공하기 위해서는 어떤 조건이 필요할까? 우리는 현재까지 항저우시의 시티 브레인 프로젝트가 순항하는 이유를 혁신의 주체별 역할과 상호작용에서 찾는다.

항저우 스마트 도시 건설의 주체는 정부와 기업, 그리고 가장 말단의 혁신 생산자인 창업자로 구성되며, 시티 브레인 프로젝트의 경우 항저우시정부와 알리바바Alibaba 등 13개의 기업이 참여 주체이다. 항저우시정부는 인프라와 자원을 제공하고, 기업은 새로운 시장과 수요 창출을 통해 향후 수익 비전을 제시한다. 13개의 기업으로 구성된 컨소시엄은 자사의 기술을 실현하는 테스트베드Test Bed를 확보하고, 제품과 서비스를 도시 수요에 맞게 업그레이드하여 성과를 확산해나갈 기반으로 삼는다는 목표 함수를 가지고 시티 브레인 프로젝트에 참여하고 있다.

1) 항저우시정부

(1) 정책 방향성 제시

시티 브레인의 정책적 기저에는 2015년 9월 국무원이 발표한 「빅데이터 발전 촉진을 위한 행동 강요(促進大數據發展行動綱要)」가 자리한다. 이는 중앙정부 차원에서 공공데이터 개방을 제시한 최초의 문건으로, 2020년 말까지 사회 전반에 정부가 보유한 공공데이터를 개방한다는 계획을 담고 있다. 그에 따라 2020년까지 신용, 교통, 의료, 위생, 취업, 사회보장, 지리, 문화, 교육, 과학기술, 자원, 농업, 환경, 안전, 금융, 통계, 기상, 해양, 기업 등기의 관리·감독 등 민생 보장 서비스 관련 영역에서 정부의 데이터를 사회에 개방할 계획이다. 이어 2016년에 발표한 「빅데이터 산업발전 규획(大數據産業發展規劃) 2016~2020」에서 중국 정부는 시장 및 수요 친화적인 빅데이터 제품을 개발하고, 오픈데이터의 개방성과 활용도를 제고하며, 대기업을 통한 데이터 산업 혁신과 함께 각 지역 및 분야별 개발·협력까지 강화하겠다는 방침을 밝혔다.

이외에도 중국 정부는 인공지능 관련 사업을 장려하는 일련의 정책을 발표했다. 국무원은 2015년과 2016년에 걸쳐 인간과 기술 간 상호 교류의 핵심인 스마트 감지와 인지, 현실과 가상의 융합 및 자연언어에 의한 교류, 스마트 의사 결정 등의 발전을 도모하고, 2018년까지 세계 수준의 인공지능기업 육성을 위한 혁신적 생태계 조성과 중국 표준(China Standard)을 추진하겠다고 공표했다.

항저우시는 이에 발맞춰 공공데이터를 개방하고 인공지능산업의 지역 발전을 위한 혁신적 생태계 조성을 통하여 전반적인 도시 발전 수준을 제고하겠다는 계획하에 시티 브레인 사업에 착수했다. 그 과정에서 시정부는 대기업들의 참여와 개발·협력을 유도하고 항저우 스마트 도시 브랜드의 확산을 주도했다.

그런데 항저우에서 빅데이터나 인공지능을 활용하는 스마트 도시에 대한 시정부 차원의 정책은 샤오산구 대상의 시티 브레인 사업이 일단락된 2017년에 들어서 오히려 활기를 띠고 있다. 「항저우시 과학기술혁신 13·5 규획」

은 2017년 2월에 제출되었으며, 지역 내 제반 생활의 스마트화, 창업 활성화 등에 대한 로드맵을 제시하고 있다. 「디지털 항저우(신형 스마트 항저우 1기) 발전 규획」은 2017년 7월에 제출되었으며, 2017~2020년간 항저우시 인공지능 산업의 발전을 위해 인공지능 혁신 창업 오픈 플랫폼 구축, 관련 제도 정비, 제조, 교육, 환경보호, 의료, 정책 결정 등과 인공지능 결합을 위한 시범지역 구축, 인공지능산업 생태계 구축 등의 방향을 밝히고 있다.

이는 시티 브레인 사업 초기에는 시정부 차원에서 아직 빅데이터나 인공지능에 관련된 명확한 정책적 방향과 도시의 위상이 설정되지 않은 상태로 사업이 진행되었다가, 샤오산구에서 실제 사업을 진행하는 중에 점차 명확한 정책 방향성을 수립해나갔기 때문인 것으로 풀이할 수 있다.

(2) 민간과 역할 분담, 공공데이터 제공

시티 브레인 사업의 주도권은 사실상 항저우시정부에 있다기보다는 자사 인공지능 플랫폼을 시험하고 시장화 할 대상을 필요로 하던 알리바바에 있다고 보는 것이 타당하다. 항저우시정부는 이를 적극 수용하고 사업에 대한 모든 권한을 참여 기업들에 이양하는 대신, 별도의 지원은 하지 않았던 것으로 알려진다. 이처럼 항저우시가 사업 권한을 13개 기업 컨소시엄에 이양하고 사업의 성패에 대한 책임을 지방정부가 짊어지는 이른바 '민간 주도의' 원칙이 부각된 사업을 시도했다는 점은 기존의 지방정부 사업과 다른 특징이다.

과거 중국의 지방정부가 실행한 사업에도 기업의 참여가 많았으나 이 경우 정부 주도 성향이 강했다. 정부는 물리적인 공간과 인센티브를 제공하고, 기업은 정부가 그린 밑그림에 참여하는 형태로 진행되었다. 반면 항저우시는 스마트 도시 건설 과정에서 민간 참여 주체의 권한을 확대하고, 이를 통해 새로운 기술과 서비스를 상용화 할 수 있는 공간을 제공하는 형태로 정부의 역할을 새로이 정립했다고 볼 수 있다.

인센티브 대신 항저우시정부가 기업에 제공한 것은 시정부에서 보유한 교통 관련 공공데이터이다. 인공지능을 적용한 스마트 도시의 최초 프로젝트로 항저우시는 교통 영역을 선택했고, 항저우 시내의 CCTV와 RFID(radio frequency identification, 무선 인식), 각종 사물인터넷 디바이스에 부착된 센서 등을 통해 수집한 도로 현황, 차량 흐름 등에 대한 대규모의 데이터를 참여 기업에 전면 개방했다.[6] 이는 중국이 광대한 인구와 내수 시장에서 발생한 풍부한 데이터를 보유하고 있음에도 불구하고 그간 데이터 개방 수준의 부족, 새로운 컴퓨팅 플랫폼이나 오픈소스 기법 등 기술혁신 수준 및 지원 부족, 빅데이터 전문 애플리케이션 SW 수준의 미비 등으로[7] 인해 데이터가 충분한 시장성을 갖추지 못한 데 대한 중앙-지방정부의 데이터 산업 활성화 행위로도 볼 수 있다.

즉, 항저우시정부는 공공데이터의 활용성 제고와 이를 위한 기술·서비스 산업의 발전을 시티 브레인 사업을 통해 견인하고자 한다고 볼 수 있다. 이런 상황에서 정부가 제공할 수 있는 좀 더 가치 있는 자원(resource)이 여타 산업 혁신을 위한 클러스터 구축 때 토지나 자금을 제공하던 데서 데이터를 전면 개방하는 방식으로 변화될 수 있었던 것이다. 아울러 항저우시는 완정한 데이터 제공을 위해서 교통, 도시 관리, 건설, 공안 등 11개 관련 시정부 부문의 참여를 독려하고, 모든 데이터를 수집하고 통합할 수 있는 환경을 조성했다.

(3) 새로운 산업 기반의 구축 기회 제공

항저우시의 시티 브레인 실험은 빅데이터, 클라우드, 인공지능 등 4차 산업혁명의 핵심 기술이 결합된 총체적 결과물로 볼 수 있다. 항저우에서처럼 자율 조정 능력을 지닌 인공지능의 의사 결정을 위해서는 데이터의 개방이 우선적으로 필요하다. 또한 각 부문에서 별도로 수집된 데이터를 한곳에 통합하는 플랫폼, 이를 처리하고 분석하는 기술이 유기적으로 연계되어야 한다. 항저우 시티 브레인이 '도시'와 '데이터'와 '인공지능'을 함께 묶어 '도시 데이터 브레인'이라는 명칭을 사용한 까닭은 이와 같은 이유다.

인공지능이 도시의 데이터를 활용하고 처리하며 의사 결정까지 내리도록 하는 실험은 항저우시가 기존에 보유한 산업 기반을 활용하여 새로운 산업 기반을 구축하고 지역경제를 발전시키기 위한 목적에서 진행되고 있다. 이는 기존에 존재하던 클라우드 산업클러스터인 윈치타운Yunqi Town(雲栖小鎭)이 있었기에 가능한 계획이었다. 항저우는 알리바바 등 로컬 기업을 통해 이미 기업의 기술과 지역의 발전을 연계하는 다양한 실험을 진행해왔고, 빅데이터, 클라우드 등의 산업사슬을 만들기 위한 노력을 전개해왔다. 시티 브레인은 여기에 인공지능을 결합한 새로운 산업 기반을 도시 내에 구축할 수 있는 계기로 활용될 수 있었다.

2) 기업

(1) 컨소시엄 구성과 가치사슬의 완성

시티 브레인 사업에는 알리바바의 주도하에 총 13개의 기업이 참여했다. 이들은 샤오산구의 교통 문제 해결을 위해 데이터를 수집·식별하고, 대량의

〈표 1〉 항저우의 시티 브레인 프로젝트에 참여한 기업

참여 기업	업무
알리바바	클라우드 플랫폼 구축, 인공지능 데이터 통합·처리, 의사 결정
H3C	고성능 서버 제조
폭스콘	고성능 서버 제조
Yitu Tech	데이터 모델링, 도로의 차량 궤적 식별, 신호등 모델링
SUPCON	도시 정보화, 솔루션
HIKVISION	보안 제품 및 솔루션
차이나모바일(항저우)	네트워크
차이나유니콤(항저우)	네트워크
Venus Tech	보안
시후西湖전자그룹	신에너지 자동차, 스마트 교통
Yinxinggu Capital	펀딩
Dt Dream	클라우드 서비스, 데이터 시각화
Dahua Tech	CCTV, 모바일 모니터링

* 출처: 각종 기사 및 회사 홈페이지에서 정리

데이터를 처리·분석하여 인공지능을 통해서 자율 결정하도록 하는 가치사슬의 전반에 대한 업무를 〈표 1〉과 같이 분장하고 있다.

그 과정에서 알리바바는 시티 브레인의 핵심인 ET 인공지능 기술을 제공하고 인공지능 플랫폼을 구축했다. 알리바바의 ET는 알리바바 클라우드가 시티 브레인 사업이 시작되기 이전인 2016년 8월에 발표한 인공지능 기술 플랫폼으로, 음성인식, 이미지 및 영상 식별, 교통 예측, 감정 분석 등을 통해 교통, 산업 생산 현장, 헬스케어 분야에서 의사 결정을 지원하는 고도화된 인공지능 플랫폼이다. 시티 브레인 사업에서 알리바바는 ET 인공지능 기술을 활용하여 차량과 도로 교통 체계에 관련된 모든 데이터를 클라우드 플랫폼

〈그림 1〉 시티 브레인 참여 기업의 가치사슬 구성
항저우시의 시티 브레인 프로젝트에는 다양한 분야의 기업이 컨소시엄에 참여해 가치사슬을 구축했다.

으로 통합하고, 딥러닝deep learning을 통해 인공지능이 데이터를 분석, 최적화된 교통 흐름을 결정할 수 있도록 했다.

차이나모바일과 차이나유니콤 등의 통신사는 시티 브레인 사업에 필요한 네트워크 인프라를, H3C와 폭스콘은 대량 데이터의 처리·분석이 가능한 고성능 서버를 제공했다. 빅데이터 기반의 인공지능 솔루션 업체인 이투Yitu Tech는 도로와 차량의 궤적을 식별하고 신호체계를 모델링하는 등, 다양한 기업들이 시티 브레인 사업에서 고유한 업무를 담당했다.

요컨대, 인공지능 기술을 제공하여 도시 내 신경망을 구축하고 의사 결정을 지원하는 알리바바를 주축으로 인프라(네트워크, 서버), 모니터링 및 데이터 수집(CCTV 등), 데이터 식별 및 분석, 데이터 시각화, 보안, 그리고 펀딩에 이르기까지 여러 분야의 기업들이 컨소시엄을 통해 자체 가치사슬을 구축했던 것이다. 〈그림 1〉은 바로 그 같은 가치사슬이 어떻게 구성되었는지를 구조화한 도식이다.

(2) 기업 간 네트워크의 구축과 강화

이들 기업은 사전에 이미 긴밀한 협력을 진행 중인 관계였다는 점도 주목할 만하다. 인싱구 캐피털Yinxinggu Capital(銀杏谷資本)은 13개 참여 기업 가운데 유일하게 펀딩 부분을 전문적으로 담당한 벤처캐피털이다. 이 회사는 이미 알리바바와 오랜 협력 관계를 유지하고 있으며, 시티 브레인 참여 기업 중에서 유일한 스타트업인 Dt 드림Dream(數夢工場)에 2015년 8월 4억 5,000만 위안(한화 약 753억 원)의 시드 투자를 진행한 바 있다.[8] Dt 드림은 2015년 3월 항저우에 설립한 클라우드 및 데이터 시각화 개발 및 서비스 제공 업체로, 클라우드 컴퓨팅, 데이터베이스, 빅데이터 분석 및 클라우드 안전 관련 업무를 진행한다. 특히 항저우에서 알리바바의 인큐베이팅과 투자를 거친 스타트업으로서 알리바바로부터 시드 투자와 시리즈A 투자를 받았고, 알리바바 클라우드와 전략적 제휴를 통해 알리바바의 압사라Apsara 플랫폼에 서비스를 제공하고 있다.[9]

폭스콘 등도 사전에 이들 기업과 네트워크를 형성한 회사 중 하나이다. 이들은 시티 브레인 사업 이전에 항저우시정부가 개발한 윈치타운의 입주 기업이라는 네트워크로 연결되어 있었다. 윈치타운은 2002년 8월 항저우시정부의 비준을 거쳐 설립된 산업단지이다. 원래 전통 공업단지로 설계되었던 이 클러스터는 2005년 바이오, IT, 신에너지 등의 하이테크 산업단지로 거듭났으며, 2012년 10월 클라우드 산업단지로 특화되었다.[10]

당시 윈치타운이 위치한 항저우 시후구西湖區는 알리바바와 좐탕轉塘 과학기술단지에 클라우드 생태계의 구축 사업을 위탁했고, 2015년 3월 폭스콘과 협력을 체결하여 알리바바와 함께 사이버와 전통의 결합, 하드웨어와 소프트웨어의 융합을 추진한 바 있다.[11] 마침내 항저우시의 주도하에 알리바바

〈표 2〉 윈치타운 발전 현황

연도	전체		클라우드 관련		산업사슬 현황
	재정수입 (억 위안)	입주 기업 (개)	산업 부가가치 (억 위안)	기업 (개)	
2014	1.5	–	10	–	
2015	2.1	328	30	255	클라우드 컴퓨팅, 빅데이터, 핀테크, 모바일인터넷 등
2016	3.36	481	80	362	클라우드 컴퓨팅, 빅데이터, 앱 개발, 모바일인터넷 등 클라우드 산업 생태계 형성

* 출처: 「厉害!5年数据盘点, 带你揭秘令人称奇的云栖小镇!」 2017. 3. 17.(검색일: 2017. 7. 25)

클라우드는 기업 본사를 윈치타운에 설립하고 기업들에게 클라우드 플랫폼과 인큐베이팅을 제공하며, 관련 산업의 창업과 성장이 가능한 혁신산업단지를 구축하고 윈치연맹이라는 기업 네트워크를 형성하기에 이른다. 이 기업 네트워크에서 각자의 우위와 고유 업무 분야를 결합한 인공지능 산업사슬의 자체적인 구축이 가능하게 되었다.

시티 브레인은 알리바바와 윈치연맹이 주축이 되어 진행한 사업으로, 기존에 형성되어 있던 혁신산업단지의 기업 네트워크가 혁신산업을 중심으로 집적경제(Agglomeration Economy)를 실현하고 관계적 자산(relational assets)을 구축, 활용한 결과물이라고 볼 수 있다. 여기서 관계적 자산이란 '어떤 회사의 의지와 이익이 될 수 있는 관계에 필요한 리소스와 역량에 접근하거나 이를 창출하고 형성하는 기업의 능력'을 의미한다.[12] 시티 브레인은 참여 기업 간의 계약이나 구속 없이 진행되었다고 알려져 있는데, 이는 곧 관계적 자산이 성공적으로 형성되었음과 동시에 상호 신뢰 및 업무상 필수적인 보완에 필요한 거래 비용이 낮춰졌음을 방증한다.

시티 브레인의 시작은 윈치타운에서 열리는 윈치대회에서 발표되었다. 윈치대회는 알리바바가 윈치타운에 입주한 기업들을 중심으로 연 1회 개최하는 대형 포럼으로, 이곳에서 구글, MS, 알리바바, 인텔, 도커Docker, SAP 등이 기업의 혁신과 계획 등을 발표하고 네트워킹이 이루어진다. 게다가 시티 브레인 운영 센터가 윈치타운에 자리한다는 사실은 윈치타운을 중심으로 혁신 역량이 집적·창출되고 있음을 보여준다. 결국 시티 브레인은 지역 사업에서 전통적으로 이루어져온 방식대로 지방정부 주도하에 기업의 참여를 독려해 건설된 항저우의 산업클러스터인 윈치타운이 그 시발점이 된 셈이다. 다시 말해 시티 브레인 자체는 정부가 민간에 완전히 권한을 이행한 형태로 진행되었지만, 그 배후에는 이미 형성된 정부-기업 간, 기업 간의 상호 이해, 그리고 클러스터를 통해 이전에 구축해 놓은 산업사슬이 자리하고 있다.

윈치타운에서 결성된 알리바바-폭스콘 두 대기업과 벤처캐피털(펀딩), 스타트업(기술 제공)이 알리바바의 인공지능 생태계의 주축이 되고, 여기에 교통 쪽에서 전문화된 항저우 소재 다른 기업들이 참여하면서 인공지능+교통의 산업사슬이 완성되었다. 이 산업사슬의 작동 기반에는 정부가 기업에 제공한 교통 영역의 테스트베드와 데이터 자원이 존재한다. 기업은 이 자산을 바탕으로 기술과 제품을 테스트할 기회를 확보하며 상용화를 진행할 수 있게 된 것이다.

3) 기존 도시 건설 주체와 다른 차이

도시 건설의 주체별 역할과 관련하여 시티 브레인에서 우리가 주목해야

윈치대회

윈치대회는 알리바바가 윈치타운에 입주한 기업들을 중심으로 연 1회 개최하는 대형 포럼으로, 이곳에서 구글, MS, 알리바바, 인텔, Docker, SAP 등이 기업의 혁신과 계획 등을 발표하고 네트워킹이 이루어진다. 위의 사진들은 '2017 윈치대회'로서 위 왼쪽은 윈치대회장 입구 전경이고, 위 오른쪽은 윈치대회의 시티 브레인을 홍보하는 전광판인데 '시티 브레인, 데이터가 도시의 핵심 경쟁력이 되다'라는 문구가 씌어 있다. ⓒ노수연(촬영일: 2017. 10. 11) 아래는 대회장 안에서 컨퍼런스를 진행하는 모습이다.

* 아래 사진 출처: www.alizila.com

할 점은 크게 세 가지다. 첫째 정부의 지원 리소스가 바뀌었고, 둘째 기술력을 갖춘 민간기업의 권한이 강해졌으며, 셋째 시티 브레인 참여를 통해 산업 클러스터 및 프로젝트를 바탕으로 한 산업의 생태계가 지역 내에서 완성된다는 점이다. 시티 브레인의 참여 주체는 윈치연맹을 기반으로 한 기업 네트워크를 주축으로 교통 관련 데이터 수집, 식별에 관련된 항저우 소재 기업들이 참여하면서 구성되었으며, 바로 이 프로젝트를 통해 각 기업들이 보유한 기술력을 토대로 인공지능+교통 산업사슬을 완성할 수 있었다.

정부의 지원 자원과 관련해 항저우는, 지방정부가 현물 및 금융 지원에서 데이터 제공으로 지원의 패러다임을 바꾼 첫 번째 사례이다. 이는 기술 패러다임의 변화로 인해 기존과는 다른 역할이 정부와 기업에게 부여되었기 때문이다. 그에 따라 정부와 기업의 역할이 변화되어가는 것으로 볼 수 있다. 중국 스마트 도시의 기존 건설 형태가 토지를 근간으로 하는 도시 개발과 인프라 건설에 치중되었다면, 시티 브레인은 대도시의 특정 문제를 해소하기 위해서 신기술을 활용하는, 전혀 다른 형태로 진행되었다. 물론 기존 인프라가 갖추어진 곳과 미비한 곳, 구도시와 신도시를 대상으로 하는 스마트 도시 건설 모델은 다를 수밖에 없고, 항저우의 경우 기존 인프라가 완비된 구도시의 문제를 해결하기 위한 형태였다는 점을 감안할 필요가 있다. 그러나 정부와 기업이 각자 보유한 자산 중에서 상호 이해관계에 적합한 자산의 종류와 가치가 패러다임의 변화에 따라 달라지고 있음은 명확해 보인다. 즉, 현재의 기술 패러다임하에서 공공데이터는 정부가 제공할 수 있으며 기업들이 원하는 가장 가치 있는 자산이다. 또한 이를 활용하여 문제를 해결할 수 있는 적용 가능한 기술력이 곧 기업 쪽에서 제공할 수 있는 가장 소중한 자산이 된 것이다.

〈표 3〉 혁신 플랫폼으로서의 스마트 도시에서 정부와 기업 역할

	기존 스마트 도시	혁신 플랫폼으로서의 스마트 도시
중앙정부	정책 방향성 제시	
지방정부	현물, 자금, 인센티브 제공	산업 기반 조성, 공공데이터 개방
대기업	기술, 현물, 자금 제공	도시 운영의 핵심 기술 제공, 공공데이터 분석, 관련 산업사슬 구축
중소 – 스타트업	대기업 하청을 통한 기술, 제조 능력 제공	산업사슬 참여, 서비스 혁신, 관련 기술 및 분석 능력 강화

시티 브레인을 중심으로 중앙정부, 지방정부, 기업 등 참여 주체의 역할을 다시 정리해보면 다음과 같다. 중앙정부는 공공데이터 개방과 산업별 접목의 방향성을 제시했고, 항저우시정부는 11개 부문에 흩어진 데이터를 통합할 수 있도록 관련 부문을 조율하여 완정성을 갖춘 공공데이터를 기업들에게 공개했다. 알리바바는 항저우시에 데이터를 통합·관리할 수 있는 공공 클라우드 플랫폼을 현물 형태로 지원했으며, 이 플랫폼의 운영과 데이터 분석은 알리바바가 담당하는 한편 데이터는 항저우시에 귀속된 형태이다. 또한 기업 컨소시엄을 구성하여 다양한 솔루션을 얻고 인공지능 기술을 활용해 분석·결정하는 기술력은 알리바바가 지원했다. 이를 기반으로 스마트 도시에서 정부와 기업의 역할을 도식화하면 〈표 3〉과 같다.

이 같은 역할 분담 과정에서 기업들은 피동적인 주체를 탈피하여 데이터를 활용해 제품과 서비스의 상용화를 테스트하고 기술을 업그레이드하여 실생활에 적용할 수 있는 기회를 제공받았으며, 능동적으로 시장과 수요를 창출하고 확보할 수 있는 기반을 마련했다. 또한 지역 내 기반을 둔 윈치타운

이라는 특정 산업클러스터에서 결성된 네트워크를 주축으로 산업사슬을 자율적으로 구축했다는 점은 상당히 의미 있다. 이와 더불어 이 사업의 자금 출자가 정부 차원보다는 사업에 참여한 기업들과 벤처캐피털을 통해 민간 차원에서 조달되었다는 점도 이전의 발전 양식과는 다른 모델이다.

4. 항저우 사례가 중국 스마트 도시 건설에 주는 시사점

항저우는 기존 도시계획의 불합리성을 극복하고 ICT 기술을 기반으로 한 스마트 경제를 발전시키려는 목적에서 스마트 도시 건설에 적극적으로 나서고 있다. 특히 항저우의 시티 브레인 사업은 인공지능을 통해 도시교통 체계를 조율하는 실험적인 프로젝트로서 현재까지 성공적이라는 평가를 받고 있다. 이처럼 인공지능을 기반으로 한 스마트 도시 프로젝트는 중국에서뿐 아니라 전 세계에서 최초의 사례이기에 더욱 의의가 있다. 동일한 지역 내에 근접해서 입지한 경제주체들의 상호작용이 모이고 쌓여 지식 축적과 지식 이전이 활발히 일어나면 새로운 아이디어의 창출과 사업 기회의 발견, 새로운 생산방식의 개발 및 기술 발달 등 혁신과 성장을 유발할 수 있다.[13] 이와 같은 혁신 메커니즘은 항저우 시티 브레인 사업에서도 일부 확인된다.

그러나 시티 브레인이 현재까지는 교통 분야에 한정해 실험적으로 진행되고 있고, 그 안에서 각 기업이 거둔 성과나 기업 간 네트워크, 정부와 기업의 관계를 통해 어떻게 혁신이 이전되고 창출되었는지를 면밀히 살펴볼 수 있는 근거 자료가 아직 불충분하다. 시티 브레인 사업에 참여하면서 알리바바뿐 아니라 Dt 드림 등의 스타트업이나 다른 참여 주체들이 어떻게 자신의 기술과 사업모델을 업그레이드할 수 있었는지, 한 지역 내 타 기업과의 협업 구도가 이들에게 어떤 영향을 끼쳤는지, 그 성과를 측정할 수 있는 특허나 기업 실적 등에 대한 데이터가 아직 공개되지 않은 상태이므로 추후에도 지속적으로 주시해야 한다.

그러나 지금 시점에서도 이미 항저우시 스마트 도시 건설 스토리는 우리에게 다음과 같은 시사점을 제공해준다. 먼저 4차 산업혁명으로 일컬어지는 새로운 기술 패러다임의 시기에 스마트 도시의 형태가 인공지능 등 새로운 기술 기반으로 변화하면서 정부와 기업의 관계도 바뀌어가고 있다. 빅데이터가 가장 중요한 자원으로 떠오르는 가운데, 정부가 제공할 수 있는 최고의 가치 있는 자산은 공공데이터이다. 이 공공데이터에 신기술을 접목하여 도시민들의 삶을 업그레이드하기 위해서는 기술을 선점한 기업의 적극적인 참여, 그리고 기술을 생활에 접목할 수 있도록 하는 테스트베드의 존재가 무엇보다 중요하다. 정부는 이런 장場을 만들어낼 수 있는 가장 강력한 주체이고, 기업은 기술을 통한 생활의 혁신을 실현할 수 있는 가장 직접적인 주체이다. 현 시기의 스마트 도시는 바로 새로운 기술의 일상적인 구현을 실현하기 위한 테스트베드이자, 이를 실행할 참여 주체들이 모여 성과물을 낼 수 있는 혁신 플랫폼으로서의 역할이 더욱 중요해지고 있다. 그에 따라 스마트 도시를 둘러싸고 정부와 기업이 가지고 있는 자산과 역할이 변화하고 있음을 시티 브레인의 사례를 통해 볼 수 있었다.

이런 모델은 2016년에 시작된 항저우 '블록체인 도시' 사업에도 그대로 적용되고 있다. 이는 항저우 기반의 자동차 배터리 회사인 완샹Wanxiang 그룹이 가진 블록체인 기술력을 활용하여 블록체인 도시를 구축하고 대기업이 이끄는 민간 주도형 프로젝트성 사업이 혁신을 창출하는 모델로서, 중국의 다른 스마트 도시에도 일반적으로 적용될 듯싶다.

산업의 집적이 알리바바라는 한 기업을 통해 이루어지고 있다는 점은 장단점을 동시에 갖는다. 시티 브레인 사례에서 보았듯이, 항저우시는 경쟁력을 보유한 한 기업을 파트너로 삼아 산업클러스터 구축부터 기술의 적용·확산까지 다양한 실험을 해나갔다. 특히 '인터넷 플러스' 정책이 발표된 이후 각 산업을 인터넷과 연결한다는 정책 이행 과정에서 알리바바 등의 인터넷 대기업들이 가지고 있는 영향력은 더욱 막강해질 수밖에 없는 상황이다. 대기업들이 혁신을 주도하며 그 저변을 확대해나갈 자금력과 기술력을 가지고 있다는 점, 그리고 중국 정부의 정책에 적극 호응하면서 시장을 만들어나가고 있다는 점은 긍정적이다. 또한 그 과정에서 중소기업이나 스타트업들의 참여를 대동하며 혁신을 창출하는 라인업을 만들어나간다는 점도 긍정적일 수 있다. 그러나 스마트 도시를 통한 중국의 혁신이 끝내 유수 대기업들의 수익 창출을 위한 제한된 틀에 종속될 수 있다는 우려도 존재한다. 결국 다양하고 작은 실험들을 이끌어낼 수 있는 다양한 이해관계자들의 참여가 필요하고, 시민의 참여를 통한 진정한 의미의 스마트 도시를 만들어갈 필요가 제기된다.

스마트 도시를 건설하는 일은 한 구성원만의 노력으로는 성과를 거둘 수 없다. 정부, 기업뿐만 아니라 시민의 참여도 매우 중요하다. 현 단계의 항저우시 스마트 도시 건설은 알리바바라는 대기업 한 곳이 나서서 도시 전체의 스마트화를 이끌어나가고 지방정부가 보조하는 형세이다. 시민의 능동적인 참여는 배제되어 있다. 그 결과 시민은 그저 조성된 환경에서 소비하고 거주하는 피동적인 대상에 불과할 뿐이다. 워싱턴대학교의 사라 엘우드Sarah Elwood 교수는 모든 도시가 이미 스마트하며, 적극적인 참여형 디지털 시민의식이 스마트 도시에서 중요한 역할을 할 수 있다고 강조한다.[14] 혁신과 창조성이 스마트 도시 발전의 핵심이라고 한다면, 이는 비단 정부, 연구 기관, 대학, 기업만의 몫이 아니며 시민의 자발적인 참여가 더해질 때 더욱 "스마트한 스마트 도시"를 구축할 수 있을 것이다.

中國都市

도시로 읽는 현대중국 2

3부 | 노동과 불평등

도시의 '사회적' 불평등 속 농촌 출신 청년 노동자의 삶

조문영

1. '도농이원구조'라는 끈질긴 역사

토지, 노동, 사회보장, 심지어 교육에 이르기까지 중국 사회에서 생성 중인 수많은 갈등의 기저에는 도농이원구조가 똬리를 틀고 있다. 20세기 중반 냉전 체제 아래서 인민공화국의 수립을 선포한 이 나라는, 우방인 소련이 그랬듯이 생산력을 높이는 해법을 도시의 중화학공업에서 찾았다. 반면 농촌에 대해서는 도시 노동자의 안정적 재생산을 뒷받침할 식량 기지이자 공업화 축적의 과정에서 발생하는 파국을 해소할 안전장치로 남겨 놓았다. 서구처럼 해외 식민지를 통해 부를 약탈하고 내부 모순을 전가하는 것이 불가능한 상황에서 농촌이 내향형 원시적 축적에 따른 비용을 고스란히 감내할 기지가 된 셈이다.[1] 1950년대 이후 중국 정부는 호적제도를 통해 도시 주민과 농민을 분리시키고 도시의 '단위單位'와 농촌의 '인민공사人民公社'를 통해 공간적 분리를 제도화했다. 농민은 농산품과 공산품의 부등가교환(협상가격차)으로 인해 제도적 착취의 대상이 되었고, 국가가 전면에 나선 도시와 달리 복지·주택·교육·공공서비스 등 모든 방면에서 일방적 '자립'을 강요당했다. 결국 도시와 농촌 주민 간 호적 신분의 차이가 사회 신분의 차이로 전환된 것은 '행정 주도형' 도농이원구조의 당연한 귀결이었다.[2]

'농민공農民工'이라는 기묘한 명명은 이러한 역사의 산물이다. 농촌에서 도시로 이주해온 사람들이 합법적 '시민'이 되고, 이들 중 다수가 '노동자'가 되는 상황은 한국을 비롯한 대다수 국가의 산업화 과정에서 흔히 볼 수 있는 풍경이었다. 하지만 도시호구로 전환되기 쉽지 않았기 때문에, 중국의 '노동자'는 제 몸은 도시에서 노동을 하지만 제도적으로는 농촌에 머무는 '농민공'으로 남았다. 호적제도 '덕택'에 정부와 기업은 이들의 도시 거주를 한시적인 경우로 전제하면서 사회적 재생산 비용을 조달할 책임을 방기했고, 구조화된 저임금 노동력을 활용하여 반세기 만에 중국 도시의 외관을 완벽하게 바꾸어냈다.

물론 2000년대 접어들어 임금 체불과 열악한 노동조건에 따른 집단 시위가 증가하고 남방 연해 지역을 중심으로 이른바 '민공황民工荒'이라 불리는 노동력 부족 사태까지 겹치면서, 농민공의 처우를 개선하고 도농 관계의 모순을 해결하기 위한 다양한 움직임이 본격화된 것 역시 사실이다. 이후 살펴보겠지만 '사회관리', '사회 건설', '사회 거버넌스(사회치리社會治理)' 등 다양한 이름으로 변주되며 현재 중국에서 광범위하게 시행되고 있는 사회개조 프로젝트들은, 당과 정부가 지속적인 경제성장의 전제로 보았던 '안정'에 균열이 감지되고 본격적으로 '사회'를 재편해야 할 필요성이 통치의 문제로 제기되었음을 시사한다.

도농이원구조를 수술대로 끌어낸 배경은 사회적 연대와 안정의 필요성만은 아니었다. 중국의 발전 전략이 연해 지역의 대도시를 중심으로 한 수출

주도형 발전에서 지역 간 균형 발전을 도모하고 내수 소비를 진작하는 방식으로 전환됨에 따라 도시화는 시진핑習近平 시기 당정黨政의 핵심 과제가 되었다. 도시화율(전체 인구 중 도시 거주 인구가 차지하는 비율)을 끌어올릴 방안을 모색하는 과정에서 '도농 일체화', '농민공 시민화'와 같은 화두가 급부상했으며, 일부 지역에서는 도시호구의 등록 요건을 완화하고, 일정한 자격을 갖는 유동인구를 대상으로 사회보험과 공공서비스를 확대하고, 심지어 도시와 농촌의 호구를 통폐합하는 조치를 단행하기도 했다.

하지만 기존에 농민공 문제를 다룬 수많은 연구가 호적제도, 사회보험, 노동관계 등 다방면에 걸친 개선과 변화를 짚어내면서도 결론적으로 그 '미완'을 강조했던 데서 보듯이, 중국의 도농이원구조는 손쉽게 메스를 들이댈 수 있는 사안이 아니다. 도시에 유입된 농촌호구 소지자에게 도시민과 동등한 수준의 사회보험과 공공서비스를 제공하기 위해서는 막대한 비용이 소요되며, 경제적으로 열악한 농민공이 도시호구를 얻는 대가로 유일한 '보험'인 농촌의 토지를 포기할 경우에 도시를 배회하는 프레카리아트precariat로 방치되리라는 점은 자명한 미래이다. 더구나 도시화를 추동하는 실질적인 기제가 지방정부의 '토지 재정'이라는 최근의 연구들은 중국에서 급속도로 추진되는 정책이 '인구의 도시화'가 아니라 '토지의 도시화'라는 점을 분명히 보여주고 있다. 정부가 농촌의 집체 토지를 수용하면서 지급하는 보상금은 도시의 실제 토지 가치에 비하면 형편없이 미미했기 때문에, 지방정부는 양자 간의 차익 거래를 통해 막대한 세입을 챙겨왔다.[3] 다시 말해, 중국 토지의 도시화를 추동하는 힘은 부동산 개발이며, 과열된 부동산 가치는 농민공의 도시 정착을 방해하면서 인구의 도시화를 가로막는 악순환이 반복되는 형국이다.

2. '사회'를 통한 통치와 참여

중국 고유의 생산력 발전을 추동한 동력이자 사회의 구조적 모순을 야기한 도농이원구조를 수술하는 작업이 지지부진한 사이, 현재 중국 도시에서 더 광범위하게 펼쳐지는 풍경은 일단 도시에 발을 디딘 농민공의 '마음'을 통합해내기 위한 각종 활동과 이벤트이다. 당과 정부는 사회 거버넌스(사회치리社會治理)를 전면에 내세우면서 NGO(Non Governmental Organization), NPO(Non Profit Organization: 권력이나 이윤을 추구하지 않고 자발적으로 활동하는 비영리 민간단체), 민간 조직, 풀뿌리 조직 등 다양한 이름으로 불리던 민간단체를 '사회조직'이라는 명명하에 통일하고, 등록을 거친 사회조직에 대해서는 '사회 서비스 구매(購買服務)'라는 방식을 통해 적극적 지원을 제공하고 있다. 각종 민간단체와 기층 당정 조직, 인민단체(공회, 공청단, 부녀연맹)가 이합집산하면서 구매자인 정부의 관심을 끌 만한 프로그램을 양산하는 가운데 거대한 사회적 섹터의 생태계가 조성되었다. 이 생태계에서 농촌 출신 청년 노동자들은 '신세대 농민공(新生代農民工)' 혹은 간단히 '청년 노동자(靑工)'라는 이름으로 사회적 섹터의 돌봄을 제공받아야 할 위험 집단(risk population)의 하나로 분류된다. 청년들이 자존감을 높이고 도시에 대한 소속감을 키우도록 돕는 각종 프로그램은 사회적 빈곤 담론의 목표가 '불평등의 제거가 아니라 차이의 제거'[4]라는 주장을 환기시킨다.

이 글은 이러한 사회적 섹터의 동학動學을 농민공 청년들의 비중이 압도적으로 높은 광둥성 선전深圳을 중심으로 살피고자 한다. 선전은 농민공의 저렴한 노동력 및 경제특구로서 제도적 수혜, 외국자본이 결합하여 개혁·개방 이후 중국의 초고속 경제성장을 견인해온 대표적 도시이다. 또한 초고속 경제 발전이 낳은 각종 모순에 대응하여 사회조직, 사회공작社會工作(사회복지), 자원봉사 등 다양한 사회적 실험을 활발히 추진하는 지역이기도 하다. 지난 5년간 선전에서 현지 조사를 수행하며 필자가 주목한 점은, 농민공 청년들이 단순히 사회적 섹터의 표적 집단이 아니라 주도적 행위자가 되었다는 사실, 사회조직 활동이 자신의 삶을 근본적으로 바꾸지 못한다는 것을 비판적으로 간파하면서도 상당한 열정과 노력을 투입하고 있다는 사실이었다. 개혁·개방 직후 도시로 유입된 전 세대 농민공에 비해 교육 수준과 성취 욕구가 높다는 학계의 진단에 부응하기라도 하듯, 일부 청년들은 턱없이 부족한 여가 시간을 쪼개어 직접 사회조직을 설립하고 다양한 활동을 펼쳤다.

농민공 청년들을 사회적 섹터의 생태계에 자발적으로 편입시키는 동력은 무엇인가? 이 생태계는 도시에서 부유浮游 중인 농촌 출신 청년들의 열망을 어떤 식으로 재배치하는가? 급성장한 사회조직의 초점 집단이자 자원봉사자로 초대된 청년들은 '농민공農民工 시민화'라는 담론적 외피 아래 추진되는 이 같은 활동에 어떻게 참여하고, 이를 어떤 방식으로 의미화하는가? 필자는 사회조직에 호명된 농민공 청년들이 '공장'에서 벗어나 공공의 '사회'를 돌봐야 할 과제를 자기 책무로 부여받는 과정을 '윤리적 시민권(ethical citizenship)'이라는 측면에서 분석할 것이다. 사회적 섹터는 이 청년들을 단순한 '사회적 약자(弱勢群體)'가 아니라 '사회'의 구성에 직접 동참할 자발적·도덕적 시민 주체로 호명하고 있으며, 기술적 합리성의 장치를 동원하여 이들의 관심과 열정을 평가하고 수치화해내고 있다. 사회적 연대와 통합이 의문에 붙여진 순간, 윤리적 책무로 자기를 정체화한 '시민'은 여전히 의미 있는 사회관계가 가능하다는 주장을 사회적 섹터는 다채로운 캠페인과 프로그램을 통해 증명하려 한다.

하지만 사회적 시민권이 농민공의 사회적 배제에 초점을 두면서 구조적·제도적 접근을 중시한 것과 달리, 윤리적 시민권은 사회적인 것의 스펙터클을 조장할 뿐 불평등을 지속시킨다는 다소 '자명한' 논지를 되새김질하려는 서술이 이 글의 목적은 아니다. 사회적 섹터에 적극적으로 동참하는 농민공 청년들은 그 순간의 스냅샷으로는 당과 정부의 기대에 부응하면서 사회 통합과 조화사회(和諧社會)의 실현에 앞장서는 전위부대를 상기시키지만, 볼거리로 치장된 이벤트와 지리멸렬한 일상, 사회적 섹터에 속한 순간의 가시화와 떠난 뒤의 주변화를 연결하는 일련의 파노라마에 주목할 경우 청년들이 표현해내는 것은 오히려 견디기 힘든 고통에 가깝다. 이 파노라마에서 사회적 섹터의 생태계가 빛을 발하는 이유는 적어도 청년들이 '비사회적' 불평등을 탈피하여 '사회적' 불평등의 자리로 한시적이나마 진입했기 때문이다.

인류학자 제임스 퍼거슨James Ferguson은 오늘날 세계 도처의 불평등이 근대 발명품으로서 '사회'가 갖는 상상적 지평 내에서 경험되는지, 그리고 불평등이 과연 도덕적으로 결속된 성원들 사이의 관계로 여겨지는지에 대해 반문한다. 그에 따르면 오늘날 우리가 목격하는 것은 "삶의 조건과 기회에서 생기는 엄청난 불평등이 경험상의 사회적 불평등 관계들로부터 점점 더 이탈하는 현상"이며, 불평등을 평등으로 바꿔내는 일보다 비사회적 불평등을 사회적 차원으로 변화시키는 일이 그나마 가난한 이가 노력을 기울여볼 만한 과제가 되었다.[5]

윤리적 시민권이 허락한 '사회적' 불평등의 문제를 제기함으로써 필자가 강조하고 싶은 바는 중국의 뿌리 깊은 도농이원구조가 제도의 역사를 넘어 차별과 배제의 경험이 퇴적되면서 생긴 정동情動(affect)의 역사를 품고 있다는 점이다. 이 정동의 역사를 관통하는 삶을 살아온 많은 농민공 청년들은 도시라는 공유재에 대한 자신의 기여를 논리적으로 주장함으로써가 아니라, 도시라는 공간에서 제 위치가 어차피 (그들의 습관적 표현처럼) '과객過客'에 불과하다는 점을 환기함으로써 세계를 향해 발언하고 있다. '과객'의 정체성을 체념화한 청년들에게 사회적 섹터란 일시적이나마 사회에 '속함'을 경험케 해 주는 태엽 장치와도 같다. 이 글에서 필자는 농민공 청년들이 사회적 섹터에 참여하는 과정과 이를 의미화하는 방식을 구체적으로 살필 것이다. 다만 그보다 먼저 선전이 어떻게 사회적 섹터를 도시의 인프라로 구축하면서 새로운 플랫폼을 열었는지 소개할 필요가 있다.

3. 이주자들의 '사회'특구 실험[6]

2013년 8월 중순, 선전시 바오안구寶安區 자원봉사자연합회(義工聯合會)는 구區에 등록된 자원봉사자를 위한 교육 프로그램을 실시했다. 시민이 갖추어야 할 예의범절을 주제로 한 전문 연사의 강연은 개혁·개방의 성지聖地 선전에 대한 찬양으로 시작되었다. "제가 만난 중국인들은 이구동성으로 얘기합니다. 삼천 년의 중국을 보고 싶으면 시안西安에 가고, 천 년의 중국을 보고 싶으면 베이징에 가고, 백 년의 중국을 보고 싶으면 상하이에 가고, 삼십 년의 중국을 보고 싶으면 선전에 가라!" 대강당을 빼곡히 메운 200여 명의 청중은 일제히 환호로 화답했다.

광둥성의 바오안현寶安縣이라는 작은 어촌이 1979년 3월 국무원의 결정에 따라 선전시가 되고 1980년 8월 경제특구로 공식 지정됨에 따라, 선전은 지난 30년간 중앙정부의 각종 우대 정책을 향유하고 외국의 자본과 기술을 적극 도입하면서 초고속 경제성장을 이룩했다. 1979년 31만 명에 불과했던 인구는 2016년 1,190만 명 이상으로, 같은 기간 606위안에 불과했던 1인당 GDP는 16만 7,411위안으로 기하급수적으로 증가했다. 1990년대 초·중반 경제성장률이 연평균 30%를 초과하면서 '선전 속도深圳速度'라는 유행어를 낳은 이 도시의 명성은 포스트 마오 당-국가의 정당성을 확보해주었을 뿐 아니라, 이 도시로부터 개혁의 문법과 스타일을 배우려는 전국적 움직임을 불러일으켰다.[7]

경제성장의 신화는 무엇보다 외부의 청년들을 지속적으로 유인하는 배경이 되었다. 시장경제에 발 빠르게 대처하지 못한 동북에서, 정부의 서부 대개발 정책에도 불구하고 저발전의 문제를 쉽게 극복하지 못하는 내륙에서, 여전히 많은 청년들은 선전을 이상적인 종착역으로 여기며 모여들었다. 특히 필자가 만난 화이트칼라 청년들은 선전의 부유함뿐 아니라 '젊음'과 '관용'을 이주의 또 다른 배경으로 언급했다. 1,200만 명에 육박하는 전체 인구 가운데 도시호구 소지자가 350만 명에 불과하고 도시인구의 평균연령이 30세에 불과한 이 젊은 이민도시(移民城市)는 이미 '발전이 종료된', '본지인들의 텃세가 심한' 베이징이나 상하이, 광저우에 비해 '잠재성이 풍부하고', '외지인들을 차별하지 않는' 미덕을 갖춘 곳으로 여겨졌다.

그러나 개혁·개방의 '스타' 도시도 국내외 정치·경제의 변화 속에서 적잖은 진통을 경험하긴 마찬가지였다. 개혁이 중국 전 지역으로 확산되고 중국 정부가 1997년의 홍콩 반환과 2001년의 WTO 가입을 계기로 체제 전환이 어느 정도 완료되었음을 선언하면서 개방의 완충지이자 시험장으로서 선전이 갖는 중요성은 퇴색되기 시작했다.[8] 국토의 균형 발전을 도모하기 위해 중앙정부가 특구에 일방적으로 지원하던 정책을 거두고 서부 내륙과 동북에 대한 지원으로 방향을 선회함에 따라 학계와 언론은 줄곧 '선전 위기론'을 제기하며 특구의 사명을 다한 '정상' 도시의 발전 가능성에 우려를 쏟아내기 시작했다.[9] 이 우려는 2002년 11월 선전의 한 증권분석가 궈중샤오咼中校가 인터넷 논단 런민왕人民網에 「선전, 누구에 의해 버림받았는가?(深圳, 你被誰抛棄)」라는 글을 게재하면서 절정에 달했다. 궈중샤오는 "선전은 중국 개혁·개방의 최전방이자 가장 활력이 넘치는 지역이었고, 수많은 기적을 일궈낸 경제특구이자 찬란한 개혁의 빛을 퍼뜨린 젊은 도시였으나 이제 그 면모는 초라하기 그지없다"고 개탄하면서 정부 행정과 경제, 치안, 공공사업, 언론 등 전 부문에서 나타나는 개혁의 역전 현상을 지적했다. 궈중샤오의 글이 선전 시정부와 학계, 언론에 미친 파장은 결국 특구라는 우대 정책에 기생하여 성장한 (2002년 당시) 22세의 젊은 도시의 운명에 관한 다양한 논쟁을 불러일으켰는데, 그 핵심은 중앙정부의 지원이 사라진 시대에 "특구는 여전히 특구일 수 있는가, 선전은 여전히 선전일 수 있는가"[10]라는 도시의 생존과 위상에 관한 물음이었다.

도시의 자생성에 대한 이 같은 회의보다 더 심각한 것은 도시의 발육이 갖는 기형성이다. 초국적 기업의 하도급 체계에서 가장 저점이랄 수 있는 스웻샵sweatshop(열악한 작업환경에서 저임금을 받으며 노동하는 사업장) 공장들이 대거 포진했던 이 도시는 노동 착취와 임금 체불, 안전사고와 산업재해로 연일 국내외 언론의 도마 위에 올랐고, '메이드 인 차이나Made in China'는 초고속 경제성장과 노동 착취를 동시에 표상하는 관용구가 되어버렸다. 전국 각지에서 몰려든 이주 노동자들은 경기순환에 따른 주문량 변동의 여파와 하청 체계에서 이윤을 확보하기 위해 구조화된 저임금, 생산량 증대의 무리한 요구를 맨몸으로 떠안았다. 간쑤성甘肅省의 한 농촌에서 태어나 14세부터 외지 노동(打工)을 시작했고 2004년에 선전으로 온 이래 노동 NGO 활동을 지속해온 딩당丁當은 2000년대 초·중반 자신이 경험한 노동 현장을 다음과 같이 기록했다.

> 일주일에 하루 쉬는 게 고작이었다. 하루 13시간씩 일했는데 초과되는 경우도 비일비재했다. '합법적'인 공장을 찾기가 더 힘들었다. 한 여공은 식판의 밥을 깨끗이 비우지 않았다고 감독관에게 따귀를 맞기도 했다. 우리 고향에서 온 사람은 공장에 취직하자마자 신분증을 뺏겼다고 했다. 낮 시간에 감독은 직공들이 도망치지 못하도록 창문을 잠가 두었고, 밤 11시가 되어서야 다들 숨죽이며 공장을 빠져나갔다. 여공들이 조립 라인에서 일하다가 기절하는 일은 다반사였고, 산재가 발생해도 쉽게 발설하지 못했다.[11]

딩당의 회고는 1993년 여공 80여 명의 목숨을 앗아간 선전 인형공장의 화재를 상기시킨다. 홍콩과 합작 투자하여 설립된 이 공장은 작업 시간 도중에 직공들이 밖으로 나오지 못하도록 출입문과 창문을 모두 잠가 두었다가 인명 피해를 키웠다. 선전이 중국 내 다른 지역과 달리 국유기업의 비중이 적고 사영기업이나 외자기업의 비중이 크다는 점은 유연한 체제 개혁이 가능하다는 장점으로 회자되었지만, 이는 다른 한편으로 기업들이 최소한의 노동권을 보장할 공회工會(노동조합)를 제대로 갖추지 않았음을 의미하기도 했다.

정치·경제의 부침 속에서 도시의 위상을 둘러싼 논쟁이 계속되고 노동·환경·치안 등 제반 영역에서 경제성장의 민낯이 속속 드러났을 때, 선전시 정부는 '사회'라는 발명품을 새롭게 손질하는 방식으로 대응했다. 시정부는 2008년부터 60세 이하의 이주자 가운데 취업, 창업, 투자, 교육, 주거와 관련해 일정 자격을 갖춘 선전 비호적인구에게 거주증을 발급하기 시작했고,[12] 호구제를 점수적립제(積分入戶)로 전환하여 학력, 납세, 사회보험, 주거, 연령 등의 지표에 따라 점수를 세분한 뒤 100점 이상 점수를 적립하면 선전 도시 호구를 신청할 자격을 부여했다. 이러한 조치는 선전에 온 수많은 이주자들 중에서 "일정 이상의 학력과 기술·기능이 있는 개인, 일정 규모 이상의 사업가 및 투자자, 일정 정도 이상의 재산을 갖춰 부동산을 구매할 수 있는 자산가들"[13]에게만 선택적으로 법적·제도적 시민권을 부여했음을 의미한다. 반면 비호적인구의 대부분을 차지하는 농민공의 경우, 선전시정부는 구체적인 권리를 보장하는 대신 '선전에 온 건설자(來深建設者)'라는 수사로 노고를 치하하고, '사회'라는 모호한 영역 안에서 이들에게 인정(recognition)을 부여할 기회를 확대해나갔다.

이 도시가 '경제'특구에서 한 걸음 더 나아가 '사회'특구로서 위용을 갖추어가는 모습은 정부가 도시의 전 인구를 자원봉사자(志願者)로 만들면서 '지원선전(志願深圳)'이라는 브랜드를 구축해가는 과정을 통해 잘 드러난다. 선전시가 도시 통합의 기제로 자원봉사에 주목한 것은 오래전의 일이었다. 개혁·개방 초기 급속한 사회변동과 인구 유입에 대응하기 위해 공청단共青團 선전시위원회는 홍콩의 사례를 참조하여 1990년 중국 최초로 등록제 자원봉사자연합회(義務工作者聯合會)를 결성했다. 연합회는, 자원봉사가 경제 발전 과정에서 파생되는 각종 부작용에 대한 완충제에 국한되지 않으며, 비록 개인을 기초로 하지만 사회참여를 통해 극단적인 개인주의와 이기주의를 극복하는 공공성의 배양지임을 강조했다.

자원봉사가 도시의 브랜드로 거듭난 때는 2000년대 중반 이후인데, 이 작업은 시정부의 대대적인 지원과 개입을 통해 이루어졌다. 우선 2005년 7월

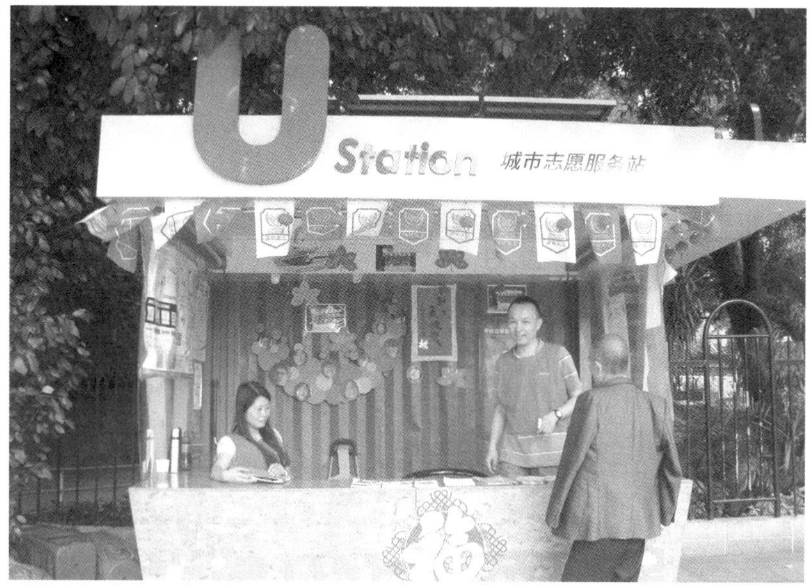

선전 시내의 U Station

U Station은 2008년 선전에서 유니버시아드가 개최될 때 만들어진 자원봉사 기구이며, 현재도 상설 기구로 남아 시내 곳곳에 자리 잡고 있다. 사진은 U Station에서 붉은색 조끼를 걸친 자원봉사자가 행인에게 길을 안내하는 모습이다. U Station은 지도나 관광 팜플렛 외에도 각급 정부나 당 지부에서 발간하는 홍보 책자를 구비하고 있다. ⓒ조문영(촬영일: 2012. 4. 24)

선전시 인민대표대회는 「선전시 자원봉사 조례(深圳市義工服務條例)」를 반포함으로써 중국 최초로 법률을 통해 자원봉사 활동의 의의를 부여했다. 조례는 자원봉사의 범위를 "노인과 약자를 돕고, 가난한 가정이나 지역을 구제하고, 빈곤 가정의 교육을 지원하고, 환경을 보호하고, 커뮤니티 서비스를 제공하는 활동 및 기타 사회 공익 활동"으로 정하고 "자발성, 합법성, 진정성, 간소성, 비영리성"이라는 자원봉사의 원칙을 명기했다. 법적 승인이 갖는 공신력 덕택에 1990~2005년까지 5만 8,000명 수준이던 등록 자원봉사자 수는 2010년 조례 제정 이후 5년 만에 25만 6,000명으로 급증했다.[14] 2008년 세계대학스포츠대회(유니버시아드)가 선전에서 개최될 즈음, 시내 곳곳에 자리 잡은 800여 개의 'U Station(U站)'은 대회가 끝난 후에도 자원봉사 상설 기구로 남아서 행인이나 관광객을 위한 정보 안내, 통역, 폐품 수집 등 다양한 활동을 전개했다.

U Station이나 자원봉사자들이 걸친 '붉은색 조끼(紅馬甲)'가 선전시의 브랜드로 자리 잡기 시작할 무렵, 공청단 시위원회는 2011년 3월 '자원봉사자의 도시(志願者之城)' 건설 계획을 발표하고 '선전시 자원봉사자의 도시 건설공작 영도소조'를 구성했다. 소조는 "2015년까지 시의 자원봉사자 수를 상주인구의 10%까지 늘리고, 자원봉사자들의 매년 평균 봉사 시간을 60시간 이상으로 하며, 자원봉사를 전개하는 상시적 사회조직을 1,000곳으로 늘리고, 정부

Note | "선전에 왔으면 곧 선전인"

선전시는 2010년 8월 경제특구 건립 30주년을 맞아 기자들을 대상으로 '선전을 대표하는 가장 영향력 있는 10대 관념'을 공모했는데, "(선전에) 왔으면 곧 선전인이다"는 그중 하나였다. 선전 언론연합이 발간한 『선전 10대 관념(深圳十大觀念)』은 이 관용구의 의미를 다음과 같이 설명한다.

"선전에서 살아가는 이들 중 대다수의 출생지는 선전이 아니다. 이들은 둥베이인東北人, 쓰촨인四川人, 후난인湖南人 등 전국 방방곡곡에서 모여든 사람이다. 하지만 이들은 위대한 기상을 품에 안고 새로운 공통 신분을 선택했는데, 그 이름이 바로 '선전인深圳人'이다. 이들이 발 딛고 있는 땅은 물론 오랜 역사를 간직하고 있다. 하지만 역사가 이곳을 중국 최초로 개혁·개방의 최전방 진지로 선택했기 때문에 선전이 진정한 의미의 선전이 되고, '선전인'이 특수한 의의를 부여받게 된 것이다."

기관과 사업 단위, 국유기업, 비공유기업 내 자원봉사대오 건설을 3,500곳으로 확대한다"[15]는 목표를 세웠으며, 마침내 2015년 12월 '자원봉사의 도시 건설공작 최종회의'를 열어 상주인구의 11.2%에 달하는 120만 명이 '붉은색 조끼'를 입게 되었음을 자축했다. 선전시 호구 소지자이든 아니든, '붉은색 조끼'를 걸치고 공익 활동에 참여하는 자라면, 누구나 널리 알려진 관용구대로 '(선전에) 왔으면 곧 선전인(來了, 就是深圳人)'이 된 것이다.[16]

사회공작社會工作(social work) 역시 2000년대 중반 이후 '사회'특구 선전의 대표적 아이템으로 급부상했다. 자원봉사와 마찬가지로 사회공작 역시 1992년 선전시사회공작협회가 성립될 만큼 그 출발이 빠른 편이었다. 단위제를 기반으로 한 복지 시스템이 여전히 지배적이던 다른 도시들과 달리, 다양한 기업 형태와 유동인구가 뒤섞인 채 성장을 향해 질주하는 도시의 모순을 완화하고, 사회 통합을 도모할 새로운 장치가 요청되었던 것이다. 당시에는 사회공작이 직업이 아닌 분과 학문으로만 존재했고, 일반 시민은 물론 관료들도 사회공작을 낯설게 느끼긴 마찬가지였다. 하지만 2002년 상하이에서 열기로 했던 제1회 중국사회공작논단을 선전시가 유치하면서 전기가 마련되었다. 게다가 민정부民政部가 2006년 12월 선전에서 '전국 민정 계통 사회공작 인재대오 건설 추진회'를 개최하여 사회공작자를 직업화·전문화하기로 결정했을 때, 선전시는 '사회공작과 사회공작 인재대오 건설공작 시범기지' 중 한 곳으로 선정되어 본격적인 준비에 착수했다.

이듬해인 2007년 10월 선전시는 「사회공작 인재대오 건설을 강화하여 사회공작 발전을 추진하기 위한 선전시 공산당위원회와 민정부의 의견」(이하 「의견」)을 공표했다. 「의견」은 사회공작을 "전문 지식과 기능, 방법을 종합적으로 운영하여 개인과 가정, 집단, 조직에 전문적인 사회 서비스를 제공하고,

사회문제를 예방·해결하며, 사회의 기능을 회복·발전시키고, 사회공정과 조화를 촉진하는 직업 활동"으로 정의하면서, 사구社區 건설, 청소년 교육, 의료위생, 출감자 교화, 중독 관리, 장애인 복지, 인구 관리, 농민공 서비스 등 다방면에 걸쳐 사회공작 일자리를 적극 발굴하도록 지시했다. 등록 및 자격요건, 재정, 고용, 인사 규정, 보상 체계 등 사회공작을 직업화하기 위한 자세한 조항으로 구성된 이 문건은 선전을 비롯하여 타 지역 사회공작계의 필독서가 되었다. 직업화·제도화에 앞장선 선전시는 사회공작의 '황푸군관학교'라 불리며 전국의 사회공작 전공생들을 빠르게 흡수했는데, 사회공작자를 고용하고 관리하는 '사회공작 서비스 기구(社會工作服務社)'는 2009년 13곳에서 2015년 200곳으로, 자격시험을 통과한 사회공작자는 2007년 96명에서 2016년 5,749명으로 급증했다.

「의견」에서 '사회 공익성 민간 조직'이라고 명명한 사회공작 서비스 기구와 정부의 관계는, 10년이 지난 지금 선전은 물론 중국 전역에서 광범위하게 펼쳐지는 사회조직의 작동 방식을 이해하는 데 중요한 실마리를 제공한다. 첫째, 정부는 사회 서비스의 '생산자'에서 '구매자'로 위치를 전환하며, 정부가 민간 조직으로부터 사회공작 서비스를 구매하는 제도를 추진할 것임을 밝히고 있다. 둘째, 정부가 민간 조직으로부터 서비스를 구매할 때 쌍방간의 책임과 권리를 계약관계로 확정함으로써 민간 조직의 '민간성'·'자율성'·'전문성'을 보증하되, 민간 조직이 당의 노선을 견지하는 명확한 정치적 입장을 갖도록 관리·감독을 강화할 것을 명시하고 있다. 셋째, '사회공작자(社工)+자원봉사자(義工)의 연동 모델'을 수립함으로써 대중의 광범위한 참여를 유도하고, 정부 자원 이외에 민간의 다양한 자원을 적극 동원할 것을 강조하고 있다.

공청단이 설립한 자원봉사자연합회이든 민간이 설립한 사회공작 서비스 기구이든, 이들은 모두 선전에서 최근 5년간 급성장한 '사회조직'의 일부일 뿐이다. 사회조직은 "법에 따라 등기를 거쳐 설립된 비영리적, 공익적, 서비스적, 상호 이익적 성격의 사회단체와 민판비기업民辦非企業 단위, 기금회"로 정의되며, "공상工商 경제, 사회복리, 공익 자선, 사회 서비스, 사구 관련 사회조직"이 정부의 주요 지원 대상이다.[17] '민정부 전국 사회조직 건설 창신 시범지역'으로 가장 먼저 선정된 선전시는 앞서 사회공작 문건에 명시된 바대로 정부가 사회조직으로부터 적극적으로 서비스를 구매하고, 사회조직에 초기 자금과 활동 장소를 제공하고, 사회조직 플랫폼 기지를 직접 조성하여 다양한 자원을 집결시켰다. 지방정부에 등록한 사회조직 수는 2011년 4,554곳에서 2016년 10,100곳으로 5년 만에 두 배 이상 증가했다.

확실히 사회조직의 범람은 각급 정부와 민간단체뿐 아니라 대학과 기업, 그리고 공회, 공청단, 부녀연맹과 같이 당정과 긴밀히 연결된 인민단체의 참여까지 포괄하면서 선전 사회적 섹터의 생태계를 다채롭게 구성해가고 있다. 한국의 NPO, NGO 생태계에 비해 국가의 초월적 가시성과 장악력이 좀 더 분명하게 드러나긴 하지만, 민관民官 파트너십 아래 민간단체가 정부의 공모 사업을 찾아 동분서주하고, 사회를 해결 가능한 문제들의 집합으로 마름질하고, 디지털 테크놀로지를 활용하여 이 문제들을 한층 '창의적' '혁신적'으로 다루고, 공공성에 대한 관심과 코즈모폴리턴 감수성을 결합하여 도시를 새롭게 디자인하려는 이른바 '공익 노동자'의 열망은 두 세계에서 공통적으로 발견된다.

강조컨대 경제특구든 사회특구든, 선전의 실험은 언제나 중앙정부의 패러다임과 호응하면서 진행되어왔다. 경제특구 선전은 개혁·개방을 통한 생산력 발전의 요구에 발맞춰 '선전 속도'로 대표되는 성장 지향적 모델을 내세웠고, (경제특구와 달리 중앙정부에서 선전을 직접 지목하지는 않았으나) 사회특구 선전은 '효율의 선전, 조화로운 선전(效益深圳, 和諧深圳)'이라는 새 구호로 '조화사회'라는 국정 패러다임의 전환에 화답했다. 또한 경제특구 선전의 실험에서 글로벌 자본과 중국 대륙을 매개하는 홍콩과의 지리적 근접성이 긴요했던 것처럼, 사회특구 선전의 발전 과정 역시 홍콩과의 교류를 제외하고 설명하기 어렵다. 사회공작의 경우 선전시 민정부는 "홍콩 60여 년의 사회공작 경험을 배울 것"을 강조하고, 2007년 선전시가 사회공작 시범기지로 출범한 첫해 21명의 홍콩 고문(香港督導)을 초청한 이래, 홍콩 사회공작계 인사와 중급·초급 사회공작자가 결합된 관리 모델을 구축해왔다.[18] 사회공작뿐 아니라 자원봉사나 다른 사회조직 활동에서 선전과 홍콩의 연대는 정치적 갈등 속에서도 꾸준히 확산되었다.

하지만 농민공 청년들이 이 생태계에서 어떻게 등장했는지를 살펴보면 선전의 사회적 섹터가 무엇을 포함하고 배제하는지가 좀 더 분명히 드러난다. 이 섹터는 홍콩과의 교류를 장려하지만, 1990년대부터 중국 당정의 부단한 탄압 속에서도 꾸준히 지속되어온 홍콩 노동운동가 그룹과 중국 노동자들 간의 연대와 투쟁의 역사를 삭제한다. 1996년 선전 난산구 여공 서비스센터(深圳南山區女職工服務中心)를 기점으로, 선전에서 활동하는 대부분의 노동 NGO와 법률자문기구, 노동연구기관은 홍콩 옥스팜Oxfam과 관련 NGO들의 지원 아래 노동운동을 펼쳐왔다.[19] 주류 역사에서 농민공 청년들은 경제특구의 '외래 민공(外來民)'과 사회특구의 '선전인' 혹은 '청년 노동자(青工)' 사이를 배회할 뿐이며, 노동운동이 강조해온 계급적 정체성은 비가시화된다. 요컨대 사회특구 선전의 실험은 '사회'란 무엇이고 어떠해야 하는가, 누가 이 '사회'

에 초대될 수 있는가라는 질문을 논쟁에 회부하기보다는, 조화와 통합이라는 준비된 답변을 스펙터클화 하는 데 더욱 공을 들이는 것처럼 보인다. 이 질문을 들춰내기 위해서는 구체적인 사례를 살피는 일이 유용할 것이다.

4. '청년 노동자의 제3의 8시간' 프로젝트

'다랑 청년 노동자의 활력 넘치는 제3의 8시간(大浪青工 '活力第三8小時')'(이하 '제3의 8시간')은 선전시 룽화신구龍華新區 다랑가도판사처大浪街道辦事處가 농민공 청년들의 사회조직 활동을 장려하고자 2013년 3월부터 운영해온 공익 프로젝트이다. 다랑 가도는 선전 외곽의 성중촌城中村 지역이자 공업구로, 외지 노동력을 흡수하는 다양한 규모의 공장들이 밀집해 있다. 총인구가 50만 명을 넘지만, 그중 본지 호구를 가진 주민은 7,781명에 불과하며(2012년 기준), 외래인구의 90%가 농촌호구를 가진 35세 이하의 청년들로 구성되어 있다.[20] 판사처 관료들은 비자발적 이동성을 강요당하는 농민공 청년들이 공장을 오가기만 할 뿐 공장이 자리한 도시와 지역에 대한 친밀감을 형성하지 못하는 상황을 통치(治理)의 난제로 인식했고, 이를 해결할 방안을 찾기 위해 2012년 싱크탱크 연구 기관인 선전시 종합개발연구원(이하 '연구원')에 연구 사업을 위탁했다.

이 연구에 참여한 밍량明亮[21]은 '농민공 시민화'에 관한 자신의 논문에서 농민공 문제를 다루는 정부의 역할을 세 개 층위로 구분하고 있다. 그에 따르면, 도농 호적 개혁, 사회보장의 전국적 통합, 농촌 토지제도 개혁 등 전면적 혁신을 필요로 하는 '국민 권리의 공평화'는 중앙정부의 소관이며, 외지 노동자의 도시 취업과 생활에 필요한 각종 권익을 도모하는 '공공서비스의 균등화'는 성·시정부의 소관이다. 가도판사처와 같은 하급 정부는 그 역할을 상급 정부와 구분해야 한다. 밍량은 '농민공 사회화'야말로 기층 정부의 역할이라고 강조하는데, 이 과제는 외지 노동자들(打工群體)과 정부, 지역(사구), 도시사회의 커뮤니케이션을 증진하고, 교제와 학습, 자기 계발과 성취 등 청년 노동자들의 사회적 요구를 충족시키고, 이들이 정신적·심리적으로 도시의 시민(公民)이 되도록 돕는 것을 포함한다.[22]

연구팀이 설문 조사와 인터뷰 작업을 거쳐 정리한 프로젝트 도입의 배경은 사실 다랑뿐 아니라 농민공 청년들이 밀집한 선전 성중촌의 여건을 집약하고 있다. 연구팀은 이 청년들과 지역의 교감을 프로젝트의 관건으로 보면서 이주자 집단의 성격과 도시화 과정 중 지역이 당면한 조건을 서술했다. 우선 이주자 집단의 성격과 관련하여 연구팀이 '청년' 정체성과 '노동자' 정체성을 동시에, 그러나 특정한 방식으로 담론화하고 있음을 주목할 필요가 있다. '청년'이라는 프레임으로 보자면, 이들 '신세대 농민공'은 1세대 농민공과 달리 교육 수준, 직업에 대한 기대치, 물질적·정신적 욕구가 높은 반면, 일에 대한 참을성은 낮은 집단(三高一低)으로 정의된다. 연구팀은 심리자문사의 언급을 인용하면서 외지 청년들이 초조하고 불안하며, 성공을 원하지만 이를 실현하기 위해 필요한 자격을 갖추지 못한 데서 심적 갈등을 겪고 있다고 진단한다. 한편 '노동자' 정체성에 관한 서술은 불안정 심리의 구조적 원인보다는 이주자들의 결속이 야기할 사회적 안정의 문제에 초점이 맞추어져 있다. 연구팀은 다랑 지역이 "유동의 오합지졸(流動的散沙)" 상태에서 "안정의 오합지졸(穩定的散沙)"로 전락할 가능성을 논하면서, 그 결정적 원인을 노동 모순의 심화에 따른 집단 저항에서 찾고 있다. 광둥성 전역에서 급증하는 노동운동에 대한 소개는 물론, 심지어 『공산당선언』의 내용을 발췌하면서 산업화 과정 중 도시화 정도가 50% 수준이었던 시기에 유럽에서 노동자 저항이 빈발했음을 지적하고 있다. 현재 청년 '노동자'들의 불만과 불안을 다스리지 못하면 안정이 위협받을 수 있다는 게 연구팀의 진단이다.

지역 조건의 경우, 연구팀은 먼저 도시화 과정 중 성중촌이 당면한 상황을 조망하고 있다. 다랑을 비롯한 선전 '관외'[23] 지역은 2004년에야 도시 행정에 편입되었으며, 다랑가도판사처가 업무를 시작한 것은 2006년의 일이었다. 연구팀 보고서에 따르면, 성중촌 다랑은 오랫동안 본지인들이 집체 자산을 보전할 목적으로 수립한 주식회사 및 이들과 계약을 맺은 공장들이 난립한 공업구로 남아 있었고, 기초적인 도시 인프라와 공공서비스가 절대적으로 부

Note | 선전시의 '관내'와 '관외' 개념

선전은 거주자들의 인식 속에서 여전히 '관내關內'와 '관외關外'로 대별된다. '관내'는 가장 먼저 경제특구로 지정된 홍콩 주변의 푸티엔福田, 뤄후羅湖, 난산南山 3개 행정구를 가리키며, '관외'는 2010년 이후 특구에 편입된 외곽의 행정구 및 신구新區를 가리킨다. '관내'와 '관외'는 특구의 경계와 선전시의 행정 경계가 달랐던 시기를 반영하는 과거의 명칭이지만, 개발의 시간 차이가 두 지역의 경제 발전 수준에 현저한 차이를 낳은 탓에 선전인들의 공간 인식에도 여전히 강력한 힘을 발휘하고 있다. 특히 도시 공간의 위계는 외지 청년들의 이주 패턴과도 긴밀한 상관성을 갖는다. 중국의 명문대 졸업생이나 유학파 청년들이 관내에 머물며 IT 산업과 금융업에서 주로 일하는 반면, 대부분의 농민공 청년들은 임대료가 상대적으로 저렴한 관외에 머물며 공장이나 말단 서비스직에 종사한다. 경제적·문화적·사회적 자본의 차이가 그대로 공간화된 셈이다.

족했다. 급속한 시장화·도시화 과정에서 본지인들은 집체 토지를 경제적 수익 창출의 용도로만 사용했으며, "소수가 자원을 점유하고 다수는 임차인이 되어 불안정 노동으로 생계를 꾸려가는" 상황에서 '향촌 거버넌스'와 '도시 관리'의 병목 상황이 발생했다는 게 연구팀의 진단이다. 밍량은 공공 공간의 부족을 농민공 청년들의 거주 형태 변화와 관련지어 해석했다. "2006년에 처음 조사를 했을 때는 외지 노동자의 60~70%가 공장 기숙사 생활을 했지만 2012년에는 절반에 이르는 노동자들이 근처에서 방을 임대해 살고 있었습니다. 특히 청년들은 더 이상 기숙사에서 살고 싶어 하지 않아요. 이전 세대 농민공과 확연히 다른 점이지요. 또 많은 농민공 자녀들이 도시에 머물고 있는데, 공장 주변 유아원과 학교는 너무 부실해요."(2014년 8월 9일 인터뷰)

이러한 조사를 바탕으로 연구원은 다랑가도판사처에 '제3의 8시간' 프로젝트를 제안했다. 연구팀에 따르면, 하루 24시간 중 제1의 8시간은 일터-취업, 제2의 8시간은 가정-휴식, 제3의 8시간은 사회-교제를 위한 시간이다. 즉, '제3의 8시간'은 청년 노동자들의 여가 시간을 의미한다. 그 시간 동안 이들이 공공 공간에서 교제와 학습, 각종 사회적 활동을 수행할 수 있어야 한다는 뜻이다. 연구팀의 제안은 ① 당과 정부의 리더십 아래서 다양한 기업과 민간의 자원을 동원하고, ② 당정, 기업, 사회조직, 교육기관이 서로 소통할 수 있는 플랫폼을 만들고, ③ 활기 있는 공간을 조성하여 대중의 자발적 참여를 유도하고, ④ 사회조직의 혁신(創新)을 통해 '사회자본'을 증가시키자는 것이었다. 이들은 공간과 플랫폼, 조직과 시야를 확대함으로써 청년 노동자들의 꿈을 실현하도록 돕자고 제안하면서, 청년들의 꿈을 능력 증진(拓展能力), 소질 제고(提升素質), 자아 전시(展示自我), 도시 융합(融入城市), 사회 공헌(奉獻社會)의 다섯 가지로 범주화했다.

다랑 청년꿈센터의 청춘극장
한 공장의 노동자 기숙사 안마당을 활용하여 만들었다. 청춘꿈센터를 플랫폼으로 활용하는 다랑 안팎의 다양한 사회조직이 이곳에서 행사를 벌인다. ⓒ조문영(촬영일: 2014. 8. 6)

연구원의 제안을 받아들여 다랑가도판사처는 외지 청년들의 '제3의 8시간'을 채워줄 각종 사회조직 활동의 플랫폼으로 '청년꿈센터(青年夢中心)'를 개소했다. 한 기업이 무료로 제공한 공간에 홍콩의 건축과 교수가 설계한 '청춘극장'을 마련하여 센터의 공연 무대로 삼았다. 각종 공익 활동을 수행할 다랑 안팎의 40여 곳 사회조직들을 '다랑공익연맹大浪公益聯盟'으로 연결해내고, 이들의 사무 공간, 도서관, 사회공작 기구를 센터에 개소했다. 사회조직들은 다랑 인근의 공장에서 농민공 청년들을 대상으로 홍보 활동을 벌이고, 이들과 함께 기능훈련, 서예, 회화, 심리 상담, 자원봉사, 연극 공연, 사진 촬영, 밴드, 스케이팅, 농구 등 각종 여가 활동과 공익 활동을 수행했다. 또한 사회 공헌에 관심 있는 저명인사, 교수, 미디어 종사자들을 묶어 '다랑의 벗(大浪之友)'이라는 이름으로 조직하고, 이들에게 강연자나 멘토로 활동할 무대를 제공했다. '제3의 8시간' 프로젝트는 다랑 당조직과 정부의 전폭적 지지와 지원에 힘입어 2014년 4월 '2013년 중국 도시화 모범 사례', 2014년 10월 '전국 사회치리혁신 10대 최우수 사례'에 선정되었다. 2016년 말까지 가도판사처는 청년꿈센터 외에 20여 개의 플랫폼을 더 구축하고, 각종 공익성 사회조직, 사회공작 기구, 사회기업, 인민단체, 당정 기관, 사회적 인사들을 엮어낸 결과 "40만 외지 청년 노동자들의 꿈을 실현"했다는 평가를 받았다.[24]

'제3의 8시간' 프로젝트는 선전의 각 사구, 가도, 구, 시에서 외지 청년들을 대상으로 시행하는 수많은 프로그램 중 하나일 뿐이다. 이 프로젝트는 규모가 비교적 크고 정부의 지지를 지속적으로 받았다는 점을 제외하면 필자가 지난 5년간 선전 외곽의 공업구 지역에서 살펴본 다른 프로젝트와 대동소이하다. 이렇게 유사성이 보이는 이유는 농민공 청년들이 '농촌에 남겨진 자녀들(留守兒童)'처럼 사회적 주목을 받는 위험 집단으로 범주화되었다는 사실과 함께, 이들에 대한 개입이 당과 정부 기관뿐 아니라 다양한 주체들이 결집된 대단위 공익산업으로 성장했음을 의미한다. 예를 들어, '다랑공익연맹'에 속한 여러 사회조직들 중 하나인 '호인호사好人好事'는 다랑가도판사처의 지원을 받아 '다랑의 벗'과 '다랑대학당'이라는 두 개의 프로그램을 운영했다. '다랑대학당'은 농민공 청년들을 위한 기술 교육 프로그램을 운영하는데, 사회적 기업을 표방하면서 청년들의 학비를 무이자로 대출해주는 은행과 지역의 교육기관이 파트너로 함께 참여하고 있다.

'호인호사'가 다랑 외 다른 지역들에서도 비슷한 방식의 플랫폼을 운영하는 상황을 고려할 때, 중국 사회가 도농이원구조에 제대로 메스를 들이대지 못하면서 심리 상담, 야외 활동 등 단편적 미봉책만 펼치고 있다는 비판은 여전히 미흡한 측면이 많다. 이 '미봉책'처럼 보이는 활동을 네트워크로 연결해가는 가운데 새로운 사회적 연대의 생태계가 부단히 조성되고, 이 생태계가 도시의 사회적 인프라를 구축하게 된 것이다. 이쯤 되면 농민공 청년들이 이 같은 활동을 필요로 한다고 말하기보다는 도시의 광범위한 사회적 생태계가 그들을 필요로 한다고 말해야 할 것이다.

5. 윤리적 시민권: '공익인'으로 거듭나기

급성장한 공익산업은 농민공 청년들을 필요로 하게 되었지만, 많은 농민공 청년들 역시 자발적으로 이 세계에 진입하고 있다. 노동자로서 자기 몫을 요구할 정치적 시민권도, 도시에서 살아가는 사람으로서 동등한 사회보장과 서비스를 요구할 사회적 시민권도 제대로 누려본 적이 없지만, 이 청년들은 다양한 사회조직에 초대되고 활동에 참여하는 순간 새로운 시민권을 부여받는다. 이때의 시민권이란 정치적·사회적 권리의 주장이라기보다 자신과 사회에 대한 도덕적 책무를 수행함으로써 성원권을 인정받는 것에 가깝다.

필자는 이탈리아의 자원봉사에 대한 안드레아 무엘바흐Andrea Muehlebach의 연구로부터 윤리적 시민권(ethical citizenship)이란 개념을 차용하고, 이를 중국 사회의 맥락 속에서 확장하고자 한다. 무엘바흐는 자발성을 윤리적 시민의 덕목으로 찬양하는 정부와 시민단체들에 관한 현지 조사를 통해 자원봉사가 공공 부문의 민영화와 국가 기능의 축소를 정당화하는 차원에 국한되지 않고 '도덕적 신자유주의'의 기제가 되었음을 강조한다. 도덕성은 시장 질서에 적대적인 외부가 아니라 그 내부에서 필수적인 덕목이 되었으며, 신자유주의란 도구적·공리적 주체들만 생산하는 것이 아니라 '자기'와 '타인'

을 함께 돌보는 정동적(affective) 자아를 동시에 요구한다는 것이다.[25]

무엘바흐가 제기하는 시민권은 이미 성취된 지위라기보다는 과정 중의 프로젝트에 가깝다. 그녀는 시민권을 "어떤 상태나 소유 개념이 아니라 본질상 불안정하며 반복적으로 단언되고 확증되어야 할 과정이자 사회적 위치 또는 지향"으로 보았는데, 이는 시민권을 수행하는 데 공적 승인, 즉 사회의 가치 있는 성원으로 남는 능력(capacity)을 증명할 필요성을 강조하는 것이기도 하다.[26] 윤리적 시민권이란 이 능력을 증명할 때 "감정을 생산적 힘으로 동원"하는 것으로,[27] 시민들은 자원봉사를 통해 단순히 사적이고 "의존적"인 존재로 남지 않고 공적으로 스스로를 드러낼 기회를 부여받으며, 자기에 대한 돌봄과 타자에 대한 돌봄을 결합하는 가운데 윤리적 시민권을 수행한다는 것이다.

윤리적 시민권 개념을 통해 신자유주의적 통치성의 변이를 탐색하면서, 무엘바흐는 이러한 형태의 시민권이 사람들로 하여금 사회적·정치적 유대보다는 도덕적·정동적 유대로 묶여 있다고 상상하게 만든다는 점을 강조했다. 시민들은 국가에 대한 집단의 입장이 아닌, 개인 대 개인의 관계 속에서 희생적 행위를 자발적으로 수행한다는 것이다. 하지만 서구의 국가-시민 간 공리적·계약적 결합과 달리 국가와 민民 사이의 도덕적·감정적 관계를 강조해온 덕치德治 전통, 그리고 당에 대한 개인의 희생과 의무를 강조하고 인민들 상호 간의 "자발적 응시 상황을 자각적 응시 상황으로 전환시켰던" 계획경제 시기의 이른바 '신덕치新德治'의 통치성이[28] 중첩된 중국 사회에서 국가는 윤리적 시민권이 발현되는 주요 구심으로 남아 있다. 농민공 청년들 역시 도시 청년들과 마찬가지로 개인의 운명과 국가-사회의 운명을 분리시키지 않는 교육 환경 속에서 성장했다. 이들 자신의 발화에서든 미디어를 통한 재현에서든, 윤리적 시민권은 단순히 개인적 성취나 보람이 아니라 주로 '공익公益'이라는 언설을 통해 등장한다.

'제3의 8시간' 프로젝트에서 '공익인公益人'의 모범으로 회자된 천멍어(여, 21)의 사례를 통해 윤리적 시민권이 수행되는 방식을 좀 더 들여다보기로 하자. 허난성河南省 농촌 출신인 천멍어는 17세에 중등전문학교 실습생으로 선전의 한 공장에 파견된 후 자연스럽게 '다궁메이打工妹'(도시에 취업한 농촌 출신의 젊은 여공)의 길을 걸었다. 잔업으로 정신없는 나날을 보내던 중 주문량이 줄어 주말에 여유가 생겼는데, 이때 다랑 지역 노동자광장에 들렀다가 다랑 자원봉사 조직 중 하나인 '새싹자원봉사대(小草義工隊)'의 활동을 접하게 되었다고 한다. 그녀는 이 사회조직의 공익 활동에 참여하면서 다양한 교육을 받았고, 결국엔 "원래의 (공장) 세계에서 빠져나와" '호인호사' 사회조직의 상근 활동가가 되었다. 프로젝트 기획과 수행, 관리 등 사회적 섹터 제반의 업무를 익히고, 틈틈이 공부를 병행하여 대학 본과 자격증을 획득한 뒤 마침내 청년꿈센터에 위치한 다랑공익연맹과 자원봉사자 서비스 센터의 책임자로 발탁되었다. 2014년 4월 중국 도시화 관련 국제회의에서 '도시화 우수 농민공 대표'로 선정되어 기자와 인터뷰를 했을 때, 천멍어는 '호인호사' 총간사와 다랑 당 부서기에게 공을 돌리면서 "자신은 다랑에서 꿈을 실현해가는 50만 청년 중 한 명일뿐"이라며 겸손한 태도를 보였다.[29]

공장에 다닐 때는 '공익인'이라는 단어를 한 번도 들어본 적이 없었지만, 천멍어는 이제 자신이 '공익인'이라 회자되는 것을 자연스럽게 느낀다고 했다. 사회적 이슈에 관해 필자와 대화를 나눌 때도 그녀는 개인적인 감상을 내뱉기보다 '공익인'의 무게를 짊어진 채로 사회의 대변인 역할을 자처했다. 타이완계 기업인 폭스콘Foxconn이 2009~2010년 노동자 연쇄 자살로 세계에 오명을 떨친 사건에 대해서도 마찬가지였다. "물론 개인마다 능력의 차이는 있지만, 각자의 잠재력을 사회에서 찾을 수 있는 채널이 있는가가 더 중요하다는 생각이 듭니다. 당시 자살한 폭스콘 노동자들은 자신들의 불만과 어려움을 풀 만한 채널을 찾을 수 없었던 거죠. 결국 죽음으로써 사회에 발언한 거죠. 자신들의 권리를 옹호할 적합한 방법을 찾지 못했다는 게 안타까워요. 게다가 법률 지식을 충분히 갖추지 못했기 때문에 어떤 경로를 통해 자신의 문제를 해결할 수 있는지조차 몰랐던 겁니다."(2014년 8월 6일 인터뷰)

즉, 자원봉사자로 호명된 농민공 청년들은 '공장'에서 벗어나 공공의 '사회'를 돌봐야 할 과제를 자기 책무로 부여받고 있다. 중국 사회의 불안과 모순을 고스란히 드러내는 집단에 대한 통치가 차별과 응징을 벗어나 '사회적 약자'에 대한 경제적 배려로 확대되고, 더 나아가 '사회'의 구성에 직접 동참할 자발적·도덕적 시민 주체를 만드는 과정이 된 것이다. 무엘바흐가 현장 연구를 수행한 이탈리아에서는 매사에 충실하고 능동적이라고 개념화된 시민에게 국가가 사회적 연대의 책무를 떠넘겼지만, 중국에서 이 사회적 연대란 시민에게 전적으로 전담되기보다는 '공익'이라는 프레임 속에서 국가·사회·시민의 집단적 책무가 되었다.

이러한 윤리적 시민권 논의에 '사회적 시민권'은 더 이상 개입할 틈이 없다. 그간 수많은 연구자들이 '농민공' 혹은 '신노동자'라는 범주를 중심으로 문제 제기해온 사회적·경제적 권리 박탈의 문제는 중국의 뿌리 깊은 도농이원구조까지 거슬러 올라가며, 도시에 거주하면서 교육, 의료, 주택, 사회보장 등 다양한 차원으로 경험하는 불평등은 호구제도의 완화와 정부의 지속적인 개입에도 불구하고 여전히 중국 사회의 치부로 남아 있다. 하지만 윤리적 시민권이 사회적 시민권을 대체할 때, 농민공으로서의 사회적 권리는 새롭게 이주한 시민의 책무로 대체되며, 노사관계 갈등의 해법은 노동자 역량 강화의 문제로 축소된다.

사실 '제3의 8시간'을 제안한 연구팀은 농민공이 직면한 문제가 구조적·제도적 책임이라는 점을 분명히 밝힌 바 있다. 이 책임은 중앙정부와 상급 정부의 소관이지 기층 정부가 담당할 사안은 아니라며 일종의 분업을 제안한 것이었다. 문제는 이 분업 아래 윤리적 시민권이 일련의 프로젝트를 따라 수행되면서, 참여자들이 프로젝트에 고유한 언어와 문법을 부여하여 문제를 정의하고 해석하는 데 익숙해지고, 그에 더해 사회적 시민권의 세계가 별도로 있다는, 도농이원구조의 개혁이 장기 과제라는 인식을 쉽게 망각한다는 데 있다. 현장 사회조직들과 행위자들이 국가의 사회동원 전략에 순응·타협하면서 빈곤·불평등과 같은 사회적 문제를 사회구조적 차원에서 접근하기보다 개개인의 윤리적 실천과 통치 기술을 통해 관리·해결 가능한 문제로 파악하는 경향에 대하여, 필자는 '기술적 윤리성(technological ethicality)'이라는 개념을 통해 분석한 바 있다.[30] 기술적 윤리성은 사회문제를 해결하기 위해 특정한 기간에 행해지는 각종 윤리적 '프로젝트'를 구상하고 그 성과 역시 수치화함으로써 여러 문제를 기술적 합리성의 평면에 배치한다. 새로운 사회 구성의 질료로서 '기술적 윤리성'은 집합적 사회운동의 과제 혹은 국가의 당연한 책무로 간주되었던 구조적 문제들을 한정된 시공간 안에서 도덕적 개인들의 자발적·혁신적 실천을 통해 해소될 수 있는 대상으로 재구성한다. 기술적 윤리성이 침윤된 세계에서 사회의 책임은 호적제도의 철폐나 도시에 대한 실질적 권리를 실현하는 데 있지 않고, 농민공 청년들의 잠재된 열망과 능력을 최대한 끌어올리는 것, 그래서 이들이 '사회'라는 공간에서 도시의 풍요와 자유를 '함께' 경험하고, 도시의 건설에 동참하도록 돕는 것으로 정의된다. 다랑가도판사처와 다랑공익연맹이 함께 제작한 '다랑의 벗'은 다음과 같은 내용으로 농민공 청년들을 위한 멘토를 모집했다.

> 다랑의 외지 청년들은 선전의 도시 건설과 발전을 위해 묵묵히 공헌해왔지만, 때때로 장시간 노동과 적은 수입, 직업 불안정 등의 문제를 겪고 있습니다. 이들은 고통을 인내하며 최선을 다해 일하고 있을 뿐 아니라, 사회의 돌봄, 도시에서의 융합, 사회로부터의 인정을 갈망하고 있습니다. 시간을 쪼개어 학습을 통해 자기 발전을 도모하면서 자신과 가족의 생활수준을 향상시키고 싶어 합니다. 하지만 기존의 사회자원은 청년들의 요구를 전면적으로 수용하는 데 한계가 많습니다. 이들 중 극소수만이 개혁·개방의 '보너스'를 누렸을 뿐입니다. (…) 외지 청년들이 지역에 뿌리내릴 수 있도록 힘을 보태는 공익 서비스야말로 이들의 안정된 생활을 돕는 기초이며, 선전에 온 청년 건설자들의 융화와 발전을 돕고 조화사회를 건설할 토대입니다.[31]

호소문의 성격이 짙은 위 전단지에서 도시의 엘리트와 농민공 청년의 관계는 정의의 영역이 아니라 '멘토'와 '멘티'라는 충만한 감정의 세계 안에서 해석되고 취급된다. 요컨대, 사회조직 참여를 통해 형성되는 윤리적 시민권이란 외지 청년들의 정서적 측면을 포섭하고, 사회적·정치적 시민권과 달리 권리의 부여보다 책무의 부과에 집중하는 경향이 있다. 중국 사회의 구조적 폭력에 눈감으면서 외부로 드러난 정서적 상처만 봉합하려 한다는 점에서 외지 청년들의 사회적 고통을 더욱 심화한다고 볼 수도 있다.

하지만 여전히 질문은 남아 있다. 야간작업으로 꼬박 10시간을 조립 라인에서 보낸 뒤 거리에서 간단히 아침을 때우고 공익 활동에 참여하기 위해 달려오는 농민공 청년들의 열정을 어떻게 바라볼 것인가? '공익인' 천멍어의 스토리는 분명 수많은 외지 청년이 복제하기 힘든 자수성가의 여정을 품고 있지만, 지난 5년간 필자가 선전의 공업지대에서 만났던 많은 청년들은 천멍어 못지않게 사회조직에 적극적으로 참여했고, 주저 없이 제 삶의 서사를 공익 활동의 서사에 포개고 있었다. 필자가 마지막으로 서술할 내용은 이 열정이야말로 농민공 청년들의 사회적 고통을 비추는 프리즘이라는 점이다.

6. '비사회적' 불평등에서 '사회적' 불평등으로

농민공 청년들을 대상으로 한 사회조직 활동은 공장들이 밀집한 선전 외곽 지역의 흔한 풍경이 되었다. 다랑 가도처럼 정부가 주도적으로 사회적 섹터의 판을 짜는 곳도 있고, 정부가 민간단체에 관련 프로그램을 위탁하는 곳도 있는데, 노동관계를 둘러싼 모순이 첨예한 지역이라 해서 예외는 아니다. 필자가 2012년 말부터 현지 조사를 해온 룽화신구 폭스콘타운의 경우, 한 사회공작 서비스 기구가 구정부 및 가도판사처와 삼자 계약을 거쳐 두 곳 사구에 커뮤니티 서비스 센터(社區服務中心)를 설립했다. 센터에 소속된 사회공작자들은 "외지 청년(폭스콘 노동자) 집단의 귀속감을 제고하는" 것을 목적으로 집단 미팅, 야유회, 주말농장, 영화 상영, 법률 자문, 심리 상담, 자원봉사 등 각종 프로그램을 운영했다.

주중과 주말에 걸쳐 진행되는 프로그램은 각 센터당 6명에 불과한 사회공작자 규모에 비해 방대한데, 자원봉사자로 초대된 폭스콘 노동자들의 무임

커뮤니티 서비스 센터의 폭스콘 자원봉사자들
폭스콘 기업과 기층 정부인 가도판사처의 후원으로 개최된 외지 청년들의 집단 미팅 행사가 끝난 뒤, 센터에 자원봉사자로 등록된 폭스콘 노동자들이 무대를 치우고 있다. ⓒ조문영(촬영일: 2016. 1. 10)

노동이 이 불균형을 메우고 있었다. 자선바자회, 운동회, 집단 미팅 등 일손이 많이 필요한 대형 행사의 경우 사회공작자들은 '자원봉사의 집(義工之家)'이라 명명된 온라인 QQ 채팅방을 통해 미리 연락을 취했고, 폭스콘 공장의 유니폼 위에 붉은색 조끼를 걸친 젊은 자원봉사자들이 일찌감치 센터로 모여들었다. 야간에 일하든 주간에 일하든, 노동자들은 특별한 행사가 없을 때도 센터를 찾아와 사회공작자의 잡일을 돕거나 탁구를 치고, PC로 영화를 관람했다. 사회공작자들 역시 대부분 농촌 출신으로서 학력의 우위를 제외하면 폭스콘 노동자와 그다지 다를 바 없기 때문에, 야간의 센터는 이들 외지 청년들이 스스럼없이 어울리는 교제의 장소가 되었다.

이 센터에서 필자가 만난 농민공 청년들 대부분을 학계나 미디어에서는 통상 '폭스콘 노동자'라 부르며, 그 이름은 곧바로 연쇄 자살이라는 — 여전히 산발적으로 진행 중인—'사건'과 중국 노동 세계의 비참함을 불러낸다. 폭스콘 문제가 불거진 뒤 중국 본토와 홍콩, 타이완의 60여 명 교수와 학생들이 직접 연구팀을 만들어 애플사의 위탁 업체이자 세계 최대 전자제품 기업 중 하나인 폭스콘의 노동 실태에 대한 대대적인 조사에 착수했다. 연구팀은 글로벌 생산일정을 맞추기 위한 장시간 노동, IT산업 기밀 유지를 위한 과도한 노동규율, 노동자들 간의 결속을 막고 적시適時 생산에 효율적인 기숙사 배치, 지방정부의 묵인하에 진행된 학생 강제노동은 물론, 글로벌 생산 체인의 구조적 갈등과 횡포를 낱낱이 고발했다. 그러나 폭스콘을 "노동 캠프"[32]라 부를 만한 문제들은 중첩된 반면, '노동자'로서의 계급의식을 갖기는 더 힘든 현실은 별도의 주목을 요구한다. 제조업을 중심으로 한 2차산업이 중국 GDP에서 차지하는 비중은 1980년 18%에서 2013년 44%로 증가했는데, 같은 시기 3차산업은 13%에서 46%로 훨씬 급격한 증가 추세를 기록했다. 이 같은 산업구조는 발전한 남방 연해 지역으로 몰려 온 농민공 청년들의 일자리가 '공장'에 국한되지 않고 수많은 서비스 직종으로 확대되었음을 의미한다. 2013년 여름 필자가 심층 인터뷰를 진행한 폭스콘 노동자 15명 중 2014년 여름까지 폭스콘에 남아 있던 이들은 5명에 불과했으며, 나머지 10명은 보험이나 부동산 상품 판매, 다단계, 주유소 아르바이트, 식당 종업원, 간이식당 운영 등 다양한 서비스 직종으로 이동했다. 노동 NGO들은 열악한 노동자들을 '신공인新工人'으로 호명하면서 당국의 탄압에도 굴하지 않고 노동운동을 지속해오고 있지만, 도농이원구조 아래서 이미 강제된 유동성을 경험하고 있는 농촌 출신 청년들이 도시의 '노동자'로서 집단적 연대를 형성하는 데는 상당한 구조적 제약이 따르는 것 또한 사실이다. 직종과 지역을 부단히 바꿔가며 불안정 노동을 지속하는 청년들이 기업과 노동조건을 두고 협상을 진행하는 것은, 자원봉사자 리빈의 말을 빌리자면 '시간 낭비'였다.

리빈(남, 20)은 허난성 농촌 출신으로, 초중을 졸업하자마자 선전에 있는 폭스콘에 취직했다. 연쇄 자살 문제가 연일 미디어를 장식하던 2010년의 일이었다. 인터뷰 중 당시의 언론 보도를 필자가 언급하자, 그는 다소 짜증 나는 어투로 반문했다. "직공이 100만이 넘는 큰 기업에서 몇몇이 떨어져 죽은 게 엄청난 일입니까? 당시 미디어에서 쓸데없이 과장해 보도한 거예요."(2013년 8월 7일 인터뷰) '언론의 호들갑' 때문에 함께 일하던 고향 친구들 일부가 떠나버린 것이 그를 가장 힘들게 했다. 대부분의 시간을 조립 라인 위에서 보내면서도 리빈은 인터뷰의 거의 모든 내용을 자원봉사 중 만난 사람들에 관한 이야기로 채웠다. "우리 같은 사람들은 절대 중국 밖으로 나갈 수가 없어요(出不了國)." 사회조직 활동에 참여함으로써 다양한 세상 경험을 지닌 사람들을 만나게 된 것, 이들을 통해 세계를 경험하고, 다양한 네트워크에 편입되고, 자신도 그 일부가 된 일을 신명나게 전했다. 중요한 점은, 리빈이, 그리고 필자가 센터에서 만난 대부분의 노동자가 저항의 부질없음을 얘기하면서도 현실의 부조리를 누구보다 잘 꿰뚫고 있다는 사실이었다. 선전에서의 삶에 대해 리빈은 담담한 넋두리를 전했다.

> 다들 무조건 돈을 최고로 여기기 때문에 친구를 사귀고 생활 반경을 넓히는 것은 뒷전으로 미뤄 두어요. 사실 사장도 회사의 발전을 위해서만 힘쓰잖아요. 무조건 돈만 챙기고. 인정이란 찾아볼 수 없고……. 이런 게 되풀이되다보니 제가 작업 도구(工作用具)가 된다는 생각을 지울 수 없어요. 이렇게 말하면 마치 우리 기업을 험담하는 것 같지만, 폭스콘은 외자기업이어도 CEO 구어타이밍은 사실 중국인이잖아요. 적자생존식 중국인의 심리를

이미 꿰뚫고 있어요. 폭스콘은 일단 중국에 들어오면 공장을 짓는 게 목표니 주변 학교, 병원, 시설 다 지어주고 문제도 다 해결해줘요. 그런 후에 공장 부지는 헐값에 사들이죠. 우리 회사 표어가 뭔지 알아요? 무조건 문제만 잘 해결하면 된다는 거예요.(2014년 7월 17일 인터뷰)

"내 청춘을 죄다 낭비했어요." 후베이湖北 농촌 출신으로 2007년부터 폭스콘에서 일한 량카이 역시 일터에 대해 시종일관 냉소적인 태도를 보였다. 폭스콘 사태 이후 중국 정부의 압력으로 공회가 생겼지만 "어차피 공회 대표의 임금도 구어타이밍(폭스콘 CEO)의 호주머니에서 나오기 때문에" 소용없다고 했다. 최저임금도 오르고 잔업도 예전보다 줄었지만, "옛날에는 10시간 걸려서 할 일을 이제는 8시간 만에 해야 하기" 때문에 스트레스는 더 늘어났다고 덧붙였다. 하지만 한국의 노동문제도 마찬가지로 열악하다며 노동운동의 역사를 간단히 소개했을 때, 그는 "인터넷에 떠도는" 단어라며 중국의 "권익보호운동(維權運動)"을 언급하더니 "자신은 별 관심이 없다"고 응대했다. "이런 운동은 성공률이 극히 낮고 대개 억압이 심해요. 정부가 지지하지 않는 일을 굳이 나서서 야단법석할 이유가 없어요. 우리는 발전 중인 국가이고, 아직은 일정 단계를 차근차근 밟을 필요가 있어요. 중국의 공안을 주무르던 저우융캉周永康도 사라졌잖아요. 반부패운동의 강도도 꽤 세고요."(2014년 8월 7일 인터뷰)

리빈과 량카이를 비롯해 필자가 센터에서 만난 폭스콘 출신 자원봉사자들은 자신을 '노동자(工人)'로 정체화하지 않았다. '(선전에) 왔으면 곧 선전인'이라며 자원봉사를 독려하는 시정부의 기대와 달리, 선전 '시민市民'으로 자신의 모습을 상상하지도 않았다. 선전에 정착하고 싶냐는 우문에는 "선전에서

평생 죽어라 일해봤자 화장실 한 칸 살 수 있을 뿐"이라며 허탈한 웃음을 보였다. 자원봉사가 선전시 호구를 획득하기 위한 가산점에 포함된다는 사실을 알고 있는 청년도 많지 않았고, 필자가 이런 사실을 알려주었을 때도 미온적인 태도를 보였다. 자원봉사 활동의 경우 선전시 호구 점수적립제에서 '사회 서비스' 범주에 해당되는 것으로, 자원봉사를 최고 250시간 수행한 외지인이 호구 심사 시 받을 수 있는 최고 점수는 10점이며, 이는 학력에 따른 호구 점수 산정 시 대졸자가 고졸자보다 더 받을 수 있는 점수와도 같다. 그러나 학력, 주택, 소득, 직업 등 이미 다른 점수 기준에서 너무나 뒤떨어져 있기 때문에 가산점 제도는 자신들과 무관하다는 반응이었다.

무엇보다 필자를 당황스럽게 한 것은 이들의 바람과 요구가 너무나 '소박'하다는 점이었다. 노동자로서 정치적 권리든 도시민으로서 사회적 시민권이든, 사회적 '평등'의 실현은 애초부터 이들의 관심사가 아니었다. 대다수 폭스콘 자원봉사자들의 열정을 추동한 것은 요원한 일로 보이는 분배적 평등 대신, 제한된 세계에서라도 사회적 인정을 획득할 수 있다는 가능성이었다. 기계 부품처럼 조립 라인 앞에 제 몸을 부착시켰다가 퇴근 후 붉은색 조끼를 입는 순간, 동료들과 거리에서 교통정리를 하고 자선바자회 전단지를 돌리면서 윤리적 시민권을 수행하는 순간, 이 같은 행위가 그들에게는 기념사진으로 남는다. 더 나아가 그들의 활동이 지역신문에 등장하는 순간, 농민공 청년들은 (한 봉사자의 표현을 빌리자면) '신분'의 변화를 체험했다. 이들이 체험하는 신분의 변화란 단순히 공장 노동자에서 센터 자원봉사자로 그 역할과 정체성을 맞바꾸는 것이 아니라, 상호작용의 지평 혹은 사회적 권리의 기반으로서 '사회'에 자신을 포함시키는 '사건'의 성격을 갖는다. 가난한 이에게 정말로 끔찍한 것은 "의존이 아닌 부재", 즉 "실타래에서 풀려나와 사회적 진공의 나락으로 떨어지는 것"이라는 퍼거슨의 지적은,[33] 농민공 청년들이 경험하는 불평등이 윤리적 시민권의 수행을 통해 '비사회적' 차원에서 '사회적' 차원으로 이동했다는 점이 당사자에게는 상당한 진폭을 가진다는 점을 시사한다.

센터의 자원봉사자가 된다는 것은 곧 선전시 자원봉사자연합회 소속의 자원봉사자가 되는 것을 의미하며, 등록된 자원봉사자는 전자자원봉사자증(電子義工證)을 발급받아 봉사 시간을 입력할 수 있다. 수치화된 봉사 시간은 청년들 사이에서 새로운 '인정 경쟁'을 유발했는데, 폭스콘 출신 자원봉사자로 최근 센터의 지원을 받아 환경보호 관련 사회조직까지 설립한 쉬웨이(남, 28)는 이 경쟁을 다음과 같이 묘사했다. "지난 6개월 동안 자원봉사를 300시간이나 했어요. 지금은 공장에서 일하는 시간 빼고 대부분의 시간을 죄다 공익 활동에 투입하고 있어요. (웃으며) 친구들이 웨이신微信(WeChat : 중국 SNS)이나 QQ로 어디 참가하고 표창받는 사진들을 계속 보내니 저도 은근히 압력을 받게 돼요."(2016년 1월 12일 인터뷰)

쉬웨이의 인터뷰 내용에서 보듯, 공익 활동이 열어젖힌 '사회적' 장은 오프라인 세계에 한정되지 않고 온라인과 오프라인 세계의 연결과 대화를 통해 그 의미를 증폭하고 있다. 농민공 청년들의 디지털 테크놀로지 이용에 관한 최근의 문화기술지에서, 왕신유엔Xinyuan Wang은 외지 청년들이 "정말로 어디에서 살아가는지, 어디에서 살 수 있는지" 질문하며, 이들의 이동을 농촌에서 도시, 오프라인에서 온라인이라는 '이중의 이주(dual migration)'로 개념화하고 있다.[34] 이들 청년이 실제로 "살아가는" 온라인 세계는 오프라인의 황량한 삶과 대조적으로 현대적·도회적 라이프스타일에 대한 갈망, 미래에 대한 동경과 신화로 가득하다. 왕신유엔이 비교 집단으로 삼은 상하이 도시 청년들의 포스팅에는 별반 등장하지 않는 가공된 판타지나 리더스다이제스트류의 명언들, 출처를 알 수 없는 비주류 컬처 사진들, 요구에 응하지 않을 경우 뒤따를 불운을 암시하며 공유를 강제하는 기괴한 이미지들이 압도적으로 많은 점도 특이하다.

사회적 섹터에 진입한 폭스콘 노동자들이 소셜 네트워크(SNS)에서 살아가는 방식은 왕신유엔이 묘사한 외지 청년들의 모습과 어떻게 다른가? 무엇보다 자원봉사라는 공익 활동이 외지 청년들의 디지털 수행성에서 극명히 드러났던 '온라인' 삶과 '오프라인' 삶의 틈을 메우는 데 어느 정도 기여하고 있다는 점에 주목해야 한다. 센터에서 만난 청년들은 웨이신 앨범이나 QQ존zone에 '업로드'한 활동 사진과 동영상, 표창, 미디어 보도를 필자에게 직접 보여주거나 '포워드' 하는 방식으로 일상에 대한 구구절절한 설명을 대체했다. 폭스콘 공장에서의 생산과정은 세분화된 작업 중 특수 기능만을 담당하기 때문에 일찍이 마르크스가 강조한 노동소외의 전형을 보여주지만, 다양한 역할이 수반되는 디지털 작업은 참여자가 공익 활동 현장과 SNS 현장을 가로지르며 게시물을 읽고, 작성하고, 업로드하고, 다운받고, 관리하고, 채팅에 참여하는 일련의 과정에 적극 참여함으로써 '생산'의 즐거움과 성취감을 제공한다.

온라인과 오프라인에서 맺는 친구 관계가 구획되지 않고 연결성을 획득하게 되었다는 점도 주목해야 한다. 왕신유엔은 "유동적인 삶(floating life)"을 살아가는 농민공 청년들이 SNS에서 형성되는 교우 관계를 "더 순수(更純)"하다고 여기는 경향이 있음을 진정성의 역설이자 새로운 사회성(sociality)의 등장으로 주목했다. 대부분 일찌감치 학교생활을 접고 일자리를 찾아 도시로 떠났기 때문에 고향의 가족이나 친지, 지인들은 박제화된 추억으로 남았고, 그

나마 연락이 닿는 친구들은 엇비슷하게 가난해서 "원치 않는 돈거래에 휘말릴 뿐"이다.[35] 하지만 필자가 참여 관찰한 농민공 청년들의 공익 활동은, 오프라인의 친구들과는 "실용적인" 이야기밖에 할 수 없는 반면 SNS상의 친구들과는 꿈과 미래, 취향에 대해 얘기할 수 있다는 교우 관계의 역설을 어느 정도 해소해주는 측면이 있다. 센터의 사회조직 활동에 함께 참여하면서 자연스럽게 SNS상의 연락처를 주고받고, 온라인에서 서로의 앨범을 기웃거리며 상대방을 서사화하고, 활동을 마친 뒤 함께 '뒤풀이'를 하면서, 청년들은 온라인과 오프라인이 서로 연결된 상태로 '사회'와 '친구'를 새롭게 확보하기 시작했다.

결국 이런 네트워크에서 '도시'란 사회적 시민권 혹은 노동자로서의 정치적 권리를 쟁취하기 위한 저항과 투쟁의 장소라기보다, '사회적' 개인의 온-오프 플랫폼으로 그 위상을 정립한다. 도시가 단지 건물, 도로, 버스, 공원 등으로 이루어진 물리적 환경이기만 한 것이 아니라 "문화적 실천, 지적 회로, 정동적 네트워크, 사회적 제도들의 살아 있는 역동체"[36]라는 점을 염두에 둘 때, 스스로를 '과객'으로 표상하는 농민공 청년들에게 도시의 '인프라'로서 사회적 섹터가 갖는 의미는 과소평가될 수 없다.

데이비드 하비David Harvey는 '도시에 대한 권리(right to the city)'는 "내재적이고 초월적이지 않은 여러 가능성으로 채워져야 하는 텅 빈 기표"라며 확언을 유보하면서도, "도시를 사회주의적 정치체로 재건설하고 재창조하는 권리"로, 다시 말해 "빈곤과 사회적 불평등을 근절하고 파멸적 환경 악화로 인한 상처를 치유하는 도시를 건설할 권리"로 도시권의 급진적 전망을 내비친 바 있다.[37] '사회주의' 중국에서 성장한 농민공 청년들이 사회적인 것의 인프라를 구축한 도시에서 배회한 덕분에 한시적이나마 비사회적 불평등에서

"사회적 불평등"으로의 이동을 허락받았다면, 우리는 무엇에 주목해야 하는가? 하비의 '무모한' 급진성인가, 아니면 중국 사회의 구조적 비참인가?

7. 선전을 떠난 뒤

> 세계시장 거리에 사는 사람들이 최고경영자와 같은 종류의 전 지구적 시각을, 중국의 한 노동자로서가 아니라 세계시민으로서 가질 수 있을까? 그들이, 우리가, 전 지구적으로 공유되는 존재를 기초로 하는 공통의 통념을 개발할 수 있을까? 자신을 거대하고 광대한 우주의 작은 나사 하나로 봄과 동시에, 이 거대하고 광대한 우주 전체를 그 나사 하나만큼 명료하게 볼 수 있을까? 아니면 자신을 세계 속의 어느 하찮은 구석이 아니라 전체 세계 속에 있는 존재로 상상할 수 있을까? 이 비전이 언젠가는 자본만이 아니라 인간을 위해서도 효과를 발하게 될까? 다른 사람과 똑같이 행동하고, 스스로를 똑같이 바라보며, 세계를 똑같이 바라보는 가운데 마주칠 수 있을까? 말 그대로 자신을 세계로 '만들' 수 있을까?[38]

도시 이론가인 앤디 메리필드Andy Merrifield는 그 자체가 교환가치, 즉 부동산이 된 도시에서 수많은 기업은 자신들을 세계시민으로 보는 데 익숙해졌다고 말한다. 노동자가 기업처럼 글로벌 감각을 갖되, 세계시민으로서 새로운 변혁을 꿈꾸기 위해서는 무엇보다 도시의 가능성을 재발견해야 한다는 게 그의 주장이다. 이를 위해서는 먼저, 자본의 전 세계적 순환을 가능케 한 플랫폼이 되어버린 도시를 재조직하여 '도시적인 것(the urban)', 즉 "밀집

되어 있고 분화되어 있는 사회적 공간 안에서의 집회와 마주침"[39]을 생성해야 한다. 분명 '중국의 한 노동자'는 '인터내셔널'이 레토릭으로 침잠해 있던 사회주의 계획경제 시기보다 지금 더 '세계'와 가까워졌다. 그(그녀)는 편벽한 농촌에서 도시로 이동했고, 글로벌 생산 체인의 하부구조를 담당하면서 동시에 인터넷을 통해 자신이 조립한 스마트폰을 소비하는 세계의 풍경을 지켜본다. 그리고 사회적 섹터라는 도시의 인프라를 활용하면서 사회적 공간을 구축하고 조직하는 행위에 적극 참여하기까지 한다.

메리필드는 이런 움직임이 반복되면서 마주침의 장이 활성화될 터이고, 그를 통해 도시의 정의를 찾을 것을 제안했으나, 이 움직임을 추동하는 힘의 소재에 대해 간과한 측면이 있다. 이 글에서 '사회'특구 선전의 사례를 통해 살핀 바, 현재 중국 도시에서 광범위하게 포착되는 사회적 섹터의 생태계는 농민공의 세계시민 되기 프로젝트도, 심지어 (법적·제도적) 도시민 되기 프로젝트도 아니다. 사회안정을 예의 주시하는 당과 정부의 적극적 지원에 힘입어 '공익'이라는 무대가 열리고, 여기에 다양한 사회조직, 인민단체, 학교, 기업 등이 공익'산업'의 전망에 호응하며 공연을 만들고, 농민공 청년들과 같은 '위험 집단'을 직접 무대 위에 등장시키거나 연출에 보조적으로 참여시키는 풍경이 펼쳐진다. 이 사회적 섹터에서 청년들은 '노동자'로서의 정치적 권리나 '도시민'으로서의 사회적 시민권 대신 윤리적 시민권을 부여받는데, 윤리적 시민, 혹은 '공익인'이라는 호명이 지시하는 것은 도시를 안전하게 돌봐야 할 책무이지, 도시의 정의를 수호할 권리가 아니다.

중요한 것은, 선전에서 필자가 만난 농민공 자원봉사자들이 무대의 구조적 결함을 간파하면서도 별반 감정의 동요를 드러내지 않았다는 점이다. 배제와 차별의 역사가 층층이 퇴적된, 물질적·정동적으로 이미 견고해져버린 도농이원구조를 체험해온 외지 청년들은 도시의 사회적 섹터에서, 그리고 이 섹터 덕분에 확장된 디지털 세계에서 세계시민으로서의 '판타지'를 갖는 데 만족했다. 공장과 도시에서 극도의 고립을 경험해온 이들은 호구와 상관없이 사회조직 활동에 동참하며 공공의 '사회'에 대한 성원권을 부여받고, '비사회적' 불평등에서 '사회적' 불평등으로의 이동을 경험했다.

하지만 이 성원권은 도시 거주의 시간성에 따른 유효기간을 갖는다. 농민공 청년들이 다른 일자리를 찾아, 혹은 결혼의 압력 때문에 도시에서 농촌으로, 도시에서 다른 도시로 이주할 때, 한때 이들에게 성원권을 제공했던 사회적 네트워크는 더 이상 지속되지 못한다. 2016년 이후 필자는 리빈과 량카이를 더 이상 선전에서 만나지 못했다. 더 나은 직장을 찾겠다며 리빈은 베이징으로, 량카이는 우한武漢으로 이주했다. 이들은 폭스콘을 떠났을 뿐 아니라, 자원봉사자로서 열정을 바쳤던 커뮤니티 센터 역시 떠났다. 약간의 시간차를 두긴 했으나, 오프라인의 센터와 연결되어 있던 온라인에서의 공익 활동과도 작별했다. 량카이의 웨이신과 QQ존에서 자원봉사 표창과 활동 기념사진, 센터 동료들과 찍은 '셀카'는 빠르게 자취를 감추었다. 대신, 부동산 판매원이라는 새 직업에 걸맞게 그의 SNS는 매일매일 쏟아지는 주택 매물 사진으로 넘쳐났다. 지금 그에게 '사회'란 어떤 모습일까? 공장에서든 도시에서든 물질적 생산의 영역에서는 구조적으로 배제되었지만, 사회적 생산의 영역에서는 개별적으로 포섭되어 한시적 성원권을 향유했던 농민공 청년들은 사회적 섹터의 찬란함을 뒤로 한 채 여전히 어딘가를 배회하고 있다.

도시 사회관리와 노동체제 개혁의 딜레마

정규식

1. 중국 도시의 사회관리와 노동문제의 연계

중국에서 노동문제는 협소한 의미의 '노동' 문제에 그치지 않고 통치 전략 전반을 포괄하는 광범위한 문제이며, 사회주의 시기와 개혁·개방 시기를 잇는 중요한 가교이다. 실제로 사회주의 시기의 유산과 개혁·개방 이후의 변화된 노동관계가 현재 중국의 사회구조를 상당 부분 규정하고 있으며, 향후 변화를 추동하는 구조적 배경으로 작용하고 있다.

무엇보다 이데올로기적으로 '노동자 국가'를 표방한 사회주의 시기의 중국 정부는 생산력의 급진적 확대를 목표로 하는 '산업주의 혹은 발전주의라는 과제'와 '사회주의국가 건설'이라는 이중 과제에 직면했다. 이 이중 과제를 수행하는 과정에서 중국의 노동정책은 부단히 조정되었으며, 특히 2000년대부터 본격화된 노동자들의 집단적 저항과 조직화 추세로 인해 노동관계와 관련된 제도를 재설계해야 한다는 요구가 높아지고 있다. 이러한 노동관계의 재설계는 중국 사회 전체의 전반적인 변화와 맞물려 진행되고 있으며,

‘사회관리社會管理(social management)’에서 ‘사회치리社會治理(social governance)’로의 전환이라는 좀 더 큰 틀의 사회통치 체계 변화 위에서 전개되고 있다.

이렇듯 ‘사회치리’ 체계로의 전환과 ‘노동문제’의 ‘사회치리’ 체계로의 인입이 강조됨에 따라 각 지방 차원에서도 이와 관련된 정책 및 제도가 다양하게 추진되고 있는 중이다. 특히 광둥성廣東省 같은 일부 지역에서는 오히려 중앙정부보다 앞서서 이 같은 정책적 개혁 시도가 나타나고 있다. 따라서 노동문제를 ‘사회치리’ 체계로 편입하려는 시도가 향후 어떻게 전개될 것인지를 살펴보는 일은 중국 노동정책의 변화를 이해하는 데 핵심적인 문제라고 할 만하다.

여기서 한 가지 주목해야 할 점은, 중국 노동체제의 형성에서 나타난 ‘국가-자본-노동’의 역할과 영향력이 등가적이지 않다는 사실이다. 여전히 ‘사회주의’적 이데올로기를 표방하는 중국에서 국가는 자본과 노동의 ‘이중 대리인’ 역할을 지속적으로 수행하고 있기 때문이다. 즉, 국가는 한편으로 노동시장의 형성 과정에서 노동력의 배분과 재생산에 주도적인 역할을 했으며, 또 다른 한편으로는 시장화에 따른 노동규율의 형성과 그에 대한 노동자의 불만을 통제하기 위해 노동관계의 제도화에도 노력을 기울였다. 중요한 점은 시장화의 전개에 따라 국가의 역할 및 사회적 기능이 계속해서 변화하고 있다는 사실이며, 그에 수반하여 ‘국가-자본-노동’의 관계도 재조정되고 있다는 사실이다.

이러한 시각에 따라 이 글은 중국의 노동문제를 단순히 ‘노동’에 대한 영역으로 한정하지 않고, 좀 더 거시적인 측면에서 ‘당-국가’ 정책과의 상호작용 및 그에 따른 정책 변화를 중심으로 살펴보고자 한다. 즉, ‘사회치리’ 시대로의 전환 과정을 노동정책의 재설계라는 측면에서 검토하고, 새로운 사회통치구조 속에서 발생하는 노동체제 개혁의 주요 특징을 기존 국가 통치 방향의 핵심 기조인 '안정유지(維穩)'와 부딪치는 상황의 딜레마를 중심으로 살펴볼 것이다. 그리고 '조화로운 노동관계의 구축'을 목표로 광둥성에서 추진되는 사회치리 체계의 구축과 그에 따른 노동 개혁의 사례를 분석한다. 그 밖에도 2014년 광둥성 둥관시東莞市에서 발생한 위위안裕元 신발공장의 파업 사건 분석을 통해 광둥성 노동체제 개혁의 핵심 쟁점인 공회工會(노동조합) 개혁의 가능성과 한계를 검토해볼 것이다.

이를 바탕으로 현재 중국에서 진행되는 '사회관리 체제'의 개혁이 노동정책의 변화에 주는 함의와 전망을 고찰하고자 한다. 물론 광둥성 사례가 중국 노동체제의 전반적인 특성을 완전하게 대표한다고 할 수는 없다. 다만 한 지역에 대한 사례 연구가 전체를 대표하지는 못하더라도 전체를 이해하는 하나의 창구라는 것은 분명하다.

Note | 공회: 중국의 노동조합

중국에서 유일하게 승인된 전국적 노동조합 조직이 중화전국총공회(이하 '전총')이며, 그 산하에 각 성이나 현급의 공회가 있고, 기업 공회가 존재한다. '전총'은 국가행정 체계와 일치하는 조직망을 갖추고 있으며, 전국적으로 광범위하게 기층까지 깊숙이 침투해 있다. '전총'에는 각 경제 부문에 10개의 산업별 노조 전국위원회가 있으며, 각 성과 자치구, 직할시에 31개의 총공회가 있고, 총공회의 관할 아래 다시 시·구·현·기층 노조 등이 설립되어 있다.

2. '사회관리'에서 '사회치리' 시대로 전환

1) '사회치리'의 강조와 노동체제의 개혁

중국에서 '사회관리'라는 표현이 처음 등장한 것은 1998년의 「국무원 기구 개혁 방안에 관한 결정(關於國務院機構改革方案的決定)」이라는 문건이다. 이는 개혁·개방 이후 1990년대 말부터 본격화된 국유기업에 대한 조정 과정에서 대량 발생한 실직 노동자들의 불만과 저항이 사회적인 위기감으로 확대된 상황과 밀접한 관련이 있다. 이후 '사회관리'의 개념과 체계 및 필요성이 더욱 분명하게 제시된 것은 2004년 중국공산당 제16기 4차 중앙위원회 전체회의에서 사회 건설과 관리의 강화 및 '사회관리 체제의 혁신, 당위원회의 지도, 정부의 책임, 사회의 협조, 공중 참여'의 완전한 수립을 목표로 하는 사회관리 체계에 대한 구체적인 구도가 제시되면서부터다. 이에 기초하여 '중국행정관리학회 과제조中國行政管理學會課題組'의 연구 보고서는 '사회관리'를 다음과 같이 정의한다.

> 정부가 전문적·체계적·규범적인 사회정책과 법규의 제정을 통해 사회조직과 사회 사무를 관리 및 규범화하며, 합리적인 현대 사회구조를 발전시키고, 사회 이익 관계와 사회적 요구에 대한 응답 및 사회모순의 화해를 조정하며, 사회공정과 사회질서 및 사회의 안정을 유지하고, 이성·관용·조화·문명의 사회적 분위기를 조성하며, 경제·사회·환경의 협조적 발전의 사회환경을 건설하는 것이다.[1]

중국에서는 시장화 개혁이 진행됨에 따라 사회적으로 이익 갈등이 더욱 복잡해지고, 노동자의 저항 및 파업을 비롯한 사회문제가 지속적으로 발생하고 있다. 이런 현실에서 정부의 중요한 역할로 강조된 것이 사회모순의 조화로운 해결과 사회질서 및 사회안정의 유지였다. 그리고 이에 기초해 '사회관리'라는 개념이 부각된 것이다. 그러나 위로부터의 통제적 성격이 강한 '사회관리' 체계로는 사회문제에 대한 진정한 해결이 어려우며, 조화로운 사회 건설을 추진하는 데도 방해가 되고, 심지어 모순을 더욱 격화시키고 사회 불안정의 근원을 은폐시킬 수도 있다는 지적이 각계에서 제기되었다. 특히 사회문제가 시간이 갈수록 더욱 증가하고 있으며, 노동자를 비롯한 대중의 권리의식이 제고되고 인터넷을 통한 권리 수호 행동이 계속 증가하는 현실에서 기존의 강제적인 '안정유지'라는 사회통제 방식은 제대로 작동하기 힘들었다. 이에 따라 '사회관리'에서 '사회치리'로의 전환이 모색되기 시작했다.

그리고 2013년 중국공산당 제18기 3차 중앙위원회 전체회의에서 국가의 치리 체계와 치리 능력의 현대화가 '전면 심화 개혁'의 총괄적인 목표 가운데 하나로 설정되었다. 이 회의에서 통과된 「중공중앙 전면 심화 개혁에 관한 약간의 중대 문제에 대한 결정(中共中央關於全面深化改革若幹重大問題的決定)」(이하 「전면 심화 결정」)은 '사회치리' 체제의 혁신에 관한 별도의 장을 배치하여 사회치리 방식의 개선, 사회조직 활력의 고취, 효과적인 갈등 예방, 사회모순 체제의 조정, 공공안전 체계의 정비 방면에서 사회치리 체계를 어떻게 혁신할 것인지에 대해 한층 자세하게 제시했다.

> 사회치리의 혁신은 반드시 최대 범위 인민 대중의 근본 이익을 옹호하는 데 주목해야 하며, 최대한 조화의 요소를 증가시키고, 사회 발전의 활력을

증가시키며, 사회치리의 수준을 제고하고, 평안한 중국 건설을 전면적으로 추진하며, 국가의 안전을 지키고, 인민의 행복한 삶을 확보하고, 사회의 안정과 질서를 유지해야 한다.[2]

'사회관리'에서 '사회치리'로 전환된다는 사실의 중요한 함의는 다원적인 주체와 민주적인 참여를 중시하기 시작했다는 점이다. 즉, 「전면 심화 결정」은 체계적 치리의 견지, 당위원회 지도의 강화, 정부의 주도적 역할 발휘, 사회 각 방면의 참여에 대한 격려와 지지를 제기함으로써 중국의 새로운 사회관리 모델은 정부의 일원적 주도와 다자 참여 및 각 부문이 각각의 직무를 담당하는 '공동 합작형' 치리 체계임을 분명히 제시했다. 다시 말해 정치적 동원과 행정적 관리에 단순하게 의존했던 전통적인 모델에서 탈피해, 앞으로는 정부 주도하에 다원적인 주체가 참여하는 사회치리 체제를 수립할 것이 필요하며, 이를 위해서는 당 조직뿐만 아니라 각종 사회조직, 공민 등이 사회치리의 조직자와 참여자가 되어야 한다는 점이 강조되었다.

다원 주체의 참여가 강조되는 사회치리 체제로의 전환은 사회경제적 구조의 변화, 즉 지금까지 '단위單位'를 통해 신분을 보장받고 기본적인 사회생활을 영위했던 '단위인單位人'이 시장화 개혁의 추진에 따라 점차 '사회인社會人'으로 전환되는 과정과 밀접한 연관이 있다. 즉 '정부(단위)–사회'라는 일원적 구조 모델을 타파하고, '정부(단위)–사회(사구社區)–사회인'이라는 다원적 구조 모델을 형성하여 다원적 주체가 사회치리에 참여하도록 한 것이다.[3] 이런 측면에서 보면 중국의 사회관리 체제는 단위 체제 시기에서는 국가가 사회와 시장을 모두 포괄했으나, 개혁·개방 시기에 들어서는 정부와 기업 및 사회가 분리되는 전환 과정에 적응하여 변화되고 있다고 할 수 있다. 또한 '정부(단위)-사회(사구)-사회인'으로 연결되는 구조 변화에 따라 정부와 '사회인'으로서의 개인을 연결하는 플랫폼이라 할 만한 '사구社區(community)'의 건설이 강조되고 있다.

주지하듯이 사회주의 시기 중국 도시지역의 경제생활과 사회복지 및 정치적 통제는 모두 '단위 체제' 안에서 이루어졌다. 그러나 시장경제체제로의 개혁이 가속화되면서 국유기업의 구조조정과 공유제 주택제도의 폐지 및 주택의 상품화로 단위 체제가 실질적으로 붕괴되었고, 단위에 대한 도시 주민들의 소속감도 약화되었다. 게다가 호적제도의 이완으로 농민공들이 대거 도시로 유입되면서 중국 정부는 도시의 행정 체계를 새롭게 재편할 필요가 있었다. 이에 따라 중국 정부는 도시지역의 기층 사회관리 체제를 기존의 단위 체제에서 '사구'를 중심으로 하는 체제로 전환했는데, 바로 이러한 '사구 건설'이 오늘날 사회치리 개혁의 핵심 소재지가 된 것이다.

'사회치리' 체제로의 전환과 '사구 건설'에 대한 강조는 노동의 영역에도 심대한 영향을 미치고 있으며, 더욱이 2000년대 들어 더 이상 전통적인 관리 체제의 범주에 속하지 않는 이른바 '사회로 확장된 노동문제'가 나타나면서 노동문제의 '사회치리' 체계로의 인입이 점차 중요해지고 있다. 백승욱 등은 다음의 네 가지로 이러한 현상의 출현 배경을 설명한다. 첫째, 도시에 장기적으로 거주하는 농민공의 대량 출현이다. 도시 산업의 주요 노동력이 된 농민공의 파업이 증가함에 따라 농민공에 대한 사회관리에서 '노동'과 '사회'는 서로 배제될 수 없는 범주가 되어가고 있다. 둘째, 노동자의 집단적인 저항이 일상화되고 있다. 이는 노동 영역이 사회관리가 작동하지 못하는 가장 중요한 지점으로 부각되고 있음을 보여준다. 셋째, 노동자의 집단적인 저항이 전개되는 양상이 달라졌다. 특히 공회를 거치지 않고 스스로 집단적인 저항을 조직하는 경우가 많은데, 이는 공회 계통을 통한 노동 관리 시스템의 기능적 효율성이 저하되고 있음을 보여준다. 넷째, 당정 통제의 범주에서 벗어나 있는 노동 NGO의 출현이다.[4]

이러한 배경하에 중국공산당 중앙위원회와 국무원은 2015년 3월 22일 「조화로운 노동관계의 수립에 관한 의견(關於構建和諧勞動關系的意見)」(이하 「조화노동 의견」)을 발표하여 사회관리의 차원에서 노동문제를 포괄하는 종합적인 정책을 제시했다.

> 현재 우리나라는 사회경제적으로 격변의 시기에 있으며, 노동관계의 주체 및 그 이익 요구가 갈수록 다원화되고 있다. 또한 노동관계의 모순이 이미 선명하게 부각되고 있으며, 다양하게 발생하고 있다. (…) 새로운 역사적 조건하에서 중국 특색의 조화로운 노동관계를 수립하려는 노력은 사회관리를 강화하고 혁신하는 것이며, 민생을 보장하고 개선하는 중요한 내용이

Note | 노동 NGO

중국의 노동 NGO는 후진타오胡錦濤와 원자바오溫家寶 집정 시기에 집중적으로 설립되었으며, 현재 중국 전역에 30개의 노동 NGO가 있다. 이들은 위위안裕元 신발공장 파업 등 크고 작은 파업에 영향을 미치고 있는데, 노동자들을 위한 법률 상담과 임금 체불이나 산재 등 노동 현안에 대한 각종 서비스 및 노동자 권리 수호 행동에 개입하는 등 다양한 활동을 전개한다. 이 같은 노동 NGO의 영향력이 확대되면서 공회의 개혁에도 일정 정도 영향을 미치고 있다. 공회와 지방정부에서 노동 NGO의 서비스를 구매하거나 자신의 조직 산하로 포섭하려는 시도까지 나타나고 있다.

다. 또한 사회주의 '조화사회(和諧社會)' 건설의 중요한 기초이며, 지속적이고 건강한 경제 발전의 중요한 담보이고, 당의 집정 기초를 증강하는 것이며, 당의 지위를 공고히 하는 필연적 요구이다.

노동문제에 대한 '사회관리'적 접근은 앞서 말한 사회관리 체제 개혁의 핵심인 '사구 건설 체계'와 '노동분쟁 관리 체계'의 통합에서 더욱 구체적으로 체현된다. 즉 '사구'에 대한 관리를 개선하고 확대하는 실험으로서 '격자망화(網格化)'와 '네트워크화(網絡化)' 관리 모델이 추진되었다. 격자망화란 도시의 지역적 공간을 격자(網格) 단위로 세분화하는 것을 말하고, 네트워크화란 각 격자 단위에서 수집된 정보를 격자들의 격자인 네트워크를 통해 연결된 정보망에 집중시킴으로써 총괄적인 관리를 가능하게 하는 것을 말한다. 한편 각 사구는 더 작은 단위의 격자로 나뉘고, 각 격자에는 여기에 소속되거나 유동하는 인원들에 대한 정보를 모으는 격자원(網格員)이 배치된다. 격자원들이 자신에게 지정된 격자 구역 내의 정보를 입력하면 '격자-사구-가도街道-구區-시市'로 연결된 네트워크를 통해 정보를 체계화하고, 종합적으로 그에 따른 사회관리의 틀이 구축된다.[5] 또한 '인력자원과사회보장부'도 노동분쟁의 적절한 처리를 위해 노동보장감찰 기구와 사회보장, 취업, 민원, 중재 등 노동관계에 관련된 각 단위와 협조를 더욱 강화하고 있다. 즉 성省, 시市, 구區, 가街(진鎭) 간의 종횡적 협조 체계를 강화하고 있으며, '노동보장감찰법' 집행의 효율성을 제고하여 노동자의 합법적 권익과 사회 조화 및 안정을 함께 보호한다는 목표를 제시하고 있다.

특히 일부 지역에서는 이에 기초하여 각 사구 내에 노동쟁의 관리 네트워크 체계가 수립되고 있다. 예컨대 지린성吉林省 창춘시長春市 차오양구朝陽區에

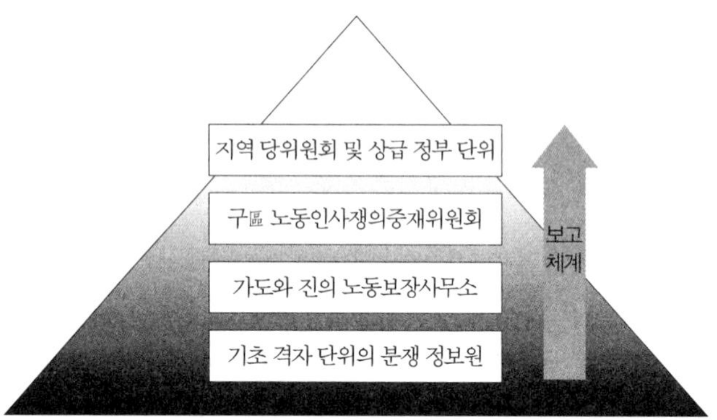

〈그림 1〉 '격자망화' 노동쟁의 조사 및 경보 네트워크 체계
격자망화에 따른 사회관리는 위 그림처럼 '기초 격자 단위 → 가도街道와 진鎭의 노동보장사무소 → 구區 노동인사쟁의중재위원회 → 지역 당위원회 및 상급 정부 단위'로 보고 체계가 이루어진다.

서는 노동분쟁에 대한 탐문 조사와 조기 경보 및 조절 능력을 제고하기 위해 '노동쟁의 격자망화 탐문 조사와 조기 경보 네트워크 체계'를 구축하여 실행했다.[6] 즉, 관할구역을 몇 개의 격자로 구획하고, 각 격자에 1명의 격자 순찰원과 1명의 노동쟁의 조정원을 배치했다. 이러한 격자의 구획은 두 가지 원칙에 따라 이루어진다. 첫째, 전면 포괄의 원칙으로 격자 구획에 사각死角을 남기지 않는다. 둘째, 명확화의 원칙으로 격자원 간에 관할구역의 경계와 관리 책임을 분명히 한다. 그리고 관할구역 내에 자신의 성명과 전화번호를 공시하고, 격자 내의 기업 상황과 고용 상황에 대해 순찰을 진행하며, 노동자 상담과 민원 접수도 한다. 이를 통해 노동분쟁의 징후와 조짐을 적시에 발견하고, 즉각적으로 상부에 관련 정보를 보고한다.

이 체계의 구체적 실행 원칙은 다음과 같다. 첫째, 창춘시 차오양구 '노동인사쟁의중재위원회'가 이 체계를 전적으로 책임지며, 탐문 조사 경보의 구체적인 실시 방법을 제정하고, 기본적인 공작제도를 완비하며, 평가와 상벌 방법도 제정하여 지도·관리한다. 둘째, 가도街道와 진鎭의 노동보장사무소는 노동쟁의 격자망화 탐문 조사의 실질적인 조직과 실시를 담당하며, 노동쟁의 조정원과 분쟁 정보원의 일상적 관리와 교육 및 평가를 담당하고, 각 격자 단위로부터 올라온 모순과 분쟁을 조정한다. 셋째, 기초 격자 단위의 분쟁 정보원은 격자 내 모순과 분쟁의 징후와 조짐을 수집하고, 이를 상부에 보고한다.

이처럼 전반적으로 중국 정부는 '사회치리' 체제의 구축을 통해 '사회'로 확장된 노동문제를 체계적으로 관리함으로써 노동쟁의를 규범화하고 제도화하려 하고 있다. 그러나 아직까지 노동자의 단체행동권이 법적으로 인정되지 않고, 사용자와 평등한 협상을 진행하는 중요한 주체인 공회에 대한 개혁도 미진한 상황이다. 이런 가운데 노동자의 권리 수호 행동은 여전히 '사회 불안정 요소'로 규정되어 통제와 단속의 대상으로 간주되는 경우가 많다. 요컨대 '안정이 모든 것을 압도한다(穩定壓倒一切)'는 정책 기조가 사뭇 유지되고 있으며, 그에 따라 노동쟁의를 비롯한 노동문제도 사회의 '안정유지' 차원에서 접근되고 있다. 그러나 현실적으로 노동자들의 파업이 이미 공장 담을 넘어 사회 전체의 문제로 확산되는 추세가 나타나고 있다. 따라서 '안정유지'를 기조로 한 사회치리 체제로 노동문제를 관리하는 정책은 한계를 지닐 수밖에 없다.

2) '안정유지'와 노동체제 개혁의 딜레마

개혁 시기 동안 중국 정부는 정치사회의 안정이 지속적인 개혁과 발전의 전제라는 인식하에 '안정유지'를 가장 중요한 임무로 추진해왔다. 즉 '안정유지'를 국정의 가장 중요한 목표로 상정함으로써 "안정유지는 경제성장을 위한 전제 조건이나 통치를 위한 수단을 넘어 전체 사회를 통제하고 규범화하는 하나의 이데올로기"로 작용하고 있다. 특히 2004년 중국공산당 제16기 4차 중앙위원회 전체회의에서 통과된 「당의 집정 능력 건설 강화에 관한 결정(中共中央關於加強黨的執政能力建設的決定)」은 '안정유지'의 내용을 더욱 명확하게 제시했다. 즉, 안정유지 정책을 현실화하기 위한 업무 책임제의 실시, 사회 상황과 민심을 반영하기 위한 소통 기제의 확보, 공공안전보장과 돌발 사건에 대한 긴급 처리 능력의 향상, 사법기관의 갈등 조정 및 안정유지 기능의 강화, 사회치안 종합 치리 업무 기제의 강화와 개선 및 인민의 생명과 재산의 안전을 보장할 것 등을 규정했다. 이어 제17차 당대회에서는 안정유지가 점차 사회 건설 영역의 주요 업무로 편입되기 시작했으며, 제17기 4차 중앙위원회 전체회의에서는 「새로운 정세하의 당 건설 강화와 개선의 중대 문제에 관한 결정(中共中央關於加強和改進新形勢下黨的建設若幹重大問題的決定)」이 통과되어 "발전은 확고한 규칙이며, 안정은 확고한 임무이다"라고 제시되었다.[7]

이렇게 확립된 중국의 안정유지 체제는 중앙의 핵심적인 권력의 독점과 각급 지방정부의 체계적인 조직망을 통해 실행되었다. 즉, 중앙 수준에서 안정유지 조직은 '중앙 정법위원회'를 주체로 하고, '중앙 안정유지 영도소조'를 최고 권위로 하며, 그 기반 위에 '중앙 사회치안 종합치리위원회'(이하 '중앙종치위')를 비롯한 각종 기관, 공안, 법원, 감찰원 등의 사법기관으로 구성되어 있다. 이렇게 위에서 아래로 수직적으로 통합된 안정유지 조직망은 정법라인을 중추로 하여 공안, 법원, 신방信訪 등의 기관까지 확장되며, 기층에는 안정유지와 종합 치안이라는 두 거점을 설치해 두었다. 특히 '신방'은 이해당사자들이 편지와 방문을 통해 자신이 속한 정부보다 등급이 높은 정부에

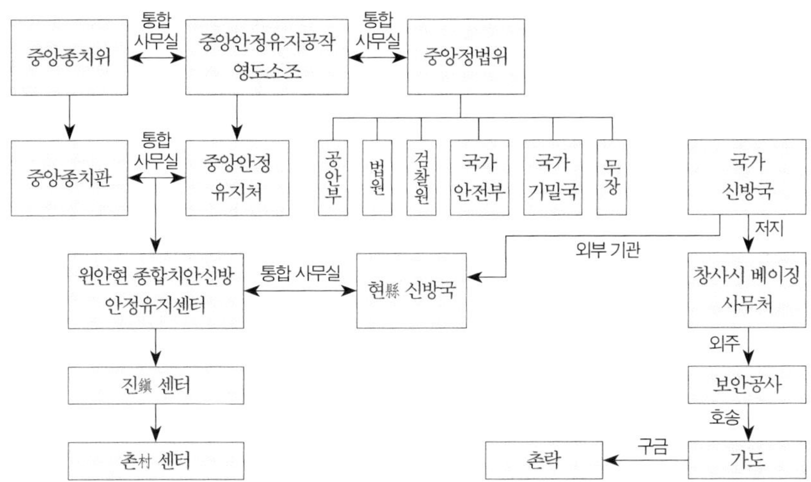

〈그림 2〉 '사회안정유지' 체계의 조직 구도

중국의 안정유지 체계는 중앙의 핵심적인 권력의 독점과 각급 지방정부의 체계적인 조직망을 통해 중앙에서 기층까지 촘촘하게 실행된다.

* 출처: 장윤미, 「중국 '안정유지(維穩)'의 정치와 딜레마」, 『동아연구』 제64권, 2013, 121쪽.

자신의 요구를 호소하는 일을 의미하며, 좀 더 일상적인 표현으로는 '상방上訪'이라 부르기도 한다. 이러한 '안정유지' 업무의 주요 내용은 치안 관리뿐만 아니라, 유동인구 관리, 사회 갈등 해결, 신방 총량의 통제, 사회 여론 유도, 돌발 사건 처리 등의 업무를 포괄하며, 업무 범위가 지속적으로 확대되어 왔다.

장윤미가 지적하듯이, 상층에서 기층까지 촘촘하게 배치된 안정유지 조직의 연결망은 실제 실행 과정에서 다양한 문제점을 드러냈다. 첫째, 안정유지 조직의 운영에 과도하게 많은 비용이 소요되었다. 독립적인 법체계나 자발적인 사회조직의 참여가 아닌 일종의 '정치적 하청' 방식으로 운영된 탓에 하급으로 갈수록 심각한 재정적·인적 부담이 초래되었기 때문이다. 둘째, 많은 지방정부에서 안정유지가 간부의 업무를 평가하는 중요한 항목이기 때문에 실제 집행 과정에 들어가면 다양한 형태의 폭력적 수단이 동원되고 있다. 셋째, 안정유지 조직망을 통해 지방 권력과 자본 간의 유착 관계가 형성되기도 했다.

기층 정부는 예산 부족을 이유로 '안정유지' 업무를 '치안방위대'와 같은 자치 조직에 하청을 주기도 하는데, 이러한 자치 조직은 주로 해당 지역의 기업 사장들로부터 치안유지비를 받아 운영되었다. 따라서 기층 정부는 재정 확보를 위해 더 많은 기업을 유치하려고 하며, 기업의 노동 법률 위반이나 노동자 착취를 용인하기도 했다. 또한 기업은 각종 노동 관련 규정을 어겨 취득한 이윤 중의 일부를 다시 지방 관료에게 뇌물로 상납했다. 이런 식으로 지방 관료와 기업 간의 이해관계가 더욱 밀착되고 공고해지는 것이다.[8]

'안정유지' 체제의 한계는 노동문제를 처리하는 과정에서 더욱 극명하게 반영된다. 앞서 보았듯이 중국 정부는 '사회치리' 체제의 구축을 통해 '사회'로 확장된 노동문제를 체계적으로 관리하고자 노동쟁의를 규범화하고 제도화하려 했다. 그러나 지방정부와 자본 간의 유착 관계로 연결된 안정유지 체제에서 이 시도는 효과적인 영향력을 발휘하지 못했다. 지방정부는 외자기업과 자본 유치에 필요한 안정적인 투자 환경을 조성하기 위해 기업에 한층 친화적인 입장을 보였으며, 지방 총공회도 그에 부합하여 기층 공회의 권리 수호 행동을 제약했기 때문이다. 또한 사회치리로 전환하는 과정에서 나타난 가장 중요한 변화가 사회조직의 활성화와 규제 완화이지만, '노동 NGO' 조직만큼은 예외로 남아 있다. 즉 다수의 사회조직에 대해서는 포섭의 전략을 취하면서도, 정치적으로 민감하거나 경제 발전에 위해가 되는 '노동 NGO'에 대해서는 '안정유지'를 명목으로 탄압과 배제의 전략을 취하는 분할통치 방식이 행해지고 있는 것이다. 이러한 한계는 '사회치리'라는 정책적 목표에 따라 노동체제의 개혁을 선도적으로 추진하고 있는 광둥성의 사례에서 좀 더 명확히 드러난다.

3. 광둥성의 사회치리 체계와 노동체제 개혁

1) 노동체제 개혁의 실천: 광둥성의 노동정책 변화

앞서 보았듯이 중앙정부 차원에서 사회치리 방식으로 노동문제에 접근하는 종합적인 정책이 2015년에 발표된 「조화 노동 의견」이다. 광둥성에서는 이와 동일한 기조의 「조화로운 노동관계의 수립에 관한 광둥성 성위원회 및 광둥성정부의 의견」을 2012년 8월에 이미 발표했다. 광둥성 각급 정부는 이 두 가지 문건이 제기한 방향과 원칙 및 총체적 요구에 기초하여 노사 모순의 체계적 치리와 법에 근거한 치리, 종합 치리 및 근원적 치리를 강화해나갈 것을 목표로 삼고 있다. 광둥성에서 조화로운 노동관계의 수립에 대한 의견 및 정책적 개혁 시도가 선도적으로 출현할 수 있었던 가장 중요한 배경은 2010년 5월 17일에 광둥성 포산시佛山市 난하이 혼다南海本田 자동차 부품 제조 유한공사(이하 '난하이 혼다')에서 파업이 발생한 이후 파업 및 노동분쟁이 일상화되었기 때문이다.

쿵샹훙孔祥鴻에 따르면 광둥성에서 최근 몇 년간 30명 이상의 노동자가 참여한 집단적 노동쟁의는 매년 2,000~3,000건 발생했으며, 파업 사건은 250~300건 정도 발생했다. 또한 2012~2014년 동안 성 전체의 노동중재 기구에서 노동쟁의를 중재한 건수는 매년 33만~35만 건 정도이다.[9] 중국의 경

'난하이 혼다' 파업 사건

광둥성 포산시에 위치한 '난하이 혼다' 자동차 부품 공장의 노동자 수천 명이 임금 인상과 처우 개선 등을 요구하며 2010년 5월 파업을 벌였다. 이 사건은 중국 및 해외 언론에 보도되면서 여론의 관심이 집중되었고, 이후 지역과 업종을 넘어 노동자의 다양한 집단행동 및 파업에 큰 영향을 미쳤다.
* 출처: 成都全搜索新聞網, 2010. 6. 1.

제구조가 '신창타이新常態(New Normal)'라는 새로운 국면으로 진입함에 따라 광둥성에서도 산업구조의 고도화가 가속화되었으며, 고용 불안의 확대로 인한 노동관계의 불안정성 등 새로운 문제가 출현하고 있다. '신창타이'는 중국에서 지속 가능한 성장을 위해 새로운 상황에 맞게 경제구조를 개편해야 하며, 이를 위해서는 고속 성장보다 중고속 성장을 받아들여야 한다는 의미로 사용되는 용어이다. 요컨대 성장률은 예전에 못 미치지만 지속적인 성장을 이룰 수 있도록 경제성장의 패러다임을 바꾸겠다는 중국 정부의 새로운 경제 기조라고 할 수 있다. 중국 정부의 이러한 정책 기조 변화가 광둥성에서 노동체제의 개혁을 적극적으로 추동했다. 그 결과 광둥성에서는 노동과 관련된 사안에 대한 법치 수준의 전면적 제고, 고용의 안정성 확보, 공평하고 지속 가능한 사회보장 체제의 수립, 임금 및 소득 분배제도의 개혁, 농민공에 대한 양질의 서비스 제공 등 '조화롭고 안정적인 노동관계의 구축'을 목표로 노동체제의 전반적인 개혁을 추진하고 있다. 아래에서는 광둥성 노동체제의 개혁 시도를 크게 노동 관련 입법 실천, 노동쟁의 조정 기제의 개혁, 공회 개혁으로 구분하여 구체적인 내용과 한계를 간략하게 검토해본다.

(1) 노동 입법

광둥성은 노동관계의 안정화를 위해 집단적인 노동관계를 규율하기 위한 노동 입법을 강화하고 있다. 특히 2014년 9월 25일에 「광둥성 기업 단체협약 조례(廣東省企業集體合同條例)」(이하 「단체협약 조례」)를 반포하여 단체협상의 원칙과 내용, 절차를 명확하게 규정했으며, 단체협상을 통한 집단적 노동쟁의 처리 기제를 확립했다. 「단체협약 조례」는 1996년의 「광둥성 기업 단체협약 조례」를 개정한 것으로, 노동력 시장의 변화와 집단적인 조업 중단(停工) 및 파업이 증가하는 새로운 현실에 대한 대응이라는 성격을 갖고 있다. 즉, 단체협상의 제도화에 대한 노동자들의 요구가 증대함에 따라 노사 양측의 협상과 타협을 통해 조화로운 노사관계를 정립할 필요가 있었던 것이다. 그러나 황차오옌黃巧燕에 따르면, 단체협상의 제도화는 노동자보다 오히려 사용자 측에서 더욱 절실히 필요했다. 노동력의 공급이 수요를 따르지 못했고, 노동자들이 자신의 필요나 요구에 맞지 않으면 매우 쉽게 다른 공장이나 지역으로 이전하는 현상이 빈번하게 발생했으며, 또한 집단적인 조업 중단과 파업이 급증하고 있었기 때문에 단체협상 및 단체교섭의 제도화를 통한 노동규율의 관리와 질서의 구축이 시급했던 것이다.[10]

수차례의 각축과 논쟁을 통해 최종 통과된 「단체협약 조례」는 집단적 노동쟁의 처리 절차를 규범화했으며, 특히 노동쟁의를 노사 간의 문제로만 한정하지 않고 지방정부나 인력자원과사회보장부 등의 정부 기구와 협력하여 조정할 것을 강조했다. 예컨대 「단체협약 조례」 제33조는 쟁의가 발생했을 경우 직공은 기업이 소재한 지방 총공회에 조정을 요청할 수 있고, 지방 총공회는 직공 측과 기업 측이 법에 근거하여 협상을 하도록 적시에 개입해야 한다고 규정해 놓았다. 또한 제35조는 지방 총공회가 해결할 수 없는 쟁의는 현지 인력사회보장 부문이 인력을 파견하거나 혹은 단체협상 전문가 목록에 등록된 사람을 파견하여 조정하도록 규정했다. 제36조는 관계된 사람의 수가 많고 영향력이 비교적 큰 단체협상의 경우 각급 인민정부가 인력자원과사회보장부, 공안, 사법행정, 국유자산 감독관리 기구 등 유관 부문의 인력과 협력하여 지방 총공회 및 기업 대표와 함께 조정하도록 규정하고 있다.

그러나 「단체협약 조례」도 노동쟁의 처리 절차에서 여전히 기존의 '조정'과 '안정유지' 중심의 노동 관리 체제를 벗어나지는 못했다고 할 수 있다. 또한 노동 측 협상 대표의 선출 과정에서 기층 공회의 자주적인 선거 방식이 적용되기보다는 '조직'에 대한 지방 총공회의 권한이 과도하게 부여되었고, 협상 기간을 최장 5개월까지 연장할 수 있도록 규정하고 있어 자본 측에 좀 더 유리하게 제정되었다는 비판이 제기되고 있다. 게다가 「단체협약 조례」의 제24조는 단체협상을 진행할 때 노동자가 다음과 같은 행위를 할 수 없다고 규정한다. ① 노동계약의 약정을 위반하여 노동 임무를 완수하지 못하는 행위, ② 노동규율을 위반하거나 각종 방식을 통해 강제로 기업의 다른 직원들로 하여금 근무지를 이탈하도록 하는 행위, ③ 기업의 출입 통로와 주요 교통로를 가로막거나 봉쇄하고, 사람이나 물자 등의 진입을 저지하고, 기업의 설비와 공구를 파괴하거나 기업의 정상적 생산·경영 질서와 공공질서를 파괴하는 행위 등이다. 또한 제40조는 이를 위반할 경우 '중화인민공화국 치안관리처벌법'의 규정에 따라 처리하며, 당사자의 형사책임을 추궁한다고 규정하고 있어 단체협상 과정에서 노동자들의 실질적인 권리 수호 행동을 제약하고 있다.[11] 이러한 한계는 광둥성의 노동쟁의 조정 체계에도 그대로 반영되었다.

(2) 노동쟁의 조정 체계

광둥성의 노동쟁의 조정 체계 구축은 노동 입법의 실천과 마찬가지로 중앙의 정책에 호응하는 측면이 있다. 즉, 중앙의 「조화 노동 의견」에 제시되었던 '두 가지 네트워크화(兩網化)'를 통한 노동쟁의 처리 기제가 기본적으로 적용되었으며, 이를 바탕으로 노동쟁의의 예방 및 경계 기제를 확립하고 '돌발적 사건'에 대해서는 응급 대책 기제를 구축해야 한다고 강조하고 있다. 이를 좀 더 구체적으로 살펴보면 다음과 같다.

첫째, '두 가지 네트워크화'의 실현이다. 성 전체의 각 가도(진)에 모두 '노동 감찰 협조원'을 배치하고 격자망화(網格化)를 실현한다. 또한 각 가도(진)에서 노동 감찰의 정보화 관리를 실행하여 성과 시의 노동 감찰 부문과 연결함으로써 네트워크화(網絡化)를 실현한다. 그리고 이를 통해 기업의 노동력 고용을 관리·통제하고, 노동쟁의 안건의 조정과 처리를 가속화한다. 둘째, 노동 관련 위법행위에 대한 엄중한 처벌이다. 최근 몇 년간 매년 약 32만 개의 기업에 대한 감찰 조사가 이루어지고 있으며, 신고와 고발 처리 건수도 약 4만 5,000건에 달하는 상황에서 일상적인 감시와 특별법 집행을 더욱 강화해야 한다. 셋째, 악의적인 임금 체불이라는 범죄에 대해 행정법과 형사사법을 연결하여('兩法'銜接) 협조 처리하는 방법을 완비해야 하며, 임금 체불과 사회보험료 지원금 체납, 불법적인 아동노동 고용 등의 특수한 위법행위를 중점적으로 타파해야 한다. 넷째, 기업 감원 행위의 규범화와 파견 노동자의 고용에 대한 감독의 강화이다. 특히 업종협회(行業協會)와 합작하여 노동자 파견 기구가 제공하는 서비스를 규범화하고 각 기구의 등급 평가 방법을 구축하며, 파견 노동자의 사용 비율을 10%로 제한하여 이에 대한 감찰과 단속을 강화한다. 다섯째, 노동쟁의 중재 안건에 대한 처리 방식의 개혁이다. 2014년 말에 이미 광둥성 전체의 시와 현(구)에 140개의 노동쟁의중재위원회가 건립되었으며, 이보다 앞서 2012년에는 광둥성 '인력자원과사회보장청'이 광둥성 고등법원과 함께 「노동인사쟁의 안건 심의에 관한 약간의 문제 요록」을 제출했고, 심의 및 중재의 표준을 통일하도록 촉구했다. 이와 동시에 '노동쟁의 조정과 지도 업무 협조 사무실'을 설립하여 성 전체의 노동쟁의 조정을 책임지는 조직과 제도의 건설을 추진하고 있다.[12]

그러나 광둥성의 노동쟁의 조정 체계도 중앙정부가 강조했던 '대조정'과 '안정유지'의 관리 방침을 그대로 따르고 있다. 2008년부터 실시된 '노동쟁의조정중재법'에 따르면 중국 노동쟁의 처리 절차는 '다원 조정, 단일 중재, 이심(三調一裁兩審)' 체계인데, 이는 노동쟁의의 처리에서 '조정'의 역할이 매우 강조되고 있음을 의미한다. 특히 중앙 당정은 노동쟁의의 조정을 강조하면서 '중앙 사회치안 종합치리위원회 판공실'을 설립했는데, 이 기구는 2010년 4월에 「모순 및 분쟁 대조사 대조정의 업무를 철저하게 관철하는 것에 관한 의견(關於切實做好矛盾糾紛大排查大調解工作的意見)」을 발표함으로써 모든 조정 기구의 권력과 자원을 종합하여 사회 갈등에 대응해야 한다는 '대조정' 방침을 명확하게 제시했다. 즉 사회의 치안과 안정을 관할하는 '안정유지' 기구가 집단적인 노동쟁의의 '대조정'을 담당한다는 것이다. 이에 호응하여 광둥성도 2000년대 중반부터 집단적 노동쟁의에 대한 '대조정'과 '안정유지' 관리 방식을 도입하고 있다. 광둥성정부 각급 기구의 산하에는 '종합 치리 신방 안정유지 센터(綜治信訪維穩中心)'라는 조직이 설립되어 있는데, 이 조직은 당정 대리인(공안청 등), 노동중재위원회, 인민조정위원회, 법원, 공회 등이 통합된 기구로서 집단적 노동쟁의가 사회적 불안 요인으로 발전되지 않도록 다양한 조정 방식을 집행하고 있다.[13]

이처럼 광둥성 지방정부는 중앙 당정의 '격자망화 관리' 및 '네트워크화 방식'과 노동쟁의에 대한 '대조정' 체계, 그리고 '안정유지'에 기초한 관리 방식을 현지의 실정에 맞춰 구체적으로 전개하고 있다. 그러나 좡원자莊文嘉는 1999~2011년에 발생한 집단적인 노동쟁의에 대한 각 성 간의 패널 조사 자료를 분석한 결과를 통해, 이러한 노동쟁의 조정 기제가 집단적 노동쟁의에 참여하는 인적 규모의 감소에는 긍정적인 영향을 미쳤지만, 노동쟁의의 발생 빈도 자체에는 큰 영향을 미치지 못했음을 밝혔다. 요컨대 대규모의 집단적 노동쟁의는 '조정 우선'과 '대조정'의 처리 기제에 따라 일정 정도 예방되고 있지만, 소규모의 집단적인 노동쟁의는 이 범주에 들어가지 않기 때문에 노동쟁의 안건 수가 감소되지 않고 있다는 것이다.[14] 특히 광둥성에서 이러한 관리 체계를 벗어난 불법 노동쟁의가 더욱 빈번하게 발생하는 현실을 볼 때, 광둥성정부가 추진하고 있는 노동쟁의 조정 체계의 적실성 및 유효성에 대한 판단은 아직까지 유보적이며, 무엇보다 실질적으로 노동자들의 저항에 대한 관리적 성격을 크게 벗어나지는 못했다고 할 수 있다.

한편 광둥성에서 매년 노동쟁의 중재 안건과 관련된 노동자 가운데 약 60%가 농민공이라는 사실은 농민공의 권익 보호가 광둥성의 노동쟁의 처리 및 예방의 핵심 쟁점임을 보여준다. 현재 광둥성정부는 농민공에 대한 다양한 사회 서비스 정책을 추진하고 있다. 농민공이 많이 고용된 지역인 선전深圳, 둥관東莞, 광저우廣州 등의 시 및 소속 구, 가도에 모두 전문적인 정부 기구를 설립했으며, 농민공을 위한 각종 서비스를 제공하고 있다. 또한 농민공에 대한 '점수적립제 호적 부여(積分入戶)' 정책을 실행하여 농민공이 도시에 융합될 수 있도록 하고 있다. 농민공인 부모를 따라 도시로 이주한 농민공 자녀들의 의무교육 지원도 점차 확대하고 있으며, 농민공에 대한 직업훈련 지원도 강화해나가고 있다. 이에 더해 농민공에게도 지방의료보험 수혜를 허용하는 등의 방법으로 농민공에 대한 사회보험 적용 범위를 확장해나가고 있으며, 2015년부터는 새로운 직장 단위 소재지로 산재보험을 이전하는 일도 가능하게 만들었다. 그럼에도 불구하고 실태 조사에 따르면 광둥성에서 여전히 사회보험에 미가입된 노동자가 717만 명에 달하고, 이들의 90%가 소규모 기업에서 일하는 농민공으로 알려졌으며, 이로 인한 노동쟁의가 전체 노

Note | 광둥성의 노동력 시장

광둥성 노동력 시장의 가장 큰 특징은 농민공이 많다는 사실이다. 광둥성에서 일하는 농민공이 전국의 1/8을 차지한다. 2012년의 통계에 따르면 광둥성에서 일하는 농민공은 총 2,677만 명이고, 그중 90%가 선전, 둥관, 광저우, 포산, 중산의 5개 시에 분포되어 있다. 또한 2차산업 종사자가 55%, 3차산업 종사자는 42%이며, 제조업 종사자는 37.5%, 건축업이 12.7%, 도소매 및 물류업 종사자가 13.8%이다. 그리고 남성이 45%, 여성이 55%이며, 1980년대와 1990년대 이후의 출생자들이 대다수를 차지한다.

동쟁의에서 차지하는 비중이 상당히 큰 것으로 나타났다.[15] 따라서 광둥성에서 현재 실시되고 있는 농민공에 대한 노동정책 및 사회 서비스 정책의 성공 여부는 광둥성의 노동관계가 전개되는 방향에 중요한 영향을 미칠 것으로 보인다.

(3) 공회 개혁

광둥성에서 추진되고 있는 공회 개혁을 추동한 가장 중요한 원인은 크게 두 가지였다. 하나는 공회에 대한 기층 노동자들의 불신이 증폭되면서 공회를 통하지 않은 자생적인 파업이 증가했고, 또 다른 하나는 공회를 대신하여 노동 NGO가 파업 과정에서 더욱 중요한 역할을 하게 되었다는 것이다. 이러한 압박을 받아 공회 개혁이 추진되기 시작했으며, 구체적으로 '공회 간부 직선제 도입', '공회 간부의 직업화', 그리고 '공회의 사회화'라는 시도로 전개되고 있다.

먼저 광둥성정부는 공회 간부의 직선제 실험을 전개하고 있다. 실제로 2012년 광둥성 선전시深圳市 총공회는 직선제를 통해 163개 기업 공회의 주석을 선출함으로써 각계의 주목을 받았다. 2014년에는 광둥성 총공회가 향후 5년 내에 성내 모든 기업에서 공회 간부의 민주적 선거를 도입할 것이라고 공표했다. 2015년 현재 광둥성의 기층 공회는 24만 7,000개이며, 그중 기업 공회는 21만 2,000개에 달한다. 전체 공회 회원 수는 2,689만 명이며, 그중 농민공은 1,481만 명이다. 공회 주석을 직접선거로 선출하는 기업은 약 5,000개에 달한다. 직선제로 선출되는 공회 간부는 공회 회원 대표, 공회위원회 위원, 공회 주석 및 부주석이다. 공회 간부에 대한 직선제를 도입함으로써 광둥성은 기존의 임명식 공회 간부의 선출 방식을 개혁했다. 이를 통해

상급 공회나 당-정의 압력을 배제하고, 기층 공회 회원들의 목소리가 반영될 가능성이 높아졌다.[16]

그러나 공회 간부에 대한 직선제 실험은 여러 성과에도 불구하고 몇 가지 한계를 지닌다. 첫째, 기업 공회의 직선제 실시 여부가 기업의 자의적 결정에 과도하게 의존하고 있으며, 선거 과정 및 결과에도 기업 측의 영향력이 크기 때문에 기층 공회는 여전히 독립성이 결여되어 있다. 둘째, 직선제에 대한 각급 지방정부의 이해관계와 동기가 서로 다르기 때문에, 지방정부 상층과 하층의 정책적 일관성이 결여되어 있다. 셋째, 정부는 '안정'을 노동쟁의나 파업이 없는 상태로 이해하고 있으며, 직선제 실시가 이 안정을 실현해줄 것으로 기대하고 있다. 이러한 잘못된 인식 때문에 직선제 실시 이후에 노동쟁의나 파업이 발생하면 정부가 직선제를 비판하게 되는 결과가 초래되어 직선제의 제도적 안착이 어려워지고 있다.[17] 특히 상급 공회나 기업이 선호하는 관리자들이 공회위원회의 위원과 공회 간부로 선출될 가능성이 높고, 공회의 단체행동권도 아직은 제약이 있기 때문에 공회 간부 직선제가 이루어지더라도 실질적인 노동자의 교섭력 강화에는 큰 영향을 주지 못한다고 할 수 있다.

다음으로, 광둥성정부는 공회 간부의 직업화도 지속적으로 추진하고 있다. 공회 간부의 직업화란 각급 총공회가 공회 간부를 사회에서 초빙하여 기층 공회에 필요한 업무를 담당하도록 하는 것을 말한다. 사회에서 초빙된 공회 간부는 총공회 조직 편제에 포함되지 않으며, 기업에 직접 파견되거나 각 가도나 사구, 업종 공회로 파견된다. 2015년 7월 현재 광둥성 공회에는 직업화 간부가 1,000여 명쯤 있으며, 그중 선전에 400명, 광저우에 250명, 포산에 200명 정도가 배치되었다. 공회 계통은 중앙행정조직의 관리 방식에 따라 인원 편제가 규정된다. 이렇게 배정된 '편제 내 인원'은 안정적인 공무원 신분을 보장받았다. 그러나 이러한 편제 방식 때문에 중국 공회는 당-정의 관리 계통에서 벗어나기 힘들었으며, 특히 기층 공회의 독립성에 상당한 제약을 받는다는 문제점이 있었다. 직업적 공회 간부를 충원하려는 시도는 바로 이 같은 한계를 극복하기 위한 노력이라고 할 수 있다. 이는 노동 NGO의 활동을 참조하는 방식으로 추진되었으며, 노동 NGO를 공회 내부로 포섭하려는 적극적인 전략도 함께 추진되었다. 예를 들어 광둥성 총공회는 2012년에 조직의 산하 기구로 노동 NGO가 참여하는 '광둥성 직공 서비스 사회조직 연합회(廣東省職工服務類社會組織聯合會)'를 설치했다. 여기에는 300여 개의 노동 관련 사회단체가 가입해 있으며, 광둥성 총공회의 부주석이 직접 연합회의 회장 직무를 수행한다. 또한 노동자가 밀집된 지역에서는 지역 총공회가 정부와 노동 NGO 단체를 중개하여 정부에게 사회 서비스 구매를 촉구하기도 한다.[18]

그러나 공회 간부의 직업화 시도 역시 몇 가지 한계를 드러내고 있다. 첫째, 공회 간부로 채용된 인원들은 '편제 외부'에 존재하기 때문에 일정 정도 활동의 독립성이 보장되지만, 신분이 불안정하여 활동의 지속성이 유지되기 어렵다. 둘째, 단기 계약직으로 채용된 공회 간부들은 재계약을 해야 하는 현실적 압박 때문에 상급 간부의 눈치를 볼 수밖에 없으며, 그에 따라 실질적인 노동자의 권익 수호보다는 문화나 복지 서비스 제공의 역할에 치중하고 있다. 셋째, 공회의 노동 NGO 조직에 대한 포섭 전략은 내재적 위험성을 갖고 있다. 즉 체제 내부로 포섭된 노동 NGO들은 합법적인 지위를 획득할 수 있지만, 그렇지 않은 NGO들은 불법화될 가능성이 더욱 높아졌으며, 탄압과 배제의 대상으로 전락할 가능성이 크다.

마지막으로 광둥성 공회는 '사회공작社會工作(social work)' 분야에 직접 참여하여 노동자를 위한 지원 및 노동관계의 안정화 업무를 담당함으로써 그 활동 영역을 '사회'로 확장해나가고 있다. 특히 광둥성에서는 광둥성 총공회의 주도하에 '광둥성 직공 서비스 사회조직연합회(廣東省職工服務類社會組織聯合會)'가 설립되었으며, 이를 모델로 각급 시에도 '광둥성 직공 서비스 사회조직연합회 지방사무처'가 설립되었다. 광둥성 총공회는 이러한 체계를 통해 앞으로 현지 노동자를 지원하는 사회조직 간 연결의 플랫폼 역할을 할 것으로 기대되며, 실제로 현지 정부가 이전 혹은 위탁한 사회 공공서비스를 담당하게 되었다. 그에 따라 2014년 11월까지 광저우시 공회는 이미 270개 이상의 '직공 사회 서비스 조직망(職工社會服務組織網點)'을 건설했으며, 소재 관할구역의 공회 회원뿐만 아니라, 동시에 비非공회 회원에게도 교육 훈련, 문화 레저, 신체검사와 요양, 법률 지원 방면의 서비스를 제공하고 있다. 특히 광저우시 '공회공작사무소(工會工作站)'는 노동관계 조정 및 권리 보호 기능을 강화하기 위해 노동자에 대한 법률 지원과 법률 자문, 임금 단체협상, 조화로운 노동관계 수립 등과 관련된 사회 서비스를 확대해나가고자 노력하고 있다.[19]

하지만 '공회의 사회화' 과정에서 드러난 문제점도 많다. 먼저 기층에 설립된 '공회 직공 서비스 사무소' 운영 방식의 적절성과 실효성이 지적된다. 대부분의 사무소 개방 시간이 노동자의 근무시간과 일치하기 때문에 노동자가 이러한 서비스를 이용하기가 쉽지 않기 때문이다. 또한 제공되는 서비스도 주로 휴식과 오락 위주여서 법률 교육이나 기능훈련 같은 프로그램은 많지 않다. 게다가 서비스 항목 중에 노동쟁의 조정이나 노동자 권리 보호 등 노동관계와 직접 관련된 서비스가 매우 적어 노동자들이 '공회 직공 서비스 사무소'를 노동문제 해결의 통로로 인식하지 않는다. 이는 다양한 사회조직을 통해 사회 서비스 및 노동관계의 안정화를 실현한다는 '공회의 사회화' 전략 자체의 실효성이 근본적으로 흔들리고 있음을 의미한다. 또한 노동자 지원 사업의 경비를 대부분 상급 공회의 재정 지원에 전적으로 의존하고 있으며, 정부의 자금 지원을 받아 운영되는 형태이기 때문에 사업의 지속성이 불투명하고, 이것이 공회 자체의 역량 강화로 이어질 가능성도 불분명하다.

그럼에도 불구하고 광둥성에서 진행되고 있는 공회의 개혁 시도는 사회치리 체계의 구축과 연동된 거시적인 정책 실험으로 전개되고 있기에 앞으로도 지속적인 관심과 연구가 요청된다. 특히 공회에 대한 노동자들의 불신을 해소하고, 파업 과정에서 좀 더 주도적인 역할을 맡기 위한 노력이 다양하게 전개되고 있다. 이제부터는 둥관시 '위위안裕元 파업 사건'에 대한 분석을 통해 광둥성 공회 개혁의 쟁점을 좀 더 구체적으로 살펴보자.

2) 광둥성 공회 개혁의 가능성과 한계: 둥관시 '위위안' 파업 사건[20]

(1) 파업의 전개 과정

광둥성에서 노동체제의 개혁이 적극적으로 추진되고 있는 가장 큰 원인은 파업이 일상화되었기 때문인데, 임금 인상, 사회보험료 지원, 기업 폐쇄 및 이전, 임금 체불과 관련된 노동쟁의 및 파업이 많이 발생했다. 특히 2014년 4월에 둥관시 위위안 신발공장에서는 4만여 명의 노동자가 참여한 건국 이래 최대 규모의 파업이 일어났다. 이 파업은 열흘 이상 지속되었으며, 무엇보다 광둥성 사회보장제도의 한계를 폭로함으로써 사회적 파급력이 상당히 컸던 사건이다. 그에 따라 노동자들의 사회보험과 관련된 문제를 적절히 해결하는 것이 광둥성 노동체제 개혁의 핵심 쟁점으로 부각되었다.

2014년 4월 14일 오후부터 시작된 파업은 같은 달 25일까지 지속되었으며, 위위안 전체 기업과 공장으로 확장되어 가오부진高埗鎭 위위안 신발공장의 생산이 전면 중단되었다. 곧 퇴직을 앞두고 있던 관리층 노동자가 3월 10일 사회보험국에 자신의 퇴직 후 사회보장 대우에 관한 자문을 구했는데, 사회보험국으로부터 매월 겨우 683위안의 퇴직연금이 지급될 것이라는 통지를 받은 일이 파업의 도화선이 되었다. 사회보험국의 기록에는 회사가 매달 정기적으로 노동자의 몫으로 납부해야 하는 사회보험료가 납부되지 않았으며, 또한 해당 노동자의 사회보험 가입 신분이 임시공으로 등록되어 있었다. 이에 100여 명의 퇴직 예정 노동자들이 잇달아 사회보험국에 문제 제기를 했고, 또 다른 100여 명의 노동자도 기업이 노동자를 위한 '주택공적금' 납부를 하지 않은 것을 문제 삼았다.[21] 이처럼 사회보장 문제 때문에 발생한 위위안 파업 사건은 광둥성에서 사회보험의 적용 범위를 확대하는 과정에서 발

Note | 위위안 신발공장

위위안 신발공장은 홍콩 위위안 국제유한공사가 1989년에 중국 광둥성 둥관시 가오부진高埗鎭에 투자하여 설립한 가공형 운동화 제조 기업으로서, 모회사는 타이완의 바오청寶成 그룹이다. 바오청 그룹은 전 세계에 500개 이상의 운동화 생산라인과 49만 명의 노동자를 고용하고 있는데, 그중 중국 대륙에만 200개 이상의 생산라인이 있다. 바오청 그룹의 전 세계 시장 점유율은 약 20%이며, 주로 나이키, 아디다스, 리복, 푸마 등의 운동화 유명 브랜드 제품을 생산한다. 중국에 진출한 뒤 20여 년의 발전 과정을 거쳐 현재 둥관시 가오부진에는 위위안 계열의 9개 법인기업과 17개 공장이 있다. 전체 직공 수는 4만여 명에 달한다.

광둥성 둥관시 위위안 공장 파업 사건
2014년 4월 광둥성 둥관시에 위치한 위위안 신발공장에서 4만여 명의 노동자가 참여한 건국 이래 최대 규모의 파업이 발생했다. 이 파업은 사회보험 및 주택공적금과 관련된 문제로 촉발되었으며, 열흘 넘게 지속되었다.
* 출처: 大粵社區網, 2014. 4. 17.

생한 일련의 문제를 폭로하는 것이었다.

2014년 3월 28일 오후, 위위안 기업은 사회보험 및 노동 관련 지방정부 부처의 관계자를 초청하여 노동자들과 함께 대화를 진행했고, 인력자원관리 부서의 간부를 파견해 노동자들의 임시공 신분 및 노동계약 형식, 사회보험료 납부 문제 등에 대한 설명회를 진행했다. 노동자들은 기업 측과 사회보험 당국에 사측의 위법행위에 대해 인정할 것을 요구했지만, 사측은 위법 사실을 인정하지 않았고 노동자들에게 법적 절차를 통해 문제를 해결하겠다고 통지했다. 사측이 이러한 태도를 보인 이유는 크게 세 가지였다. 첫째, 위위안은 둥관시에서 사업을 시작한 지 이미 20여 년이 넘었기에 지방정부와 친밀한 관계를 구축하고 있었으며, 이전에도 유사한 형태의 파업이 발생한 적이 있었지만 모두 잘 해결되었으므로 이번 파업도 잘 해결할 수 있다는 믿

〈표 1〉 위위안 파업 사건의 주요 진행 과정

진행 단계	시점	구체적 내용
제1단계	3월 중순~4월 14일까지 파업 이전 단계	● 3월 중순 : 노동자들의 노동 민원 신고 ● 3월 28일 : 노자 간 첫 대화 결렬 ● 4월 5일 : 노동자들의 천수이 공원 집회 및 도로 봉쇄
제2단계	4월 14~25일까지 파업 단계	● 기업 측에서 3건의 공고를 발표하여 노동자 의견을 청취하고자 했으나 실패 ● SNS를 통해 노동자들의 파업이 전 공장으로 확산되었으며, 5대 요구를 제기함 ● 노동 NGO가 파업에 적극 개입하기 시작, 광둥성 총공회도 공작조를 파견하여 노동자들의 합법적인 권익 보호를 지지함 ● 노자 간 대화와 소통이 재개
제3단계	파업 종료 및 수습 단계	● 광둥성 공회에서 파견된 공작조의 사태 수습 : 노동자에 대한 기업과 정부의 약속 이행 촉구, 사회보험료 보조금 지급 문제의 해결, 위위안 기업 공회 재건

* 출처: 黃岩·劉劍, 「激活稻草人: 東莞裕元罷工中的工會轉型」, 『西北師大學報(社會科學版)』 2016年 1期에서 재구성.

음이 있었다. 둘째, 사측은 이번 사건을 심각한 위법행위가 아닌 단순한 사회보험료 납부 위반으로 보았고, 이 정도는 지방정부에서 암묵적으로 양해해 주고 있었다. 또한 기업의 체불된 사회보험료 납부 의무의 소급 적용 기간이 2년에 불과하기 때문에, 사측은 최후의 수단으로 이번에 문제를 일으킨 노동자들에게 그동안 체불된 2년간의 사회보험료를 납부해주면 문제가 간단히 해결될 것으로 보았다. 셋째, 분쟁 해결을 위한 법률적 절차가 상당히 복잡하기 때문에 노동자들이 끝까지 파업 및 소송을 이어가지 못하고 쉽게 분열할 것이라고 보았다.

3월 28일의 회의에서 사측으로부터 긍정적인 확답을 받지 못한 노동자들은 사측이 사건을 지연시키고 노동자들을 분열시키려 한다는 의심을 갖게 되었다. 이후 4월 5일 청명절 휴일을 기해 일부 노동자들이 SNS 메신저(QQ)를 통해 친수이親水 공원에서 집회를 열기로 기획했다. 비록 정부 공안 부문의 엄격한 통제 때문에 대규모 집회가 성사되지는 못했지만, 100여 명 이상의 노동자들이 '가오부교高埗橋'를 점거하고 가오부진에서 둥관시로 통하는 도로를 봉쇄했다. 매우 빠르게 언론의 주목을 받았던 이 사건을 계기로 사태는 점점 더 악화되었다. 선전 지역의 노동 NGO 단체인 '춘펑 노동쟁의 서비스부(春風勞動爭議服務部)' 총간사인 장즈루張治儒도 이를 계기로 위위안 사건에 개입하게 되었다.

이때 제시된 노동자들의 주요 요구 사항은 다섯 가지였다. 첫째, 전체 노동자에게 입사 이래 미납된 사회보험료의 차액을 추가 납부할 것, 둘째, 이번 달부터 노동자의 실제 임금에 기반하여 전체 노동자에게 법정 정액의 5대 보험과 주택공적금(五險一金, 양로보험, 의료보험, 실업보험, 공상보험, 출산보험 및 주택공적금)을 지급할 것, 셋째, 이번 달부터 모든 위위안 그룹의 노동자 임금을 30% 이상 인상할 것, 넷째, 전체 노동자의 선거로 선출된 노동자 대표와 위위안 그룹의 최종 협상 결과에 따라 단체협약에 서명하고, 협상에 참여한 노동자 대표에게 보복하지 않을 것, 그리고 단체협약 중에 약정된 임금은 매년 15% 이상 인상하거나 매년 1회 노동자와 단체협상을 진행할 것, 다섯째, 위위안 그룹의 공회를 개편하고 공회 회원의 직접선거로 공회 주석을 선출할 것 등이다.

4월 14일 오후 1시에 위위안 그룹은 공고문을 통해 입장을 발표했는데, 여전히 사회보험료 납부 문제를 승인하지 않았으며 단지 2014년 5월부터 정액 납부 업무를 실시하겠다고 약속했다. 또한 2015년 말까지 전체 노동자에 대한 정액 납입을 실현할 계획이라고 밝혔다. 그러자 바로 그날 파업이 시작되어 25일까지 지속되었고, 모든 공장의 생산이 전면 중단되었다. 동시에 노동자와 경찰 및 관리 간부 사이에 산발적인 충돌이 발생했으며, 수십 명의 노동자가 가두시위를 벌이다가 체포되었다. 4월 18일 장즈루는 SNS를 통해, 체포된 노동자들에게 응원의 메시지를 전하고 "모든 노동자가 용감하게 항쟁에 나설 것"을 호소했다. 4월 21일에는 다른 민간단체들과 연합하여 '위위안 공장 권리수호 지원소조'를 조직하고, 공장 내의 노동자와 면담을 하기도 했다. 그러나 바로 다음 날 장즈루를 포함한 '지원 소조'의 주요 인사들이 공안 당국에 의해 구금되었다.

4월 21일, 사측은 마침내 5월 1일부터 법에 근거한 정액의 사회보험료를 납부할 것과 추가 납부 수속에 착수할 것을 수락했다. 또한 5월 1일부터 매월 230위안의 임금 인상을 약속했다. 사측이 이러한 전향적 태도를 보인 것은 다음 세 가지 이유 때문으로 분석된다. 첫째, 사측의 예상과 달리 노동자들은 쉽게 분열되지 않았으며, 도리어 파업이 장기화되었고, SNS를 통한 노동자 조직화는 갈수록 방대해졌다. 또한 SNS에서 노동자들의 위협적인 언어가 표출되기 시작하면서 파업의 분위기가 고조되고, 심지어 타이완의 고위층 간부들은 파업이 폭력 사태로 변질될 것을 우려해 타이완 출신 간부와 가족의 철수를 고려하기도 했다. 둘째, 지방정부의 태도가 변화를 보이기 시작했다. 지방정부는 파업에 참여한 인원의 방대함과 심각한 사회적 영향력을 인식했으며, 더 이상 기존 방식대로 기업의 이익만 고려하거나 무력으로 사태를 진압할 수 없음을 인정하게 되었다. 셋째, '춘펑 노동쟁의 서비스부' 등 노동 NGO의 개입이 파업 초기부터 중요한 영향력을 행사했다. 그러나 무엇보다 광둥성 총공회에서 파견한 '공회공작조工會工作組'의 역할이 컸는데, 이는 '상급 공회'가 '하급 공회'를 대신하여 단체협상부터 분쟁 조정에 이르기까지 전반적인 노동관계에 관여하는 중국의 특성을 잘 보여준다. 이는 또한 공회 개혁의 가능성과 한계를 동시에 보여주는 것이기도 하다.

(2) '공회공작조'의 개입

사측과 지방정부는 처음부터 파업을 해결하기에는 역부족이었으며, 광둥성 총공회의 적시 개입이 사건 해결에 결정적인 역할을 했다. 당시 공회의 체계를 볼 때, 둥관시 총공회와 가오부진 공회는 모두 지방정부에 의존적이었고, 주요 업무는 지방정부의 경제 건설을 보조하는 데 머물러 있었다. 대규모 파업에 개입할 능력과 자원도 없었으며, 경험도 부족했기 때문에 노동자의 신뢰도 받지 못했다. 이러한 상황에서 파업 발생 다음 날인 4월 15일부터 광둥성 총공회가 자체 인력을 파견하여 사태를 파악하게 했다. 그리하여 18일에 위위안 노동자들의 합법적인 권리 수호 행동을 적극 지지하겠다고 공표하면서, 성·시·진 3급 공회에서 20여 명의 '공작조'를 조직해 공장으로 파견했다. 이후 '공작조'는 각종 형식의 좌담회를 통해 노동자들의 의견을 수집하고, 정부 각 부문과 소통했다. '공작조'의 파견은 사측과 지방정부, 노동자, 그리고 노동 NGO 단체 등 각 이해 당사자들의 곤란한 상황을 기본적으로 잘 조정해나갔다고 평가된다.

앞서 말했듯이 노동자들은 사측과 기업 공회 및 지방 공회, 그리고 지방정부를 신뢰하지 못하고 있었다. 한편 노동 NGO는 노동자들의 신뢰는 받았지만 기업과 지방정부 및 지방 공회의 신임을 얻지는 못했다. 사측은 NGO 단체가 노동자들의 파업을 부추기고 불합리한 요구를 제기하도록 한다고 여겼다. 지방정부도 노동 NGO 단체를 분란 유발자 정도로 생각했으며, 심지어 국외 세력과 결탁한 불순 세력으로 치부했다. 지방 공회는 한편으로 노동

NGO의 역할을 일정 부분 인정했지만, 다른 한편으로는 NGO 단체가 자신들의 지위를 침범할까봐 경계했다.

이런 상황에서 파견된 '공회공작조'의 주요 업무는 파업 위기의 완화, 노동자 사회보험 권익의 실현, 위위안 기업 공회의 재건 등으로 개괄할 수 있다. '공회공작조'는 파업이 종결된 이후에도 사업장에서 철수하지 않고 파업 이후의 후속 업무와 공회 재건의 업무를 이어갔다. 즉, 위위안 공장 안에 사회보험 지급과 관련된 업무를 맡는 사무실을 만들었고, 지방정부의 해당 부처가 신속하게 사회보험 관련 업무를 추진하도록 재촉했다. 또한 공회 조직의 재건 업무도 괄목할 만한 성취를 이루었다. 위위안 공장의 노동자 총수는 4만 명이 넘는데, 기존 공회 회원은 2,300여 명에 불과했다. 그러나 '공회공작조'의 적극적인 조직화 작업을 통해 2014년 12월 현재 공회 가입률은 68%에 달했다. 위위안 공장 이외의 지역에서도 기층 공회의 건설 업무에 주력하여 가오부진의 500인 이상 사업장 33개에 기층 공회 건설이 추진되었다.

이처럼 위위안 파업 사건에서 광둥성 총공회는 '공회공작조'를 파견하여 허수아비에 불과했던 시와 진급 공회를 위로부터 조직화해서 파업을 원만하게 해결해나갔으며, 노동자의 사회보험 문제와 공회 재건 업무도 순조롭게 추진해나간 것으로 평가된다. 이런 측면에서 위위안의 사례는 전환기의 도전에 직면한 공회의 개혁 방향에 중요한 함의를 갖는다고 할 수 있다.

먼저 광둥성 총공회는 공회의 개혁 시도를 적극 추동했으며, 공회의 권리 수호 역량을 강화하기 위해 노력하고 있다. 특히 위위안 파업 사건에서 보았듯이 기층 공회의 재건과 역량 강화를 중점적으로 추진함으로써 현행 공회 체계 내에서 가능한 개혁의 출로를 적극 탐색하고 있다. 둘째, 최근 광둥성에서는 세계적 경제 위기와 산업구조의 고도화 및 신세대 농민공의 조직화에 따른 영향 속에서 노동관계에 심각한 변화가 발생하고 있다. 기업의 파산과 부도, 임금 체불, 사회보험료 및 주택공적금 체불로 인한 집단적 노동쟁의가 갈수록 증가하고 있는 것이다. 그러나 위위안 파업 사건에서 보았듯이 지방정부는 노동쟁의를 '사회질서 유지' 측면에서만 접근하고 있으며, 공권력의 투입을 통해 문제를 해결하려고 함으로써 사태를 더욱 악화시켰다. 셋째, 경제의 양적 성장을 중점으로 한 '지방정부의 기업화'라는 큰 배경 속에서 지방 총공회의 역량은 상당히 취약한 실정이다. 그러나 위위안 파업 사건에서 보았듯이 기업의 임금 체불과 사회보험료 체불 등 각종 위법행위가 지방정부의 묵인하에 자행되었던 관행이 점차 도전받고 있으며, '친기업 정책'의 사회적 기초도 정당성을 상실하고 있는 추세이다. 넷째, 노동자의 권리 보호를 위해 공회와 노동 NGO 단체의 협업 가능성을 모색할 필요성이 증대되고 있다. 공회는 행정적 권한을 가지고 있지만 기층 노동자와 괴리되어 있는 점이 문제다. 반면 노동 NGO 단체의 활동가는 대부분 현장 노동자 출신으로 지역사회에서 노동자 지원 활동을 오랫동안 해왔기 때문에 노동자의 요구를 잘 이해하고 있으며, 노동자로부터 쉽게 신뢰를 확보할 수 있다. 그러나 정부의 허가와 공식적인 지위를 확보하기는 어려운 실정이다. 따라서 공회는 노동 NGO의 활동을 학습하고, 노동 NGO는 공회의 조직화 업무를 지원함으로써 노동분쟁의 원만한 해결과 조화로운 노동관계 구축을 위한 협업 모델을 고민할 필요가 있다. 요컨대 공회 개혁을 통해 기업의 민주적 관리를 실현하는 과제는 단순히 상급 공회를 통한 위로부터의 조직화만으로 해결될 수는 없으며, 더욱이 조화로운 노동관계의 구축을 위해서는 기층 공회를 비롯한 아래로부터의 주체적 역량이 더욱 강화되어야 한다.

4. 지속 가능한 발전 및 '조화로운 노동체제' 형성의 전망

중국의 노동문제는 협소한 의미의 '노동' 영역에 머무는 것이 아니라 통치 전략 전반을 포괄하는 광범위한 문제이며, 나아가 '중국은 어디로 갈 것인가'의 문제와도 직결된다. 따라서 국가적 차원에서 재설계 중인 '사회치리 체계'의 구축과 관련하여 중국 노동체제의 변화를 좀 더 세밀하게 검토하는 것이 중요하다. 더욱이 2000년대 들어 더 이상 이전의 관리 범주에 속하지 않는 이른바 '사회로 확장된 노동문제'가 나타나면서 '노동문제'를 '사회치리' 체계에 포함하는 일이 점차 중요해지고 있다. 특히 노동문제에 대한 '사회관리'적 접근을 보여주는 구체적인 변화는 사회관리 체제 개혁의 핵심인 '사구 건설 체계'와 '노동분쟁 관리 체계'의 통합에서 잘 드러난다. 그러나 아직까지 노동자의 단체행동권이 법적으로 인정되지 않고 있으며, 자본과 대등한 입장에서 협상을 진행해야 할 주체인 공회에 대한 개혁이 미진한 상황이다. 따라서 노동자들의 권리 수호 행동은 여전히 '사회의 불안정 요소'로 규정되고 있으며, 심지어 통제와 단속의 대상으로 간주되는 경우가 많다. 즉 여전히 '안정이 모든 것을 압도한다'는 정책적 기조가 유지되고 있으며, 그에 따라 노동쟁의를 비롯한 노동문제에 대해서도 주로 '안정유지' 차원에서 접근하고 있다.

그러나 현실적으로 노동자 파업이 이미 공장을 넘어 사회 전체의 문제로 확산되고 있는 상황에서 정부가 '안정유지'를 기조로 한 사회관리 체계로 노동문제를 관리하는 것은 한계가 있다. 이 때문에 중국 정부는 '사회'로 확장된 노동문제를 체계적으로 관리하기 위해 '사회치리' 체제를 구축하여 노동쟁의를 법과 규범 내부에서 제도화하려 하고 있다. 하지만 광둥성의 사례에서 볼 수 있듯이, 지방정부와 자본의 유착 관계로 결합되어 있는 안정유지 체제하에서 이러한 시도는 큰 영향력을 발휘하지 못했다. 지방정부는 외부로부터 기업과 자본을 유치하기 위해 필요한 안정적인 투자 환경을 조성하고자 기업 친화적인 입장을 보이고 있으며, 지방 공회도 이에 부응하여 기층 공회의 권리 수호 행동을 제약하고 있기 때문이다. 또한 '사회치리' 체제로 전환하는 과정에서 나타난 가장 중요한 변화 중의 하나가 사회조직의 활성화와 규제 완화이지만, '노동 NGO' 조직은 예외로 취급되고 있다. 즉 중국 정부는 다수의 사회조직에 대해 포섭 전략을 적용하면서도, 정치적으로 민감하거나 경제 발전에 위해가 될 우려가 있는 '노동 NGO'에 대해서는 '안정유지'를 명목으로 탄압과 배제의 전략을 적용하는 분할통치 방식을 시행하고 있는 것이다.

한편 경제구조가 '신창타이'의 국면으로 접어드는 배경 속에서 중국의 고용 규모는 지속적으로 확대되고 있으며, 노동시장의 유연성도 증대되고 있다. 노동자의 임금 체불이 상시화되고 있으며, 노사 분쟁의 발생이 증가하고, 집단적 노동쟁의도 고조되고 있다. 따라서 2016년부터 본격적으로 시작된 '제13차 5개년 규획(十三五規劃)'(13·5 규획) 시기 이후 중국의 노동관계는 새로운 전환기를 맞을 것으로 보인다. 정부는 공평하고 지속 가능한 사회보장제도의 확립, 적극적인 취업 정책의 실시, 최저임금 기준 및 최저생활 보장 수준의 안정적 향상, 공회의 역할 강화 등 노동관계의 안정화를 위한 다양한 정책을 추진하고 있다. 그러나 전반적으로 볼 때 '13·5 규획' 시기에 진행되는 중국 노동관계의 변화는 '시장에 대한 규제 완화'와 '노동의 유연화'라는 큰 방향으로 나아가고 있다. 즉, 정부는 지속적인 불황으로 인해 규제 완화와 노동시장의 유연화가 시급해지자 '효율성'을 우선시하고, 노동의 질과 생산성 향상을 가장 중요한 원칙으로 제시하고 있다. 그리고 이러한 원칙에 따라 최근에는 '공급 측 개혁'과 '국유기업 개혁안'을 적극 추진하면서, 기업의 효율성을 높이기 위한 강력한 구조조정을 실행하고 있다. 노동시장의 유연화와 규제 완화로 인해 앞으로 노동자의 권익이 위협받는 상황이 점차 늘어날 것이며, 향후 '정부-기업-노동자' 간에 더욱 치열한 각축이 전개될 것으로 예상된다. 이러한 측면에서도, '사회'로 확장된 노동문제를 '사회치리' 체제의 구축을 통해 체계적으로 관리하려는 중국 정부의 시도가 구체적으로 어떻게 실현되어나갈 것인지는 지속적인 관심과 분석이 필요한 주제이다. 역동적으로 전개되고 있는 중국 노동정치의 흐름 속에서 노동자의 집단행동과 '조화로운 노동관계의 수립'이라는 정부 정책이 어떻게 구체적으로 전개될 것인지가 향후 중국의 지속 가능한 발전 및 '조화로운 노동체제' 형성의 관건이기 때문이다.

노후공업도시로 풀어본 동북 문제

박철현

1. '신동북 현상'을 넘어서

중국 동북 지역은 최근 몇 년 사이 '신동북 현상'을 겪고 있다. 신동북 현상이란 중국 경제의 중·저속 성장을 의미하는 뉴노멀New Normal 시대에 나타난 동북 지역의 경제성장률 감소와 인구 감소 현상을 가리킨다. 사실 20여 년 전인 1990년대 중·후반에 동북 지역에는 이미 '동북 현상'이 발생했다. 그때 동북 현상은 이 지역의 중공업 부문 중대형 국유기업들이 1990년대 본격화된 도시지역의 시장화 개혁에 적응하지 못한 결과, 기업 도산, 임금 체불, 노동자 해고와 파업이 잇달았던 현상을 가리켰다. 이 지역의 대표 도시 격인 선양瀋陽 톄시구鐵西區의 경우, 1990년대 중·후반 1,100개가 넘는 국유기업들의 자산 대비 부채율이 평균 90%를 넘어섰고, 이 기업들에 고용된 노동자 30만 명 중 절반이 해고되었을 정도다. 그즈음 선양은 '실업의 도시(下崗之城)'라고 불릴 만큼 사회적으로나 경제적으로 절망적인 상태였다. 결국 2003년 중앙정부 차원에서 시작된 '동북진흥東北振興' 정책에 따라 이 지역의 국유기업들에 대한 개혁이 진행되면서 호전되는 듯했으나, 몇 년 전부터 또 다시 신동북 현상이 발생했다.

학계에서는 이와 같은 신동북 현상과 동북 현상의 원인을 분석하기 위해서 여러 가지 개념을 동원하여 설명하고 있다. 기존 '동북진흥' 정책의 핵심 내용인 국유기업 개혁의 불철저함을 지적하면서 민영화를 주장하는 '시장주의', 이 지역 산업구조의 문제점을 개념화한 '자원형資源型 도시'나 산업구조의 불합리성을 부각한 '노후공업기지(老工業基地)', 그리고 이 지역의 사회와 기업 특징을 가리키는 '전형단위제典型單位制' 개념 등이 그것이다.

동북 현상이 제기된 1990년대 중·후반과 신동북 현상이 제기된 2010년대 중반은 중국 내·외부적으로 살펴볼 때 차이가 있다. 먼저, 내부적으로 볼 때 시장화 개혁의 시기와 뉴노멀 시기라는 차이가 있으며, 외부적으로 보면 중국이 자본주의 세계경제에 완전히 편입되기 이전과 이후라는 차이가 존재한다. 그럼에도 불구하고 이 지역에서 경제성장률 감소, 기업 도산, 임금 체불, 인구 감소, 노동자 해고 및 파업과 같은 사회경제적 침체 현상이 여전히 지속되고 있다는 점은 동일한데, 이 같은 현상을 분석하기 위해서 '시장주의', '자원형 도시', '노후공업기지', '전형단위제'와 같은 개념이 동원되고 있는 것이다.

필자가 보기에 이러한 개념들은 개혁기 신동북 현상(동북 현상 포함)의 분석에서 그 나름대로 적실성을 가지고 있다. 하지만 이 개념들로는 신동북 현상을 초래한 이 지역 사회와 경제의 본질적인 문제를 규명하거나, 동북 지역에 존재하는 100년 이상의 역사를 자랑하는 중대형 중공업기업들의 작동 방식과 이들 기업이 노동 및 국가와 맺고 있는 관계의 역동성을 분석하는 데 일정 정도 한계가 있다. 또한 현재의 문제를 초래한 장기 역사적 변동을 보지 못하고 '현상'만을 분석하는 것은 대증적對症的 진단일 뿐, 심도 있고 근본적인 해결을 위해서는 한층 포괄적이고 역사적인 개념이 필요하다. 과거 중국 사회주의가 매우 분권적이며 중앙-지방 관계의 구조가 굉장히 다층적이라는 사실을 고려하면, 지방정부 층위에 분석의 초점을 맞추고 국가(=지방정부)와 기업 및 노동의 관계를 중심으로 역사적 측면에서 이 지역의 사회와 경제에 접근해야 한다고 본다. 그래야만 기존 개념들이 가지는 한계를 극복할 수 있다.

이 글의 목적은 동북 지역의 사회와 경제를 분석하기 위해 사용했던 기존 개념들을 비판적으로 검토한 뒤, '노후공업도시' 개념을 통해 동북 지역 연구의 새로운 가능성을 탐색하는 것이다. 노후공업도시는 낙후된 공업도시이자 새로운 시장경제에 적응하지 못한 도시를 가리키는 용어로, 중국 학계에서는 이미 사용되고 있는 개념이다. 그러나 단지 경제 발전의 걸림돌 정도로만 간주되는 경향이 강하다. 그 결과 중국 측의 노후공업도시 관련 선행 연구는 주로 산업구조, 공간 구조, 도시 재생, 정부 기능, 공업 유산 등의 문제에만 집중되어 있다. 그 때문에 이 글에서는 노후공업도시 개념을 과거 사회주의 유산으로 간주하고 개조와 혁신의 대상으로 취급하는 기능주의적 관점에서 벗어나, 신동북 '현상'을 넘어 그것의 근본 원인이 되는 동북 지역 사회와 경제의 여러 가지 문제를 인식하고 분석하는 하나의 범주로 위치시켜보고자 한다. 이에 따라 아래에서는 신동북 현상에 대한 기존 분석을 국내외 언론과 연구를 중심으로 소개하고, 이러한 분석에 동원된 개념들이 가지는 의미와 한계를 밝히겠다.

2. 시장주의, 자원형 도시, 노후공업기지, 전형단위제

신동북 현상은 경제성장률 감소와 인구 감소를 가리킨다. 구체적으로는 이 지역의 대표 도시인 선양瀋陽, 창춘長春, 하얼빈哈爾濱의 지역내총생산(GRDP: Gross Regional Domestic Product)이 전국 최하위를 기록하는 현상이다. 그 영향 탓에 동북 지역의 재정수입 증가 속도도 전국 평균 6.5%에 한참 못 미치거나 심지어는 마이너스를 기록하고 있다. 이 문제에 대해 국내 언론들은 중국의 관료주의나 계획경제가 원인이라고 지적하거나 한국 기업이 이를 기회로 동북 진출을 모색해야 한다고 주장했지만, 사회와 경제 문제에 대한 좀 더 근원적이고 심도 깊은 분석이나 이해는 찾아볼 수 없다. 또한 국내에 소개된 지린대학吉林大學 경제학 교수의 글에서도 신동북 현상과 동북 현상을 분리하면서, 과거의 동북 현상과 달리 신동북 현상은 중국 경제의 고도화에 수반되는 '성장통'이라 보고 뉴노멀 시대에 동북 지역에는 오히려 경제 재도약을 위한 기회가 마련되고 있다는 측면을 강조했다. 그는 특히 기존 동북 현상을 규정지었던 기업 도산과 노동자 해고의 문제점들은 '동북진흥' 정책 이후의 높은 경제성장률로 상당 부분 해결되었다고 하면서, 신동북 현상은 지엽적인 문제이고 산업구조조정에 수반되는 것이며 과거의 동북 현상과는 엄연히 다른 것이라고까지 주장했다.

하지만 2016년 3월에 발생한 동북 지역 최대 광산기업인 룽메이집단龍煤集團의 솽야산雙鴨山 탄광에서 벌어진 임금 체불과 이에 따른 노동자 파업에서도 알 수 있듯이, 동북 현상(기업 도산, 임금 체불, 노동자 해고와 파업)이 종결되고 신동북 현상(경제성장률 감소, 인구 감소)이 새로이 나타난 것이 아니라, 오히려 두 현상은 동시에 나타났다고 볼 수 있다. 홍콩에 본부를 둔 차이나 레이버 불리틴China Labour Bulletin(中國老工通訊)에 따르면, 세계적인 경제 침체의 여파로 중국의 노동자 시위와 파업은 전년 대비 증가하고 있다. 따라서 현재의 동북 지역은 동북 현상의 종결에 따른 신동북 현상의 시작이 아니라 동북 현상과 신동북 현상이 병존하고 있다고 진단할 수 있다.

한편 베이징대학 마이클 페티스Michael Pettis 교수와 같이 신동북 현상을 2003년 '동북진흥' 정책 이후 계속된 국유기업 개혁이 불철저했던 결과라고 주장하는 목소리도 있다. 그는, 중국 경제의 핵심적인 문제점은 정부가 너무 많은 부富를 독점하고 있기 때문이라고 지적하면서 국유기업에 대한 적극적인 민영화를 통해 더 많은 부를 정부에서 가계 부문으로 옮겨야 한다고 주장한다. 이것은 전형적인 시장주의 주장으로, 국유기업 개혁의 핵심은 단지 기업 효율성 제고나 기술력 향상을 통한 수익률 증가가 아니라, 국유기업에 대한 정부 독점이 해체되어야 한다는 것이다. 그가 주장하는 국유기업 민영화에 따라 정부 독점으로 인한 관료주의가 해소되고 기업은 수익률을 올릴 수도 있을 것이다. 하지만 민영화에 의해 민간 부문으로 부가 이전되었다고 하더라도 민영화는 곧 사실상의 사유화인 까닭에 민간의 특정 부문이 그 부를 독점하지 않으리라는 보장은 없다. 만약 국내외 자본에 의해 그러한 부가 독점된다면, 부의 독점이 정부에서 민간의 특정 부문으로 이전되었을 뿐 신동북 현상을 해결하는 처방책이 될 수는 없을 것이다.

지금까지 서술한 내용은 모두 신동북 현상에 대한 표피적인 지적이거나, 과거의 문제는 해결되었고 현재의 문제는 지엽적인 데 불과하다는 관방적官方的인 주장, 혹은 지나치게 시장주의적 주장이라고 할 수 있다. 이런 주장은 동북 지역의 문제를 모두 '경제'의 문제로 환원함으로써 경제문제가 해결되면 기업 도산, 임금 체불, 노동자 해고와 파업, 경제성장률 감소, 인구 감소와 같은 신동북 현상의 각종 문제가 해결될 것이라는 관점에 입각해 있다. 또한 이런 개념에 근거한 주장은 모두 신동북 '현상'만 보고, 그 너머에 존재하는 역사적 근원적 문제에 대해서는 무지하다는 공통점이 있다.

다음으로 자원형 도시는 이러한 주장들에 비해 좀 더 동북 지역의 고유한 경험에 근거를 두고 이 지역의 문제를 설명하려는 개념이다. 자원형 도시는 해당 지역의 광산, 삼림 등에 부존된 천연자원의 채취와 가공을 그 핵심 산업으로 하는 도시 유형을 가리킨다. 따라서 이 같은 유형은 도시의 경제적 생산과 발전에서 자원 개발이 매우 중요한 지위를 차지하며, 자원 개발과 도시 형성이 밀접한 관계를 가지고 있다. 안산鞍山(철), 다칭大慶(석유), 진창金昌(니켈), 판즈화攀枝花(철) 등이 대표적이다. 동북 지역의 대표적 자원형 도시인 다칭은 1959년 석유와 가스 채굴을 위한 도시로 형성되기 시작하여 중국 최대의 석유 관련 공업도시로 성장했으나, 매장량 고갈에 따라 산유량도 점차 감소하고 있어 지금은 도시의 존립 자체가 위기에 처해 있다. 따라서 자원형 도시는 석탄·석유·철과 같은 주요 자원에 의존하여 형성된 도시가 해당 자원의 고갈에 따라 그 존립이 위기에 처하자, 이를 해결하려는 방법으로 산업 구조의 전환을 시도하기 위해 제기된 개념이다. 동북 지역은 1949년 중화인민공화국 건국 이전부터 중국 최대의 중공업 지역으로, 이러한 자원에 기초하여 형성된 도시들이 상당수 있다. 따라서 자원형 도시는 이들 동북 지역의 도시가 특히 개혁기에 처한 경제적 위기의 원인을 과도한 자원의존형 산업구조에서 포착하고 이러한 문제를 해결하기 위해 사용되는 개념이다. 그렇기 때문에 경제적인 측면을 제외한 동북 지역의 다양한 측면을 포착하지 못할 뿐 아니라, 개혁기의 문제를 개혁기 이전으로 거슬러 올라가서 사회정치적 기원과 관련지어 분석하지 못하는 한계가 있다.

선양 톄시구의 공장
선양 톄시구 중국공업박물관 건너편에 위치한 공장이다. ⓒ박철현

마지막으로 노후공업기지는 자원형 도시가 내포한 '산업구조의 불합리성'이라는 개념을 공유하고 있지만, 다음과 같은 몇 가지 점에서 구별된다. 앞서 지적했듯이 자원형 도시가 석탄·석유·철·니켈·구리와 같은 천연자원의 채굴과 그 관련 산업을 위해 조성된 계획도시라고 한다면, 노후공업기지는 개별 도시 차원을 넘어 몇 개의 도시를 포함하는 넓은 지역이다. 예컨대 동북 노후공업기지는 선양·창춘·하얼빈을 중심으로 중공업 위주의 하나의 완결된 생산 체계를 갖춘 공업 집중 지역을 가리킨다. 이에 비해 다칭은 자원형 도시로서 석유 채굴과 그 관련 산업을 중심으로 형성된 도시라는 점에서 노후공업기지에 비해 공간 범위가 협소하다. 또한 자원형 도시가 천연자원의 채굴과 수출 위주의 산업구조라고 한다면, 노후공업기지는 천연자원을 사

용하여 최종적인 상품을 생산하는 제조업 위주의 산업구조라고 할 수 있다.

이렇게 볼 때 노후공업기지는 중국 국내외 언론이나 연구에서 흔히 보이는 사유화를 촉구하는 시장주의적 관점보다는 좀 더 이 지역 사회와 경제의 고유한 역사성을 고려한 개념이다. 하지만 이 개념에 담긴 기본적인 관점은 노후공업기지를 관료주의, 비효율, 경직성, 계획경제의 상징으로 간주하고 개조와 변화의 대상으로 취급하는 것이다. 사실 2003년부터 시작된 '동북진흥' 정책도 '동북 노후공업기지 개조'가 그 핵심 내용이다. 이렇게 보면 노후공업기지 개념도 시장화 개혁 입장에서 동북 지역의 사회와 경제를 비효율과 낙후로 평가하고 있다는 측면에서 자원형 도시 개념과 동일하다.

지금까지 설명한 개념들보다 이 지역의 사회와 경제에 대한 훨씬 심도 깊은 인식을 담은 개념이 바로 전형단위제이다. 전형단위제는 중화인민공화국 건국을 전후로 동북 지역에 형성된 독특한 단위單位 체제를 가리킨다. 전형단위제는 단위 체제를 구성하는 요소의 '전형성'이 매우 두드러지기 때문에 사회주의 시기는 물론 개혁기에 들어서도 이 지역의 사회와 경제를 지배했다. 1990년대 중·후반 이후 중국 사회 전체적으로 사구社區가 단위를 대체해 나가는 상황에서도 동북 지역에서는 여전히 전형단위제가 강력한 영향력을 유지하고 있다.

전형단위제를 주장하는 지린대학 사회학과 톈이펑田毅鵬 교수에 따르면, 전형단위제의 특징은 다음과 같다.

첫째, 물리적 공간의 측면에서 볼 때 전형단위제 기업은 주로 도시 교외의 넓은 부지를 차지하고 공장과 소속 노동자의 주택을 조밀하게 배치했다. 이 기업들은 중화인민공화국 건국 이전인 만주국滿洲國 시기에 이미 존재했거나 건국 초기인 '제1차 5년 계획(第一個五年計劃)'(1953~1957) 시기에 소련으로부터 자금·기술·전문가까지 지원을 받아 추진한 대형 개발 프로젝트인 '156개 중점건설항목重點建設項目'에 따라 세워졌다. 광대한 부지, 공장과 노동자 주택의 조밀한 분포, 기존 도시의 교외에 입지하는 점 등은 동북 지역의 중공업기업을 중심으로 형성된 전형단위제의 중요한 특징이었다.

둘째, 이런 물리적 측면뿐만 아니라 사회 공간(social space)이라는 측면에서도 전형단위제 기업들은 '자본가와 향락, 제국주의의 공간'을 '노동자와 생산, 사회주의의 공간'으로 개조한다는 건국 초기 공산당의 '도시 접관(城市接管)' 이념에 따라 노동자의 생활에 필요한 전면적인 사회경제적 보장을 제공하기 위해서 '공인신촌工人新村'이라 일컫는 노동자 공동주택을 대규모로 건설했다. 공인신촌이라는 사회 공간은 폐쇄적이고 배타적인 데다가 사회경제적 보장은 해당 기업의 소속 노동자에게만 제공되었기 때문에, 소속 노동자들 사이에는 독특한 유대감이 형성되었다. 그리고 이는 하나의 문화로 자리잡았다.

셋째, 이상의 물리적 공간과 사회 공간의 특징에 더하여 전형단위제 기업

Note | 도시 접관

도시 접관이란 도시를 접수하여 관리한다는 의미다. 농촌에서 얻은 경험을 토대로 혁명에 성공한 공산당에게 도시는 매우 낯선 존재였다. 그 때문에, 1945년 일본이 제2차 세계대전에서 패배한 이후 중국공산당은 동북 지역에서부터 도시 접관을 실행하면서 도시 자체의 운영은 물론이고 기업을 포함하여 도시사회를 구성하는 다양한 사회조직과 기구를 장악하고 이들의 운영 방식을 학습해나갔다.

선양 톄시구 공인촌생활관

1950년대 세워진 공인촌은 그 당시에는 상당한 수준의 주택과 부대시설을 갖춘 노동자 집합 주택이었다. 현재는 대부분 철거되었고, 남은 주택 중 일부를 공인촌생활관으로 만들어서 당시 노동자의 생활상을 재현해 놓았다. ⓒ박철현

들은 하나의 행정구역으로서 기능하고 있었다. 동북 지역의 중공업 분야 중대형 국유기업들은 상당수가 중앙정부 관련 부처에 직속된 '중앙기업中央企業'으로 그 기업 소재지의 지방정부로부터 지휘를 받지 않았다. 다시 말해 지방정부의 직접적인 지휘 계통에 속해 있지 않았다. 또한 이들은 교외에 광대한 부지를 차지하고 있으면서 그 내부에 학교, 상점, 병원, 문화시설, 은행 등을 갖추고 있어 사실상 하나의 행정구역과 다름없었기 때문에, 동일한 층위의 지방정부와 수직적 '지도 관계'에 있지 않았고 단지 수평적 '협조 관계'가 형성되어 있을 뿐이었다. 아울러 이 기업들은 종종 수만 명에 이르는 노동자를 거느리고 중앙정부에 직속되어 있었으므로 동원 가능한 사회경제적 자

원이라는 측면에서 보면 해당 층위의 지방정부에 비해 결코 '약자'의 지위에 있지 않았다. 따라서 사회주의 시기의 동북 지역에는 지방정부와 기업 사이에 '약한 국가(지방정부) vs 강한 사회(기업)'라는 구도가 형성되었을 정도라고 한다.

전형단위제는 앞서 다룬 시장주의적 관점이나 자원형 도시 및 노후공업기지 개념과 비교했을 때 동북 지역의 구조적 차이를 과거 사회주의 시기에 형성된 국가-기업-노동의 관계를 중심으로 분석할 수 있게 해주는 개념이다. 그 때문에 기존 개념들에서 결여된 역사성과 사회성을 모두 갖추고 있다. 특히 개혁기 신동북 현상을 분석할 때, 이 현상의 원인으로 단지 국유기업 개혁의 불철저함을 지목하는 시장주의적 관점이나 산업구조의 불합리성과 구조 개혁의 필요성이라는 방향에서 접근하는 자원형 도시와 달리, 사회와 경제를 결합시켜서 동북 지역의 국가-기업-노동의 관계의 문제를 역사적인 관점에서 포괄적으로 접근할 수 있게 한다는 점에서 그 의의가 매우 크다.

하지만 전형단위제 개념이 일정한 한계를 지니고 있는 것도 사실이다. 기본적으로 전형단위제는 사회주의 시기 '기업'을 중심으로 형성된 동북 지역 사회와 경제의 고유성뿐만 아니라 개혁기에도 강력한 영향력을 발휘했던 역사적 연속성을 강조하는 개념이다. 그런 까닭에 분석의 대상과 영역이 기업 내부의 간부와 노동자 관계, 기업 내부와 외부의 관계, 기업과 지방정부의 관계에 집중되는 경향이 있다. 물론 앞서 언급했듯이 개혁기에 들어서도 전형단위제의 유산은 강하게 남아 있지만, 이제 동북 지역에서도 과거 기업 중심의 사회관리 체제인 단위 체제는 거주지 중심의 사구로 바뀌었고, 이 지역의 특징을 반영한 사구 모델의 형성이 논의되고 있을 정도이다. 또한 개혁기 중국 사회에는 기업을 제외하고도 '시장'이나 다양한 사회단체와 조직이 생겨났기 때문에 과거 사회주의 시기처럼 '기업이 사회의 역할을 담당하는(企業辦社會)' 시대가 이미 아니다. 기업을 중심에 둔 전형단위제와 그것의 공간적 확장으로서 '전형단위제 사회'는 사회주의 시기와 도시지역 시장화 개혁의 시기였던 1990년대, 그리고 세계무역기구 가입으로 중국이 자본주의 세계경제에 법적·제도적으로 완전히 편입되고 국내적으로는 사구가 단위를 대체하며 '동북진흥' 정책이 추진되던 2000년대 초반까지 동북 지역의 사회와 경제를 설명하기에는 매우 유효한 개념이다. 하지만 사회정치적 지형이 훨씬 더 복잡해진 2000년대 중반 이후까지 전형단위제로 동북의 사회와 경제를 포괄하기에는 무리가 따른다.

신동북 현상과 그것의 원인이 된 동북 지역의 사회와 경제를 설명하는 기존 개념들에 대한 이상의 비판적 평가에 기초하여 이제 사회주의 시기와 개혁기, 전형단위제의 해체와 사구 건설을 관통하여 국가-기업-노동 관계의 역동성을 포착할 수 있는 개념으로서 노후공업도시 개념을 검토해보자.

3. 노후공업도시와 새로운 동북 지역 연구

전형단위제는 신동북 현상으로 나타나는 동북 지역의 사회와 경제의 문제점을 역사적 맥락에서 분석하기에 적합한 개념이긴 하나, 앞서 지적했듯이 이미 달라진 개혁기의 다양한 사회정치적 지형들을 포착하기에는 한계가 있다. 이에 비해, 도시를 중심에 두고 해당 도시를 구성하는 사회정치적·경제적 요소들의 관계와 그 역동성을 역사적 맥락에서 포착하려는 개념인 노후공업도시는 다음과 같은 특징을 가지고 있다.

첫째, 노후공업도시는 사회주의 시기에 이 지역에 존재했던 중공업 부문의 중대형 국유기업들이 개혁기에 가지는 사회정치적·경제적 의미를 역사적 영향력이라는 측면에서 강조하는 전형단위제 개념을 이미 포함하고 있다. 따라서 노후공업도시는 기본적으로 기업을 중심으로 하는 전형단위제 개념을 뛰어넘어 해당 기업이 포함된 도시의 정치와 문화의 문제를 포괄적으로 접근하는 개념으로 적극적인 재정의를 할 수 있다. 하지만 실제 중국 측 연구에서 노후공업도시 개념은 단지 쇠락한 중공업 국유기업의 역사적 유산으로서 강고함이나 개별 기업 내부의 노동자들 사이에 형성된 독특한 문화에 주목하는 경우가 많다. 따라서 노후공업도시는 개별 기업이 아니라 도시 전체 차원으로 확대된 개조와 변화의 대상이라는 의미를 갖는다.

둘째, 노후공업도시는 기업을 중심으로 하는 전형단위제 개념을 뛰어넘어 '도시 거버넌스(urban governance)' 차원에서 동북 지역의 사회와 경제 문제에 접근할 수 있는 가능성을 가진 개념으로 적극적으로 재정의되어야 한다. 도시 거버넌스란 도시를 구성하는 국가(=지방정부), 자본, 시민, 사회조직 등의 사이에 권력이 배분되거나 행사되는 구조와 방식을 가리킨다. 또한 노후공업도시는 '노후'라는 역사성을 내포하는 개념이기 때문에 건국 전후, 사회주의 시기와 개혁기, 개혁기 초기와 2000년대 이후를 거쳐 중대형 기업들이 상당히 존재하고 있는 동북 지역의 현실을 잘 반영할 수 있다고 하겠다.

셋째, 개혁기의 중요 특징 중 하나는 1990년대 중반 이후 지방정부의 경제적 자율성이 크게 확대되면서 '기업가주의 도시(urban entrepreneurialism)'가 논의될 정도로 지방정부 성격에 커다란 변화가 일어났고, 이에 따라 사회주의 시기에 동북 지역의 '중앙기업'과 지방정부 사이에 존재했던 '약한 국가(지방정부) vs 강한 사회(기업)'라는 구도의 적실성이 상대적으로 감소했다는 점이다. 다시 말해 개혁기에도 여전히 중앙기업은 존재했지만, 과거에 비해 지방정부가 해당 지역의 경제정책에 더욱 큰 주도권을 장악한 결과 해당 지역에 존재하는 중앙기업은 지방정부의 경제정책에 더 큰 영향을 받게 된 것이다. 따라서 시장이 아닌 중앙정부의 계획이 기업 운영의 핵심 원리였던 사회주의 시기에 형성된 기존의 전형단위제 개념만으로는 개혁기 정부-기업 관계의 역동성을 제대로 포착하기가 어려워졌다. 이렇게 볼 때 도시를 분석 대상으로 설정하고 해당 도시의 거버넌스에 참가하는 국가, 기업, 사회, 사회조직들의 관계와 그 역동성을 과거 형성된 전형단위제의 역사적 유산 속에서 분석하려는 노후공업도시는 분명 유효한 개념이다.

넷째, 노후공업도시는 탈사회주의 시기 동북 지역의 문화를 포착하는 데도 유효한 개념이다. 주지하다시피 동북 지역에서 공업도시가 형성된 계기는 크게 두 가지다. 하나는 일본이 중국 침략에 필요한 물자를 생산하는 기지로 동북 지역 중공업·군사 분야의 기업들을 대거 건설했던 만주국 시기다. 나머지 하나는 앞서 언급한 '156개 중점건설항목' 중 35%에 달하는 56개가 동북 지역의 도시들에 배정된 1950년대다. 중공업 분야의 중대형 국유기업들과 그곳에 소속된 '선진 노동자들'로 형성된 동북 지역의 도시들은 사회주의 중국의 대표적인 아이콘으로 등극했으며 '공화국의 큰 아들', '공화국 장비부裝備部', '동방의 루르Ruhr'로 불렸다. 이 지역의 노동자들 또한 수준 높은 사회경제적 보장을 제공받고 있었다. 하지만 1990년대 중·후반 이후 전형단위제가 해체되고, 2003년 시작된 '동북진흥' 정책으로 산업구조조정과 소유권 개혁에 따른 국유기업 개혁이 본격화되자 동북 지역의 도시들은 '공화국의 큰 아들'에서 '실업의 도시'로 바뀌었다.

사회주의 중국의 자부심이 사라지기 시작한 동북 지역의 도시 공간을 채운 상징은 '코미디'와 '조직폭력'이었다. 동북 지역은 각종 대중문화에 등장하는 코미디언들의 고향, 조직폭력의 근거지 등으로 종종 묘사되곤 했다. '동북진흥' 정책으로 노후공업기지 개조 정책이 막 시작된 2004년에 〈동북 사람은 조직폭력배가 아니다(東北人不是黑社會)〉라는 노래가 인터넷을 타고 유행했으며, 2008년에는 동북 지역 조직폭력배들의 이야기를 다룬 인터넷소설 『동북 옛날이야기(東北往事)』가 폭발적인 인기를 얻어 2012년에 드라마로 제작되기까지 했다. 인터넷에서는 '동북 조직폭력'을 상징하는 이미지가 넘쳐났다. 동북 지역 출신의 코미디언 자오번산趙本山과 샤오선양小瀋陽으로 상징되는 동북 지역 사람들에 대한 희화화된 이미지도 개혁기에 등장한 중요한 '동북상상東北想像'이다. 이들은 본래 동북 지역의 전통 연희로 유명한 얼런좐二人轉 예술인으로 TV를 통해 전국적인 스타로 부상했는데, 〈시골사랑(鄉村爱情)〉, 〈마다솨이馬大帥〉 등의 작품에서 동북 농촌과 농민에 대한 상상을 만들어냈다. 이렇게 개혁기 대중문화를 통해 (재)생산되는 조직폭력과 코미디라는 동북상상은 탈사회주의 시기 동북 도시 문화의 한 부분을 구성하고 있다. 따라서 과거 사회주의 시기에 형성된 중대형 공업기업의 역사적 유산뿐 아니라 개혁기 이후의 실업, 코미디언, 조직폭력이 기묘하게 공존하는 동북 지역의 문화를 분석하기 위해서도 노후공업도시는 매우 효과적인 개념이다.[1]

요약하면, 노후공업도시는 전형단위제 개념이 지닌 역사성, 개혁기 도시 정치 행위자의 다양성과 상호 관계의 역동성, 경제적 자율성을 획득하게 된 지방정부, 사회주의 문화의 역사적 유산과 탈사회주의 문화의 혼재 등을 모두 포괄할 수 있는 개념으로 적극적으로 재정의될 수 있다. 그렇다면 이러한 노후공업도시 개념에 입각하여 가능한 연구로는 어떤 것들이 있을까? 선양의 사례를 통해 이를 살펴보자.

첫째, 동북 지역 기업지배구조(corporate governance, 企業治理結構)의 역사적 변동을 도시 차원에서 연대기적으로 고찰하는 연구를 생각해볼 수 있다. 선양 톄시구를 대상 지역으로 삼아 만주국, 국민당 정권, 사회주의 시기, 개혁기라는 네 시기에 공업기업의 기업지배구조가 어떤 변천을 거쳤는지 역사적으로 분석하는 것이다. 이를 통해 기업지배구조를 둘러싸고 지방정부, 기업, 사회조직들이 어떻게 대응했는가를 도시 차원에서 살펴볼 수 있을 것이다. 예컨대 톄시구의 대표적 중공업기업인 '선양제일기상창瀋陽第一機床廠'은 일본의 본격적인 만주 침략을 배경으로 1935년 11월 일본 미쓰비시三菱 재벌이 처음 설립한 '만주기기고분유한공사滿洲機器股份有限公司'가 그 시초로, 이 기업은 곧 '미쓰비시기기주식회사三菱機器株式會社'로 이름을 바꿨다가 국민당 정권이 들어선 1946년에는 '선양제사기기제조창瀋陽第四機器製造廠'이 되었다. 1949년에는 다시 '선양제일기기창瀋陽第一機器廠'으로 이름을 바꾼 뒤 국영기업이 되었는데, 1953년 마침내 오늘날과 같은 '선양제일기상창'이라는 이름을 갖게 되었다. 그러나 개혁기인 1993년에 다른 기업들과 합병이 이루어져서 '선양기상고분유한공사瀋陽機床股份有限公司'로 바뀌어 60년 이전의 '주식회사'로 되돌아갔다. 이렇듯 시대에 따라 변화하는 기업지배구조를 둘러싼 지방정부, 기업, 사회조직들의 역동적 상호 관계를 선양시 당안관檔案館(기록 보관소), 톄시구 당안관, 선양기상집단당안실瀋陽機床集團档案室의 각종 자료와 선양제일기상창편찬위원회瀋陽第一機床廠編纂委員會의 『선양제일기상창지瀋陽第一機床廠志』 등을 이용해서 분석할 수 있다.

둘째, 선양 톄시구의 국가-기업-노동의 관계에 대한 역사사회학적 연구이다. 여기서 국가는 중앙정부와 지방정부를 모두 포괄한 개념이며, 분석의 핵심은 선양 도시 내부의 국가-기업-노동의 관계를 중장기적인 역사적 변동 속에서 고찰하는 것이다. 동북 지역의 선양은 19세기 후반과 20세기 초반부터 일본계 기업들이 공장을 건설하고 생산을 시작했는데, 일본이 러일전쟁에서 승리한 뒤 기업들의 진출이 가속화되었고, 1932년 만주국 성립 이후에는 중국을 대표하는 중공업기업들과 노동자들이 존재하는 지역이 되었다. 1945년 소련군이 접수한 뒤 국공 내전을 거쳐 1948년 공산당에 의해 '해방'되었다. 중화인민공화국 건국 이후에는 전형단위제가 지배하는 국가-기업-노동 관계가 이 지역에 형성되었다. 이러한 국가-기업-노동의 관계가 만주국 시기에는 어떠한 존재 양태를 띠었는지, 사회주의 시기에는 어떠한 경로를 통해 전형단위제로 귀결되었는지, 그리고 개혁기 국유기업 개혁 과정에서는 어떻게 변용되었는지를 노후공업도시 개념을 사용하여 분석하는 것이다.

방법론적으로는 마이클 부라보이Michael Burawoy의 '공장 체제(factory regime)'와 '생산의 정치(politics of production)' 개념을 끌어와 기업의 생산을

Note | '공장 체제'와 '생산의 정치'

부라보이는, 노동과정은 특정한 사회적 관계를 재생산하는 정치적 이데올로기적 효과를 지니면서 동시에 특정한 생산관계를 규제하는 정치적 이데올로기적 생산 장치가 존재한다는 사실에 주목하고, 이 두 가지를 합쳐 '공장 체제'라고 정의했다. 간단히 말해, 공장 체제는 공장 내부의 노동과정을 지배하는 정치적 이데올로기와 공장 외부에서 공장 내부의 생산과정 전체에 투사되는 정치적 이데올로기로 구성된다. 전자가 노동과정을 직접 지배하는 자본의 이데올로기라고 한다면, 후자는 공장 외부에 존재하는 국가를 비롯하여 다양한 사회적 행위자들의 이데올로기라고 할 수 있다. 부라보이는 민족지적 현장 체험에 근거하여 공장 체제 개념을 세우고 이를 통해 자본주의와 사회주의 기업에서 '생산의 정치'를 분석했다.[2]

위해 다양한 세력이 기업(또는 노동)에 개입한 양상을 분석할 수 있다. 즉, 생산을 위해 국가, 사회조직, 시민 등이 공장에 개입하는 양상을 특정 도시의 역사적 변화 속에서 분석하는 것이다. 앞서 지적했듯이 동북 지역에는 과거 100년 동안 다양한 정치권력과 체제가 존재했기 때문에 그 속에서 특정 도시의 공장 체제와 생산의 정치에 개입하는 다양한 세력을 국가-기업-노동을 중심으로 분석하는 연구가 가능하다.

4. '동북 사회주의'의 유산과 노후공업도시 연구의 방법론적 의의

이 글은 중국 동북 지역의 여러 가지 문제점을 둘러싸고 제기되는 다양한 개념을 비판적으로 검토함으로써 신동북 '현상'을 넘어서 본질적 문제를 인식할 필요가 있다는 점을 지적했다. 또한 그 본질적 문제에 다가서려면 기존의 전형단위제를 비판적으로 수용한 노후공업도시 개념을 통해 도시 차원에서 동북 지역의 사회와 경제의 문제에 역사적으로 접근하는 것이 중요함을 강조했다. 그에 따라 두 가지 사례, 곧 기업지배구조와 공장 체제의 문제를 통해 노후공업도시 개념을 사용한 동북 지역 연구의 새로운 가능성을 제시하고자 했다.

필자는 다롄기차차량창大連機車車輛廠의 전형단위제에 관한 논문에서, 개혁기를 좀 더 잘 이해하려면 개혁기 이전에 대한 심층적 이해가 필수적이라고 한다면, 전국적이고 추상적 수준의 이념형(ideal type)으로서의 사회주의가 아니라 지역에 존재했던 '물질과 제도'로서의 사회주의에 대한 연구가 필요하

역사 속으로 사라진 테시구의 상징, 선양야련창

선양 테시구 중국공업박물관에는 과거 선양야련창瀋陽冶煉廠 전경을 찍은 사진이 걸려 있다. 이 공장은 100m가 넘는 3개의 굴뚝으로 유명했는데, 맨 오른쪽 굴뚝은 1936년 만주국 시기 이 공장의 전신인 국립금광제련창國立金鑛製煉廠이 만들어질 때 세워졌고, 나머지 2개는 각각 1950년과 1979년에 세워졌다. '동반서건東搬西建'에 따라 테시구의 공장들을 선양경제기술개발구로 대량 이전하기로 결정하면서 2004년 3월 23일 오전 6시 3개의 굴뚝은 모두 폭파 철거되었고, 선양야련창은 파산했다. ⓒ박철현

다고 주장했다.[3] 중국의 거대한 영토와 지방의 다양성을 고려할 때 전국적·추상적 사회주의 연구는 무엇보다도 물질과 제도로서의 사회주의에 대한 이해가 필요하다. 물질과 제도로서 사회주의는 이 지역의 사람 및 문화와 화학작용을 통해 관념과 습관을 지배했고, 그 유산은 전형단위제에서 보이듯이 여전히 존재하고 있다. 이렇게 물질과 제도에서 다시 '문화'가 되어버린 '동북 사회주의'의 유산은 탈사회주의 시기에 부상한 새로운 아이콘(코미디언, 조직폭력)과 뒤섞여서 이 지역에 존재하는 것이다.

전형단위제를 내포한 노후공업도시 개념은, 이렇듯 문화가 되어버린 과거

의 유산과 개혁기의 대중문화 아이콘들이 상호작용하는 도시 공간의 문화정치를 포착하기에도 매우 적절한 개념으로 보인다. 개혁기 도시는 과거처럼 국가와 기업만이 존재하는 공간이 아니라 시장을 매개로 탄생한 다양한 사회적 행위자가 혼재하는 공간이고, 이들 사이에 형성되는 복잡한 문화정치들이 일상적으로 전개되고 있기 때문이다.

개혁기를 탈사회주의 시기로 보고 탈사회주의를 이해하기 위해서는 '물질과 제도'로서의 사회주의를 이해하는 것이 필수적이라고 한다면, 그 이해에 필요한 동북 노후공업도시 연구가 가지는 방법론적 의의는 무엇일까?

첫째, 역사적으로 볼 때 건국을 전후로 한 시기에 중국공산당은 동북 지역에서 도시 접관을 통해 도시에 관한 사회정치적·경제적 문제들을 본격적으로 대면했고, 그 문제들의 해결 과정에서 중국 사회주의를 규정하는 중요 정책들을 수립해나갔다. 예를 들어, '단위'를 중심으로 도시사회, 기업 중심의 노동자 복지제도, 기업 내부의 공산당 조직을 통한 정치적 역량 동원 등이 모두 1948년 봄 이후 동북 지역 도시들에서 시작되었으며, 이후 화북·화동·화남·서남 등에서 전개된 도시 접관 과정에 동북 지역의 경험이 중요한 참고가 되었다.[4] 동북 지역의 도시들이 바로 도시 접관의 원형이 된 셈이다.

둘째, 비교사회주의적 측면에서 소련과 비교할 때 중국은 분권적 성격이 훨씬 더 강했다. 비록 계획경제의 형식을 취하고 있었지만, 1970년대 중반에 접어들면 중앙정부가 직접 통제하는 상품의 숫자가 소련에 비해 상당히 많이 줄어들었을 뿐만 아니라, 중앙정부의 계획이 지방정부 층위에서는 너무 비효율적으로 집행되었다. 또한 중국은 기업의 형태가 소련처럼 국유기업만 있는 것이 아니라 도시집체기업이나 농촌집체기업 등으로 나뉘어 훨씬 더 복잡했고, 기업의 규모도 중소형 기업의 숫자가 훨씬 많았다. 그뿐만 아니라 1970년대 말 중국은 소련에 비해 국유 경제 부문의 재고가 2배 이상이며 미완성인 건설 프로젝트도 2배 이상이었는데, 이는 모두 분권화된 경제 시스템으로 인해 지방들 사이의 투자를 조율하는 메커니즘이 없었기 때문이다.[5] 눈여겨볼 점은 이러한 분권성이 지방'정부'만 아니라 지방 소재의 중앙 기업에도 적용되었는데 동북 지역 도시의 중앙기업에서 잘 드러난다는 사실이다. 이 기업들은 중앙정부의 해당 부처에 직속되어 있지만 지방에 소재했기 때문에 직속 상급 조직인 중앙정부로부터 상당히 자율적이었다. 따라서 이러한 동북 지역 도시들에서 포착되는 중앙기업의 '이중적 자율성'은 곧 중국 사회주의의 분권적 성격을 잘 반영하는 것이다.[6]

도시를 뒤덮은 담장
—게이티드 커뮤니티와 도시 공간의 불평등

이성호, 이승욱

1. 중국 특색의 게이티드 커뮤니티?

담장과 울타리 등으로 둘러싸인 폐쇄적 주택단지를 뜻하는 '게이티드 커뮤니티gated community'[1]는 1960년대 미국에서 처음 나타나기 시작해 20세기 말에는 유럽, 아프리카, 남미, 아시아 등 전 세계로 확산되었다. 게이티드 커뮤니티는 테마파크, 쇼핑센터, 소수자 거주지 등과 함께 포스트모더니즘 도시의 전형적인 상징으로 불리기도 하는데, 그 출현 배경에 대해서는 여러 가지 주장들이 있다. 일반적으로는 안전에 대한 위협을 스스로 방어하기 위해 외부 세계와 단절한 주거 형태로 보는데, 이것은 사회계층 간 갈등과 그 기저에 자리한 사회적 격차라고 하는 자본주의 도시의 폐해와 직접적으로 관련되어 있다고 할 수 있다.

중국은 1980년대부터 개혁·개방을 통해 세계경제와 긴밀하게 통합되어왔으며, 최근에는 미국과 함께 세계경제의 양대 축으로 부상했다. 그러나 중국 헌법 제1조는 '중화인민공화국'이 인민민주독재의 '사회주의국가'라고 명확하게 규정하고 있으며, 시장경제 요소를 받아들이긴 했지만 여전히 사회주의를 유지하고 있다는 점에서 '사회주의 시장경제'라는 새로운 경제체제를 주창하고 있다. 이렇듯 사회주의에 대한 강조에도 불구하고 세계경제에서 중국의 영향력이 커지는 만큼 중국 내부 역시 다른 국가들의 새로운 사회·문화적 담론들과 빠르게 조응하는 모습을 보이고 있다. 도시 공간 구조나 주택 시장 역시 크게 다르지 않아, 도심 곳곳에는 마천루들이 경쟁하듯 치솟고 있으며, 주택을 포함한 부동산 가격도 가파르게 상승 중이다. 그 와중에 중국의 주거지역은 서구 자본주의 도시의 상징이라고 할 수 있는 게이티드 커뮤니티를 빠른 속도로 받아들일 뿐만 아니라, 오히려 그러한 세계적 경향을 주도하고 있다. 중국에서 게이티드 커뮤니티에 대한 구체적인 통계는 별도로 없지만 2000년대 이후 대도시 신축 주택단지에서 게이티드 커뮤니티가 차지하는 비중을 70~80% 정도까지 보기도 한다.

그렇다면 신자유주의 도시화의 전형이라 할 만한 게이티드 커뮤니티는 여전히 사회주의국가의 공식적인 지위를 가지고 있는 중국에서 어떻게 대표적인 주거 형태로까지 확산될 수 있었을까? 주택은 공간에 고착된 물리적 구조물로 명확한 가시성을 가질 수밖에 없는데, 사회주의 이념과는 거리가 먼, 차별과 배제의 대표적 주거 형태인 게이티드 커뮤니티가 어떻게 사회주의국가를 자부하는 중국에서 용인될 수 있었을까? 이 글에서는 이런 의문을 바탕으로 중국의 게이티드 커뮤니티 관련 논의에서 주로 나타나는 두 가지 관점을 비판적으로 재해석해보려고 한다. 그중 하나는 사회주의 시기, 더 나아가 고대로부터 이어지는 문화적 전통의 영향으로 게이티드 커뮤니티를 거부감 없이 받아들일 수 있었다는 주장이다. 다른 하나는 게이티드 커뮤니티를 신자유주의의 부정적 도시 공간으로 비판하는 서구와 달리, 중국에서는 부정적 영향이나 인식이 강하지 않다는 주장이다. 즉, 중국이 자신의 특수한 실정에 맞는 '중국 특색의 사회주의'를 실행하듯이, 주거 공간에서도 중국만의 차별적인 '중국 특색의 게이티드 커뮤니티'를 실현하고 있다는 것이다.

우선 첫 번째 주장에 대해, 이 글은 중국에서 게이티드 커뮤니티 확산이 역사적·문화적 전통에 기인했다기보다는 사회주의 체제 전환 과정에서 이른바 도시성장연합(urban growth coalition)의 적극적인 전략적 활동에 의한 것이었으며, 그런 가운데 정부가 적극적으로 게이티드 커뮤니티의 확산을 지원한 것이 더 중요한 의미를 가진다는 점을 밝히고자 한다. 또한 두 번째 주장에 대해서는, 중국 게이티드 커뮤니티의 대다수가 그 핵심적 속성이 빠진 일종의 '무늬만 게이티드 커뮤니티'이며, 실질적인 게이티드 커뮤니티는 이보다 훨씬 적을 뿐만 아니라 그 속성 역시 서구의 게이티드 커뮤니티와 큰 차이가 없다는 점을 밝히려고 한다. 이를 바탕으로 최종적으로는 중국의 '실질적인' 게이티드 커뮤니티 역시 서구와 마찬가지로 도시의 분절화와 파편화를 야기하고 계층 간의 배제를 유도하는 신자유주의적 도시화의 한 형태이며, 이는 '사회주의' 중국을 부정하고 시장에 의해 형성된 중국식 시장경제 도시 공간 구조의 가장 적나라한 단면임을 보이고자 한다.

2. 게이티드 커뮤니티와 도시문제

1) 게이티드 커뮤니티란?

블레이클리Blakely와 스나이더Snyder는 본격적인 게이티드 커뮤니티 논의의 시초라고 할 수 있는 그들의 저서 *Fortress America: Gated Communities in the United States*(1999)에서 게이티드 커뮤니티를 '담장 또는 울타리를 이용하여 인원의 출입을 제한하고 내부 안전을 위한 방호 시스템을 갖추고 있는 배타적 거주권을 가진 사적 커뮤니티'로 정의했다. 즉, 게이티드 커뮤니티는 그 명칭에서도 드러나듯이 물리적 요소로서 대문, 담장, 울타리 등 방호시설을 공통적 경관으로 지니고 있으며, 엄격한 안전 관리, 공간적 분할, 내부의 사유화, 외부에 대한 배척 등의 속성을 동일하게 가진다.

하지만 이런 기준에도 불구하고 게이티드 커뮤니티를 명확하게 규정하는 일은 어려울 뿐만 아니라 상당한 논쟁을 수반한다. 다시 말해 구체적으로 어디까지를 게이티드 커뮤니티로 볼 것인지에 대한 명확한 정의와 기준의 문제가 존재한다. 게이티드 커뮤니티라는 용어에서는 그 물리적 속성이 강조되지만, 실질적으로 게이티드 커뮤니티를 구분하는 것은 물리적 형태에 더해 거주민들이 지켜야 할 공동의 행위 수칙(common code of conduct)과 관리의 공동 책임을 규정하는 각종 지침 등 접근성과 점유에 관한 내부 체계의 작동이라고 볼 수 있다.

게이티드 커뮤니티에 대한 정의의 차이로 인해 그 기원에 대해서도 다양한 논의가 있지만, 일반적으로 이와 같은 거주 형태의 발생은 기원전으로 거슬러 올라간다. 인류 최초의 정착지에서도 외부의 위협으로부터 내부를 보호하기 위한 물리적 장치들이 존재했으며, 근대 이전에는 성곽도시 또는 요새도시의 형태로 존재했다. 근대적 의미의 게이티드 커뮤니티는 1850년 이후 북미 지역을 중심으로 부유층의 전유 공간으로서, 가족 영지(family estate)를 보호하기 위한 목적에서 출현했다. 1960년대 후반과 1970년대에 들어서 게이티드 커뮤니티는 부유층뿐만 아니라 은퇴공동체의 형태로 중산층에까지 확대되었다. 이후 리조트와 컨트리클럽의 개발로 확산되다가 마침내 중산층 교외 개발에서도 나타나기 시작했는데, 특히 1980년대를 기점으로 하여 부동산 투기와 연계되면서 언론의 주목을 받는 사회현상이 되었다. 게이티드 커뮤니티는 최근 50년간 전 세계로 확산하고 있으며, 북미 지역을 제외한 대부분의 지역에서는 외국인 또는 초국적 엘리트를 대상으로 하는 안전하고 외부와 차단된, 그리고 고급 레저 활동 공간을 갖춘 거주 공간으로 발달하고 있다.

게이티드 커뮤니티는 크게 '라이프스타일lifestyle 커뮤니티', '프리스티지prestige 커뮤니티', '보안구역security zone 커뮤니티'의 세 가지 유형으로 구분할 수 있다. 다만 이 세 가지 유형은 상호 배타적이거나 불변하는 것이 아니라 거주민들의 상이한 동기와 차별화된 물리적 특성 등을 반영한 이념형(ideal types)이다.

특히 각각의 유형에서 게이트가 가지고 있는 상징적 의미와 기능은 차별화된다. 먼저 라이프스타일 커뮤니티는 보안과 함께 커뮤니티 내에 레저 활동과 쾌적함을 향유할 독립된 공간을 제공하는데, 여기서 게이트는 서비스가 공급되는 공간적 범위를 구분 짓는 역할을 한다. 다음으로 프리스티지 커뮤니티에서는 게이트가 특별함과 위신을 상징하며, 사회적 사다리에서 안정된 지위를 보장해주는 역할을 한다. 따라서 게이트는 커뮤니티의 이미지를 투영하고 현재의 투자를 보호하며 주택의 가치를 통제하고자 하는 욕망에 따른 것이라고 볼 수 있다. 마지막으로 보안구역 커뮤니티에서는 범죄와 외부인에 대한 공포가 가장 중요한 동기로 작동하며, 이때 게이트는 외부 도시의 무질서를 차단하는 데 반드시 필요한 수단으로 인식된다.

2) 게이티드 커뮤니티를 둘러싼 논쟁

(1) 규범적 논란

게이티드 커뮤니티에 대해서는 다양한 논쟁이 제기되고 있는데, 이 글에서는 게이티드 커뮤니티를 둘러싼 규범적 논란과 그 영향을 중심으로 살펴보고자 한다. 게이티드 커뮤니티에 대한 비판은 여러 측면에서 제기되는데, 우선 게이티드 커뮤니티의 등장으로 사회적 다양성의 상실과 함께 사회적·공간적 분리(segregation)가 더욱 강화되었다는 것이다. 로우Low는 게이티드 커뮤니티의 확산으로 새로운 형태의 배제와 거주지 분리가 나타나고 있을 뿐만 아니라, 그 결과 기존의 사회적 갈등이 더욱 악화되고 있다고 비판했다. 그녀에 따르면, 게이티드 커뮤니티는 근본적으로 계급 관계(인종, 계급, 소수민족, 젠더)와 거주 분리가 건조 환경(built environment)에 좀 더 영구적으로 고착화된 것으로, 미국의 에토스ethos 및 가치와 모순되고, 더 나아가 오픈 스페이스에 대한 공공의 접근을 위협하며 다양한 문화적·인종적 집단에 대한 관용과 사회적 상호작용에도 장애가 된다. 로우의 비판이 주로 미국적 현실에 기반했다면, 칼데이라Caldeira는 게이티드 커뮤니티라는 배타적 거주 공간의 등장으로 개방성과 자유로운 이동 등 근대 도시의 가치들이 훼손되고 있으며, 이는 근본적으로 공공 공간의 사유화 문제로 보아야 한다고 주장했다. 즉, 거주지의 공간적 분리는 과거에도 존재했지만, 게이티드 커뮤니티는 개인의 공간을 넘어서 공동체 또는 공공의 공간을 사유화한다는 점에서 차별화된다고 강조했다.

다음으로, 게이티드 커뮤니티와 같은 배타적 공동체는 사적 장치를 통해 안전을 강화한 것이 아니라, 부유한 동네에서 상대적으로 덜 부유한 동네로 범죄를 이전시키는 데 불과하다는 비판도 있다. 다시 말하면, 게이티드 커뮤니티는 안전한 거주 공간을 선택한다는 점에서 '할 수 있다는' 긍정적 자유(positive freedoms)를 상징하는 공간이지만, 이는 동시에 인근 지역으로 범죄를 이전시킨다는 점에서 '(범죄 등으로부터) 자유로울 수 있는' 다른 이들의 부정적 자유(negative freedoms)를 침해한다는 것이다.

마지막으로, 게이티드 커뮤니티는 단지 배타적 공간의 구축을 넘어 국가와 시민 간의 사회적 계약과 민주주의에 위협이 된다는 점이다. 게이티드 커뮤니티는 흡사 중세시대 도시국가에서 거주민들이 비용을 지불하고 안전을 보장받는 형태가 부활한 것으로 볼 수 있는데, 보안뿐만 아니라 다양한 공공서비스가 민영화된 형태를 띠고 커뮤니티 내에서 배타적으로 공급되고 있다. 이는 결국 보안, 복지, 환경 서비스와 같은 시민권의 핵심적 논리가 훼손되고, 이러한 권리의 향유가 거주지 및 지불 능력에 따라 결정된다는 것을 의미한다. 특히 미국과 같이 이미 거주지에 따라 교육, 복지 및 보건 서비스에 대한 접근성이 차별화된 곳에서는 이런 양상이 더욱 심화될 수 있다. 따라서 게이티드 커뮤니티는 단지 공간의 물리적 분리를 넘어 공동체의 삶 또는 공동체 의식(civitas)을 훼손한 것으로 볼 수 있을 뿐만 아니라, 국민으로서 국가와 맺는 사회적 계약을 약화하고 민주주의를 후퇴시켰다는 비판을 받고 있다.

게이티드 커뮤니티와 관련한 규범적 접근은 그 부정적 측면에 대한 비판이 주를 이루지만, 긍정적 측면에 주목하는 논의들도 일부 있다. 대표적으로 게이티드 커뮤니티는 근본적으로 안전을 희구하는 개인의 선택, 즉 자유의 문제라는 것이다. 따라서 이 경우에는 자유주의 경제원칙에 따른 효과적이고 혁신적인 도시 개발 방식으로, 차별화된 형태의 주택 상품과 서비스를 제공한다는 점이 강조된다.

(2) 효과와 영향을 둘러싼 논란

게이티드 커뮤니티에 대한 규범적 비판과 함께, 게이티드 커뮤니티의 구체적 효과에 대해서도 다양한 논란이 제기되고 있다. 우선 앞서 설명했듯, 많은 논의가 도시의 심각한 범죄, 폭력 문제에서 게이티드 커뮤니티의 기원을 찾는데, 마이크 데이비스Mike Davis는 이를 '공포의 생태학(ecology of fear)'이라고 호명했다. 그러나 로우는 범죄에 대한 공포는 심리적인 것일 뿐, 범죄의 증가를 보여주는 실질적인 통계적 증거는 없다고 주장했다. 오히려 게이티드 커뮤니티 안에 차단되어 있는 것이 알지 못하는 타자에 대한 공포를 증폭시키고, 이는 결과적으로 거주 분리를 더욱 확산시킨다는 것이다. 그녀는 도시 공포가 실재라기보다는 일종의 담론이며, 이 담론이 게이티드 커뮤니티로 대변되는 사회적·물리적 배제 기제의 작동을 정당화하면서 타자에 대한 공포를 부추긴다고 보았다. 그녀는 도시 공포에 대한 논의가 계급적 배제와 인종적·민족적·문화적 편견에 대해 사회적으로 구축된 용인 가능한 담론이라는 점을 예리하게 지적했으며, 이러한 담론이 뿌리 깊은 차별 의식과 편견 등 일상생활에서의 도덕적 모순을 합리화하는 논리로 작동한다고 갈파했다. 특히 그녀는 도시 공포라는 담론 구축에서 언론이 중요한 역할을 했다는 데 주목했다. 언론들이 도시 범죄에 대한 대중의 히스테리를 자극할수록 게이티드 커뮤니티가 일종의 보호받는 안전한 공간이자 '정제된 공동체(purified communities)'라는 상상력도 더욱 강력한 힘을 발휘했다.

담장과 출입문이 외부로부터의 위험을 완벽히 통제하거나 차단할 수 있는가에 대해서도 논란이 있다. 게이티드 커뮤니티에서 일하는 노동자들은 결국 거주민들이 두려워하는 외부에서 들어온 이들이며, 거주민들 또한 커뮤니티 안에서만 머물 수 없고 쇼핑 등 다양한 외부 활동을 하기 때문이다. 따라서 게이티드 커뮤니티의 범죄 예방 효과라는 것은 허구적이다. 또한 이는 범죄율이 낮은 지역에서도 게이티드 커뮤니티가 확산되는 현상을 제대로 설명하지 못한다. 그러므로 게이티드 커뮤니티를 정당화하는 핵심 논리인 도시 공포 담론은 사회적으로 구축되었을 뿐이며, 안전의 문제를 넘어 계급·인종·소수민족 등의 배제로 이어진다는 점에서 비판적으로 접근할 필요가 있다는 것이다.

다음으로 인종, 계급, 민족성 등의 측면에서 동질적인 인구 집단이 거주하는 게이티드 커뮤니티가 공동체로서 강력한 응집력을 가질 것이라는 전망에 대해서도 비판적인 견해가 있다. 게이티드 커뮤니티 거주민들에게 강제되는 다양한 규칙과 규제들로 인해 거주민과 거민위원회 간의 갈등이 빈번하게 나타나고 있으며, 따라서 사회적으로 유사한 열망을 가지고 마음이 맞는 이들이 모여 만들어낸 갈등 없는 공동체로서의 게이티드 커뮤니티는 환상에 불과하다는 것이다.

게이티드 커뮤니티의 효과는 게이티드 커뮤니티 내로만 국한시켜 보아서는 안 되며, 커뮤니티 공간을 넘어 미치는 다양한 사회적 영향도 고려할 필요가 있다. 우선 게이티드 커뮤니티는 도시의 초극적 분리(hyper-segregation)와 요새화를 상징적으로 보여주는 공간으로, 개방성과 민주성이 특징인 도시의 근본적 가치를 훼손했다는 주장이 제기된다. 안보 및 사생활 보호라는 개인적 가치와 도시 공간에 대한 접근의 자유, 사회 통합과 영역적 정의(territorial justice) 등 사회적 가치의 충돌은 도시 운영의 원칙뿐만 아니라 도시 내 사회관계의 재구성에도 중대한 영향을 미친다. 마르쿠제Marcuse는 게이트와 담장은 안과 밖의 관계에 다양한 의미를 부여하는 동시에, 부와 권력의 위계, 인종, 종교 등의 분열을 반영하고 더욱 강화한다고 주장했다. 이러한 관계는 불평등의 관계이고, 우월성과 열등성의 관계이며, 지배와 피지배, 편익과 비용의 관계라는 것이다. 따라서 도시 내에 게이티드 커뮤니티와 같은 배타적 공간의 구축에 대해서는 그 커뮤니티 안의 거주민들이 어떠한 관계를 맺는지, 그리고 이들이 커뮤니티 밖의 사람들과 어떠한 관계를 맺는지가 핵심적인 질문이 된다고 주장했다. 결과적으로 게이티드 커뮤니티의 확산은 이미 사회에 존재하는 인종과 계급에 따른 사회 공간적 분리와 배타적 토지이용의 관행을 강화할 것이며, 이는 게이티드 커뮤니티 내부의 안전을 도모할지는 모르지만, 사회 전반적인 불안정성은 더욱 커질 수밖에 없고 도시의 지속 가능성 또한 위협받을 수밖에 없다.

또한 게이티드 커뮤니티는 사회 정의와 공간 정의의 측면에서 균등을 추구해야 할 정부의 역할에도 중요한 변화를 가져오는데, 개인 안보를 극대화하는 입지 선택의 자유가 과연 공공 정책에서 우선순위가 되어야 하는지, 그리고 시민의 안전을 책임지고 각종 공공서비스를 공급해야 할 정부의 책임 문제는 어떻게 보아야 하는지 등의 논란이 뒤따를 수밖에 없다. 이는 근본적으로 게이티드 커뮤니티의 문제가 신자유주의 도시 거버넌스의 전면화를 둘러싼 정부와 시장, 효율성과 형평성, 배타적 사유 공간과 공유된 공공 공간 등을 둘러싼 사회적 논쟁과 깊이 연루되어 있음을 보여준다. 이상의 논란들은 게이티드 커뮤니티를 결코 개인의 선택 문제 또는 도시 공간의 일부에 대한 전용 문제로만 보아서는 안 되며, 사회관계 전반과 공간의 공공성에 미치는 구조적 영향을 조망할 필요가 있음을 보여준다.

3. 중국의 체제 전환과 게이티드 커뮤니티의 출현

1) 사회주의 중국의 도시 주거, '단위대원'

신중국 수립 이후 사회주의 계획경제하의 중국 주택 시스템은 일반적인 사회주의국가의 주택 시스템과 동일하게, 강력한 개입과 수요 억제를 바탕으로 국가와 그 대리 기관이 주택의 생산과 분배를 통제하는 방식이었다. 1950년대부터 개혁·개방이 본격화된 1980년대 이전까지 중국의 주택 공급은 기본적으로 단위單位(work unit)를 중심으로 이루어졌다. 단위란 중국 특유의 사회관리 조직으로서 국유기업, 당정 기관, 교육·연구 기관 등을 지칭한다. 단위는 1958년 이후 스스로가 국가의 기층 조직이면서, 국가를 대표하여 자원의 재분배와 인원에 대한 관리를 수행했다는 점에서 지방정부가 사회통제와 조정을 하는 주요 기제였다.

농촌지역을 거점 삼아 점차 도시를 포위하는 형태로 투쟁을 진행한 중국 공산당은 도시지역에 대한 공간계획과 사회관리의 경험이 일천했다. 그 때문에 신중국 수립 이후 소련 전문가들의 도움을 받아 단위를 중심으로 소련식 '마이크로 디스트릭트micro district, микрорайóн'를 모방한 '대원大院' 형식의 주거 공간을 구축했다. 원院이란, 담장으로 둘러싸여 있으며 강한 폐쇄성과 내향성을 지닌 공간 형식으로 중국의 전통적인 도시 건축 공간 형식에 해당하는데, 단위대원單位大院은 사회주의의 새로운 사회조직인 단위와 전통 건축양식인 원이 결합된 중국의 특수한 공간 형태이다. 즉, 사회조직인 단위의 공간적 영역이 '단위대원'이라고 할 수 있다.

단위 자체가 폐쇄성과 완전성을 지닌 자족적 조직인 까닭에 단위대원 역

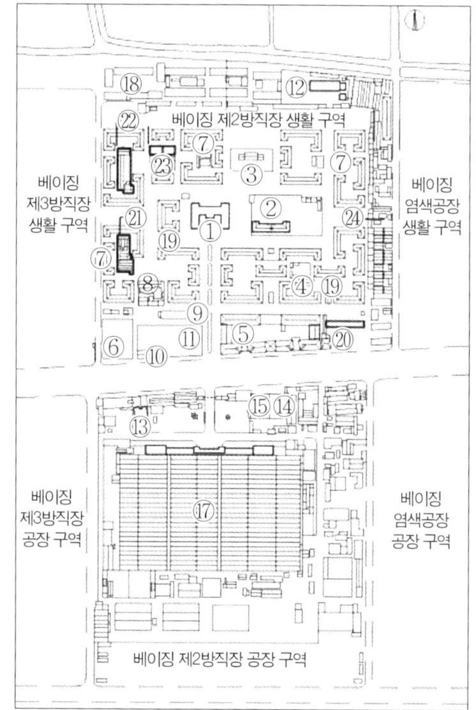

① 강당 및 식당, ② 초등학교, ③ 유치원, ④ 온실, ⑤ 독신자 기숙사, 병원, 이슬람 식당, ⑥ 조합 사무실, ⑦ 1950년대 건축 주택, ⑧ 방직공업학교, ⑨ 상업시설, ⑩ 우체국, ⑪ 운동장, ⑫ 중학교, ⑬ 탁아소, ⑭ 생활 지원 시설, 목욕탕, ⑮ 주차장, ⑯ 사무동, ⑰ 공장, ⑱ 주택 개발 예정 부지, ⑲ 1950년대 증축 주택, ⑳ 1976년 신축 주택, ㉑ 모자母子 기숙사, ㉒ 공장, ㉓ 생활 지원 시설, 목욕탕, ㉔ 단층 주택

단위대원의 내부 공간 구조(1970년대 말 베이징 제2방직공장 단위대원)

단위대원은 사무시설과 주거시설 외에도 일상적인 생활에 필요한 서비스 시설까지 포함하는 하나의 독립적이고 완전한 생활공간이다.

* 출처: 張豔·柴彦威·周千鈞,「中國城市單位大院的空間性及其變化—北京京棉二廠的案例」,『國際城市規劃』 24(5), 2009, 22쪽.

시 기본적으로 내향적인 폐쇄성과 자족적 생산 및 생활이 결합된 완전성을 지닌 독립적 공간 구조를 지녔다. 전형적인 단위대원은 일반적으로 사무 구역과 거주 구역의 양대 부분으로 구분되는데, 사무 구역이 대원의 주출입구가 있는 전면부에 위치하며 거주 구역이 사무 구역의 뒤쪽에 위치한다는 점에서 전통적인 도성이나 궁궐의 공간 구조와 유사하다. 단위대원 내의 각각의 기능 구역은 때로는 내부에서 담장 등을 통해 다시 구분되기도 한다.

사회 공간의 측면에서 단위대원 내부는 거주 공간의 계층 분화가 약한 비교적 단일한 공간을 이루며, 단위대원의 내부 거주민은 적은 유동성과 높은 소속감, 긴밀한 인간관계를 바탕으로 동질성을 가진다. 반면에 단위대원 간 또는 단위대원과 외부 공간 간에는 명확한 차이와 격리가 나타나는데, 경우에 따라 외부인의 통행에 엄격한 제한을 가하거나 심지어 출입을 금지하기도 했다. 이때 담장은 외부에 대한 단위대원의 폐쇄성을 실현하는 주요 수단이 되었다.

2) '게이티드 커뮤니티'의 확산

사회주의 시기 국가 주도의 주택 공급 방식은 중국 정부에게 엄청난 재정적 부담을 야기했다. 그리하여 수요에 맞는 적절한 규모의 주택을 공급하는 일이 불가능해졌고, 도시의 주거 환경은 나날이 악화되었다. 여기에 더해 1990년대 중반 이후 아시아의 경제 위기 여파로 중국 역시 성장률의 둔화가 나타나자, 새로운 성장 동력으로서 내수 시장의 확대를 이끌 분야로 부동산 산업이 급격히 부상했다. 이러한 배경 속에서 1998년 7월 중국 정부는 기존 사회주의 계획경제 시기의 무상분배 방식으로 이루어지던 주택 공급을 전면적으로 금지하는 이른바 '주택 상품화 조치'를 실시했다. 주택 상품화 조치를 통해 본격화된 사회주의 시장경제식 주택 시스템은 기본적으로 주택의 생산과 공급을 시장 활동에 맡기는 것이 핵심인데, 이때 시장을 통해 공급된 주택의 대표적인 형태가 바로 게이티드 커뮤니티이다.

중국에서 게이티드 커뮤니티는 폐쇄적 커뮤니티(封閉社區), 격리 커뮤니티(隔離社區), 출입제한 커뮤니티(門禁社區) 등으로 번역된다.[2] 앞서 살펴본 단위대원도 담장을 통해 내부와 외부를 공간적으로 구분 짓고 내부에 배타적 서비스를 제공한다는 점에서 일종의 게이티드 커뮤니티이다. 따라서 게이티드 커뮤니티를 주택 상품화 조치 이후에 비로소 새롭게 나타난 주택 형태라고 할 수는 없다. 하지만 단위대원은 단위의 소속 유무가 중요하지, 주택 자체의 물리적 경계는 크게 중요하지 않았다는 점에서, 담장과 문, 그리고 통제시설이라는 가시화된 형태의 경계 짓기가 이루어지는 실질적인 게이티드 커뮤니티의 출현은 주택 상품화 조치 이후라고 볼 수 있다. 그러므로 여기에서 다루는 새로운 주거 공간으로서의 게이티드 커뮤니티는 기존의 단위대원과 구분되는 주택 상품화 이후 '상품주택 게이티드 커뮤니티'라고 하는 것이 정확하다.

주택 상품화 조치 이후 본격화된 주택 시장에서 개발 기업들은 다른 주택 상품과 자신들의 상품을 차별화하고 마케팅하기 위한 수단으로 주택단지 자체의 차별성을 내세웠다. 즉, 다른 주택에 비해 고급 상품이라는 점을 드러내기 위해 의도적으로 담장과 같은 물리적인 구조물로써 영역을 가시적으로 드러내고, 그 안에서 환경, 주거 서비스 등을 차별적으로 제공하여 한층 더 구매력을 갖춘 집단을 수요 계층으로 유인했다. 이런 홍보는 기존의 단위대원들이 주택 상품화 조치 이후 여전히 기존 주택의 주류 형태로 남아 있는 상황에서, 새로 개발되는 상품주택 역시 물리적 경계를 가진 단위대원에 대응하여 자신들의 재산권적 범위와 서비스의 제공 범위를 소비자에게 명확하게 인식시킬 필요가 있었기 때문이기도 했다.

중국의 '상품주택 게이티드 커뮤니티'는 서구, 특히 북미 도시들과 비교했을 때 크게 세 가지의 특징을 지닌다. 첫째, 북미에 비해 출현 시기가 늦었던 반면 확산 속도는 매우 빠르다는 점이다. 미국에서 게이티드 커뮤니티는

〈표 1〉 중국 게이티드 커뮤니티의 입지별 특징

구분	도심	근교	원교
거주 격리	● 상업시설 위주의 명확한 경계시설 존재 ● 차량 위주의 다소 엄격한 출입통제 ● 보안 요원 상주 ● 비교적 잘 갖춰진 서비스 시설 ● 휴식·오락시설은 외부 의존	● 담장과 상업시설이 혼합된 다양한 경계시설 존재 ● 차량 위주의 임의적 출입통제 ● 보안 요원 없음 ● 서비스 시설은 대부분 외부 의존	● 담장 위주의 엄격한 경계시설 존재 ● 차량 및 인원에 대한 엄격한 출입통제 ● 보안 요원 24시간 상주 ● 체육·오락시설을 포함한 서비스 시설 완비
소비 계층	● 중·고소득 계층 ● 자가 거주 중심	● 중등 소득 계층 ● 자가 거주 및 임대	● 고소득 계층 ● 자가 거주 및 투자
거주민 혼합	● 단지 간 혼합 거주도 비교적 높음	● 단지 내, 단지 간 혼합 거주도 높음 ● 주변과 잦은 왕래	● 혼합 거주도 및 주변과의 교류도 낮음 ● 단지 내 주민 간 강한 동질성
척도 및 규모	● 도시 중심 지구에 입지 ● 좁은 부지와 높은 개발 밀도 ● 고층, 중고층 주택 중심	● 도시 주변부에 입지 ● 넓은 부지와 높은 개발 밀도 ● 고층, 중고층, 저층 주택 혼합	● 도심에서 멀리 떨어짐 ● 넓은 부지와 낮은 개발 밀도 ● 저층 주택 중심

* 출처: 劉銀·李報宇, 「從門禁社區到中國式節約型社區」, 『時代建築』 2009年(26), 24쪽.

1960년대에 처음 출현하여 1990년대 초 성숙되기까지 약 30여 년의 시간이 소요되었던 반면, 중국의 게이티드 커뮤니티는 주택 상품화 조치가 시행된 1998년 이후 불과 10여 년 만에 급격하게 확산되었다. 둘째, 중국의 게이티드 커뮤니티는 특정 지역이 아닌 도심부부터 교외 지역까지 도시 전역에 고르게 분포하며 다양한 형태를 취하고 있다. 도심 지역과 원교 지역은 상대적으로 고급 게이티드 커뮤니티가 주류를 이루는 반면, 근교 지역에는 중산층과 서민층이 주로 거주한다. 건축 형태상으로도 도심은 고밀도의 고층 아파

다양한 형태의 게이티드 커뮤니티

상하이의 도심에 해당하는 루지아주이의 동방명주와 세계금융센터 인근에는 소수의 고급 맨션(맨 위)이 자리하고 있으며, 외곽의 시산 지역에는 대규모 별장 지구가 조성되어 있다(맨 아래). 반면, 도심을 제외한 시내 대부분의 주거지역에는 일반적인 형태의 아파트가 많다(가운데 사진은 롱양루 지역의 한 아파트 단지). 이 주택들은 모두 담장과 출입문을 갖춘 게이티드 커뮤니티라고 할 수 있지만, 도시 공간 내에 자리한 입지에 따라 그 형태와 특성은 다르게 나타난다. ⓒ이성호·이승욱(촬영일: 2012. 3 / 2013. 2)

트 중심인 반면, 교외 지역으로 갈수록 저층 주택이 대다수를 이루는 차이가 나타난다. 셋째, 중국의 게이티드 커뮤니티는 북미와 유럽, 남미 등의 도시에 비해 폐쇄성과 배타성의 정도가 상대적으로 약하다는 점이다. 일부 고급 게이티드 커뮤니티를 제외하고 대다수의 중국 게이티드 커뮤니티는 담장과 출입제한 시설을 갖추고 있지만, 실제적으로 외부인의 통행을 그다지 엄격하게 통제하지 않는다. 내부적으로도 미국 도시의 게이티드 커뮤니티는 경제조건, 종족, 직업, 교육 수준, 심지어 사회적 자본과 종교까지 점검하는 엄격한 거주민 선정 절차를 통해 사실상 거주민이 하나의 클럽 회원으로서 가입되지만, 중국의 경우에는 구매력이 유일한 진입 장벽으로 작동하는 형식상의 공동체를 이루면서 문화적 특징이나 집단의식, 소속감 등은 강하게 나타나지 않는다. 즉, 중국의 게이티드 커뮤니티는 경제력에 따른 분화를 보여줄 뿐, 문화·가치관·직업 등 사회 개성화에 따른 집단별 분화를 보여주는 것은 아니다.

4. 게이티드 커뮤니티는 어떻게 중국의 대표적인 주거 형태가 될 수 있었나

1) 사회주의 중국과 자본주의 도시경관의 역설

자료별로 조금씩 차이는 있지만 대체로 주택 상품화 조치 이후 중국 대도시에 공급된 전체 신축 주택의 70~80%를 게이티드 커뮤니티로 분류한다.[3] 현대적 게이티드 커뮤니티의 시초라 할 만한 미국에서도 20세기 후반 신자유주의의 세계화 추세에 따라 게이티드 커뮤니티가 1990년 1,160개에서 1997년 약 2만여 개로 대폭 증가했으나, 중국만큼 광범위하지도 급격하지도 않았다. 예를 들어 쑹웨이쉬안宋偉軒과 주시강朱喜鋼의 자료에 따르면 중국은 광둥성廣東省에만 5만 4,000개의 게이티드 커뮤니티가 만들어졌으며, 난징시南京市 신축 주택 중 게이티드 커뮤니티 비율은 1998년 38.5%에서 2007년 76%로 높아졌다.

게이티드 커뮤니티는 포스트모더니즘과 신자유주의 도시화에 따른 대표적 도시경관이라는 점에서 자본주의 도시화의 전형에 해당한다. 중국은 개혁·개방을 통해 시장경제 요소를 상당 부분 수용했지만, 현재도 여전히 사회주의 노선과 공산당 지도 체제에 기반한 사회주의국가이며, 사회주의 체제 유지의 상징적인 영역 중 하나가 토지공유제를 기반으로 한 토지·주택 부문이다. 따라서 자본주의 도시 주거 공간의 상징적 경관과도 같은, 혹은 한 발 물러서서 자본주의와는 무조건적인 상관관계를 가지지 않는다고 하더라도 '공유'와 '평등'이라는 사회주의적 가치보다는 '배제'와 '불평등'의 원리와 더 긴밀하게 엮여 있는 도시경관이 어떻게 보편적인 주거 형태로 거부감 없이 받아들여질 수 있는가에 대한 해석이 필요하다.

중국에서 게이티드 커뮤니티가 출현하고 활성화된 원인에 대해서는 연구자별로 약간씩 차이가 나타나지만, 특정한 단일 원인보다는 복합적·다차원적인 접근이 필요하다는 점에 대해서는 공통된 의견을 보인다. 예를 들어 장왕펑張旺鋒 등은 중국에서 게이티드 커뮤니티가 확산된 이유로 지구화와 신자유주의의 유행, 서구화로 인한 전통적 근린의 와해와 안전의 결핍, 전통적 역사문화·공간적 취향을 언급했으며, 양훙핑楊紅平은 중국 게이티드 커뮤니티의 활성화 요인을 경제적·사회적·정치적·문화적 측면으로 구분하여 설명하기도 했다. 중국 내 게이티드 커뮤니티의 이례적 확산에 대한 분석에서 특히 관심을 끄는 것은, 서구인들이 주로 관심을 가지는 '동양적 특수성'과 관련하여 중국 특유의 전통에 주목하는 분석과, 체제 전환 국가인 중국의 사회적 혼란과 갈등 요소에 주목하는 분석이다. 이런 관점들은 큰 틀에서 볼 때 '중국의 도시민들은 어떻게 게이티드 커뮤니티를 큰 거부감 없이 받아들일 수 있었는가'라는 측면으로 접근한다는 점에서 수요 측면의 접근 방식이라고 할 수 있다. 물론 이런 수요 측면 역시 일정 부분 의미 있는 영향을 미쳤지만, 이 글에서 좀 더 강조하고자 하는 바는 중국에서 게이티드 커뮤니티가 보편적 주거 형태로 자리 잡게 된 데는 오히려 게이티드 커뮤니티를 둘러싼 생산의 과정, 그중에서도 특히 정부의 역할이 중요했다는 점이다. 사회주의 중국과 자본주의 도시경관이라는 역설적 현상이 별다른 저항 없이 확산될 수 있었던 배경에는 개별 소비자의 선호뿐만 아니라 의도적으로 게이티드 커뮤니티의 확산을 지원하고 장려했던 중국 정부가 있었다는 사실이 중요하다.

2) 수요 측면의 접근에 대한 비판적 재검토

(1) 역사적·문화적 측면: 전통으로 인한 낮은 거부감?

중국에서 게이티드 커뮤니티가 다른 국가에 비해 대단히 빠른 속도로, 매우 광범위하게 확산될 수 있었던 원인으로 여러 연구자들이 중국의 역사적·전통적 요인을 제시한다. 이 논의들은 멀리는 고대 중국의 도시 형태에서부터 시작되는데, 적의 침입을 막기 위해 도시 구조 자체가 내성과 외성으로 이루어졌던 중국의 도시 문화에서 담장과 대문의 존재는 그리 이질적이거나 낯선 요소가 아니었으며, 담장은 중국 건축사와 문화사에서 중요한 지위를 차지한다는 점에 주목한다. 또한 중국이 전형적인 농업 문명국가였으며, 토지는 중국인의 의식에서 특별한 의미를 가진다는 점에도 주목한다. '지주'가 되고 싶은 욕망은 중국인의 피에 흐르는 본질적인 요소이며, 여러 차례 체제 전환을 경험하면서도 토지에 대한 욕망은 여전히 서구인들과 비교할 수 없을 만큼 크게 남아 있어 주택에서도 소유의 경계를 명확히 하기를 선호한다는 것이다.

앞서 살펴본 사회주의 중국의 독특한 단위 조직에서 그 원인을 찾는 관점도 있는데, 이들은 단위를 게이티드 커뮤니티의 중국적 특수성이 반영된 핵심적인 요소로 본다. 즉, 사회주의 경제체제하에서 도시 공간 구조의 기본 단위이자 도시민의 생활공간이었던 단위 시스템을 통해 이미 담장으로 내부와 외부의 경계 짓기에 익숙해져 있었기 때문에, 체제 전환기를 거치면서 상품주택 역시 자연스럽게 게이티드 커뮤니티 형태를 취하게 되었다는 것이다.

하지만 고대로부터 이어진다는 역사적 해석과 사회주의 시기의 해석은 상호 충돌과 모순을 발생시킨다. 우선 전통적 도시 공간 구조에서 중국의 도시들이 외부 침입을 방어하기 위해 높고 두터운 성벽으로 둘러싸여 있기는 하지만, 성 내부의 일반적인 가로와 거주 공간은 개방성을 바탕으로 하고 있다. 요컨대 전통적 맥락에서 중국의 도시 공간 구조는 폐쇄성이 아닌 개방성을 바탕으로 한 자유로운 거리 통행의 가로 구조였으며, 오히려 이러한 개방성을 제한하고 변화시킨 것이 사회주의 시기의 단위대원이었다. 따라서 두 전통은 동일한 연장선상에 놓여 있다고 할 수 없다. 단위대원이 대규모로 건설되면서 중국 도시의 전통적인 공간 형태가 폐쇄적 단위들 중심의 상호 격리된 구조로 변화하여 도시가 개개의 계획된 '고립된 섬'으로 나뉘었기 때문에, 이것을 전통적으로 유지해온 중국의 거주 공간 형태로 보기에는 무리가 있다. 더욱이 1950년대 단위대원이 도입될 당시에는 담장이 존재하지 않았으며, 심지어 담장이 처음 나타나기 시작했을 때는 정부가 담장 건축을 금지하기도 했다. 또한 1998년 주택 상품화 조치 직후 건설된 일련의 상품주택들, 예를 들어 선전深圳의 상품주택 단지들은 담장이나 울타리를 갖추지 않은 형태가 대부분이다. 그렇게 볼 때 현대의 상품주택 게이티드 커뮤니티들이 단위대원에서부터 일관되게 이어지는 물리적 형태라는 해석에도 무리가 있다. 즉, 단위대원과 게이티드 커뮤니티의 담장은 봉건사회 전통의 잔존물이 아니며, 게이티드 커뮤니티가 단위대원의 연속선상에 있는 사유화 모델도 아니다.

(2) 사회적 측면: 실재적 위협을 대신한 심리적 불안감

여러 연구에서 중국 게이티드 커뮤니티 거주민들의 거주지 선택 요소로 주로 언급되는 것이 '안전'에 대한 고려이다. 이는 중국의 게이티드 커뮤니티 역시 서구의 논의와 유사한 경향을 보인다는 점을 알려준다. 쑹웨이쉬안과 주시강에 따르면 게이티드 커뮤니티 주민들을 대상으로 한 설문 조사에서 응답자의 35%가 게이티드 커뮤니티 선택의 가장 큰 이유로 '안전성'을 들었으며, 그 다음으로는 주거 환경에 대한 고려가 20%를 차지했다.

하지만 중국의 게이티드 커뮤니티에서 '안전'에 대한 위협은 서구와는 조금 다른 의미로 해석할 필요가 있다. 그 위협 자체가 직접적인 사회 갈등에 따른 위협이라기보다는 체제 전환기의 급격한 사회 환경 변화에 따른 불안감에서 기인하는 것이기 때문이다. 즉, 서구 사회의 인종 갈등과 같이 거주지 주변에 상존하는 직접적인 위협보다는 전통적 이웃 관계의 와해와 생활방식의 변화, 외지인들의 유입 증가 등 체제 전환기의 아노미적 현상으로 말미암은 불안감과 이질감 때문에 자기방어적 공간을 추구하는 것으로 보아야 한다. 이런 점에서 게이티드 커뮤니티는 도시민에게 일종의 도피처로 받아들여질 수 있는데, 이 도피는 단순히 범죄 등으로부터의 도피뿐만 아니라 복잡하고 긴장되는, 오염된 도시환경으로부터의 도피이기도 하다.

따라서 담장을 통해 비슷한 집단들의 거주 공간이라는 인식을 주는 효과만으로도 안정감을 확보할 수 있으며, 반드시 주변과 격리하기 위한 목적의 담장과 대문을 필요로 하지는 않는다. 서구에서 게이티드 커뮤니티는 주로 높은 담장, 무장한 경비, 엄격한 안전·보안 시설 등을 갖추고 있으며, 주요 격리 대상은 위험분자와 특수 집단이다.

하지만 중국에서는 낮은 울타리 또는 녹지대를 통해 이격이 되며, 통제의 주 대상은 외부인과 거지, 잡상인 등 환영받지 못하는 사람들이다. 그래서 중국의 게이티드 커뮤니티는 고급 주택단지를 제외하면 담장의 높이도 그다지 높지 않고, 출입통제 역시 엄격하지 않다. 출입제한은 일정한 범위 내에서 상인과 부랑자 등의 자유로운 출입을 제한하여 도둑 등 보안 사고의 발생 가능성을 낮출 뿐만 아니라, 최종적으로는 단지 내외의 차량을 감소시키고 어린이와 노인 등 약자의 신체 안전을 보장한다. 이런 점에 비춰 보건대, 중국 게이티드 커뮤니티에서의 안전은 서구 게이티드 커뮤니티에서 상존하는 사회 갈등과 직접적인 위협으로부터의 보호 측면적 성격보다 일상생활에서 언제든지 발생할 법한 우발적 사고의 가능성을 낮출 '안전'이라는 측면에서 접근할 필요가 있다.

3) 게이티드 커뮤니티의 확산과 정부의 역할: 공급 측면의 접근

중국에서 게이티드 커뮤니티의 확대는 통상적으로 수요 측면에서 주로 해석되지만, 더 중요하게 고려되어야 하는 쪽은 오히려 공급 측면이다. 중국의 게이티드 커뮤니티는 전환기 정부와 기업, 계획가들이 공동으로 만들어낸 일종의 유행성 거주 공간 형식이다. 지방정부와 부동산 개발 기업은 게이티드 커뮤니티 확산의 선도자라고 할 수 있는데, 그중에서도 특히 지방정부의 역할에 주목할 필요가 있다. 여전히 공식적으로는 사회주의를 유지하는 중국에서 신자유주의적 도시 현상을 대표하는 게이티드 커뮤니티가 별다른 제약이나 저항 없이 가장 보편적이고 일반적인 주택 형태로 받아들여질 수 있었던 배경에는 정부 차원에서 공식적·비공식적으로 이루어진 여러 가지 의도적 개입이 자리하고 있다.

(1) 경제적 측면: 사회주의 시장경제와 도시성장연합의 형성

중국에서 게이티드 커뮤니티의 확산은 기본적으로 도시 부동산 시장의 성립과 지속적인 부동산 자본 활성화의 결과이며, 동시에 정부와 부동산 개발 기업의 입장에서 게이티드 커뮤니티식 관리가 안전 및 유지 비용을 절감하는 데 유리했기 때문이다. 지방정부와 부동산 개발 기업, 도시민들은 모두 부동산 시장화의 과정에서 고급 게이티드 커뮤니티식 주택단지에 열광적이었다. 지방정부는 재정 및 사회치안의 측면에서, 부동산 개발 기업은 초과이윤의 측면에서, 도시민들은 양호한 부동산 가치의 잠재적 상승 기대를 바탕으로 모두가 일종의 연합을 형성했고, 그에 따라 거주환경이 좋은 대부분의 지역에서 게이티드 커뮤니티식 주택단지 개발이 이루어졌다. 체제 전환기의 중국 부동산 시장은 일종의 광풍이자 사회의 유동자금을 빨아들이는 '블랙홀'이었다. 중국의 주택 가격 상승에서 실거주 목적뿐만 아니라 투기성 투자도 중요한 비중을 차지했는데, 특히 부동산 보유세의 부재는 고소득 계층이 다주택을 소유하게 하는 유인이 되었다. 게이티드 커뮤니티가 제공하는 담장과 보안 서비스 등은 안정성을 높이는 한편, 주택에 대한 사회적 인식을 제고해 부가가치를 높이고 이를 통해 다시 투자가치를 올리는 기능을 동시에 수행했다. 따라서 소비자와 투자자의 상호 이해관계에 모두 부합하는 방식으로 고정자산에 대한 투자가 이루어진 것이다.

부동산 개발을 둘러싼 도시성장연합에서 실질적인 집행자는 지방정부라고 할 수 있다. 중앙과 지방정부의 관계에서 지방정부는 상당한 수준의 자율적 정책 권한과 재정 통제 능력을 가진다. 중국 중앙정부는 1970년대에 나타난 심각한 경제 위기의 원인이 중앙에 과도하게 집중된 중앙집권적 정책 결정 구조와 국가계획 체제의 비효율성에 있다고 파악했다. 그리하여 분권화를 통해 지방정부에 정책 결정의 자율성을 부여하고 경제관리의 효율성을 제고시킴으로써 지방정부 스스로 지역 발전에 적극 나서도록 유인했다. 하지만 행정 권한의 이양에도 불구하고 중앙정부는 여전히 거시적 정책 조절과 함께 지방정부의 주요 인사에 강한 권한을 행사하면서 지방정부에 대한 통제력을 유지했다. 지방정부 관료들에 대한 중앙정부의 평가는 주로 지역의 경제지표, 그중에서도 경제성장률에 의존해 이루어졌기 때문에, 지방정부는 지역의 경제성장을 유도하기 위해 스스로 경제적 이익을 추구하는 능동적 주체로 전환하고 기업가주의(entrepreneurial city) 도시 전략을 선택하게 되었다.

도시 차원의 지방정부가 가질 수 있는 최대의 자원은 토지이므로 토지는 기업가주의 도시 전략의 핵심적인 수단이자 도구가 되었다. 토지유상사용제도가 실시된 이래 토지사용권의 판매 수입인 토지출양금은 지방정부의 중요한 세수 원천이었다. 특히 1994년 분세제分稅制 개혁에 따라 토지 관련 세수와 수입은 중앙정부와 공유하지 않은 채 바로 지방정부의 소득원이 되었다. 부동산 개발이 활성화된 2000년대 들어 전국의 토지출양금은 매년 급격하게 증가하여, 2001년 1,296억 위안元에서 10년이 채 지나지 않은 2010년에는 2조 9,110억 위안으로 22배 이상 증가했으며, 지방재정에서 차지하는 비중 역시 16.6%에서 71.7%로 4배 이상 높아졌다. 특히 2002년 전국적으로 기존의 협의 출양 방식을 금지하고 입찰·경매·공고 등을 통해 토지사용권을 양도하도록 관련 규정이 변경되면서 단위면적당 토지출양금은 더욱 높아졌다. 중국의 토지공유제는 생산수단의 공동소유라는 사회주의 가치에 따른 것이었지만, 개혁·개방과 이후의 경제 발전 우선 정책에서 토지는 생산수단이라기보다는 경제적 자산으로 의미가 전환되었다. 지방정부는 적극적인 도시 개발로 세수를 늘리고 그를 통해 지역경제의 발전을 꾀했다. 그 과정에서 부동산 개발 기업과 결탁하여 일종의 연대가 형성된 셈이다.

지방정부 입장에서는 게이티드 커뮤니티식 단지 조성이 재정수입을 높이고, 동시에 도시 이미지와 사회치안 등의 요소에서도 이점을 가지기 때문에 일반적인 여건이라면 사적 게이티드 커뮤니티의 발전과 건설을 장려하게 된다. 즉, 정부가 제공해야 할 사회 기반시설부터 치안 관리에 소요되는 비용 등까지 게이티드 커뮤니티의 자체적인 관리 체계 속에서 사적으로 공급되도록 함으로써 지방정부는 공공서비스에 대한 부담 역시도 경감할 수 있는 것이다.

(2) 정치·행정적 측면: 체제 전환기 도시 관리 조직의 재건

지방정부는 도시의 경제성장 및 재정수입 확대뿐만 아니라 도시 관리를 위한 행정 체계의 재구축이라는 또 다른 이유에서도 게이티드 커뮤니티를 장려했다. 주택 상품화 조치로 인해 단위식 공간 단위 형성의 기초 요소였던 주택의 무상분배가 사라짐에 따라 사실상 주거 공간으로서 단위의 기능은 해체되었다. 결국 단위제의 구조와 자원 등은 가도거민위원회(街道居委會)로 이전되었지만, 주민 자치 조직인 거민위원회는 단위와 달리 국가와 사회가 응당 제공해야 할 사회질서 유지와 공공서비스를 제공할 방법이 없었다. 그 때문에 당과 정부는 기존 단위의 기능을 대신할 기층 사회조직으로 사구社區를 건설하려 했다. 사구는 사회社會(society)와 구별하기 위한 community의 중문 번역이지만, 실제로는 근린이나 이전 거민위원회의 관할 지역(小區)을 확대한 행정구역을 지칭한다. 중국 정부는 사구를 새로운 형태의 자치 모델로 선전하고 있다. 하지만 실상 그 본질은 단위제도를 대신하여 기층에서 국가 통치를 지속적으로 유지하기 위한 제도적 장치일 뿐이다. 이런 이유로 중국식 사구는 서구의 자연 형성형, 자치 전통형 커뮤니티와 달리 행정형 사구의 성격이 짙다.

사구 건설 과정에서 정부는 명확한 공간 범위와 그에 따른 자체적 관리 체계라는 장점을 지닌 게이티드 커뮤니티를 사구의 공간적 단위로 장려했다. 즉, 게이티드 커뮤니티의 급격한 확산은 그것을 단위 체제의 해체 이후 발생한 하부 조직 시스템의 공백을 메울 효과적인 수단으로 인식했던 정부의 장려에서 비롯되었으며, 그런 측면에서 게이티드 커뮤니티는 기존 단위 체제 시절의 정치·행정 관리 능력을 다시 발휘할 수 있도록 하는 토대가 되었다. 다시 말해 개혁·개방 이후 게이티드 커뮤니티는 사회주의 시기의 단위와 마찬가지로 중국공산당의 영도하에 도시 관리 체계의 기초 단위를 형성하고 있는 셈이다. 이런 점에서 중국 게이티드 커뮤니티는 도시 조직 및 사회질서 변화를 반영한 사회 기층 관리 제도의 변천을 보여주며, 단위 해체 이후 와해된 사회관리의 기층 단위로서 정부에 의해 조직적으로 장려되었다고 파악할 수 있다.

5. 중국의 게이티드 커뮤니티는 긍정적 도시 현상인가

1) 게이티드 커뮤니티에 대한 긍정적 인식?

앞서 살펴본 바와 같이 서구에서 게이티드 커뮤니티에 관한 논의는 주로 게이티드 커뮤니티가 만들어내는 사회계층 간 분리 및 도시 불평등의 확대라는 부정적 영향을 중심에 두고 있다. 많은 학자들은 게이티드 커뮤니티가 도시 공간의 사유화와 사회 격리를 만들어냄으로써 일련의 심각한 사회문제를 초래했다고 비판한다. 하지만 중국의 게이티드 커뮤니티에 관한 논의는 게이티드 커뮤니티의 보편적 확산에도 불구하고 오히려 그 사회적 문제나 도시 공간적 문제가 그리 크지 않다는 점을 중국적 특수성으로 거론한다. 게이티드 커뮤니티에 대한 집단 외부의 시선 역시 서구와 달리 긍정적인 경우도 나타난다. 예를 들어 브라이퉁Breitung은 중국의 게이티드 커뮤니티 주변에 사는 외부 거주민들이 출입문과 담장을 거부감 없이 수용한다는 점을 들면서, 이는 경계가 사회적 갈등을 악화시킨다는 일반적 인식과 배치된다고 주장했으며, 입Yip은 중국의 도시에서 담장과 출입문이 외부인의 접근을 제한하는 역할을 수행하지 않는다는 점에서 서구의 게이티드 커뮤니티와 구분된다고 설명했다. 펑단封丹과 린샤오췬林曉群 등의 연구도 각각 광저우廣州의 고급 주거 단지와 베이징 교외의 중산층 아파트 단지에 대한 사례 연구를 통해 게이티드 커뮤니티 주민과 주변 주민 모두 게이티드 커뮤니티가 상호 편견을 조장하지 않는다고 인식하고 있음을 제시했다.

요컨대 이 논의들은, 중국에서 게이티드 커뮤니티가 대규모로 확산되고 있기는 하지만 그것이 심리적·사회적 격리로 이어지지는 않는다고 말한다. 담장의 존재는 주민들에게 안전감과 소속감을 주지만, 담장으로 인한 물리적 격리가 주변 거주민에 대한 배척을 야기하지도 않으며, 주변 주민들 역시 담장으로 인한 격리와 소외를 느끼지 않는다는 점에서 게이티드 커뮤니티가 가지는 격리감이 중국에서는 나타나지 않는다. 남아프리카나 아르헨티나 등의 국가와 달리 게이티드 커뮤니티 내외의 심리적·사회적 장벽이 존재하지 않기 때문에, 공간상의 인접성은 주변 주민과의 접촉과 교류를 촉진하며, 거주민과 주변 주민의 상호 이해와 융합의 가능성 역시 서구 사례에 비해 높다. 즉, 다른 국가들과 달리 중국 게이티드 커뮤니티의 경우 내부와 외부가 매우 친밀하지는 않더라도 그 나름의 이해와 교류를 이루고 있기 때문에 두 주민 집단의 관계는 향후 좀 더 개선될 여지를 가지고 있다. 또한 대규모 게이티드 커뮤니티가 건설되면서 원주민들에게 보안, 청소, 육아 관련 직종으로 게이티드 커뮤니티 내부에서 일할 수 있는 취업의 기회가 주어지고 상권 활성화 등의 혜택이 제공된다는 점에서 주변 주민들에게 긍정적 인식을 심어주기도 한다.

거주민들은 담장을 경계로 주변 주민들과 차이를 인식할 수 있다. 하지만 중국의 담장은 종족 간, 계층 간 사회문제를 반영하거나 악화시키지 않을 뿐만 아니라 완전한 격리나 단절도 아니다. 담장은 단지 역사적·문화적으로 이어지는 단체감의 표현이고, 높은 생활수준에 대한 선호와 안전에 대한 관념이다. 따라서 '게이티드 커뮤니티는 물리적·사회적 격리의 표현이자 장치'라는 서구의 논리는 중국의 현실을 설명하기에 적합한가에 대한 의문이 제기될 수밖에 없다. 우F. Wu 역시 중국의 게이티드 커뮤니티는 서구와 다르게 사회적 배제의 목적보다는 차별화와 주거 공간에 대한 욕망이라는 측면에서 큰 의미를 가진다는 점을 지적한다. 과거 사회주의 시절에는 담장이 국가에 의한 정치적 통제와 집합적 소비를 의미했지만, 개혁·개방 이후에는 국가의 공공재 공급을 대신할 소비 집단의 출현을 의미하며, 또한 주택 개혁을 통해 기존에 단위로 조직된 집합적 소비 체제를 해체하고 소비 집단에 따른 주택 하위 시장이 형성된 것으로 보아야 한다고 말한다.

하지만 중국의 게이티드 커뮤니티가 서구와 달리 계층 갈등이나 분리를 조장하지 않으며 부정적 공간 단위로 인식되지 않는다는 주장에 대해서는 비판적으로 재검토해볼 필요가 있다. 다음에서는 과연 중국의 게이티드 커뮤니티가 중국의 역사적·사회적·문화적 특수성으로 인해 서구의 그것과 본질적인 차이를 가지고 있는가에 대해 살펴보고자 한다.

2) 게이티드 커뮤니티인가, 담장으로 둘러싸인 주택단지인가?

우선 살펴볼 문제는 중국 게이티드 커뮤니티의 범위를 어떤 기준으로 설정할 것인가이다. 중국의 게이티드 커뮤니티가 서구에서 나타나는 부정적 문제들을 그대로 노출하지는 않는다고 언급한 연구들은 대부분 최근 중국의 게이티드 커뮤니티 비율이 신축 주택의 70~80%라고 설명한다. 게이티드 커뮤니티가 가장 활성화되었다고 하는 미국도 전체 주택 대비 6% 정도에 불과하다는 사실을 고려할 때, 대다수의 주택이 게이티드 커뮤니티라는 중국의 상황은 일반적인 추세와 상당히 차별화되는 독특한 지역적 현상이다.

하지만 이런 양적 측면의 해석은 게이티드 커뮤니티의 범위를 너무 단순하게 판단했기 때문이다. 중국의 게이티드 커뮤니티가 전체 주택의 70~80%를 차지한다고 할 때, 그 구분의 기준은 담장과 출입문 등 외부와 경계 짓는 물리적 구조물의 존재 유무일 뿐이다. 앞서도 살펴본 바와 같이 게이티드 커뮤니티에 대한 명확한 구분 기준은 존재하지 않는다. 서구식 논의에서 담장이라는 물리적 시설물은 상징적인 요소에 불과할 뿐, 실질적으로는 내부와 외부에 대한 심리적·문화적 차별화와 그에 바탕한 내부 커뮤니티의 관리 체계에서 그 특징을 찾을 수 있다. 즉, 담장과 출입 차단 시설, 경비 시스템의 유무가 아니라, 이것을 계기로 내부와 외부의 실질적인 구분과 분리가 나타나야만 엄밀한 의미의 게이티드 커뮤니티로 볼 수 있다.

중국에서 도심의 고급 아파트와 교외의 별장 등 일부 고급 게이티드 커뮤니티를 제외한 도시 내부와 근교의 대다수 '게이티드 커뮤니티'들, 특히 주로 중산층 이하의 소득 계층이 거주하는 단지들은 담장과 출입문이 존재하지만 이것이 단지 내·외부 간 교류와 소통의 실질적인 장애물로 작용하지는 않는다. 상당수의 단지들은 출입문에 경비 인력을 배치하지 않으며, 경우에 따라서는 개방해 두기도 한다. 경비 인력이 배치되는 경우에도 잡상인이나 부랑자 등 거동 수상자를 제외한 외부인의 출입을 엄격하게 제한하지 않으며, 자유로운 단지 통행이 가능하다. 차량의 경우에는 사람에 비해 출입제한이 있지만, 이는 격리와 단절의 목적보다는 단지 내의 주차 문제나 안전사고 방지 목적으로 운용된다. 따라서 이 단지들에서 담장은 주변과의 격리·단절을 위한 목적이라기보다는 오히려 재산권적 범위의 경계와 시설 관리의 범위를 드러내는 기능에 가깝다.

중국 게이티드 커뮤니티의 규모 문제도 생각해볼 수 있다. 예를 들어 펑단 등의 연구에서 사례로 다룬 광저우의 리장화위안麗江花園은 고급 주택단지라고는 하지만 계획인구가 4만 3,000명, 부지 면적은 81만m^2로, 면적이나 인구 수에서 서울의 일반적인 행정동보다 큰 초대형 단지이다. 이러한 공간 규모를 커뮤니티라는 하나의 동질한 거주 공간으로 볼 수도 없을뿐더러, 그 규모로 인해 서구식 게이티드 커뮤니티에서 나타나는 내부 통제 기제나 구성원들의 강한 소속감은 더더욱 작동할 수가 없다.

따라서 중국 게이티드 커뮤니티의 속성을 논할 때 일반적인 서구 게이티드 커뮤니티에서 나타나는 부정적 요소들이 두드러지지 않는 것은 중국 게이티드 커뮤니티가 서구와 다른 중국적 특성을 지니고 있기 때문이 아니다. 오히려 연구자들이 설정하는 게이티드 커뮤니티의 범위와 규모 자체가 다르기 때문이라고 할 수 있다. 즉, 게이티드 커뮤니티를 차별적이고 본질적인 속성이 아닌 물리적 구조물의 유무만으로 판단하여, 단순히 '담장으로 둘러싸인 주택단지'를 게이티드 커뮤니티로 포함한 데서 기인한 차이다. 바로 그로부터 현재 중국의 게이티드 커뮤니티를 70~80%로 설정하는 전제 자체의 오류가 나타났다. 그러므로 이를 중국 게이티드 커뮤니티가 제시하는 새로운 논의 지점으로 보기에는 무리가 따른다.

3) 사회계층의 분화와 상징적 도시 공간의 형성

그렇다면 게이티드 커뮤니티를 '물리적 경계 짓기를 통해 외부와 차별화되는 내부 커뮤니티를 형성한 고급 주택단지'로 한정 지을 경우, 중국 게이티드 커뮤니티가 가지는 특성과 차별성은 어떻게 달라지는가? 결론적으로 얘기하자면, 중국의 게이티드 커뮤니티를 담장과 울타리로 둘러싸인 일반적인 주택단지, 즉 느슨한 의미의 게이티드 커뮤니티를 제외한 고급 게이티드 커뮤니티로 한정할 경우 서구의 게이티드 커뮤니티와 속성이 크게 다르지 않으며, 앞서 언급한 세 가지의 게이티드 커뮤니티 유형 중에서 안전형보다는 프리스티지형이 중심을 이룬다.

주택은 가족생활의 기본 공간일 뿐만 아니라 사회적 지위와 신분을 드러내는 수단이자 상징이기도 하다. 개혁·개방 이후 그간 축적된 소득수준의 차이는 경제력에 따른 새로운 형태의 사회계층 분화를 낳았다. 1998년 주택 상품화 조치는 단위에 종속되어 있던 주거 공간에서 탈피하여 거주지의 선택과 이주의 자유를 부여했으며, 그에 따라 사회계층의 분화는 거주 공간의 분화로 이어졌다. 고급 게이티드 커뮤니티의 출현은 이러한 사회계층 분화에 따른 부유층의 거주 분화 욕구가 표출된 것이라 볼 수 있다. 고소득 계층은 과거부터 공통적으로 높은 수준의 생활환경, 안정과 질서에 대한 추구, 범죄 및 일반인과의 분리 욕구, 정부에 대한 불신 등으로 인해 사적인 공간(privatopia)을 구축해왔다. 역사적으로 소수의 상위 계층은 높은 담장을 둘러친 대저택에 거주하면서 일반 주민들과 물리적인 거리를 형성했을 뿐만 아니라, 그를 통해 심리적·문화적 거리를 만들어냈다. 즉, 동시대 일반 주민의 생활 공간과 구분 지음으로써 스스로의 가치를 부각했는데, 현대에 이르러서는 소수의 성공한 계층이 외부인의 통행을 강력하게 제한하는 고급 게이티드 커뮤니티를 통해 일종의 우월감을 표현하면서 거주 공간 자체가 하나의 '상징 자본'이 되었다.

경제적 성취를 이룬 소수의 계층은 자신들의 부나 실력을 소유하는 데 만족하지 않고, 이를 외부에 입증하기 위해 가치 있는 재화의 과시적 소비를 명성의 수단으로, 그리고 체면 유지의 요소로 적극 이용한다. 베블렌Veblen은 이러한 과시적 소비가 개인 접촉이 광범위하고 인구 이동이 심한 사회에서 더욱 강하게 나타난다고 설명했는데, 경제·사회 전반에서 급격한 변화를 경험하고 그 어느 때보다 이동성이 강하게 나타나고 있는 체제 전환기 중국의 대도시는 그러한 요소가 극대화된 공간이다. 전통적으로 토지에 대한 강한 선호와 개혁·개방 이후 급격한 부동산 가격의 상승으로 인해 주택이 최고의 가치를 지닌 재화로 자리매김되면서, 중국의 고급 게이티드 커뮤니티는 사회적 배제나 안전 등 게이티드 커뮤니티의 본래적 목적보다는 오히려 사회적 지위의 노출을 더 큰 동인으로 삼았다. 그 결과 거주 공간을 통한 신분의 과시라는 측면에서 중국의 게이티드 커뮤니티에서는 출입문이나 담장의 존재 유무보다 단지의 위상을 가시적으로 드러낸 물리적 형태와 건축 스타일이 더욱 중요한 의미를 가진다. 이에 따라 외부의 시선을 회피하지 않고 도리어 적극적으로 스스로를 드러내려 했는데, 이는 대규모 단지식 개발과 공간적으로 집적된 별장 지구의 형성, 상징적 조형물과 과시적인 출입문 등 가시적인 물리적·공간적 실체로 나타났다. 더욱이 체면을 중시하는 중국의 전통적인 가치관이 지방정부를 중심으로 부동산 개발 기업들이 결성한 도시 성장연합의 적극적인 장려 정책과 결합되면서 게이티드 커뮤니티 확산을 가속화시켰다. 또한 중산층까지도 사회 신분의 상승을 표현하려는 욕구가 강해서 상류층의 거주 공간으로 마케팅되는 게이티드 커뮤니티를 선택하거나, 일반적인 중산층 주택도 그 이미지를 모방하고 복제하는 상황이다.

다른 한편 고급 게이티드 커뮤니티는 상류층을 위한 상징적 주거 공간의

서구적 생활 방식을 강조한 부동산 분양 광고

최근 개발된 게이티드 커뮤니티 형태의 주택단지 분양 광고는 '미국식', '유럽식'이라는 문구와 함께 '상류층의 운집(上流雲集)', '엘리트 커뮤니티(精英社區)', '존귀한 신분의 과시(彰顯尊貴身分)', '특별함을 향유(不同尋常的享受)' 등의 표현을 동원하여 서구화와 상류층이라는 두 개념을 지속적으로 대응시킨다.
* 출처: 바이두 이미지(http://image.baidu.com)

특성을 명확히 하기 위해 서구식 건축 및 생활양식을 통한 '서구화'를 현대화와 고급화의 상징이자 차별적 속성으로 구축했다. 유럽 및 미국 스타일의 빌라와 서구식 작명, 현란한 단지 출입문으로 이루어진 일련의 패키지는 차별화된 우월한 공간으로서 거주민의 사회적 지위와 특권을 나타내는 상징으로 받아들여지길 원한다. 또한 많은 고급 게이티드 커뮤니티들이 대도시의

서구식 이미지를 강조한 고급 게이티드 커뮤니티
상하이 교외의 쑹장松江 신도시에 개발된 템스타운(Thames Town)은 단지의 이름부터 전형적인 영국식 주택단지라는 이미지를 강조하면서 가로와 상업시설, 커뮤니티 시설까지 포함한 하나의 패키지화된 공간을 생성했다. 이 과정에서 가상적인 영국식 마을의 이미지를 마치 실재처럼 충실하게 재현하고 있기에 보드리야르(Baudrillard)가 말한 시뮬라시옹을 연상시킨다. ⓒ이성호·이승욱

교외 지역을 중심으로 별장 형태로 개발되었는데, 주중에는 도심에서의 생활을, 주말에는 서구 중산층의 교외 단독주택과 같은 방식으로 전원생활을 누릴 수 있다는 점을 내세워 고소득 계층에게 일종의 거주 문화의 아이콘으로 상징화한다.

부동산 개발 기업이 광고를 통해 이러한 '서구화 = 고급'의 등식을 적극적으로 생산해내면서, 게이티드 커뮤니티는 점차 주택 소비의 차원뿐 아니라 계층 간 차이, 신분의 상징과 관련되기 시작했다. 부동산 광고는 계층 간의 생활 방식과 소비 방식의 차이를 드러내고 강조하면서 '성공한 사람들(成功人士)'의 이미지를 서구식의 엘리트 이미지를 복제하여 만들어낸다. 곧 서구식 생활 방식이 상류층의 생활 방식으로 마케팅되고 상품화되는 것이다. 그래서 고급 게이티드 커뮤니티는 일견 비슷한 서구화된 생활 방식과 취향을 공유하는 라이프스타일 커뮤니티처럼 보이기도 하는데, 애초부터 생활 방식을 공유하는 일군의 집단이 모여든 서구의 게이티드 커뮤니티와 달리 중국의 경우에는 사회적 신분을 과시하고자 동일 공간에 모여든 계층이 광고 등 외부적 자극을 통해 유사한 생활 방식을 갖추도록 무의식적으로 강요된다는 점에서 본질적인 차이를 지닌다.

게이티드 커뮤니티는 출현 그 자체로 계급적인 도시 현상이다. 중국의 게이티드 커뮤니티는 서구와 같이 특정 집단과의 공간적 이격이나 분리를 주된 목적으로 하기보다는 상류 계층의 '구별 짓기'와 '드러내기'의 수단으로서 더 큰 의미를 가진다. 하지만 여전히 담장은 공간을 분절화시키고 도시 내의 연결성을 낮춘다. 사유성과 차별성을 강조하기 위한 폐쇄적 형태는 도시의 통행성을 제약할 수밖에 없으며 도시 구조의 완결성을 위협한다. 즉 '도시 파편화'의 출현이다. 사회-공간의 통합적 관점에 따르면, 도시 공간의 파편화는 동시에 사회집단 간의 분리와 격리에 직접적인 영향을 미쳐 사회 불공평을 심화시키고, 중국 정부가 2000년대 초반부터 지속적으로 추진해온 조화사회(和諧社會)의 건설을 방해한다. 즉, 중국의 게이티드 커뮤니티 역시 서구와 동일하게 이른바 '내적 균질과 외적 차이'를 만들어내면서 사회 불공평과 사회 격리를 확대하는 역할을 수행하게 된 것이다.

6. '중국 특색의 게이티드 커뮤니티'라는 허상

중국은 1978년 개혁·개방을 시작한 이래 '사회주의 시장경제'라는 이름하에 점진적·단계적 체제 전환의 실험을 계속하고 있다. 하지만 동유럽에 비해 점진적·단계적일 뿐, 그 영향은 급격하고도 전방위적으로 나타나서 중국 사회의 양상을 기존의 사회주의 계획경제 시기와는 전혀 다른 형태로 바꾸어놓았다. 도시지역에서 사회주의 시기 정치적·사회적·경제적 기초 조직이었던 단위는 시장경제의 도입에 따라 해체되어 일반적인 기관이나 기업으로 전락했으며, 계획경제 시기에 단위가 제공하는 주택을 중심으로 형성되었던 도시민들의 주거 공간도 단위의 해체에 따라 상품주택이라는 새로운 형태로 대체되었다. 새롭게 주류의 주택 형태가 된 상품주택은 대부분 담장과 출입문으로 둘러싸인 신자유주의 도시 공간의 상징, 이른바 '게이티드 커뮤니티'의 형태를 띠고 있다. 이러한 게이티드 커뮤니티의 전면적인 보급이 서구에 비해 그다지 부정적인 현상으로 받아들여지지 않는다는 점에서 '중국 특색의 게이티드 커뮤니티'를 규명하려는 시도가 이어지기도 했다.

중국에서 게이티드 커뮤니티가 보편화될 수 있었던 이유에 대해서는 다양한 측면에서 접근과 해석이 이루어졌다. 대개의 연구들은 중국 도시민이 게이티드 커뮤니티를 큰 저항감 없이 소비할 수 있었던 요인을 역사적·문화적 특수성에서 찾고자 했다. 하지만 이러한 수요적 측면보다 면밀하게 살펴봐야 할 점은 (지방)정부를 중심으로 한 도시성장연합의 형성과 이를 통한 적극적인 부동산 개발, 그리고 체제 전환기 도시 기층 조직의 재건을 위한 정부 차원의 의도적 장려, 곧 게이트 커뮤니티의 생산 혹은 공급의 측면이다.

게이티드 커뮤니티의 인식과 사회적 영향을 살펴볼 때도 담장과 출입문의 존재 유무라는 물리적 형식이 아니라 배제와 격리라는 게이티드 커뮤니티의 고유한 속성이 더욱 중요하게 고려되어야 한다. 게이티드 커뮤니티는 물리적 형식뿐만 아니라 외부에 대한 심리적·문화적 차별화와 이를 유지하기 위한 격리와 내부의 관리 체계를 바탕으로 하여야 하며, 그런 점에 비춰 중국에서 실질적인 게이티드 커뮤니티는 상류 계층을 위한 소수의 고급 주택단지로 한정해야 한다. 이 경우 중국의 게이티드 커뮤니티는 경제력을 지닌 소수 계층이 자신의 능력과 위신을 드러내는 상징 자본으로서 중요한 의미를 가지며, 이는 부동산 개발 회사들이 광고 등을 통해 의도적으로 만들어낸 서구화된 생활양식의 소비로 이어진다.

신자유주의의 유행은 전 세계 도시에서 게이티드 커뮤니티의 확산이라는 하나의 조류를 만들어냈으며, 중국의 도시 역시 그 흐름을 벗어나기는커녕 오히려 선도하고 있다. 중국의 게이티드 커뮤니티에 대한 다양한 해석은 '중국적 특수성'의 규명을 통해 자본주의 도시 공간의 문제로 지적되는 게이티드 커뮤니티의 확산에 어떻게 대응할 것인지 새로운 함의를 발견하고자 했지만, 중국의 게이티드 커뮤니티 또한 본질적 측면에서는 도시 공간의 분절화뿐만 아니라 차별과 배제로 인한 사회 갈등이라는 부정적 작용을 동일하게 나타내고 있다. 그러므로 중국의 게이티드 커뮤니티는 게이티드 커뮤니티에 대한 새로운 관점을 제시하는 사례가 아니라, 오히려 중국의 도시 역시 이미 자본주의 도시 공간으로 편입되었음을 단적으로 드러내는 사례이다.

中國都市

도시로 읽는 현대중국 2

4부 | 네트워크와 예외 공간

초원과 도시의 동맹
—윤리적 소비와 사막화 방지

이선화

1. 녹색의 꿈: 환경에 대한 관심 증가와 소비 양식의 변화

중국 정부는 2016년 제13차 5개년 계획에서 처음으로 '녹색綠色'을 발전 이념으로 채택했다. 중국은 기존의 경제 발전 중심 성장 정책에서 시야를 확장해 '생태 환경의 질에 대한 총체적 개선'을 제시했는데, 이는 생태 환경 보호에 대해 높아진 중국의 관심이 드러나는 대목이다. 이와 같은 관심을 반영하듯, 2017년 9월 6일부터 17일까지 제13차 유엔 사막화방지협약(UNCCD) 총회가 네이멍구內蒙古 오르도스ordos(어얼둬쓰鄂爾多斯)에서 개최되기도 했다.[1]

국가 차원뿐만 아니라 중국의 대중도 생계와 경제 발전 제일주의의 가치관에서 벗어나 건강, 웰빙, 환경 등 삶의 질 향상을 위한 문제들에 본격적인 관심을 가지기 시작했다. 특히 중국의 도시 중산층은 '소비의 혁명'이라 부를 정도로 글로벌한 소비자로 떠오르고 있으며, 안전과 안심을 추구하는 다양한 방면의 변화된 삶의 양식을 추구하고 있다.[2] 그러나 최근까지 중국의 대중은 아직 의식적으로 환경문제를 직접 언급하거나 사회적인 변화를 적극 주도하기보다는 건강한 먹거리나 식품 안전 등 개개인의 일상생활 속에서 직접적인 이해관계가 연관된 변화들을 추구하는 데 주력해왔다.[3] 도시민의 삶에 영향을 끼치고 있지만 여전히 먼 곳의 일로만 생각되는 '사막화 방지' 같은 환경문제와 관련하여, 바쁜 일상을 살아가는 도시민들이 능동적인 역할을 담당하기는 쉽지 않다. 따라서 물리적·심리적으로 원거리에 위치한 초원의 생태환경 문제와 도시민들의 삶 사이에서 생략되고 감추어진 네트워크를 추적해봄으로써 이들 사이의 연관성을 가시화하는 것이 필요하다.

이 글에서는 사막화 방지를 위해 초원의 한 마을에서 시작된 실천들이 도시민들의 삶의 양식의 변화, 그중에서도 윤리적 소비로 연결되고, 다시 그 소비가 초원의 환경 보존으로 연결되는 과정을 인류학의 민족지 연구를 통해 추적하고자 한다. 이를 통해 서로 동떨어진 것처럼 보였던 초원과 도시가 사막화 방지를 위한 실천과 네트워크의 확장 속에서 어떻게 긴밀하게 동맹 관계를 맺고 있는지 살펴볼 것이다.

이 관계를 밝히기 위해 필자는 2010년 7월부터 2012년 1월까지 약 1년 6개월 동안 중국의 네이멍구와 베이징에서 현지 조사를 진행했다. 필자는 중국 북방의 대표적인 사지沙地인 훈산다커渾善達克 사지의 황막초원荒漠草原 지역에 자리한 B마을[4]에서 중국과학원 식물연구소의 과학자가 제안한 뒤 마을 목축민들에게 시행되었던 사막화 방지 프로젝트를 조사했다. 이 프로젝트는 2009년 사막화 방지를 위해 초원에서 시작되었으며, 베이징 같은 대도시의 중산층 소비자들의 유기농 식품 소비를 통해 피드백 과정을 거쳐 2017년 현재까지 지속적으로 실시되고 있다. 그 구체적인 이야기를 지금부터 풀어나가고자 한다.

2. 사막화 방지 정책의 변천과 초원비계 프로젝트 실시

사막화는 "기후 변화와 인간 활동을 포함하는 다양한 요인으로 인한 건조, 반건조, 아습윤 지역에서의 토지 퇴화(land degradation)"[5]를 일컫는 개념으로, 한·중·일 삼국을 포함하는 동아시아, 나아가 글로벌한 환경문제로 전 세계의 관심을 받고 있다. 한국에서는 봄이면 중국과 몽골로부터 불어오는 황사를 줄이고 사막화를 방지하기 위해 산림청과 같은 국가기관, '한중미래숲'을 비롯한 환경시민단체 등이 황사의 발원지를 찾아 건조 지역에 맞는 수종을 연구 및 개발하고 퇴화가 진행되는 지역에 조림造林을 하는 등 다양한 활동을 진행해왔다.

개혁·개방 이래 초원을 연구하는 과학자들과 초원에서 정책을 시행하는 중국 정부는 초원의 퇴화 및 사막화를 방지하기 위해 지속적인 관심을 기울이고, 많은 제안과 정책 — 조림사업, 보호구역 제정, 초축평형草畜平衡, 계절적 휴목, 종에 따른 차별적 금목, 새로운 종의 도입, 생태이민, 보조금 지급 등 — 을 실시해왔다. 필자가 조사했던 B마을은 2001년부터 본격적으로 보호구역으로 지정되었다. 마을 목축민들이 계절에 따라 이동하면서 방목하던 겨울방목지(冬营盘)와 여름방목지(夏营盘) 중에서, 식생의 퇴화가 많이 진행되었다고 판단되는 여름방목지를 중심으로 가축 방목을 금지했다. 중국과학원 식물연구소의 과학자들이 2001년 마을의 보호구역 구획과 시행에 지방정부와 협조하여 참여하게 되면서 본격적으로 이 지역에 생태 연구 기지가 설치, 운영되기 시작했다.

2002년부터는 새싹이 자라는 봄과 결실을 맺는 초가을 시기에 방목을 제한하여 초목의 생장을 보호하고 사막화를 방지하는 계절적 휴목(季節性休牧)을 실시했다. 계절적 휴목은 마을이 속한 정란 기正藍旗 지방정부의 방침에 따라 매년 4월 1일부터 7월 10일까지 생장기 70일 동안 휴목을 실시하는 것이다. 다음으로 정부는 적절한 밀도의 방목을 위해 초지의 생산성 등급을 나누고 단위면적당 적정 가축 수의 방목을 제한하는 초축평형 정책을 실시했다. 2005년부터 정식으로 등급과 초지의 크기에 따라 기를 수 있는 가축의 마릿수를 표시한 증명서를 발급했으며, 이를 감시하기 위해 지방정부의 목축국牧畜局이 감찰을 돌기도 한다. 2007년에는 양의 방목을 완전히 제한했고, 2010년에는 식용 토종소의 방목을 1가구당 5마리로 제한하고, 대신 1년에 1인당 3,000위안의 보조금을 지급하는 금목禁牧 정책을 5년 계약으로 실시했다.

지난 10여 년간 다양한 방면에서 실시된 초원보존정책의 주요 목적은 초원의 소비자인 가축의 사육 마릿수와 범위를 조절함으로써 초원식생의 퇴화를 줄이고 사막화를 방지하는 것이었다. 그러나 목축에 전적으로 의존해 생계를 꾸려나가던 B마을 목축민들은 지난 10여 년간 일련의 초원 정책들로 인해 초원에서 소득을 얻고 생계를 유지하기 힘들게 되었다.

2001년부터 생태 연구 기지를 설립하고 B마을에서 장기간 머물며 초원을 연구해온 중국과학원 식물연구소의 과학자들은 이 마을 목축민들의 경제적 어려움을 해결하되 초원의 식생을 덜 파괴시켜 사막화를 방지할 수 있는 방안으로 이른바 '초원비계草原飛鷄 프로젝트', 즉 초원에서 닭을 기를 것을 제안했다. 소나 양 대신 닭을 기르는 것(以禽代畜)은 정부가 금지하는 대형 가축 대신 사육 가능한 소형 가금을 길러 초원에 야기되는 방목 압력을 줄이고, 또한 다 기른 닭을 대도시에 높은 가격의 유기농 식품으로 판매함으로써 목축민들의 소득을 증진시키는 데 보조적인 역할을 담당할 수 있는 경제적인 대안으로 제시되었다.

이 사업은 중국과학원의 프로젝트로 선정되어 2009년부터 3개년 동안 재정 지원을 받게 되었다. 과학자들은 닭이 초원의 식생에 끼치는 영향을 측정하기 위해 과학 실험을 진행하는 한편, 마을 목축민들이 닭을 잘 기를 수 있도록 남쪽의 농촌으로부터 양계 전문 기술원을 고용하여 교육을 진행하고 닭 사육을 관리할 수 있도록 적극적인 도움을 주었다.

그러나 과학자와 기술원, 마을 사람들의 첫해 사육은 성공적이지 못했다. 과학자들과 기술원은 중국 산둥山東의 농촌 출신으로, 남쪽 지역의 농촌에서 닭을 길러본 경험은 있지만 네이멍구 초원에서는 처음이었다. 반면 마을 사람들은 초원에서 소나 양은 길러본 적 있지만 닭을 방목한 것은 처음이었다. 남쪽 지방에 비해 일찍 찾아오는 추운 겨울, 오소리나 담비 같은 가축에게는 위협이 되지 않아 간과되었던 소형 야생동물의 피해, 닭을 판매하기 위해 베이징 등의 대도시로 장거리 이동 시 발생하는 예상하지 못한 난관들로 인해 어려움을 겪었다. 그러나 첫해의 시행착오를 바탕으로 다음 해부터는 사육 시기를 조절하고 소형 이동식 닭장을 만들어 아침저녁으로 닭장 문을 여닫아 야생동물의 피해를 예방할 수 있었다.

농촌이나 도시 근교의 좁은 닭장에서 길러진 닭과 달리, 이렇게 여러 사람의 노력으로 초원에서 자유롭게 방목되어 길러진 닭은 대도시로 팔려나갈 준비를 갖추게 되었다.

3. 초원비계의 생산-운송-판매 시스템 구축

사막화를 방지하고 초원을 회복시키는 것은 네이멍구의 초원 지역에서 이루어지는 행위들만으로는 완성되지 않는다. 닭이 도시의 시장에 도착하여 판매되고, 소비자에게 도달하여 그 이익이 다시 닭을 기른 목금민牧禽民에게 돌아갈 수 있어야 초원비계의 네트워크가 유지되고 재생산될 원동력을 얻을 수 있기 때문이다. 생태계(eco-system)와 경제(eco-nomy)가 하나의 단일한 체계에 속하고, 도시와 시골이 하나의 지역권(region)이 되는 또 하나의 "자연의 메트로폴리스(nature's metropolis)"[6]가 중국 네이멍구 초원 지역과 베이징을 비롯한 대도시를 연결하는 네트워크 속에서 그 모습을 드러내고 있다. 초원비계는 이와 같이 생태계와 경제의 에코가 함께 운영되는 생태정치의 과정에서 그 생명력과 지속성을 부여받을 수 있는 것이다.

네이멍구 훈산다커 사지 초원 지역에서 과학자는 목축민뿐 아니라 닭을 비롯한 다양한 행위자를 동원하여 실험 및 시범 사육 프로젝트를 진행했다. 그러나 시범사업의 네트워크는 초원 위에서 시작된 닭의 방목에서 그치는 것이 아니다. 닭이 사육된 뒤에는 가공이 되어야 하며, 도시로 운송되어 판로를 통해 판매로 이어져야 한다. 네이멍구의 초원에서 생산으로부터 시작된 네트워크가 도시에서 판매로까지 확장되어야 프로젝트가 성공적으로 이루어졌다고 볼 수 있다. 과학자의 역할은 실험을 통한 과학 지식의 생산에 그치지 않고 생산과 판매 및 소비를 연결하는 네트워크 구축에도 관여하고 있다.

1) 생산

중국과학원의 과학자는 초원비계 프로젝트의 계획단계에서부터 이미 닭 방목뿐만 아니라 생산 및 가공업무의 필요성과 역할도 인식하고 있었다. 따라서 프로젝트 기획과 예산의 많은 부분이 생산과 가공, 판매체계를 수립하는 데 할애되었다.

초원비계 연구팀은 네이멍구 현지에서 닭 방목을 책임지고 생산 부문 운영체계를 수립하기 위한 일련의 과정을 진행했다. 중국과학원은 프로젝트 실시 첫해인 2009년부터 닭 방목 프로젝트를 진행하기 위한 연구 인력 및 실무 인력을 확보하고 생산을 위한 준비에 들어갔다.

프로젝트 연구팀은 생산 체계를 갖추기 위해 무엇보다 우선 법률 및 제도적 기반을 마련해야 했다. 연구팀의 수장인 리용겅李永更 연구원을 비롯한 연구원들은 2009년 프로젝트 진행과 시범사업을 원활하게 지원할 수 있는 주식회사를 설립하여 그 기반하에서 모든 사업을 진행하도록 체계를 세웠다. 연구팀은 '정란 기 초원비계 과학기술서비스 유한공사(正藍旗草原飛鷄科技服務有限公司)'(이하 '생산회사')를 설립하고, 실무를 전적으로 담당할 전담인력을 고용했다. 리용겅 연구원과 쉬훙許宏, 수화蘇華 연구원은 직접 일정 자본을 투자하여 주주가 되었으며, 회사의 운영을 지원하고 감독했다. 리용겅 연구원과 인척관계인 장비아오張彪는 생산회사의 책임자가 되었으며, 동향 출신으로 소개를 통해 오게 된 장빙張兵은 닭 사육과 관련된 제반 기술을 전수하고 관리하는 기술원의 직위를 맡았다.

생산회사는 네이멍구에서 닭을 사육하는 데 필요한 생산과정 전반을 총괄하고 운영하는 역할을 담당했다. 바이거리百格利 목축민 합작사는 생산회사와 생산-출하의 계약관계를 맺고, 기술·시설·자금 등의 지원을 받아 직접 닭을 사육하는 주체가 되었다. 마지막으로 네이멍구에서 생산된 닭과 달걀 등 생산품을 대도시에 판매하는 판매회사가 베이징에 설립되었다.

생산회사는 아무런 기반이 다져져 있지 않았던 네이멍구의 초원에서 닭을 방목할 수 있는 체계를 하나씩 만들어나갔다. 실무 책임자인 장비아오는 2009년 5월 네이멍구에 도착하자마자 가장 먼저 갓 부화한 병아리를 사육 시기를 놓치지 않고 기를 수 있도록 전문사육시설을 지었다. 사육시설이 완성되고 나서는 닭의 품종을 선정하여 부화한 병아리를 교통이 불편한 네이멍구 현지까지 운송했다. 장비아오는 산둥과 베이징에서 몸집이 작지만 추위에 강한 토종닭 품종을 선정한 뒤 그곳의 부화장에서 병아리를 싣고 네이멍구 초원까지 운송해 왔다. 병아리는 아직 면역력이 약해 초원에 바로 방목할 수 없어, 야외 사육이 가능해질 때까지 약 45일간 실내 사육이 이루어져야 한다. 생산회사는 기술원을 중심으로 양계 경험이 있는 일꾼을 고용하여 실내에서 병아리를 사육했다.

2009년부터 2011년까지는 중국과학원에서 일꾼들로 하여금 직접 일정 수의 닭을 사육하게 하고, 일정 수는 목축민들에게 분배하여 기르도록 하는 이원적인 체계를 유지했다.[7] 목축민들은 생산회사와 사육 계약을 맺고 닭을 분배받아 각자의 초원에서 방목했다. 이때 생산회사는 목축민들에게 사육 기술을 교육하고 중국과학원의 시범 초지에서 닭을 돌보는 일꾼들을 관리·감독했다.

그뿐만 아니라 생산회사는 사료를 구입, 운송, 분쇄 및 분배하는 일도 담당했다. 닭은 초원의 풀과 곤충만으로는 충분한 영양소를 섭취할 수 없다. 사료는 옥수수와 콩깻묵이 사용되었다. 그러나 교통이 불편한 초원 깊숙한 마을까지 사료를 운송하는 것은 쉽지 않았다. 매번 사료를 기지로 들여올 때마다 도로 사정으로 배송이 지연되고, 기지까지 배송된 대량의 사료를 한꺼번에 신속하게 내릴 일꾼을 구하는 일 역시 쉽지 않았다.

생산 단계의 마지막인 도살 및 가공은 상품으로 판매될 수 있는 형태로

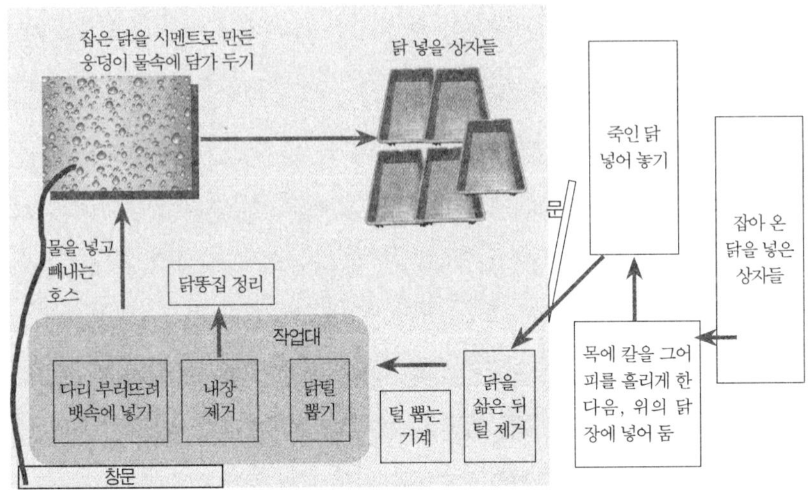

〈그림 1〉 닭 가공 공정도
도살 및 가공 과정을 도식화한 그림이다. 작업에 필수적인 물과 전기가 연결되었고, 작업 동선을 고려하여 기계와 작업대, 보관용 수조가 배치되었다.(필자가 관찰하여 그림)

완성하기 위한 중요한 과정이다. 몽골족 목축민들은 닭을 대규모로 도살해 본 경험이 없기 때문에, 이를 전문적으로 능숙하게 수행할 기술자들을 외지로부터 데려왔다. 2011년 현지조사 당시 장비아오는 지인의 소개로 네이멍구와 허베이성河北省의 접경지대인 타이부쓰치太蔔寺旗 바오창寶昌 농촌에서 양계업과 도살업에 종사했던 세 명의 한족 농민을 데려왔다. 닭 도살에 필요한 화로와 솥, 닭털 뽑는 기계, 닭을 보관할 플라스틱 상자, 용수 공급을 위한 펌프와 호스, 기계 작동을 위한 전기시설 연결 등 일련의 준비 작업이 9월 초에 이루어졌다. 또한 창고를 개조하여 닭을 보관할 수조와 솥을 걸 화로, 닭 가공 작업대를 설치했다. 이런 준비를 마치고 나서야 〈그림 1〉의 동선에 따라 닭을 도살하고 가공할 수 있게 되었다.

【사례 1】 닭 도살

본격적으로 닭을 잡기 시작한 첫날이다. 전날 밤 사람들은 초원에 나가 하루에 도살할 분량만큼 미리 닭을 잡아서 이동식 직사각형 상자에 넣어 준비해두었다.

먼저 상자에서 닭을 꺼내 칼로 목을 그어 죽인다. 닭털이 뽑히도록 끓는 물에 닭을 잠시 넣었다 뺀다. 그다음 닭털 뽑는 기계(脫毛機)에 넣고 돌리면 닭과 털이 분리되어 나온다. 닭을 작업대로 옮겨 덜 뽑힌 털을 제거하고, 배를 갈라 내장을 제거하고 간과 닭똥집(鷄肫)을 분리한다. 마지막으로 이것들을 넣어 모양을 정리하고 저장고에 닭을 넣으면 작업은 마무리된다.

바오창에서 온 기술자인 장씨와 자오씨 부부 세 사람은 닭을 죽이고 털을 뽑고 내장을 제거하는 일을 담당했다. 닭털을 정리하고 닭다리를 모으고 간과 닭똥집을 분리·세척하고 청소와 정리에는 연구원과 대학원생이 발벗고 나섰으며, 가을 풀베기가 끝난 마을 사람을 일꾼으로 고용했다. 그날의 도살이 마무리되면 닭은 상자에 차곡차곡 담겨 급속 냉동고가 있는 시내로 운송된다.(2011년 9월 19일, 참여 관찰 자료)

2011년 가을, 열흘이 넘는 기간 동안 1만여 마리의 닭이 도살·가공되었다. 하루 평균 800여 마리가 넘는 규모다. 해가 진 뒤에도 일은 계속 되었다. 낮에는 도살 가공을, 밤에는 활동이 둔해진 닭을 초지에서 잡아다가 도살장 앞에 쌓아놓았다. 아직 도살되지 않은 닭들에게 사료와 물주기도 소홀히 할 수 없었다. 도살 직전 닭의 관리가 잘 이루어져야 닭고기 품질이 잘 유지될 수 있고, 그래야 지난 수개월 동안 노력한 결과를 제대로 보상받을 수 있기 때문이었다.

〈그림 2〉 닭 도살 및 가공 작업장
초창기 닭을 사육하던 공간을 닭 도살 및 가공 작업장으로 개조했다. 기술자와 일꾼들이 각자의 공정에서 맡은 역할을 수행하고 있다. ⓒ이선화

그해 장비아오는 도살 및 가공 보조인력을 구하는 데 어려움을 겪었다. 외지에서 온 세 명의 한족 기술자들은 주요 공정을 담당했지만, 닭털 정리, 내장 제거 등 단순 작업을 처리할 인력이 여럿 필요했다.

마을 사람들은 돈을 많이 벌어야 한다고 입버릇처럼 이야기하면서도, 다른 임시직(많아야 80위안)보다 일당(100위안)이 높은 닭 사육이나 도살 작업은 꺼렸다. 몽골족 주민들에게 그 이유를 물었을 때, 그들은 닭을 도살하는 것은 자신에게 어울리지 않는 일이라고 대답했다. 또 그들은 닭을 사육하지 않는 이유 역시 닭과 같은 작은 동물을 길러서는 돈이 되지 않기 때문이라고도 했다.

장비아오는 친분이 있는 마을의 한족 부부를 따로 찾아가 일 해줄 것을 부탁했지만 거절당했다. 필자가 한족 부부에게 참여하지 않는 이유를 물어보니, 몇 년 전 참여한 경험이 있는 닭 도살 작업이 힘들었고 그 일에 참여하지 않아도 자신들을 젖소를 기르기 때문에 충분히 먹고살 수 있다는 대답을 들었다.

마을 사람들이 도살 작업을 꺼린 이유는 일이 힘들기 때문만은 아니었다. 소, 양, 염소, 소, 말, 낙타의 오축五畜은 몽골족들의 목축경제와 식생활에서 주요한 부분을 차지한다.[8] 몽골족에게 소나 양의 도살은 가족이나 친족 내에서 남성 연장자의 주도로 진행되는 신성한 일이며, 여성은 내장과 창자를 정리하고 피를 모으는 등의 부수적 활동과 이후의 요리를 담당한다. 가축의 도살은 몽골족에게 남녀의 역할과 방법이 전통적으로 내려오는 중요한 문화의 일부분이지만, 닭의 도살은 그들의 문화와 생활 반경을 벗어나는 예외적인 범주에 속한다. 기존의 문화적 범주와 생활양식을 변화시키는 것은 닭 도살 작업 참여에 대한 몽골족들의 태도와 인터뷰에서 드러나듯이 쉬운 일이 아니다. 이는 부모 대에서 이주해와 몽골족 자연촌락에서 태어나 목축문화를 그들의 삶 속에서 자연스럽게 받아들인 한족 주민들에게도 마찬가지라는 점이다.

몇몇 몽골족 청년들은 일하러 왔다가 하루 이틀 만에 도망가기도 했다. 결국 계속 보조업무를 수행한 것은 도살장 근처에 사는 우 서기의 친척 부녀 둘뿐이었다. 우 서기 부부는 남은 닭을 돌보고 사람들에게 식사를 제공해야 했기 때문에 도살 작업에 전적으로 참여할 수 없었다. 장비아오와 장빙은 직접 도살 작업에 나섰으며, 연구원 2명과 대학원생 2명도 열흘 내내 쉬지 않고 일해야 했다. 리용경의 부인도 도살 작업을 돕기 위해 베이징에서 네이멍구까지 왔다.

또한 생산회사의 책임자 장비아오는 도살 말고도 생산 과정 중 발생하는 관련 작업들에서 단기 인력이 필요할 경우 외지에서 일꾼을 데려왔다. 실제로 필자의 조사 기간 중 대량의 옥수수 사료를 실어 와 기지 창고에 내려놓는 작업이 세 번 있었는데, 마을 남성들이 작업에 참가했던 처음 두 차례 때는 일의 속도가 매우 더뎠다. 세 번째 작업에서는 경험이 풍부한 읍내의 일꾼들을 데려와서 순식간에 작업이 완료되는 것을 직접 목격하기도 했다.

사실 무거운 사료 포대를 나른 경험이 없었던 마을 남성들보다 장비아오가 불러온 노련한 짐꾼들이, 바오창에서 온 양계 기술자 농민들이 이러한 일들에 능숙한 것은 어찌 보면 당연하다. 아직 '목금牧禽'과 그에 필요한 자질들에 익숙하지 않은 마을 사람들은 '목축牧畜'에서 '목금'으로 코드를 변환하고 변화해야 하는 생활 방식을 일정 부분 수용하고 있었지만, 여전히 변화를 쉽게 받아들이지 못하거나 그들의 문화적인 맥락 속에서는 생소한 부분도 있다는 것을 도살 작업과 사료 포대 운반에서 발견할 수 있었다.

결국 초원에서 닭의 생산은 한족 과학자와 기술원, 그리고 한족 닭 도살업자들 등 목금에 대한 지식과 숙련된 기술을 지닌 이들의 세계관과 행위가 목축민의 사육 실천과 결합되어야 완성될 수 있다. 몽골족 목축민들은 그들의 생활 세계 밖에 있던 닭 사육을 시작하면서 '닭'을 매개로 한족 농민, 기술자, 관리자들과 조우했고, 그들과의 협력을 통해 성공적으로 초원에 닭을 데려올 수 있었다. 닭이 초원에 적응하기 위해 노력했듯이, 목축민 역시 닭의 생태계에 적응하고 익숙해지기 위해 시행착오를 겪어야 했다.

B마을은 전기나 도로 등 기반시설이 열악하고 시내와 멀리 떨어져 있는 까닭에 도살 가공 작업에서 여러 예기치 못한 어려움을 겪었다. 첫 난관은

사람도 닭도 아닌 기계에서 비롯되었다.

【사례 2】 닭털 뽑는 기계에 문제 발생

첫날부터 도살 작업은 순조롭지 않았다. 새로 구입한 닭털 뽑는 기계가 잘 작동하지 않아서였다. 중국에서는 일반적으로 머리에서 발까지 모두 온전한 형태의 닭을 판매한다.[9] 그래서 도살 과정에서 닭의 모양을 유지하는 것은 중요하다. 목을 그어 죽이는 도살 방식은 목에 생채기를 만든다. 기계가 정상 속도라면, 닭은 털만 뽑히고 형태가 유지된 상태로 나온다. 그러나 기계는 느린 속도로 돌아갔고, 닭털 뽑는 시간이 지체되면서 목 모양이 흐트러진 닭이 나오게 되었다. 이는 닭의 상품가치를 떨어뜨리는 주요한 요인으로 시급히 해결되어야 했다.

기계는 쉬훙이 인터넷으로 구입한 것으로, 사람들은 기계를 직접 판매처에서 실물을 확인하지 않고 구입해서 발생한 문제라고 수군거렸다. 도살 기술자들은 다른 모양의 더 편리한 기계를 왜 구입하지 않았냐고 투덜거리기도 했다. 그러나 기계 자체의 문제보다 가공창고에 들어오는 전압이 낮아서일 수도 있다는 사실을 사람들은 깨닫게 되었다. 그들은 더 많은 전력을 받을 수 있는 다른 선을 끌어와 기계에 연결했다. 그러자 기계는 좀 더 빠른 속도로 돌아갔고, 한층 나은 상황에서 닭털을 뽑을 수 있게 되었다. 비록 기대했던 속도에는 미치지 못했지만, 승압을 통해 조금 더 빨라진 기계에 닭을 기존보다 적게 넣고 기계를 돌리는 것으로 문제는 해결되었다.(2011년 9월 19일. 참여 관찰 자료)

기계 문제로 인한 난관이 어느 정도 해결되면서 닭 도살 작업은 재개되었다. 사람들은 갈수록 일에 속도가 붙고 익숙해져, 하루 노동시간을 줄이고도 목표량을 채울 수 있게 되었다.

그런데 이번에는 보관의 문제가 발생했다. 닭고기는 장기 보존을 위해 냉동을 해야 한다. 기지에 냉동고를 설치하고 싶었지만 전압과 비용 문제 때문에 2011년 당시에는 구입이 보류된 상태였다. 대신에 장비아오는 마을에서 15km 정도 떨어져 있는 우르투烏日圖의 시장의 냉동고를 임대해 저장한다는 계획을 세웠다. 그러나 도살 첫날 우르투에 닭고기를 싣고 가보니, 그곳의 냉동고는 상품의 형태를 그대로 유지하기 위해 꼭 필요한 급속 냉동을 하기에는 전압과 시설이 미비했다. 결국 그는 급하게 수소문해서 40km 정도 떨어진 상건다라이 진桑根達來鎮의 냉동고까지 닭고기를 매일 저녁 지프차에 싣고 운반해야 했다.

기존 계획이 변경되면서 가공에 드는 비용과 노력도 예상했던 것보다 늘어났다. 차량 연료비와 보관고의 임대 비용이 증가했던 것이다. 장비아오는 매일 도살 작업이 끝나면 직접 차를 운전해서 80km 거리를 왕복했다. 그는 상건다라이 냉동고에 그날 도살한 800여 마리의 닭을 영하 30도의 급속 냉동고에 보관했다. 그다음 날에는 전날 급속 냉동시킨 닭을 영하 17도의 일반 냉동고로 옮기고, 새로 가져온 닭을 급속 냉동고에 옮기는 작업을 도살 기간 내내 반복했다.

원래 2009년과 2010년에는 살아 있는 닭을 직접 베이징으로 운송하여 베이징의 도살장에서 도살했다. 하지만 네이멍구 – 베이징 간 도로 사정이 좋지 않은 데다 교통체증으로 운송 시간이 지체되자, 닭의 건강 상태가 급격하게 악화되거나 운송 도중 죽어서 상품으로 출하하지 못하는 일이 발생했다. 게다가 1년 내내 여러 차례 닭고기를 생산해내는 대규모 상업적 사육과 달리 1년에 한 번 소규모로 생산되는 초원비계는 베이징 같은 도시 및 근교의 대규모 도살장에는 수지가 맞지 않아 도살을 맡길 업체를 찾는 일도 쉽지 않았다. 또한 하루 만에 도살할 수 있는 수량은 아니었기에, 베이징에 도착한 수천 수만 마리의 닭이 도살될 때까지 머물 공간과 물과 사료를 제때 공급하지 못해 닭고기 품질이 떨어질 수 있었다.

이런 여러 문제로 인해 2011년에는 네이멍구에서 직접 도살과 냉동을 거쳐 베이징으로 운송하게 되었던 것이다. 가공 과정에서 기계, 전압, 냉동고 등 여러 난관이 있었지만, 기간 내에 공정이 마무리되고 예년보다 높은 사육 및 도살률을 기록했다. 가공된 닭고기는 산 채로 대도시로 이동했을 때 발생하는 제약들에서 벗어나 안전하게 판매처로 이동할 수 있었다.

2) 운송

운송은 생산에서 판매에 이르는 과정의 여러 지점에서 중요하다. 첫 번째는 달걀에서 갓 부화한 병아리를 남쪽의 부화장에서 네이멍구 현지까지 운송할 때다. 네이멍구에는 전문 부화장이 없다. 가금 사육이 보편적이지 않기 때문이다. 베이징과 산둥 같은 원거리에서 병아리를 운송해 와야 하는데, 네이멍구와 다른 지역을 연결하는 도로 사정이 좋지 않은 데다 국도에서 마을까지 들어오는 길도 자갈길이라 운송이 지체되기 십상이었다.

병아리는 부화 후 24시간 내에 사육장에 도착하여 돌봄을 받아야 한다. 2009년과 2011년에는 제때 도착했지만, 2010년에는 기지로 오는 과정에서 길이 막힌 데다 길을 잘못 들어 만 하루가 훨씬 지나 병아리들이 도착했다. 그 과정에서 병아리들이 제때 물과 먹이를 공급받지 못해 전체 18,000여 마리 중 1,200여 마리가 죽은 채 도착하는 사고가 발생했다. 남은 병아리들도 장시간의 운송 과정에서 쇠약해져, 방역과 사료공급에도 불구하고 하루 평균 100여 마리씩 계속 죽어갔다고 한다.

【사례 3】 병아리의 떼죽음

> 오늘 병아리가 또 62마리 죽었다. 정말 걱정된다. 병아리들은 기지에 도착한 지 일주일이 지났는데도 전부 발육이 이루어지지 못한 상태였고, 위장이 비어 있었다. 아마 너무 긴 시간 동안 운송되면서 탈수 증세가 생긴 듯하다. 아…… 이번에 들여온 병아리들은 방법이 없다. 올해는 정말 잘 기르고 싶었는데, 모든 방면에서 잘 해내고 싶었는데, 병아리가 이 상태라니 근심스럽다. 오후에는 닭장을 소독해야겠다.(2010년 5월 6일, 장비아오의 작업일지)

2010년의 운송 지연은 가장 중요한 초기 병아리의 건강 밸런스를 해쳤다. 그리하여 초원에 방목되기도 전에 많은 수의 병아리가 사료나 물을 제대로 먹지 못하고 발육이 제대로 되지 못해 죽어갔다. 자라난 닭들도 크기와 중량이 2009년에 미치지 못했다.

연구 활동으로 네이멍구 기지를 오가는 과학자들 역시 불편한 도로 사정을 호소했다. 또한 네이멍구 중에서도 정란 기 지역은 인구가 적어 대중교통이 미비했다. 베이징을 연결하는 기차도 없고, 버스는 적었다. 팀장인 리용경은 비용이 들지만 전용 차와 기사를 고용하여 네이멍구를 왕복했다. 다른 연구원들은 리용경과 함께 다니지 못할 때에는 버스요금 가격에 불법 영업하는 승용차를 이용할 수밖에 없었다. 필자 역시 현지조사를 진행하면서 베이징과 네이멍구를 오갈 때마다 이 승용차를 타고 다녔다.

불편한 도로 사정은 사료, 용품, 자재의 운송에 많은 어려움을 발생시켰다. 화물 기사들은 물웅덩이가 많은 자갈길을 지나다 트럭이 망가질까봐 운송을 마을 앞 국도변에서 중지하는 사태가 잦았다. 하루는 옥수수 사료의 배송을 의뢰했는데, 비가 와 생긴 물웅덩이로 트럭이 마을 안까지 들어올 수 없다는 연락이 왔다. 장비아오는 급히 마을의 소형 트럭을 수배하여 여러 번에 걸쳐서 사료 포대를 옮겨오는 번거로운 작업을 해야 했다. 그밖에 물품의 적재나 하역, 각종 기지 시설의 유지·보수를 위한 건축 기술자를 고용하는 데 따른 어려움도 먼 거리와 불편한 도로 사정 탓이 컸다.

2011년부터는 네이멍구에서 직접 닭을 도살가공하게 되면서, 2009년과 2010년 산 채로 닭을 베이징으로 운송해 도살하는 데서 발생하는 문제들을 해결했다. 1년에 한 번 가을에 한꺼번에 도살되는 닭과는 달리, 달걀은 1년 내내 베이징의 대도시까지 운송해야 한다. 달걀은 보통 3~4일에 한 번 수백 개에서 1,000여 개가 모이면 배송이 이루어진다. 달걀은 부피가 작고 비싼 물건이 아니라 따로 화물차를 임대해서 운송하기 어렵다. 게다가 앞서 언급했듯이 사육 기지가 위치한 마을은 버스나 기차를 이용한 운송도 여의치 않았다. 결국 달걀은 연구원이나 학생들처럼 네이멍구–베이징을 운행하는 승용차 트렁크에 실려 도시에 도착하게 된다. 화물운임(100위안)은 사람(260위안)에 비해서 저렴했다. 운전기사는 네이멍구의 사육 기지에서 직접 달걀을 수거해 베이징의 판매점까지 배달한다. 공공 운송 수단보다 높은 가격을 지불해야 하지만, 불편한 도로 사정을 해결할 다른 방법이 없었기 때문에 이것이 유일한 수단이었다.

3) 판매

닭고기와 달걀이 도시에 도착하면 생산회사의 역할은 끝나고 판매회사가 인계받아 판매를 시작한다. 2007년 우 서기가 중국과학원의 지원하에 실험적으로 처음 초원에서 닭 2,000마리를 길렀을 때 가장 문제가 되었던 것은 판로의 부재였다. 그들은 부자父子가 함께 쑤무蘇木의 중심지에 직접 닭을 싣고 나가 판매했다. 다 팔지 못한 닭은 주변 사람들에게 싼값에 넘기거나 선물했다. 2007년의 실험적 사육은 초원 닭 방목의 가능성을 확인한 대신에 판매 방안의 보완이 필수적이라는 점을 명확하게 인식시켜주었다.

그리하여 중국과학원과 프로젝트 담당 연구원들은 2009년 첫해 초원비계 사육을 시작하면서 네이멍구에는 생산회사를, 베이징에는 판매회사를 설립했다. 판매회사를 책임지고 운영한 사람은 수정푸蘇正福였다. 그는 2009년 닭고기 출하에 맞춰 베이징에 도착했고, 프로젝트의 지원하에 중국과학원 식물연구소 인근 점포에 초원비계 판매점을 열었다. 2010년 하반기에는 '베이징뤼펑위업상무유한공사(北京綠鳳偉業商務有限公司)'(이하 '판매회사')라는 이름으로 회사를 정식 등록하고 닭을 판매하기 시작했다. 판매회사는 상표 등록, 유기농 인증, 광고뿐만 아니라 냉동 보관, 재고 관리, 도·소매에 이르기까지 다양한 판매 활동을 벌이고 있다.

초원의 닭을 도시로 가져온다고 바로 판매될 수 있는 것이 아니다. 판매회사는 여러 정보와 가치를 닭과 달걀에 부착하는 과정을 거친 다음 판매를 유도·촉진한다. 닭은 수십 가지 측정 도구—라벨, 상표, 바코드, 무게, 측정기, 상품 목록, 가격, 소비자 저널, 동료 소비자와의 대화, 광고 등[10]—의 도움을 받아야 시장에서 판매될 수 있다.

〈그림 3〉 초원비계의 라벨 스티커
네이멍구 초원에서 생산된 닭고기와 계란에는 초원비계에 대한 정보가 담긴 라벨이 부착된다. 이를 통해 판매회사는 판매를 유도하고 촉진한다.

상품이 유통될 때 부착되는 가장 대표적인 도구가 라벨 스티커이다. 〈그림 3〉은 초원비계의 닭고기와 계란에 부착되는 라벨 스티커인데, 스티커 상단에 초원비계에 대한 정보를 압축적으로 제시하고, 하단부에는 초원비계와 관련된 자세한 정보를 적어 두었다.

라벨의 왼쪽 상단에는 중국과학원의 로고가 그려져 있다. 그 옆에는 중국과학원의 '"초원목계" 실험시범기지 생산품'이라고 씌어 있으며, 아래에 작은 글씨로 '네이멍구 정란 기 싸인후두가內蒙古正藍旗賽音呼都嘎'라는 생산지 위치가 적혀 있다. 이와 관련하여 오른쪽 하단에는 '중국과학원 "초원목계" 프로젝트팀에서 감독 및 제조(中國科學院 "草原牧鷄" 項目組 監制)'되었다는 추가적인 설명이 덧붙었다. 이 라벨은 초원비계 상품의 질과 안전을 중국과학원이라는 기관의 권위를 이용해 보증하는 역할을 한다.

이번에는 상단 오른쪽을 보자. 초원비계의 상표와 닭 형상의 로고가 인쇄되어 있다. 상표와 로고는 초원비계를 다른 상품과 구별 짓는 주요한 부착물이다. 로고 아래에는 상표명 '초원비계草原飛鷄'가 붙어 있고 'free-range chicken', 즉 방목을 한 닭이라는 표시가 되어 있다.

초원비계 상표등록은 판매회사의 주요 과제 중 하나였다. '초원비계'라는 상표명은 여러 사람의 논의를 거쳐 탄생했지만, 상표등록이 지연되면서 수정푸는 골머리를 썩어야 했다. 필자가 현지 조사를 진행하던 2011년 가을과 겨울에도 상표등록 문제는 여전히 미해결 상태였다.

2011년 3월 수정푸는 초원비계 상표 허가를 받기 위해 공상국에 상표등록을 신청해 놓은 상태였다. 그런데 그해 10월 초에 초원비계가 유사상표라는 판단이 내려져 상표등록이 이루어지지 못했다. 초원홍발草原興發 기업이 2003년에 상표 출원한 '초원목계'와 유사상표로 간주되었기 때문에 '초원비계'와 '초원목계' 두 상표 모두 사용할 수 없게 된 것이다.

수정푸와 중국과학원 연구원들은 이 위기에 두 가지 방식으로 대응했다. 첫째 인터넷을 통해 유사상표의 등록 사례를 찾아내 공상국에 반박할 준비를 했고, 둘째 이러한 근거를 바탕으로 '중과초원비계中科草原飛鷄'(중국과학원의 초원비계) 또는 '녹원비계綠元飛鷄'와 같은 대안 상표를 제안하려고 했다. 연구원 쉬훙의 남편은 변호사다. 그는 상표를 가지고 있는 사람으로부터 권리를 구입하고, 구입하지 못할 경우에 이름을 바꾸자고 제안했다. 업계에서는 이런 상황이 흔하기 때문에 상표명과 로고를 분리 등록하는 일이 다반사라고 했다. 다행히 포장상자 전면에 인쇄된 로고는 등록을 마친 상태로 사용이 가능했다.

당시에 판매회사는 문제를 해결하지 못한 채 '초원비계' 상표를 붙여 판매했다. 만약 상표 무단 사용에 대한 법률 소송이 들어올 경우, 판매회사는 곤경에 처하게 된다. 필자가 현지조사를 마치던 2012년 초까지 상표문제는 판매회사의 주요 현안으로 해결되지 못한 채 남아 있었다.

초원비계는 유기농 인증을 받은 상품이다. "유기농 인증 없이도 상품을 판매할 수는 있다. 인증 비용은 1년에 3만 위안에 이르는데, 이는 사육 규모에 비해 적지 않은 비용이다. 하지만 소비자들이 유기농 인증 상품을 선호하기 때문에 매해 갱신하고 있다"고 했다(2011년 9월 15일 장비아오 면담 자료). 라벨의 오른쪽 상단에는 정부의 유기농 인증 마크가 새겨져 있다. 오른쪽 가운데에는 큰 글씨로 '초원비계 유기농 토종닭/계란'이라는 상품명이 기재된다. 그 아래에는 '유기농 인증을 받은 닭/달걀'이라는 설명과 함께 유기농 인증 등록번호를 기재했다.

최근 중국의 대도시 중산층 소비자들은 점차 무공해 식품이나 유기농 식품을 선호하고 있으며, 배불리 먹는 것을 넘어 먹거리의 품질에 대한 관심이 증가하고 있는 추세이다. 초원비계 생산품이 초원의 무공해 환경에서 유기농 사료와 천연의 약초 및 곤충을 먹고 자랐다고 해도, 닭이 방목되는 현장을 직접 보지 않는 이상 확인하기 어렵다. 문옥표는 식품 유통 체제의 발달로 인해 소비자는 누가 어떻게 식품을 생산하는지를 알 수 없게 되었다고 지적한다.[11] 현대 상품 유통 체제에서 발생하는 정보의 블랙박스를 보완하기 위한 방편으로, 각종 식품에 대한 인증 수단이 증가하고 있다. 오명석은 말레이시아의 할랄halal 인증이 이슬람 소비자들의 요구와 맞아떨어지면서 확산되었다고 했는데,[12] 그와 마찬가지로 중국에서는 유기농 및 무공해 인증이 식품 안전과 웰빙에 대한 중국인들의 관심과 맞물려 급속하게 확산되고 있다. 이에 발맞춰 초원비계 생산회사와 판매회사는 상품의 품질과 안전을 객관적으로 보증할 수단으로 유기농 인증을 신청하고 그 마크를 상품에 부착한다. 초원비계는 라벨에 기재된 다른 정보들과 더불어 '유기농'이라는 측정

지표를 부착하고 상품 시장에 나설 수 있게 되었으며, 소비자들은 유기농 마크와 초원비계에 대한 상품 설명을 관련지어 제품을 선택하는 것이다.

라벨 상단에 표시된 세 개의 로고를 통해 초원비계는 '중국과학원'의 감독·관리하에 '자유 방목(free-range)' 방식으로 사육된 믿을 만한 '유기농(organic)' 식품이라는 정보를 소비자에게 전달하고 있다. 왼쪽 하단에는 회사명, 책임자, 연락처, 초원비계 상품의 판매처와 연락처, 그리고 식품의 신선도를 확인할 수 있는 생산 및 포장일자가 인쇄되었다.

한편, 닭고기와 달걀은 포장을 거쳐 판매된다. 판매점의 주요 업무는 네이멍구로부터 배송된 닭고기와 달걀을 신선하게 보관하고, 주문이 들어오면 그에 맞춰 물건을 포장하고 배송하는 일이다. 10월 초 도살과 1차 가공을 마친 닭은 네이멍구 현지의 생산회사로부터 전달되고, 본격적인 판매 활동이 시작된다. 아직 대규모 냉동 보관 시설을 자체적으로 갖추지 못했기 때문에, 운송된 닭고기는 시내의 대형 냉동고 일부를 임대하여 보관한다. 판매점에는 소매를 위해 한 번에 100여 마리를 보관할 수 있는 냉동고를 들여놓았다. 도매로 대량 주문이 들어올 경우에는 그때마다 대형 냉동고의 닭을 가져다 포장하여 판매한다.

판매점의 앞쪽에는 포장 박스가 가득히 쌓여 있고, 뒤쪽에는 냉장고와 진공포장 기계가 놓여 있다. 진공포장이 풀리지 않게 닭의 부리와 발톱을 망치와 가위 등의 도구로 손질한 다음, 기계에 넣고 한 번에 4마리씩 진공포장을 한다. 진공포장 후에는 비닐 포장지에 넣어 바코드를 부착하고, 선물용 종이 상자에 담으면 판매 준비가 완료된다. 달걀은 간단하게 10개짜리 케이스에 넣고 바코드를 부착하여 선물용 종이 상자에 넣으면 된다.

판매회사는 〈그림 4〉에서처럼 진공포장, 비닐 포장, 라벨 부착, 박스 포장의 과정을 거친 다음에 상품을 내놓는다. 네이멍구에서 1차 가공된 닭은 베이징의 판매점에서 포장 가공 과정을 거쳐 소비자에게 도매 또는 소매로 판매될 수 있다. 비닐 포장 위에는 소비자의 눈에 띄도록 라벨 스티커가 부착된다. 비닐 포장과 라벨에는 소비자에게 전달할 상품 정보가 인쇄되어 있다. 포장의 앞면에는 상표와 판매회사, 그리고 간단한 설명이, 뒷면에는 초원비계의 영양 성분과 닭고기 조리법이 기재되어 있다. 일반 상점 등에서 사전 정보 없이 초원비계 상품을 구매하고자 할 때, 이 포장 및 부착물은 소비자의 선택 기준이 되고, 구매를 결정하는 지표가 된다.

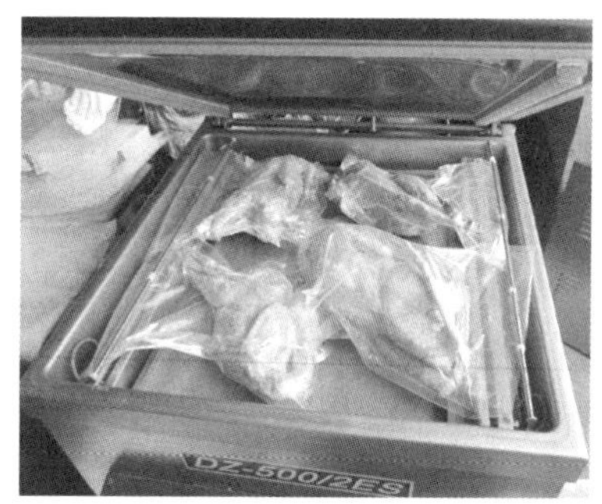

〈그림 4〉 초원비계 닭고기의 포장 과정
위에서부터 차례로 진공포장(1단계), 비닐 포장 후 라벨 부착(2단계), 종이박스 포장(3단계)을 거쳐 소비자에게 전달된다. ⓒ이선화

광고는 초원비계 판매를 위한 핵심적인 부분이다. 라벨 스티커와 포장이 판매를 위한 기반을 마련하는 일이라면, 다양한 방식의 선전과 광고는 판매를 촉진시키고 소비자들의 구매를 유도했다. 먼저 판매회사는 초원비계를 소개하는 팸플릿을 만들어 소비자들에게 배포하고 선전했다. 온라인에서는 2010년 초부터 초원비계 인터넷 사

〈그림 5〉 초원비계 상품의 포장 디자인
왼쪽은 2011년 초원비계 닭고기의 비닐 포장 디자인이고, 오른쪽은 2014년 달걀 포장 디자인이다.

이트를 운영해 사람들이 초원비계의 생산과정과 상품소개, 판매처에 대한 정보를 손쉽게 얻을 수 있도록 했다. 그뿐만 아니라 바이두百度 같은 인터넷 검색 엔진을 통해 '초원비계'를 검색하면 공식사이트로 연결되어 정보를 쉽게 찾을 수 있도록 해 놓았다. 중국과학원 식물연구소의 프로젝트인 만큼 중국과학원 산하 다양한 연구소가 함께 보는 BBS 게시판에 초원비계 상품 광고글을 게시했는데, 이는 연구소 네트워크를 통해 초원비계의 상품을 알리는 기회였다. 연구원들의 동료, 지인, 동향인을 중심으로 베이징 중심의 오프라인 판촉 활동도 실시했다.

더불어 초원비계의 미디어 보도는 베이징을 넘어서 전국적인 광고효과를 가져왔다. 중국과학원에서 진행하는 초원비계 프로젝트의 소문을 들은 방송국의 농업경제 관련 프로그램 및 초원 사막화 관련 다큐멘터리 제작자들은 초원비계를 방송에 소개하고 싶어 했다.

초원비계는 2011년과 2012년에 CCTV 농업경제 전문 프로그램들에서 소개되었고, 초원비계 생산 기지가 있는 네이멍구의 B마을을 배경으로 황사와 관련된 다큐멘터리가 제작되기도 했다.[13] 연구팀장인 리용겅은 각종 촬영과 인터뷰에 적극적으로 응하고 네이멍구를 방문한 촬영 관계자들에게 적극적으로 편의를 제공했다.

2011년 8월에는 〈메이르눙징每日農經〉[14]이, 11월에는 〈커지위안科技苑〉[15]이 초원비계 관련 내용을 방영했다. 2012년 8월에는 〈성차이유다오生財有道〉[16]가, 2012년 11월에는 전년도에 이어 다시 〈커지위안〉[17]이 초원비계에 대해 보도했다. 리용겅은 CCTV 시청률 순위를 직접 검색해 보여주었다. 〈메이르눙징〉은 시청률 4위로, 오후 7시 중국의 모든 채널에서 의무 방영되는 뉴스인 〈신원롄보新聞聯播〉(10위)보다 더 많은 시청자가 보는 프로그램이다. 그는 초원비계가 보도된 여러 농업경제 프로그램들이 시청률 상위권에 위치하고 있으며, 도시와 농촌 구분할 것 없이 대중의 사랑을 받는 영향력 있는 프로그램임을 필자에게 강조했다. 실제로 조사 당시 필자는 CCTV에 방영된 초원비계 프로그램을 보고 판매점을 찾아와 상품을 구매하는 사람들을 여럿 만날 수 있었다(사례 5 참조).

여러 CCTV 프로그램 방영을 계기로 초원비계의 명성은 베이징 시내 곳곳으로 확산되었고, 나아가 중국 전역으로 퍼져나갔다. 2009년 첫해에는 직영 판매점에서만 취급했던 초원비계 닭고기와 달걀이 2011년 봄부터 중국농업과학원 내 '중국 녹색식품 및 유기농 식품 베이징 전시 센터(中國綠色食品有機食品北京展銷中心)'를 통해 온·오프라인에서 동시 판매되었다.

그뿐만 아니다. CCTV 프로그램을 보고 상하이, 닝보寧波, 지난濟南, 안후이安徽 등 중국 전역의 대도시에서 유기농 식품업체, 호텔 등에서 판매계약을 제의해왔다. 2011년 11월에는 상하이 인터넷 유기농 식품 판매업체와 닭과 달걀 판매 계약을 맺었다. 12월에는 저장성浙江省 닝보의 업체와 계약을 맺고 닭 1,000마리와 시식용 달걀 400개, 선물용 포장상자를 발송했다. 안후이와 지난의 호텔 식품부에 닭을 납품하기로 했다. 2012년 1월에는 리용경과 수정푸가 지난에서 '초원비계 지난 상륙 기자회견'을 가졌다. 회견장에서는 산둥의 특급호텔 요리사가 초원비계 닭고기를 이용한 루차이魯菜(산둥 요리)를 선보이기도 했다. 이와 같이 초원비계는 베이징뿐만 아니라 중국 대도시들을 중심으로 판매망을 확대해나갔다.

네이멍구 초원을 날아다니며 자라난 닭은 사육, 도살, 가공 과정을 거쳐 베이징으로 운송되었다. 닭고기와 달걀은 유기농 인증 마크를 달고 포장이 완료되어 판매점에서 소비자들을 만날 준비를 완료했다. 온·오프라인에서 판촉 활동이 이루어졌으며, 미디어에 방영되면서 초원비계는 도시의 소비자들에게 널리 알려질 수 있었다. 네이멍구와 베이징과 같은 대도시를 연결하는 생산-운송-판매 네트워크는 시행착오를 겪고 난관을 헤쳐가면서 완성될 수 있었다.

4. 초원비계 네트워크의 완성: 도시민의 유기농 식품 소비

한국에도 떠들썩하게 보도되었던 중국의 가짜 달걀 판매를 기억하는 사람들이 많을 것이다. 중국에서는 연일 가짜 달걀, 가짜 소고기, 가짜 만두 등 몸에 좋지 않은 화학 재료나 쓰레기로 만든 가짜 음식들이 건강을 위협하고 있다는 보도가 끊이지 않는다.[18] 그만큼 중국인들 사이에서 식품 안전에 대한 관심이 하루가 다르게 커지고 있다.

【사례 4】 안전한 식품에 대한 소비자의 욕구

어제 저녁 8시쯤, 네이멍구로부터 올해의 첫 달걀 1,400여 개가 도착했다. 수정푸는 고객들에게 달걀 도착 안내 문자를 보냈다. 낮에 판매점 장부를 보니, 이미 오전에 320여 개를 판매한 상태였다. 30대로 보이는 여성이 세 살가량의 아들과 함께 판매점에서 달걀을 구입했다. 그녀는 중국과학원 연구원으로, 동료의 소개로 초원비계 상품을 알게 되었다고 했다. 이곳의 달걀은 믿고 먹을 수 있어 구입했으며, 닭은 한 달에 한 번 정도 구입해서 먹는다고 한다.

오후에 수화 연구원이 포장지 디자인 시안을 논의하기 위해 판매점을 방문했다. 그녀는, 맛을 보면 차이를 느끼기 때문에 달걀을 먹어본 아이들은 다른 달걀은 먹지 않으려 한다면서 웃으며 자랑스레 이야기했다.

다음 날에는 필자가 방문학자로 소속되어 있는 중국사회과학원의 연구원 부부가 판매점에 들렀다. 필자가 소개한 손님이다. 부인은 임신 5개월로, 음식에 주의를 기울이고 있었다. 그녀는 영양 섭취를 위해 매일 달걀 2개씩 먹으니 금방 다 먹을 수 있겠다고, 닭고기는 국물을 내서 탕을 끓여 먹으면 좋을 것 같다고 했다. 남편과 함께 찾아와서 달걀 100개와 암탉과 수탉 각 한 마리씩을 구입하여 돌아갔다.(2011년 11월 7~8일. 초원비계 판매점 참여 관찰 자료)

초원비계의 상품은 2011년 조사 당시 소매로는 베이징의 도시 중산층으로부터, 도매로는 다른 지역의 판매상들로부터 안전하고 믿을 수 있는 상품으로 평가받아 관심이 높아지고 있었다. 중국의 소비자들은 어린아이, 임산부, 노인 등이 특히 건강의 위협에 가장 취약한 사람이라고 생각했으며, 특히 임산부는 태아에게 나쁜 음식을 먹어서는 안 된다고 여겼다. 사람들은 어린 아이는 성장을 위해, 노인은 건강을 위해 좋은 음식을 먹어야 한다고 생각했다.

개혁·개방 이후 세대는 계획생육 정책으로 특히 도시에서는 한 가구당 1명의 아이만 낳을 수 있게 되면서 모든 방면에서 아이가 가장 우선시되었다. 아이들의 영양과 건강, 웰빙은 식품 소비에서도 중요한 선택 요소가 되었다.[19] 징쥔Jing Jun 역시 변화된 소비문화에 따른 '아이들의 음식'이 중국 가족생활의 주요한 부분으로 등장하고 있음을 지적했다.[20] "나는 먹지 않아도 우리 아이는 아침에 달걀 한 개씩 꼭 먹여요"라고 말한 30대 여성의 인터뷰 내용은 많은 것을 함축한다. 한 개에 2위안으로 한국 물가와 비교해봐도 비싼 가격인 초원비계 계란을 아이들에게 사 먹이는 것은 아이의 건강에 대한 관심이 적극적으로 실천된 결과이다. 그러나 웰빙 식품이나 유기농 식품은 가격이 비싸기 때문에 중국의 도시 중산층 가족 구성원 모두의 먹거리로 보편적으로 소비되지는 못하고 있다. 유기농 계란이나 닭고기는 어린이, 임산부, 노인들에게 우선적으로 제공되곤 한다.

닭고기보다는 계란이 인기가 많았다. 닭고기는 마리당 98위안으로, 한 근에 20여 위안 정도인 다른 고기들에 비해 비싼 편이다. 사람들로부터 닭고기는 집에서 자주 먹어야 한 달에 한 번 정도 먹는다는 답변을 들을 수 있었다. 닭고기는 꼭 그것이 아니어도 중국인들이 가장 즐겨 먹는 돼지고기, 쇠고기, 양고기와 같은 유사한 고기를 대체품으로 먹을 수 있다. 그러나 계란은 완전식품으로, 아이들과 가족들의 영양을 위해서 매일 섭취해야 하는 품목이다. 그 때문에 계란이 들어오는 날에는 수정푸가 사람들에게 안내 문자메시지를 보내는데, 이를 보고 구매하러 오는 사람들이 끊이지 않았다. 닭고기는 뒤에서 다시 상술하겠지만 선물용으로 주로 판매되었다.

필자가 만난 베이징 소비자들의 구매 결정은 다음의 두 가지가 주를 이루고 있다. 첫째, 사람들은 주변인들의 입소문을 전해 듣고 상품을 구매하러 왔다. 그들은 출처가 불분명한 정보보다는 믿을 만한 사람들로부터 얻은 정보를 바탕으로 소비를 하는 경향을 보인다. 2009년 첫해에는 아직 판매 체계가 제대로 갖추어지지 않았기 때문에 중국과학원 동료들과 지인들, 동향인들을 중심으로 개인 네트워크를 통해 판매되었다. 고학력에 안정된 직장을 가진 도시 중산층에 해당되는 연구소 교직원들은 식품 안전과 맛에 대한 정보를 얻어 판매점을 방문하여 닭고기와 달걀을 구입해 갔다. 그들의 동료가 직접 네이멍구에서 기획하고 생산한 식품이라는 확신이 있기 때문에 의심의 여지없이 닭고기와 달걀을 구매했고, 재구매로 이어졌다.

판매점에서는 베이징 시내일 경우 주문량에 따라 직접 배달도 해준다. 판매점에서 20km 이상 떨어진, 한국인 주재원들이 많이 살기로 유명한 왕징望京의 대규모 아파트 단지 지역에서 주문이 들어오면 일주일의 주문량을 한꺼번에 모아 닭고기와 달걀을 배송한다.

판매회사 책임자인 수정푸는 그의 고향인 산둥의 동향회 모임 사람들 100여 명을 초원비게 제품 생산 과정을 보고 체험할 수 있도록 네이멍구 기지로 초청했다. 네이멍구 현지에서 생산회사의 장비아오와 마을 사람들, 그리고 연구원들은 협력하여 방문 프로그램을 기획했다. 도시로부터 온 사람들은 B마을에서 직접 닭을 친환경적으로 방목하여 기르는 모습을 접하고, 초원의 아름다운 자연경관과 이국적인 몽골족의 음식과 문화를 체험하고, 유기농 닭고기와 달걀로 만든 요리들을 맛볼 수 있게 했다. 이와 같이 동떨어져 있는 것처럼 보이는 초원과 유기농 식품 간의 연계를 재구성하는 실천들은 소비자들에게 더욱 믿고 먹을 수 있는 신뢰를 제공하는 밑거름이 되었다.

둘째, 미디어에 방영된 초원비계의 소개를 보고 알게 되어 구매로 이어진 경우이다. 앞 장에서 언급했듯이 2011년과 2012년에 초원비계는 CCTV 시청률 상위에 랭크된 농업경제 전문 프로그램들에 네 차례나 방영되었다. 이 프로그램들의 재방송 횟수까지 따진다면 훨씬 더 많을 것이다. 2011년 조사 당시 만났던 소비자들 중에서 몇몇은 실제로 이 프로그램을 보고 초원비계를 인터넷으로 검색하여 찾아내 구매로 이어진 경우가 꽤 있었다. 다음 사례의 지씨도 마찬가지다.

【사례 5】 미디어의 영향력

지씨計氏**(1967년생 40대 남자)** 나는 발전소에서 근무한다. 쓰후이四惠[21] 근처에 살고 있다. 4시 반에 퇴근하자마자 운전해서 왔지만, 차가 밀려서 도착하는 데 두 시간 가까이 걸렸다. 6시 폐점 시간에 맞춰 오지 못해 미안하다(그는 달걀을 40개들이 선물용 세 상자, 100개들이 가정용포장 두 상자를 구입하고 640위안을 지불했다).

연구자 어떻게 초원비계를 알게 되었나?

지씨 CCTV 〈메이르눙징〉 프로그램을 통해 알게 되었다. 이후 초원비계 홈페이지를 방문했고, 직접 판매점까지 방문하게 되었다. 당시에 구입한 닭을 먹어보니 맛있었다. 마침 국경절國慶節이 다가올 때여서 다시 3마리를 구입하여 주변 친구들에게 선물했다. 그때는 달걀이 없어서 구입하지 못했는데, 입고된다는 소식을 듣고 달걀을 구입하러 왔다.

연구자 닭고기를 먹어보니 어땠나?

지씨 기름이 적다. 일반 닭고기는 살이 푸석푸석한데, 초원비계 닭은 고유의 식감(口感)이 있다. 국물 맛도 좋고 냄새도 좋다. 그런데 구입하러 오기 가 너무 멀다.(2011년 11월 8일. 고객 인터뷰)

또한 중국의 소비자들은 초원비계의 닭고기와 달걀을 선물용으로 구매한다. 10월 닭고기 가공이 완료되고, 11월부터 달걀의 본격적인 판매가 시작되면, 설 선물용으로 초원비계 상품을 구매하기 위해 판매점에 연락하거나 방문하는 사람들이 부쩍 늘어난다. 베이징의 무공해·유기농 식품센터와 상하이·닝보 등 도매계약을 체결한 도시에서도 설날에 맞춰 닭과 달걀, 그리고 선물용 포장 상자를 함께 배송해야 했으며, 판매점에서는 음력설 전까지는 계속 주문 물량을 포장하고 배달하는 일로 바쁜 일과를 보내야 했다.

선물 문화가 발달한 중국에서는 개별 소비자들이 일상적으로 구매해 먹기에는 비싸지라도 동료, 친척들에게 선물하기 위해 구매하는 경우가 많다. 〈사례 5〉의 지씨의 경우에도 자신이 먹을 것과 선물용을 함께 구입했다. 판매회사에서도 이러한 중국인들의 선물문화를 잘 알고 있기 때문에 비닐 포장지 말고도 선물용 종이박스와 포장을 따로 만들었다. 크롤Croll은 중국에서 사회관계를 형성하고 유지하는 데 선물 교환이 중요하다고 말한다.[22] 실제로 건강과 웰빙을 상징하는 초원비계의 닭고기와 달걀이 대도시에서 사람들 사이의 고마움을 표시하고 사회관계를 유지하는 중요한 물품으로 활용되고 있었다.

초원비계의 선전 포스터에는 '대초원의 원생태原生態로부터 온 유기농 식품'이라는 문구가 있다. 도시 소비자들은 건강을 위해, 또는 맛이 좋아서 초원비계의 닭고기와 달걀을 구입했다. 그러나 그들의 식품 구입 의도와 관계없이 초원비계 상품을 소비함으로써 궁극적으로는 초원 생태계 보호와 사막화 방지에 기여하게 됨을 발견하게 된다.

그러나 클라인Klein은 아직까지 중국에서 일어나고 있는 윤리적 소비는 환경문제에 대한 신념을 실천하기 위한 행동의 변화나 사회변혁을 주도하는 의식적인 노력에는 도달하지는 못했다고 지적한다.[23] 필자가 만난 사람들도 자신들의 소비를 의식적으로 환경 보존과 연관 지어 적극적으로 해석하는 경우가 거의 없었다. 이들은 자신들이 구입한 재화가 초원의 무공해 사육 환경에서 생산된 건강에 좋은 유기농 식품이라는 점에는 공감했지만, 환경 보존이라든가 생태 문제 등으로 설명의 연쇄를 확장시키지는 않았다.

중국의 소비자들은 이와 같이 건강한 먹거리나 식품 안전 등 개개인의 일상생활 속에서 직접적인 이해관계가 연관된 변화들을 추구하는 데 주력해왔다고 볼 수 있다. 앞으로 그들은 먹고사는 문제를 넘어서 더 나은 환경 속의 삶을 추구할 것이며, 더욱더 환경과 먹거리, 환경과 생활과의 관계에 관심을 가지게 될 것이 자명하다.

초원과 도시를 연결하는 네트워크는 도시민들의 삶 속에서 초원비계 식품의 소비로써 완결된다. 그리고 소비가 지속적으로 이루어지는 과정을 통해 수정되거나 증가된 아이디어와 자본의 피드백이 다시 네트워크를 따라 초원으로 흘러 들어갈 것이다. 과학자들의 제안, 실험과 시범사업의 실행, 생산·운송·판매의 설립과 연계, 그리고 소비에 이르기까지 초원비계의 네트워크가 구축되지 않았다면 도시 소비자들은 안전한 유기농 닭고기와 달걀을 먹을 수 없었을 것이다. 그들의 소비는 목축민들의 소득 증대 및 과학자들의 실천적 지식 생산과 연관되며, 궁극적으로는 초원의 생태계와 연결되어 한 사람의 소비 행위가 생태를 위한 윤리적 소비로 연결되는 과정을 볼 수 있게 한다. 또한 대량화·산업화로 생산과 소비의 관계가 단절되어버린 중국의 현대사회에서 초원비계 식품의 확산과 증대는 생태계와 소비를 연결하는 관념의 변화에도 일조할 수 있을 것이다.[24]

5. 초원-도시 동맹: 윤리적 소비와 사막화 방지

> "초원은 고기의 생산을 가능하게 했지만, 포장된 채로 팔리게 될 때는 소비자가 그들의 식품과 초원을 동떨어지게 느끼도록 만든다."[25]

초원비계는 초원과 도시를 어떤 방식으로 연결하는가? 마트에서 가공 포장된 닭고기를 집어 든 소비자가 '초원비계' 마크를 발견한다고 해서 바로 자신이 먹을 음식과 초원의 연관성을 떠올리기란 쉬운 일이 아니다. 그러나 직접적인 연관 관계가 없는 것처럼 보이는 초원과 도시는 상품의 생산, 운송, 판매 네트워크를 통해 확실하게 연결되고 있었다.

크로논Cronon은 19세기 후반 미국 시카고 도시와 식품 유통 체계 발전에 관한 연구를 통해[26] 자연이 시장으로 이동하는 과정을 기술했다. 그는 통합체로서의 도시와 시골의 개념을 제시하면서, 생태계와 경제가 밀접하게 연관되어 있으며, 도시 발전은 그 배후에 놓인 시골과의 특별한 관계 속에서만 이해 가능하다고 지적했다. 중국에서도 초원비계뿐만 아니라 식품 전체의 유통 과정을 살펴본다면, 마치 독립적인 것처럼 보이는 도시는 배후지에 해당하는 농촌으로부터 여러 자원의 공급을 통해 유지·운영되고 있음을 발견할 수 있다.

초원비계의 닭이 네이멍구 초원에서 생산되는 것만으로는 사막화를 방지할 수 없다. 닭은 생산, 운송, 판매 네트워크가 갖춰져야만 비로소 목축민의 경제적 수익으로 이어지고, 초원비계의 생산이 반복, 지속될 수 있는 기반을 구축할 수 있기 때문이다.

생산은 사육뿐만 아니라 도살을 거쳐 판매 가능한 상태로 가공되는 변형 과정을 포함하므로 초원비계 가공은 생산의 마지막 단계이자 핵심 요소이다. 전기와 교통 등 기반시설이 부족한 네이멍구 초원 지역에서 닭고기 가공은 중요한 네트워크의 결절점을 구축하는 핵심적인 작업이었다. 교통이 불편한 작은 초원 마을에서 대도시로 연결되는 달걀의 공급은 버스와 기차 같은 공식 노선이 아니라 비공식적으로 운영되는 여객 승용차 화물칸을 빌려서 이루어졌다.

네트워크의 가장 마지막 단계에서는 대도시의 판매회사가 전문적으로 광고와 판매에 관한 사항들을 담당하고 있다. 판매가 원활하기 위해서는 네트워크가 끊어지지 않고 대도시의 판매점까지 도달해야 했다. 그리고 판매회사 역시 상표등록, 선전, 도매 계약 체결, 소매 등 판매에 요구되는 사항을 충족하기 위해 외부의 제도나 집단들과 끊임없는 상호작용과 협상을 하고 있다. 초원비계는 이렇게 여러 행위자 집단에 의해 구축, 유지, 보수되는 네트워크 위에서 변형과 운송을 통해 소비자에게 연결될 수 있었다.

도시에 도착한 초원비계는 윤리적 소비자의 소비생활양식 변화에도 영향을 끼치고 있다. 근래 중국에서 식품 안전 담론의 급격한 확산은 소비자들이 초원비계를 더욱 찾도록 하는 요인으로 작용했으며, 이는 유기농 식품 시장의 혁신을 이끌어냈다. 중국 CCTV 농경 프로그램에서 초원비계의 우수성이 소개되면서 미디어의 선전과 입소문을 타고 초원비계 판매량은 점차 증가하고 있다.

초원비계를 구입하는 소비 행위는 몽골족들로 하여금 목축의 열악한 판매 구조에서 벗어나 새로운 수익을 창출하도록 하고, 초원의 사막화 방지에도 기여하는 것으로 여겨진다. 동시에 소비자는 유기농 식품의 섭취를 통해 '웰빙'을 추구할 수 있다. 결국 전혀 연관성이 없는 듯 보이는 초원, 대도시, 그리고 닭이 긴밀한 동맹 관계 속에서 사막화 방지에 기여하고 있는 것이다. 초원비계의 생태계는 이렇게 초원비계를 중심으로 재편된 행위자들의 네트워크 속에서 만들어지고, 유지되고, 보수되고, 다시 피드백 과정을 거쳐 재생산되고 있다. '생태 정치'는 이러한 네트워크 속에서 드러나고 있다. 생태 보존과 경제 발전은 상반된 것이 아니라 서로 긴밀하게 연결되는 에코로 함께 나타난다고 말할 수 있다.

"사람들이 자기 삶의 생태적 결과들(consequences)을 이해하기 원한다면, 즉 그 결과들에 대한 정치적이고 도덕적인 책임을 지기를 원한다면, 그들은 경제 상품들과 생태계 자원들 간의 연결을 재구성해야만 한다"[27]고 이야기한 크로논의 주장은 19세기 후반 미국의 상황을 넘어서 중국, 나아가 현대사회 전반에 보편적으로 적용될 수 있으며, 초원비계는 초원과 도시의 동맹, 그리고 윤리적인 소비의 관계를 보여주는 사례가 될 수 있다.

도시 개발 속 스러져간 동향촌
—베이징 성중촌의 어제와 오늘

장호준

1. 중국 도시 변화를 읽는 창, 성중촌

성중촌城中村은 문자 그대로 풀이하면 '도시 안의 촌락'을 말한다. 이 촌락은 행정구역상 도시에 속하며, 그 원주민은 농업호구를 지니고 있거나 지녔던 시민들이다. 그러나 대부분의 성중촌에는 원주민보다 외지에서 유입된 이농민이 훨씬 더 많이 거주하기 때문에 외래 이농민의 주거 군락지를 뜻하기도 한다. 일자리를 찾아 대도시로 몰려든 외래 이농민들이 집단적으로 거주하는 지역인 만큼 각종 건물과 도시 기반시설이 낙후된 편이며, 이로 인해 성중촌이라는 단어는 재개발되어야 하는 지역을 뜻하는 의미로 사용되기도 한다. 실제로 이들 성중촌은 시가지 공간이 팽창하는 과정에서 연쇄적으로 철거되어 재개발되는 한편, 거주지를 잃은 기존 이주민들과 새로 유입되는 이주민들이 좀 더 저렴한 거주 공간을 찾아 개발이 덜 이루어진 지역으로 옮겨감에 따라 더 멀리 떨어진 외곽 지역에서 새롭게 형성되는 양상을 반복하고 있다.

잘 알려진 바와 같이, 중국은 농촌과 도시의 이원화를 전제로 한 계획경제 시기의 제도적 골간을 그대로 유지한 채 개혁·개방 정책을 실시했다. 토지의 사적 소유를 불허하고 농촌 토지는 집체集體에게, 도시 토지는 국가에게 그 소유권을 귀속시키는 이원적 토지제도가 대표적이다. 또한, 모든 인민을 그 출생지에 따라 농촌인구와 도시인구로 구분하고, 각각 농촌호구 또는 도시호구를 부여하여 거주 이전의 자유를 제한하는 이원적 호구제도도 거의 그대로 유지해오고 있다. 그러나 개혁·개방의 지향점인 시장경제체제는 토지 및 사유재산의 자유로운 양도와 노동력의 자유로운 이동을 필요로 하는 것이었다. 결과적으로 개혁·개방은 당-국가의 정책 기조와 다른 양상으로 전개되어, 오늘날 약 2억 4,000만 명의 인구가 호구 소재지 이외의 지역에서 생활하고 있으며, 이들 상당수는 불명확한 토지 권리로 인해 주거시설의 합법-비합법의 경계가 모호한 도시 외곽의 성중촌에 거주하고 있다.

도시와 농촌 지역의 불균등한 발전으로 인해 이촌향도의 흐름이 생겨나고 도시에 이농민 주거 밀집지가 형성되는 것은 중국에서만 나타나는 현상은 아니다. 그러나 중국의 성중촌 현상은 계획경제 시기의 제도적 유산과 중국식 시장경제의 현실적 요구 사이에 존재한 모순이 도시에서 주거 공간의 문제로 표출되었다는 점에서 다른 나라의 그것과 그 발현 양상이 다르다. 또한 커다란 사회문제로 부각된 성중촌 현상에 대해 당-국가가 개입하는 방식도 다른데, 이는 중국식 사회 통치 방식의 중요한 단면을 드러내는 특징이기도 하다. 이러한 점에서 성중촌의 형성과 변화 과정은 도시 개혁이 시작된 이래 지난 30여 년간 중국 사회 변화의 성격을 이해하고 그 방향을 가늠해볼 수 있는 유용한 창이다.

이 글에서는 베이징 성중촌의 한 형태였던 동향촌同鄉村의 형성과 변화 과정에 대한 개괄을 바탕으로, 인구 및 도시 공간의 변화에 따른 베이징 지방 정부의 성중촌 재개발 정책을 비판적으로 조명해보고자 한다. 이 글에서 다루는 내용은 다음과 같다. 첫째, 개혁기 중국의 대도시에서 성중촌이 형성된 배경과 주요 요인을 계획경제 시기와 개혁·개방 시기의 제도적 모순을 중심으로 살펴본다. 둘째, 1990년대 베이징 성중촌의 형성 과정과 존재 양상을 허난춘河南村, 안후이춘安徽村, 저장춘浙江村 등 대표적인 동향촌의 사례를 통해 기술한다. 셋째, 2000년대 들어 성중촌이 확연하게 증가했음에도 불구하고 그것이 더 이상 동향촌의 형태를 띠지 않게 된 이유를 베이징의 유동인구 증가와 도시 팽창의 맥락에서 분석한다. 마지막으로, 2000년대 중반 이후 본격화된 베이징의 성중촌 개조사업의 주요 내용과 최근의 정책 변화를 분석하고 그 사회정치적 함의를 탐색한다.

2. 성중촌의 형성 배경과 요인

성중촌은 계획경제 시기의 제도적 유산이 시장경제체제 아래서 인민들의 요구와 상충하며 생겨난 여러 모순 때문에 1990년대 이후 도시에서 주거 공간의 형태로 발현된 것이다. 여기에는 호구제도를 통한 농민의 도시 이주 제한, 도농 및 지역 불균등 발전 정책에 따른 대량의 이농민 발생, 유동인구 관리 정책을 통한 외래 이농민 단속, 도시의 단위單位 제도를 통해 도시민들에게만 배타적으로 제공되었던 각종 사회보장 혜택, 호구제도를 통한 거주민 관리 방식의 제도적 공백, 국가 소유인 도시 토지 편향의 토지관리 및 개발 정책, 도시 발전과 팽창 속도에 미치지 못한 도시개발계획 등 다양한 요인이 복합적으로 얽혀 있다. 이러한 제도적 유산과 새로운 요구 간의 모순으로 인해 도시의 일부 지역에서 특수한 형태의 주거 공간이 상품화되는 가운데 성중촌이 생겨난 것이다. 따라서 성중촌의 형성 과정과 특성을 이해하기 위해서는, 왜 특정 지역에서 저렴한 주거 공간에 대한 수요와 공급이 생겨났으며, 그에 대한 국가의 관리 체계가 어떠했는지를 살펴보는 것이 필요하다.

먼저, 주요 수요자인 이농민의 도시 유입에 대해 살펴보자. 개혁·개방 이후 도시의 급속한 발전과 달리 농촌의 경제 사정은 계속 악화되어 농촌을 등지는 이농민의 숫자가 지속적으로 증가했다.[1] 민공조民工潮로 불리는 이촌향도의 물결은 1980년대 초반 도시 개혁과 함께 시작되었으며, 1992년 덩샤오핑鄧小平의 남순강화南巡講話 이후 시장경제가 활성화됨에 따라 본격화되었다. '농민공農民工'으로도 불리는 이들은 중국의 경제성장과 도시 발전에 필수 요소인 저렴한 노동력을 제공해왔다는 점에서 개혁·개방의 실질적 주체였다. 그러나 2000년대 중반 이전까지만 해도 유동인구 관련 법령을 어긴 경우가 대부분이었다. 이러한 비합법적인 체류 신분 때문에 이농민들은 여러 형태의 부당한 대우와 불이익을 감수해야 했으며, '쑨즈강孫志剛' 사건에서 보듯이 도시 내의 잠재적 범법자로 간주되어 집중 단속과 폭력적 관리의 대상이 되기도 했다.

새로운 경제적 기회를 찾아 도시로 떠나온 이농민들에게 도시는 우호적인 공간이 아니었다. 이농민들은 위법적 체류 신분으로 인한 불안감을 갖고 있으면서, 도시에서 생존과 생활에 필요한 여러 사회보장의 혜택을 향유할 수 없었다. 주택, 의료, 교육, 노후연금 등 각종 생활 수단과 복지 혜택이 도시호구 소지자에 한하여 도시 노동력의 수급을 관리하던 단위 조직을 통해 공급되었기 때문에, 도시호구를 가지지 못한 이농민들에게는 이러한 혜택의 기회

Note | 쑨즈강 사건

2003년에 일어난 쑨즈강 사건은 농민공의 처우 개선과 유동인구 증가에 큰 영향을 미쳤다. 이는 광둥성 광저우에서 후베이성 출신의 대졸 취업자가 임시 거주증(잠주증暫住證)을 소지하지 않았다는 이유로 수용소에 수감되어 구타를 당하고 사망한 사건이다. 광저우시정부는 이 폭행치사를 자연사로 은폐하고자 했는데, 이를 『남방도시보南方都市報』가 폭로하면서 전국적인 반향을 촉발했다. 이 사건 이후 유동인구 정책에 대한 비판적인 여론이 확산됨에 따라 2003년 6월 비합법 체류 유동인구의 수용 및 강제송환 제도가 폐지되었다.[2]

가 원천적으로 차단되었던 것이다. 도시에서 각종 제도적 차별과 비우호적인 생활 여건은 1990년대 후반 단위제도가 급속히 와해되기 전까지 극에 달했다.

이러한 열악한 여건에서 이농민들이 도시에 계속 잔류하는 데 관건이 되는 요소는 저렴하고 상대적으로 안정적인 주거지를 확보하는 일이었다. 단위를 통한 도시 주택의 실물 분배가 중지되고 주택 상품화 정책이 실시된 1998년 이전에는 주택의 매매가 매우 제한적이었기 때문에 이농민들의 주거는 모두 임차 형태였다. 농촌의 궁핍한 생활을 피해 도시로 떠나왔기에, 저렴한 임대료는 매우 중요한 요소가 아닐 수 없었다. 또한 공안公安이나 도시관리원(城管)의 정기 단속이나 불심검문의 위험도가 낮아 상대적으로 안전한 곳이어야 한다는 점도 빼놓을 수 없는 요소였다. 일반적으로 이러한 요건을 충족하는 곳은 도시의 근교, 즉 시가지와 농촌의 경계 지역이다. 이를 흔히 성향결합부城鄉結合部라고 칭하는데, 대부분의 성중촌은 이 지역에서 형성되

었다.[3]

주택 임대차 시장의 측면에서 성향결합부에 공급이 집중된 데는 이 지역 원주민들의 특수한 호구 신분 상태, 이중적인 토지관리 체계, 모호한 행정관리 체계 등 여러 요인이 작용했다.[4] 잘 알려진 바대로, 중국의 호구제도 아래서 모든 인민은 출생지의 행정구역 구분에 따라 농촌호구 또는 도시호구를 지니게 된다. 이에 더해, 호구 소지자의 종사 업종에 따라 농업호구와 비농업호구로도 구분되어 관리된다. 즉, 호구 소재지의 행정구역상 주소에 따라 농촌호구 또는 도시호구, 종사 업종에 따라 농업호구 또는 비농업호구로 이중으로 분류된다. 예컨대 베이징시의 농업 생산 지역에 거주하며 농업에 종사하는 농민은 베이징 도시호구인구이자, 동시에 농업호구인구로 분류된다.[5]

한편, 도시의 농업 생산 지역은 행정구역상 도시로 편제되어 있지만, 대부분의 경우에 그 토지의 소유권은 집체에 귀속되어 있다. 도시의 농민, 즉 농업호구 소지자는 행정구역상의 농촌 농민들과 마찬가지로 각 가구의 인구수에 따라 일정한 면적의 농지에 대한 사용권(경작권)과 함께 주택용지에 대한 권리를 무상으로 부여받으며, 주택용지 위에 건설한 주택에 대해서는 배타적인 사유재산권을 향유할 수 있다.[6] 이들은 도시 거민居民, 즉 비농업호구 소지자처럼 국가로부터 주택과 관련된 혜택을 제공받지 못하지만, 그 대신 농촌집체의 일원으로서 집체로부터 주택용지를 제공받아 주택을 건립할 수 있었다.

1990년대 들어 유동인구의 유입이 증가함에 따라 도시 근교에서 농업호구 소지자들이 갖고 있는 주택용지와 주택은 매우 중요한 자산이자 수입원으로 작용하기 시작했다. 일반적으로 개별 농가에게 제공되는 주택용지에는 실제 주택 면적 이외에도 뜰과 창고를 위한 공간까지 포함되었다. 이들은 이 점을 이용해서 여유 공간에다가 간이 건물을 불법적으로 신축하거나 기존 주택을 개조·확장한 뒤 저렴한 주거지를 찾는 외래 이농민에게 임대할 수 있었다. 이와 함께 농촌집체들 또한 집체 소유 농지의 일부를 임의로 전용하여 집단 주거시설을 건립하고 이를 이농민들에게 임대함으로써 상당한 부가수익을 올릴 수 있었다. 농업과 비농업 부문의 소득 격차가 확대되고 도시 발전의 혜택을 직접 누리지 못해 상대적 박탈감이 심해지던 상황에서 토지 사용 관련 법률을 어기면서 임대 수익을 추구하는 경향이 점차 확산되었던 것이다.

이렇게 성향결합부에 위법적인 주택 임대차 시장이 생겨나고 비합법 신분의 외래 이농민들이 집단적으로 거주하게 된 것은 이 지역의 행정관리 체계가 모호했기 때문이기도 하다. 일반적으로 도시의 농업호구 소지자들은 구區정부 – 향鄉정부 – 촌민위원회의 계통에 의해, 거민들은 구정부 – 가도판사처街道辦事處 – 거민위원회의 계통에 의해 관리되었다. 성향결합부 지역의 원주민은 대다수가 농민이었으므로 전자의 행정 체계에 따라 관리되었다. 반면, 도시계획과 개발에 관한 규정은 주로 시가지 지역을 관장하는 후자의 체계를 중심으로 입안·시행되었으며, 유동인구에 대한 통제도 도심과 거민 밀집 주거지역을 중심으로 전개되었다. 따라서 성향결합부는 두 계통의 행정 체계에 의해 관리되어야 하지만 실제적으로는 그 어느 계통에 의해서도 제대로 관리되지 않는 행정상의 공백 지대나 다름없었다.

2000년대 들어 성중촌 현상이 사회문제로 부각되기 전까지는 성향결합부의 농지 전용과 주택 건설 및 임대를 관리하는 행정 체계도 마련되어 있지 않았다. 농촌 토지의 소유권과 관리권 소재가 모호한 상태였기 때문에[7] 농촌의 토지는 다양한 층위의 농촌집체가 독자적으로 개발하는 경우가 많았다.

또한 하급 지방정부, 특히 향정부는 성중촌에 입주한 이농민들에게 각종 명목의 관리비를 부과하여 부족한 재정수입을 충당했으므로 농촌집체가 토지 관련 규정을 위반하고 있다는 사실을 알면서도 이를 묵인하거나 오히려 부추기는 경우도 빈번했다. 그뿐만 아니라 향정부는 2000년대 초반 주택 시장의 활성화를 배경으로 집체 토지 위에 부동산 개발상들이 신축한 아파트와 주택단지에다 재산권을 부여함으로써 상품 가치가 제한된 주택(小產權房) 문제의 원인을 제공하기도 했다. 어떤 의미에서는 지방정부 역시 외래 이농민의 밀집 거주지인 성중촌의 형성 과정에서 큰 역할을 담당했던 셈이다.

3. 베이징 동향촌의 형성과 변화

동향촌은 같은 고향 출신의 이농민들이 집단적으로 거주하는 성중촌의 한 형태이다. 베이징의 경우 1990년대를 거치면서 저장춘浙江村, 안후이춘安徽村, 신장춘新疆村, 허난춘河南村, 푸젠춘福建村 등 여러 동향촌이 생겨났으며, 1990년대 중반에는 이들 동향촌이 약 20개에 달했던 것으로 추정된다. 그러나 2000년대 도시 재정비 과정을 거치면서 현재는 대부분의 동향촌이 사라지고 저장춘만 다른 모습, 다른 성격으로 남아 있을 뿐이다. 호구제도가 온존해 있던 상황에서 동향촌이 형성되고 변화된 과정은 이농민들의 생존 전략과 지방정부의 관리 방식 변화와도 밀접한 관련이 있다. 몇몇 주요 동향촌의 역사는 2000년대 이후 베이징시정부가 추진 중인 성중촌 개조사업의 성격을 가늠할 수 있는 근거를 제공해준다. 여기에서는 특히 세 가지 사례를 살펴볼 것이다. ① 도시 개발과 유지에 필수적인 업종에 동향인들이 집중 종사하였

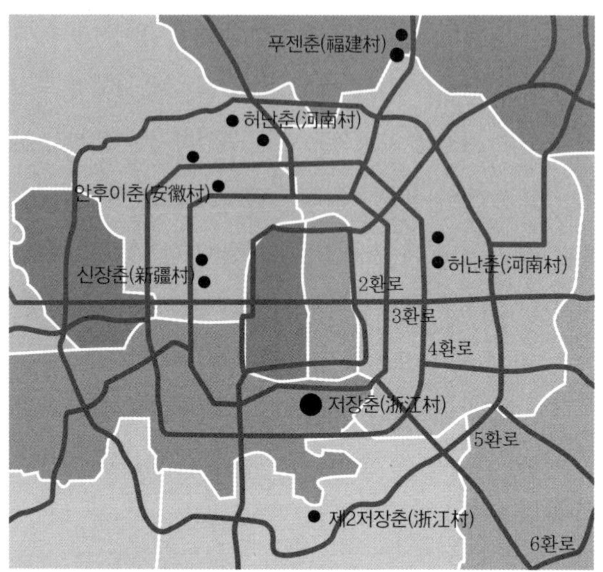

〈그림 1〉 베이징의 주요 동향촌 위치

1990년대와 2000년대 초반에 걸쳐 베이징에 출현했던 주요 동향촌의 위치를 표시한 그림이다. 대부분의 동향촌이 3환로와 4환로 주변에 위치하고 있다. 2000년대 초반 도시재개발 과정에서 모두 철거되고 현재는 저장춘만 이름을 유지하고 있으나, 그곳 역시 더 이상 동향촌의 속성을 지니고 있지 않다.

* 출처: 현지 조사와 참고 자료를 바탕으로 필자가 작성.

으나 도시재개발 과정에서 외곽으로 퇴출된 허난춘과 푸젠춘, ② 비록 동향촌으로서 갖는 결속력은 약했으나 업종을 통해 네트워크가 유지되었다가 결국 종사 업종의 쇠락과 함께 소멸된 안후이춘, ③ 가장 규모가 크고 폐쇄성이 강했으나 시정부로부터 많은 통제를 받은 저장춘의 사례이다.[8]

1) 허난춘과 푸젠춘

베이징의 허난춘은 생계유지를 위해 베이징으로 이주한 이농민들의 요구,

그리고 도시 발전에 꼭 필요하지만 어렵고(苦), 힘들며(累), 더럽고(髒), 위험한(險) 업종을 담당할 수 있는 저임금 노동력에 대한 도시의 요구가 합치하면서 형성된 이농민 집거지의 전형적인 사례이다. 허난춘은 주로 생활폐기물과 가전폐품 등의 쓰레기를 수집하여 판매하는 허난성 출신의 이농민들이 집단적으로 거주하던 성중촌으로, 1980년대 초·중반 하이덴구海淀區 얼리좡二里庄과 차오양구朝陽區 더우거좡豆各庄 및 웨이즈컹葦子坑 지역에 형성되었다.

허난성 이농민들은 주로 건설 현장의 계약직 노동자로 베이징에 진입하였으며 노동시간 외의 남는 시간에 폐품을 수집하여 수거 업체에 내다 팔았다. 일용직 건설 노동보다 폐품 수집을 통한 수입이 더 많다는 사실을 알게 되면서 본격적으로 이 업종에 뛰어들었는데, 폐품을 분류·보관할 공간과 인력이 필요해짐에 따라 동향촌의 형태로 집거하기에 이르렀다. 허난춘 이농민들의 폐품 관련업은 1990년대 들어 그 규모가 확대되었다. 도시가 팽창하면서 생활쓰레기와 각종 폐기물이 급속히 늘어남에 따라 국가가 운영하던 폐품 수집 처리장들에서는 더 많은 인력이 필요했으나 정작 국영기업 취업이 가능했던 베이징 시민들은 이 업종을 기피하여 인력난에 봉착했다. 그에 따라 국영 업체들은 관련 업무와 용지를 인근의 농민들에게 하청과 임대의 형태로 양도했는데, 이후 농민들이 다시 허난춘의 이농민들에게 재임대하면서 규모가 확대된 것이다.

허난춘은 베이징의 도시 기능이 제대로 작동하는 데 큰 역할을 담당했으나, 2000년대 중반 시정부가 전면적으로 추진한 성중촌 개조사업에서 자유로울 수 없었다. 얼리좡의 허난춘은 지역 재개발사업에 따라 상당히 이른 시기인 1992년에 철거되어 서북쪽 바자춘八家村으로 옮겨갔다. 바자춘은 1990년대 들어 인근 중관춘中關村 지역이 IT산업과 제품 판매의 중심지로 급성장하자 그 후광으로 컴퓨터를 비롯한 각종 IT 관련 폐품의 집산지로 특화되었다. 2000년대에 들어서는 허난성뿐만 아니라 타지 출신의 이농민들도 대거 유입되면서 그 규모가 확대되었다. 더우거좡과 웨이쯔컹의 허난춘은 2000년대 중반까지 꾸준하게 유지되었다. 그러나 2005년 이 지역의 성중촌이 개조 대상으로 지정되면서 불법 폐품 수집장이 철거되었고, 지금은 대형 아파트 단지가 들어서고 있다. 이 지역을 떠난 일부 이농민은 바자춘으로 이주했지만, 바자춘 또한 2010년 개조 대상으로 지정된 이후 2015년에 완전히 철거되었다.

한편, 푸젠춘은 1980년대 후반 베이징 시가지의 건설 붐을 배경으로 형성되었다. 개혁·개방 이후 주거시설과 대형 건물이 대거 신축되고 1990년 아시안게임을 준비하는 과정에서 건축자재에 대한 수요가 급증했다. 그에 따라 건자재 업종에 경험이 있는 외지 이주민들이 소규모의 자본을 가지고 베이징 외곽에 정착했는데, 푸젠성 출신이 그 다수를 점하였다. 당시 베이징 건자재 시장에 푸젠성 이주민이 많았던 것은 푸톈莆田과 취안저우泉州 등 푸젠성의 주요 지역에서 벽돌·시멘트·타일 등 건축 외장재와 위생 설비 자재 제조산업이 일찍부터 발전했기 때문이다. 현재도 중국의 욕조·타일 등 건축 위생 설비 시장에서는 푸젠성에 적을 둔 기업이 전국 판매량의 80%를 점하고 있을 정도로 그 영향력이 크다.

1980년대 후반 이들은 베이징 시내에서 북쪽으로 뻗은 안리루安立路와 현재 지하철 13호선이 교차하는 지점인 리수이차오立水橋의 이북 지역에 정착했다. 베이징의 푸젠춘에는 푸젠성 출신과 광둥성廣東省 출신의 이주민들이 혼재해 살았는데, 이는 광둥성 이주민들이 건자재 시장의 또 다른 주요 품목인 알루미늄과 합금 자재를 판매했기 때문이다. 1998년 도시 주택의 상품

거래가 법제화된 이후 아파트 신축과 리모델링 붐이 일면서 푸젠춘 이주민들은 본격적인 특수를 누렸다. 리수이차오 일대는 푸젠 건자재 시장으로 불릴 정도로 널리 알려졌으며, 푸젠춘은 차오양구를 넘어 창핑구昌平區 둥샤오커우東小口 일대로 확대되었다. 푸젠춘 이주민들은 대부분 건자재 시장 인근의 농지를 임차하여 도로 좌우에 울타리를 두른 공간에 알루미늄판으로 만든 임시 가건물을 자재창고 겸 거주 공간으로 사용했다. 이곳에서 자본을 축적한 일부 사업가들과 뒤늦게 유입된 푸젠성 자영업자들은 1995년 차오양구 스바리뎬十八里店 향정부가 주도하여 건립한 스리허十里河 건자재 용품 거리에 입주했다. 이곳에는 다양한 지역 출신의 이주민들이 입주했지만, 업종 자체는 푸젠성 이주민들이 주도했다.

2003년 지하철 13호선과 5환로가 잇달아 개통되고 리수이차오 일대가 도시재개발 범위 안에 포함되면서 대규모의 주택과 상가 건물이 들어서기 시작했다. 그에 따라 토지임대료가 급상승하는 한편, 불법 가건물에 대한 시정부의 단속과 철거도 강화되었다. 푸젠춘 이주민의 일부는 더 안쪽의 농촌지역으로 이주했지만, 상당수는 2009년 6환로가 개통된 후 6환로 서북쪽 밖의 수이둔水屯 지역으로 옮겨가고 있다. 합법적 공간인 스리허 건자재 용품 거리는 2015년 시정부로부터 도시발전계획과 상충된다는 이유로 철거 명령을 받았다. 베이징의 도시 팽창 과정에서 임대료 상승과 정부의 단속 및 개입으로 인해 사실상 사라지거나 유명무실해진 것이다.

2) 안후이춘

안후이춘은 1980년대 중·후반 안후이성 농민들이 하이뎬구 일대에 정착함에 따라 형성되었다. 농촌 경제 사정이 특히 열악했던 안후이성의 이농민들은 대부분 생계형 이농의 특징을 띠었다. 이들은 농지와 국가기관 부지가 혼재되어 있던 즈춘루知春路와 청푸루成府路 부근에 정착하였는데, 특히 청푸루의 남북쪽 일대에는 베이징대北京大, 칭화대清華大, 중국과학원 등 대학 소유의 교직원 숙소가 많이 분포하고 있었다. 이들은 인근 농촌으로부터 공급되는 채소와 과일 등의 농작물과 각종 식품을 도시민에게 판매하며 생계를 꾸려나갔다. 당시 즈춘루의 남쪽 다중쓰大鍾寺 지역에는 대형 농수산물 도매시장과 건자재 시장이 있어 타지의 이농민들도 많이 모여들었다. 그에 따라 이 일대는 다양한 지역 출신의 이농민들이 농산물 판매, 건축 장식, 자전거 수리, 폐품 수거 등 다양한 업종에 종사하는 복합적인 이농민 거주지로 변화했다. 안후이 이농민들이 비교적 이른 시기에 정착하고 타 지역 출신에 비해 상대적으로 숫자가 많아 안후이춘으로 불렸으나, 동향촌으로서의 정체성과 결속력은 상당히 약한 편이었다.

1990년대 초·중반 안후이춘에도 커다란 변화가 일어났다. 서쪽으로 멀지 않은 거리에 있던 중관춘이 남순강화 이후 창업 열풍과 때마침 시작된 전 세계적 컴퓨터(PC) 산업의 급성장을 배경으로 PC를 비롯한 IT산업의 중심지로 급부상한 것이다. 베이징의 PC 수요가 급증하고 이 지역에 수많은 PC 조립·판매업체들이 생겨나면서, 중관춘은 컴퓨터 거리(電腦一條街)로 불리며 급속하게 팽창했다. 중관춘의 IT 열풍은 안후이춘 이농민들의 생업 및 주거 패턴을 완전히 바꾸어 놓았다. 야채 가게 건물과 연립주택 한켠에 '○○컴퓨터회사' 간판이 들어서고 손님들로 붐볐다. 안후이춘 이농민들은 PC 조립·판매업체의 손님 끌기나 배달 등의 일을 도와주면서 이 일이 훨씬 많은 수익을 가져다준다는 사실을 알아챘다. 이에 안후이성 이농민들 가운데 자본력이 있는 이들은 채소 가게를 PC 가게로 바꾸고 인근의 대학생들을 고용하여 사업에 뛰어드는가 하면, 다른 상당수는 PC업체에 고용되어 단순한 업무에 종사했다.

PC 관련 지식이나 자본이 없는 경우에는 VCD나 DVD 판매에 눈을 돌렸다. 1990년대 중반 PC 사용이 보편화되고 모든 PC에 광학기기가 부착되면서 각종 소프트웨어와 영상물에 대한 수요가 폭발적으로 증가했지만, 이들 소프트웨어와 영상물의 가격은 정작 당시 일반인으로서는 쉽게 구매하기 힘든 수준이었다. 이런 까닭에 디지털 복제 기술을 바탕으로 각종 불법 복제물들이 생산되고 널리 유통되기 시작했는데, 베이징에서 그 유통의 중심지가 바로 중관춘 지역이었다. 불법 VCD와 DVD 유통에 일찍 발을 들여놓은 안후이 이농민들은 정부의 느슨한 단속과 폭발적인 수요를 배경으로 2000년 무렵까지 엄청난 수익을 향유할 수 있었다. 불법 업종에 종사하던 안후이 이농민들은 신뢰할 수 있는 동향 네트워크를 바탕으로 생산, 운반, 도매, 소매로 이어지는 일련의 산업사슬을 구축했으며, 이런 방식으로 2000년 무렵에는 중관춘 불법 DVD 유통시장의 80% 이상을 장악했다.

2000년대에 들어 안후이춘 이농민들은 또 다른 변화에 직면했다. 중관춘 지역과 인접한 4환로의 서북쪽 노선 건설과 중관춘 서구에 대한 개발사업이 본격화된 것이다. 이곳 주변의 크고 작은 이농민 집거지가 철거되고 고층 아파트와 초현대식 오피스텔이 속속 들어서면서 이곳에 정착해 살았던 이들도 뿔뿔이 흩어졌다. 뒤늦게 진입한 안후이 이농민들은 원명원圓明園 부근 등 여러 지역 출신의 이농민들이 혼재해 있는 외곽의 성중촌에 정착했다. 불법 DVD 유통업자들이 집중적으로 거주하며 상대적으로 동향촌의 성격을 늦게까지 유지했던 청푸루 이남의 안후이춘은 이 부지의 소유 기관인 베이징대학이 2002년 봄에 기존 건물을 전면 철거함에 따라 완전히 자취를 감추었다. 그 대신 이 지역에는 2008년부터 현대적이고 말끔한 외관의 베이징대학 게스트 하우스와 유학생 기숙사 건물들이 들어섰다.

3) 저장춘

베이징의 저장춘은 동향촌 형태를 포함한 중국의 모든 성중촌 중에서도 가장 널리 알려져 있으며 많은 연구가 이뤄진 곳이다. 행정구역상으로는 펑타이구豐台區 난위안향南苑鄉 다훙먼大紅門 지역에 해당한다. 이 지역은 원래 도축장과 경작지로 이루어진 낙후된 농촌이었다. 그러다가 1980년대 초반부터 저장성 원저우溫州 출신의 이농민들이 유입되면서 점차 의류 생산지로 개발되어 1990년대에는 베이징에서 가장 큰 저가 의류 생산 및 판매지로 발전했다. 초창기에 정착한 저장춘 이주민의 상당수가 이미 원저우에서부터 저가 의류 생산과 판매에 종사해왔던 자영업자라는 점에서 다른 이농민 집단과는 상당히 달랐다. 이들이 베이징에 정착한 주된 이유는 취업보다는 시장에 있었으며, 이들이 형성한 성중촌 역시 단순한 거주 공간이 아니라 생산과 판매 시장을 겸하는 공간이기도 했다.

다훙먼 지역은 의류 생산과 판매를 목적으로 했던 원저우 이주민들에게 여러 면에서 이상적인 공간이었다. 전형적인 성향결합부에 해당하는 이 지역에는 의류 생산과 판매에 필요한 공간을 임차할 수 있는 많은 농가가 있었고, 대형 의류 시장이 집중되어 있는 베이징의 중심부와 가까웠을 뿐만 아니라 물류 운송과 인적 왕래를 위한 교통 여건도 편리했다. 게다가 이 지역은 농업 생산 지역으로 분류되어 베이징시정부의 직접적인 관리를 피할 수 있었다. 이러한 배경을 바탕으로 저장춘은 유입 인구가 꾸준히 증가하고, 의류 생산 및 판매 규모도 확대되었으며, 저장인들 중심의 독자적인 사회경제적 공간으로 변모했다. 그러나 이곳의 발전은 다른 한편으로는 시정부의 시선이 집중되는 결과를 초래하여, 이들의 주택과 판매 공간이 불법으로 규정되고 결국 그에 대한 정리와 유동인구에 대한 단속이 반복되었다.

1992년 덩샤오핑의 남순강화는 베이징시정부와 펑타이구정부의 유동인구 정책에도 상당한 영향을 미쳤다. 저장 이주민들에게서 거둬들인 임차료와 세금 등으로 재정수입이 뚜렷하게 증가하자, 유동인구 정책에 대한 구정부의 기조가 단속과 추방에서 관리로 전환된 것이다. 더 나아가 펑타이구정부는 원저우시정부와 협조하여 저장춘 원저우인들이 그들의 자본을 바탕으로 5층 규모의 징원京溫 시장 상가 건물을 건립할 수 있도록 추진했다. 징원시장이라는 합법적인 매장이 생겨난 후 저장춘의 유동인구 수는 폭발적으로 증가했다.

유입 인구의 증가로 인해 거주 및 생산 공간이 부족해지자, 자본을 축적한 일부 원저우인들은 구정부와 협상을 통해 대규모의 토지를 임대한 뒤 그 위에 '대원大院'이라 불리는 대규모의 공동주택을 건립했다. 그에 따라 소규모의 원저우 자영업자들은 대원 내 공간을 재임차하여 한층 안정적인 방식으로 주거와 생산 공간으로 활용할 수 있게 되었다. 그뿐만 아니라 담으로 둘러싸인 폐쇄적인 구조의 대원은 외부 세계와 단절된 원저우인들만의 공간으로 작용했다.

그러나 원저우 이주민들의 독립적인 공간이 된 대원은 또 다른 문제를 야기했다. 바로 그 폐쇄성과 독립성 때문에 베이징 지방정부는 대원을 통치권에 대한 위협으로 여기기 시작한 것이다. 또한 대원이라는 건물을 통해 원저우인들이 베이징 토지의 일부를 실질적으로 지배하고, 대원의 존재로 유동인구의 유입이 더 가속화되는 현상도 문제였다. 유동인구의 폭발적인 증가 현상이 전국적인 사회문제로 부상하자, 베이징시정부는 1995년 유동인구 집단 거주지에 대한 대대적인 정리·정돈 작업을 전개하는 한편, 이농민 단속을 대폭 강화했다. 당시 베이징의 최대 유동인구 밀집지이자 저장인들의 폐쇄적인 공간이었던 저장춘 대원은 핵심적인 정리 대상의 하나였다. 결과적으로 저장춘에 건립된 48개의 대원은 그해 12월까지 모두 철거되었다.

대원이 철거됨에 따라 저장춘의 확장세는 상당히 위축되었다. 그러나 저장춘의 이주민들은 2000년대 초반 베이징시정부의 도시재개발사업에 호응하며 의류업을 통해 축적한 부를 기반으로 새로운 의류 전문 백화점 건설에 참여했다. 이후 다훙먼 일대에 원저우 및 타지 출신의 이주민들도 꾸준히 증가하여 2004년에는 베이징 호구 소지자 1만 4,000명, 유동인구 9만 6,000명의 규모로 확대되었다. 오늘날에도 다훙먼 지역은 저장성 이주민이 다수를 차지하고 있으며 여전히 저장춘으로 불리기도 한다. 그러나 이 저장춘은 더 이상 1980~1990년대와 같은 성중촌의 모습이 아니며, 폐쇄적인 동향 공동체도 아니다.

다훙먼 일대가 대형 복합의류상가와 백화점이 즐비한 의류 유통과 판매의 중심지로 변모함에 따라 저장춘 사업가들은 좀 더 저렴한 또 다른 생산 공간을 찾아야 했다. 2000년대 중반 이후 상당수의 사업가들은 난위안루南苑路를 따라 5환남로 안쪽의 다싱구大興區 주공진舊宮鎮 난샤오제南小街 지역으로 이주해갔다. 그에 따라 이 지역이 잠시 제2의 저장춘으로 불렸다. 그러나 2011년 의류공장에서 대형 화재가 발생하자 다싱구정부는 저장인들이 세운 불법 건축물을 대대적으로 철거해버렸다. 난샤오제를 떠난 일부 업체들은 더 남쪽 외곽의 5환남로에 인접한 신개발공업구로, 최근에는 베이징의 경계를 넘어 허베이성河北省 융칭현永清縣으로 이주하고 있다. 베이징시정부가 의류 생산공장 건립 신청을 계속 반려하자, 일부 사업가들이 베이징과 톈진 중간에 위치한 융칭현에 대규모 토지를 임차하여 새로운 공장과 유통센터를 건립한 것이다.

4. 2000년대 베이징 성중촌 현상과 제도적 병목

베이징의 동향촌은 이농민 사회의 보편적인 작동 방식을 선명하게 보여주는 공간적 무대이자, 동시에 과도기 특수한 형태의 성중촌이었다. 동향촌에 이농민 사회의 보편적 특성이 나타나는 까닭은 낯설고 비우호적인 도시환경 속에서 동향이라는 요소가 정서적 안정을 줄 뿐만 아니라 생존을 모색하는 데 큰 역할을 했기 때문이다. 실제로 도시에 대한 사전 지식이 거의 없는 예비 이농민들에게는, 일찍 대도시에 정착하여 춘절 기간에 고향을 방문한 동향인들로부터 듣는 정보가 이농을 결정하고 도시와 업종을 선택하는 데 결정적인 영향을 미치는 요소였다. 그뿐만 아니라 불심검문과 송환의 위험이 상존하고 각종 제도적 차별과 사회적 질시를 감수해야 하는 상황에서 동향관계는 친족 관계와 더불어 매우 유용하고 신뢰할 수 있는 사회적 자원이었다. 따라서 다양한 지역 출신의 이주민들과 원주민들이 혼재하는 성중촌에서 비록 동향촌의 형태는 아닐지라도 수십, 수백 명의 동향인들이 직간접적인 네트워크를 유지하는 것은 일반적인 현상이었다.

개혁 초기에 국가의 유동인구 관리 방식도 성중촌이 대체로 동향촌의 형태를 띠게 된 배경으로 작용했다. 구체제의 제도가 그대로 작동하고 있는 상황에서 지방정부는 성중촌 및 동향촌의 문제를 도시계획이나 재개발의 관점이 아닌, 호구제도에 근거한 비합법 체류 인구의 추방이라는 기조 위에서 해결하고자 했다. 특히 1990년대 중반 유동인구 문제가 최대 사회 현안으로 떠올랐을 때, 법령을 집행하는 당사자들은 이농민들이 어느 지역에 집중적으로 거주하고 어떤 업종에 주로 종사하는지의 문제보다 불법적 신분의 유동인구가 가시적으로 존재한다는 사실 자체를 더 큰 문제로 인식했다. 그에 따라 유동인구에 대한 단속은 주로 길거리 단속의 형태를 취했는데, 도시의 질서와 치안을 강화한다는 취지로 1998년에 신설된 도시관리반(城管大隊)의 사실상 핵심 업무도 길거리에서 외래 이농민을 단속하는 일이었다. 이렇게 강압적인, 그러나 거주 공간에 대해서는 상대적으로 무관심했던 유동인구 관리 방식은 주거와 업종의 측면에서 이농민들이 더욱더 동향 네트워크에 의존하게 되는 배경으로 작용했다.

베이징을 비롯한 대도시에서 실시된 이러한 정책은 유동인구 유입량의 증가 속도를 일시적이긴 하지만 상대적으로 더디게 했다는 점에서 일정한 효과를 발휘한 것처럼 보일 수도 있다. 그러나 이런 방식은 저장춘의 사례에서 알 수 있듯이 오히려 다양한 형태의 저항을 불러일으키고 동향 관계의 끈을 강화시키는 계기로 작용하기도 했다. 또한, 안후이춘의 사례에서 볼 수 있듯이 정부의 통계에는 반영되지 않지만 도시경제의 실질적인 한 축을 담당하는 광범위한 비공식 경제 또는 지하경제의 영역을 만들어내기도 했다. 심지어 2000년대 초반에는 이농민 노점상들의 개별적이면서도 연쇄적인 폭력적 저항을 야기하는 등 많은 부작용을 초래하기에 이르렀다.

2000년대 초반 베이징의 도시 정책과 유동인구 정책은 이전과는 다른 양

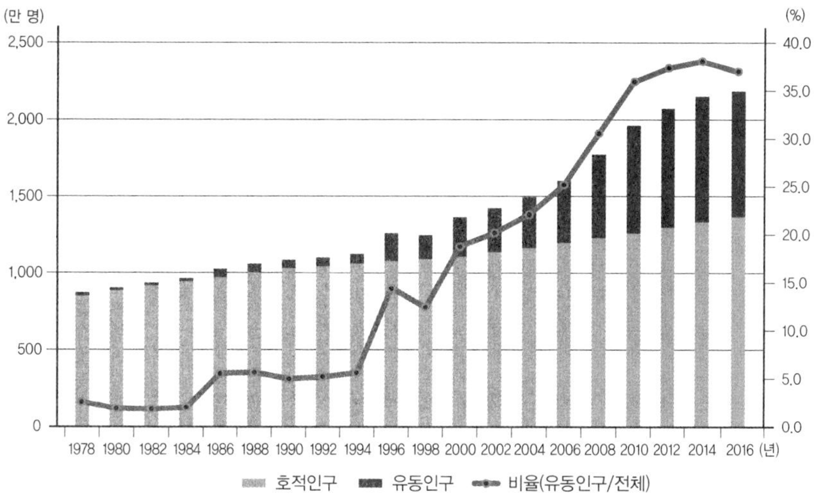

〈그림 2〉 베이징시의 호적인구, 유동인구 및 비율 변화 추이

1978년부터 2016년까지 연도별 베이징시의 호적인구와 유동인구, 그리고 전체 상주인구 중 유동인구의 비율을 나타낸 도표이다. 유동인구의 절대 수량은 1990년대 후반 또는 2000년대 초반부터 확연한 증가세를 보이며, 상주인구 대비 유동인구의 비율은 2000년대 중반부터 급속하게 증가하고 있다. 그러나 2014년 이후 최근 몇 년간 그 비율은 감소하고 있다.

* 출처: 베이징시통계국 자료를 바탕으로 필자가 작성.

상을 띠기 시작했다. 그 변화는, 강압적인 통제 정책의 부작용이 표면화되고 베이징 올림픽 준비를 위한 도시 재정비의 필요성이 제기되었다는 점 외에도, 유동인구의 폭발적인 증가, 인구 밀집으로 인한 도시 기능의 저하, 부동산 시장의 열기로 인한 주택 가격의 상승, 근교 지역의 무분별한 개발과 그에 따른 토지 및 주택 시장의 혼란 등을 포함한 여러 압력 요인에 의해 추동되었다. 사실 이 요인들은 올림픽이라는 요인을 제외하면 중국 대부분의 대도시가 시간적인 선후만 다를 뿐 공통적으로 안고 있는 문제였는데, 그 핵심은 유동인구의 절대량이 급증했다는 점이다.

베이징시가 고수했던 유동인구 통제 방식은 2000년대 초반에 들어 뚜렷

Note | 중국의 인구 분류법 및 관련 용어

중국의 인구는 국가통계국, 공안국, 지방정부 등 여러 기관에 의해 산출되며, 인구조사 기관, 목적, 시기 등에 따라 분류 범주와 용어도 약간씩 다르다. 국가통계국은 국가의 각종 정책 수립에 필요한 인구 현황을 파악하기 위해 매 10년마다 전국적인 차원에서 전수조사를 실시하는데, 실제 거주 인구의 현황을 반영하는 상주常住인구를 중시한다. 상주인구에는 조사 시점을 기준으로 ① 관할지에 거주하는 관할지 호구 소지자, ② 외지 호구 소지자이지만 관할지에 등기하고 6개월 이상 거주 중인 자, ③ 출타 중인 관할지 호구 소지자 중 6개월이 초과되지 않은 자, ④ 호구 변경 등의 이유로 인해 관할지 호적부에 등기되지 않은 관할지 거주자 등이 포함된다. 유동인구를 관리하는 공안국에서는 그 업무 특성상 호적부 등기 여부를 중시한다. 관할지의 호적부에 등기된 자, 즉 관할지 호구 소지자를 호적인구로, 타지 호구를 소지한 채 관할지에 6개월 이상 체류 중인 자를 유동인구로 분류한다. 국가통계국 상주인구 범주 중 ②가 바로 유동인구에 해당하는데, 관련 법규상 관할지 공안국에 등기하고 잠주증을 발급받아야 하기 때문에 잠주인구로 불리기도 한다. 2000년대 후반부터 주요 대도시들이 잠주증 제도를 폐지 또는 개선하는 추세에 따라 잠주인구라는 용어는 잘 쓰이지 않는다.

베이징시통계국은 2008년에 발행된 『2007년 인구조사통계』 자료부터 그 이전까지 사용해 왔던 호적인구-잠주인구의 구분 대신, 상주인구-외래인구의 분류법을 적용하고 있다. 변화된 분류법에 따르면 상주인구는 베이징시 호적인구와 (상주)외래인구를 포함하는 상위의 개념이며, 통계자료에는 시 호적인구를 제외하고 (전체)상주인구와 (상주)외래인구의 수치만을 제시하고 있다. (상주)외래인구가 바로 유동인구에 해당하기 때문에, 이 글에서는 논의의 연속성을 위해 유동인구라는 표현을 사용한다.

한 한계를 드러내기 시작했다. 2000년 무렵부터 베이징의 상주常住인구가 급증했는데, 이는 〈그림 2〉에서 볼 수 있듯이 호적인구보다 유동인구(상주외래인구)의 증가에서 비롯된 것이다. 2000년대 중반 이후에는 이러한 상황이 더욱 심화되어 전체 상주인구 중에서 유동인구가 차지하는 비율도 급속하게 증가했다. 게다가 베이징의 실제 인구 상황은 〈그림 2〉에 제시된 것보다 훨씬 심각했는데, 왜냐하면 통계자료상의 유동인구는 그 정의상 호구 소재지 이외의 지역에서 잠주증暫住證이나 거주증 등을 발급받아 6개월 이상 거주한 사람만을 포함하기 때문이다. 앞서 언급한 2003년 쑨즈강 사건의 영향으로 강제수용 및 송환 제도가 폐지되기 전까지 경찰과 도시관리반의 주된 단속 대상이 잠주증 등을 발급받지 않은 이농민이었다는 사실을 고려하면, 베이징에 실제 거주하던 외래 이주민의 숫자는 유동인구로 제시된 숫자를 훨씬 넘어설 것이다.

외래유동인구의 폭발적인 증가에 따라 시가지 지역이 과밀화되고 도시 기능이 현저하게 저하되면서 베이징 도시재개발 문제가 대두되기 시작했다. 도시 주택에 대한 상품 거래 정책이 전면 실시된 이후 곧이어 부동산 시장의 열기와 함께 아파트 건설 붐이 일어났다. 교통이 편리한 시내 중심부의 2환로와 도시민들의 밀집 거주지였던 3환로 주변, 그리고 외곽으로 뻗친 주요 방사 도로를 따라 고급 아파트 단지, 대규모 상가, 고층 빌딩이 속속 들어섰으며, 그 범위는 금세 4환로 범위로 확대되었다. 크고 작은 동향촌 및 성중촌이 산재해 있던 4환로 주변의 성향결합부가 도시재개발의 중점 대상이 되었으며, 2003년 5환로 개통 이후 그 범위는 더 외곽 지역, 즉 대부분의 토지가 집체 소유였던 농업 생산 지역으로까지 확대되었다. 베이징 사람들은 도시가 이렇게 각각의 외곽순환도로를 기점으로 점점 방사형으로 확대, 팽창하는 양상을 '반죽 늘리기(攤大餠)'라고 부른다.

이러한 건설 붐과 도시 팽창 현상은 베이징시정부에 새로운 과제를 남겼다. 상주인구의 총수가 당시 한계치로 여겨졌던 1,800만 명을 넘지 않도록 유동인구의 유입을 억제하는 한편, 도시의 확대 발전을 위해 낙후된 성중촌을 재개발해야 한다는 문제였다. 그러나 대부분의 성중촌이 위치한 성향결합부 지역의 토지제도와 호구제도 간의 구조적 모순이 도시 개발의 제도적 병목으로 작용하고 있었다. 즉, 시가지 과밀화로 인해 도심의 기능을 외곽으로 이전해야 함에도 불구하고 농업인구가 생활하는 집체 소유의 토지를 시정부가 직접 개발할 권리가 없었던 것이다. 베이징시정부는 이 같은 제도적 병목 문제를 해결하기 위해 새로운 도시 정책을 단계적으로 시행했다.

새로운 정책의 기조는 인구 문제를 호구제도의 차원을 넘어 도시 개발의 차원에서 해결하려는 것이었으며, 그 핵심은 성중촌 개조사업이었다. 그 첫 단계로, 베이징시는 2002년부터 농업호구 신분의 인구를 도시호구 신분으로 전환하는 정책을 추진했다. 농업호구 인구를 비농업호구로 전환(農轉非)하는 대상을 이전에는 입대나 국유기업 취업 등에 한해 제한적으로 실시했지만, 이를 한층 광범위하게 적용함으로써 개인 호구 신분의 전환 폭을 확대해 나갔다. 더 나아가 개별 농민을 넘어 농가 가구 단위로 농업호구 신분을 비농업호구, 즉 도시 거민 신분으로 전환(農轉居)하는 정책을 적극 실시했다. 농민에 대한 신분 전환 정책에 이어 행정적 관리 체계 개편도 뒤따랐다. 더 이상 촌민위원회가 아닌 거민위원회가 관리하도록 개편(村改居)했던 것이다.[9]

2002년 11월 스징산구石景山區 50개 자연촌의 1만 5,000여 농민을 대상으로 호구 전환 정책이 본격적으로 시작되었다. 신분 전환에도 불구하고 집체 소유의 농지에 대한 사용권과 농가 주택지에 대한 권리를 보장한다는 전제

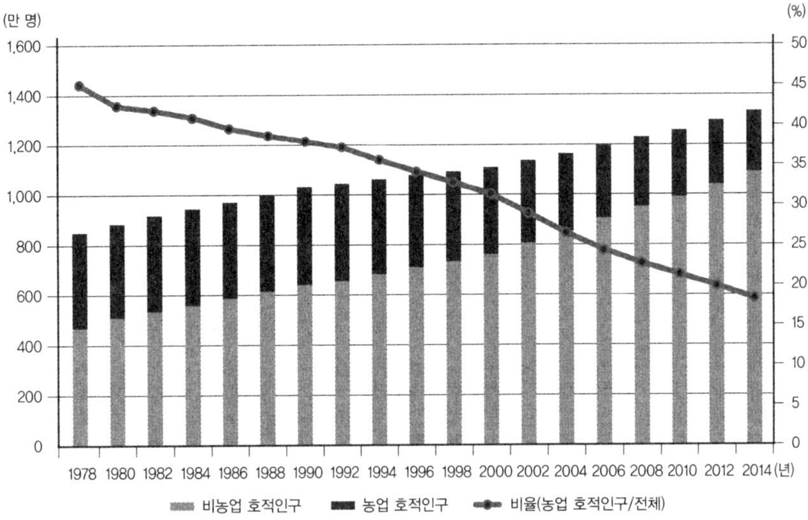

〈그림 3〉 베이징시의 비농업-농업 호적인구의 변화 추이
1978년부터 2014년까지 베이징시의 비농업 호적인구와 농업 호적인구의 변화 추이를 나타낸 도표이다. 전체 시 호적인구 중 농업 호적인구의 비율은 지속적으로 감소해왔는데, 특히 2000년대 초반의 몇 년간 그 감소 폭이 상대적으로 크게 나타난다. 이는 베이징시정부가 추진했던 농업 호적인구의 비농업 호적인구 전환 정책의 영향으로 판단된다. 베이징시는 2016년 호구제도 개혁의 일환으로 농업호구-비농업호구의 구분을 전격 철폐하고 거민호구로 일원화하여 관리하고 있다.
* 출처: 베이징시통계국 자료를 바탕으로 필자가 작성.

하에 시작되어 다른 지역으로 확대 실시하고 있지만, 여전히 모호한 토지 권리 귀속 문제와 신분 변화 뒤의 사회보장 문제 때문에 논란이 지속되고 있다. 〈그림 3〉에서 볼 수 있듯이 베이징시의 농업 호적인구는 2002년 무렵부터 그 감소 폭이 커지다가 2010년 무렵부터는 작아지고 있다. 이는 농민들이 거민으로 전환된 뒤에 택지와 자영 농지에 대한 권리를 상실하는 등 사회보장의 측면에서 더 불리해진다는 인식과 관련된다.[10] 어쨌든 이러한 정책적 전환에는 외래인구가 밀집 거주하는 성향결합부 농민의 호구 신분 변경을 통해 농촌집체 소유의 성중촌 농지를 시정부의 관리에 귀속시킴으로써 불법적인 토지 사용에 대한 규제를 강화하고 성중촌 개조에 필요한 법률적 근거를 확보하려는 목적이 담겨 있었다.[11] 다른 한편으로 이는 시정부의 필요에 따라 농지의 용도 변경과 토지수용(征用)을 용이하게 하는 장치이기도 했다.

이와 같은 제도 변경의 기초 위에서 베이징시는 도시계획 관련 규정에 따라 성중촌 지역의 불법 건축물들을 철거하고 부동산 재개발의 형태로 본격적인 성중촌 개조사업에 착수했다. 이 방식이 새롭지는 않았으나, 이전과 확연하게 다른 점은 대형 사영기업과 합자기업이 재개발사업에 적극 참여하기 시작했다는 것이다. 이런 경향은 도시의 주택 상품화와 부동산 시장의 활황에 따라 도시정부와 부동산 개발상의 이해관계가 합치되면서 생겨났는데, 주로 기업가적 성향이 강한 구區정부의 주도하에 이루어졌다.[12] 성중촌 개조사업을 추진함에 따라 지방정부는 토지사용권 임대를 통해 관할지 개발과 재정 증대라는 두 가지 효과를 동시에 거둘 수 있게 되었으며, 부동산 개발상은 정부의 행정적 지원에 힘입어 최소한의 이전 보상비만을 지불하고 고층 아파트 단지를 건설·판매함으로써 막대한 시세 차익을 누릴 수 있게 되었다. 어떤 면에서 보면, 이전에 하급 향정부는 이농민 세입자들을 유치함으로써 경제적 이익을 누렸던 반면, 이제 상급 구정부는 그들을 관할지에서 퇴거시킴으로써 경제적 이익을 누리게 된 셈이다.

5. 베이징의 성중촌 전면 개조와 유동인구 통제 전략의 변화

베이징의 성중촌 개조사업은 2005년 시정부의 적극적인 개입과 함께 또 다른 전기를 맞이했다. 올림픽을 준비하면서 부분적으로 성중촌 정리사업을

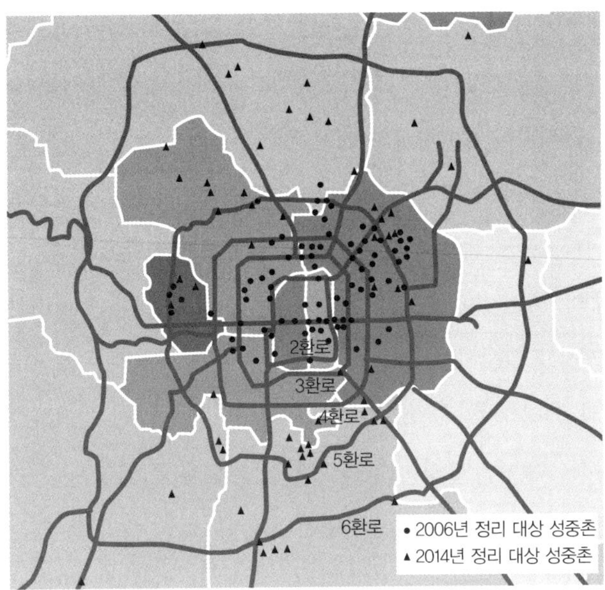

〈그림 4〉 2006년과 2014년의 정리 대상 성중촌

베이징시정부는 2006년과 2014년에 각각 80개와 60개에 달하는 성중촌을 철거하기로 결정하고, 그 명단을 공개한 바 있다. 그림을 통해 알 수 있듯이, 2006년 정리 대상 성중촌은 시내 중심부와 북4환로 및 북5환로 주변에 밀집되어 있고, 2014년 정리 대상의 대부분은 5환로와 6환로 사이에 위치하고 있다. 이는 베이징의 성중촌이 좀 더 외곽으로 확장해갔으며, 이에 따라 중점 개조사업의 대상 지역도 함께 바뀌었음을 간접적으로 보여준다.

* 출처: 중국의 언론 보도(goo.gl/enV84o; goo.gl/Qb13pt)를 바탕으로 필자가 작성.

전개해왔던 시정부가 2005년 1월 국무원의 비준을 받아 공포한 '베이징 총체도시 규획(2004~2020)'(이하 '규획')의 틀에 따라 향후 10년 내에 베이징의 모든 성중촌 정리(整治)를 완료하겠다는 방침을 천명한 것이다.[13] 베이징시정부는 그 첫 단계로 2008년 올림픽 이전까지 먼저 시내 중심부의 성중촌 171개를 철거하겠다는 계획을 발표하고 시행에 옮겼다. 5년간의 1단계 작업을 통해 도시 중심부 성중촌의 대부분을 정리한 시정부는 2010년부터 4환로 밖과 5환로 주변의 성향결합부에 자리한 성중촌을 집중적으로 정리하고 있다. 중국 작가 롄스廉思의 작품인 『개미족(蟻族)』의 배경 지역으로 한국 언론에도 널리 소개된 탕자링唐家嶺 성중촌도 2010년에 철거되었다. 성중촌이 철거된 자리에는 대형 아파트 단지들이 잇따라 들어서고 있는데, 정리 범위가 점점 더 외곽 지역으로 확대되고 있다. 〈그림 4〉에서 볼 수 있듯이, 2014년에 발표된 전면 정리 대상에는 5환로를 넘어 6환로 밖의 성중촌까지 포함되어 있다.

베이징시가 '규획'의 기조 위에서 강력하게 추진하는 성중촌 전면 정리사업은 시정부가 전 과정을 총괄하고 정리 대상의 성중촌을 사전에 공개한다는 점 외에도, 이전과 달리 개별적 정리가 아닌 일괄적 정리 방식을 취하고 있다는 점에서 특징적이다. 즉, 정리 대상과 방안을 촌 단위로 설정(一村一案)하고 각 구마다 통일적인 정책을 적용(一區一策)하고 있다. 이에 따라 특정 성중촌의 일부 건물이 아닌 촌락 전체를 정리 대상으로 하며, 각 구의 범위 안에서는 촌락별 특수성을 고려하지 않고 하나의 기준을 동일하게 적용하고 있다. 베이징시가 성중촌 정리사업을 이렇게 강력히 추진하는 이유는 '규획'에 제시된 각종 계획과 방안이 2020년까지 베이징의 총인구를 1,800만 명, 호적인구를 1,600만 명 선으로 제한한다는 대전제하에 입안되었기 때문이다.[14] 인구 폭증에 따라 도시 기능이 마비될 수도 있다는 경고가 잇따르는 상황에서 베이징시정부로서는 성중촌 정리사업이 인구 증가 억제와 도시 발전을 동시에 도모할 수 있는 효율적인 방안이 아닐 수 없었다. 왜냐하면 상주인구 증가의 1차적인 요인으로 작용하는 유동인구의 대다수가 불법의 소지가 많고 낙후되었으며 도시의 팽창·발전을 가로막는 성향결합부의 성중촌에 거주하고 있었기 때문이다.

한편 2000년대 중반 이후 베이징의 성중촌 전면 정리사업은 도시 내 유동인구의 통제 정책에도 중요한 변화가 생겨났음을 시사한다. 쑨즈강 사건 이

탕자링 성중촌의 철거 전과 후의 모습

위 사진은 롄스廉思의 작품 『개미족(蟻族)』의 배경인 탕자링唐家嶺 성중촌의 철거 전 모습(2010년 5월)이고, 아래는 철거 후에 현대식 아파트가 신축되어 있는 모습(2013년 7월)이다. 탕자링은 베이징 북서쪽 하이뎬구에 위치해 있다. '개미족'이란 1980년대에 태어난 젊은이 중 학력은 높지만 취업난으로 인해 빈곤한 삶을 사는 이들을 가리킨다. 탕자링은 대표적인 개미촌으로 꼽힌다.

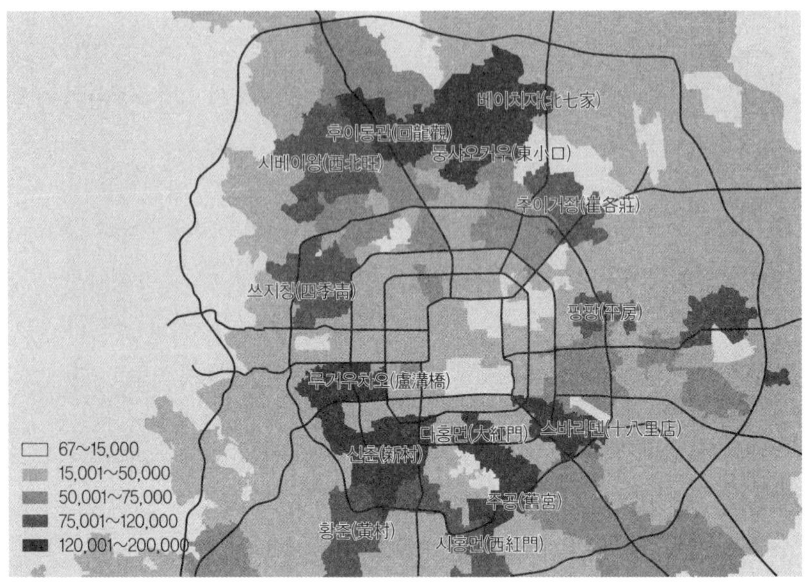

〈그림 5〉 가도판사처별 유동인구 분포(2010년 제6차 전국 인구조사)

남쪽으로는 4환로와 5환로 사이, 북쪽으로는 5환로와 6환로 사이에 유동인구가 밀집 거주하고 있음을 알 수 있다. 유동인구 거주 지역이 이렇게 외곽으로 확산된 데는 상주인구 증가에 따른 도시 팽창, 이에 따른 외곽 교통망의 확충, 주택 가격의 상승 등 여러 요인이 작용했다.

* 출처: http://me2.do/xlZzuQ4r의 자료를 필자가 부분적으로 변형.

후 호구제도 개선이 추진되면서 유동인구의 유입을 강압적으로 통제하기가 어려워졌기 때문에 성중촌 정리 및 재개발을 통해 유동인구의 거주 공간을 점점 더 외곽 지역으로 분산시키는 정책으로 선회한 것이다. 시가지 팽창과 성중촌 재개발에 따라 주택임대료가 꾸준히 상승한 탓에 사실상 외래 이주민의 외곽 이주는 일종의 강요된 선택이나 다름없었다. 2000년대 초반까지 동향촌 및 성중촌이 집중 분포했던 4환로 부근은 고층 아파트 밀집지로 변한 지 오래고, 성향결합부라는 단어가 가리키는 지리적 범위와 성중촌의 주요 분포 지역도 이미 5환로 주변과 그 외곽 지역으로 바뀌었다. 유동인구의

〈그림 6〉 가도판사처별 유동인구와 상주인구의 비율(2010년 제6차 전국 인구조사)
베이징 5환로 인근의 대부분 지역에서 유동인구가 본지 호적인구보다 많이 거주하고 있음을 알 수 있다.
* 출처: http://me2.do/xlZzuQ4r의 자료를 필자가 부분적으로 변형.

거주 공간은 여전히 재창출되고 있지만, 계속 외곽으로 밀려나고 있다.

베이징시의 성중촌 개조사업이 유동인구의 유입 억제에 얼마나 효율적이었는지, 그리고 얼마큼 효율적일지는 판단하기 어렵다. 앞의 〈그림 2〉에 제시된 것처럼 2000년대 중반 이후 유동인구의 유입이 오히려 급증했다는 사실을 고려하면 이 사업이 실질적인 효과를 거두지 못했다고 볼 수도 있다. 그러나 〈그림 5〉와 〈그림 6〉에서 알 수 있듯이, 2010년 기준 유동인구의 밀집 거주지는 이미 5환로를 넘어 2009년에 개통된 6환로 부근까지 확대되었다. 또한 〈표 1〉에 제시된 바와 같이, 2004~2016년간 베이징 수도 기능의

〈표 1〉 2004~2016년 베이징 구별 유동인구(상주외래인구)의 증감 (단위: 만 명, %)

구분	핵심구	도시 기능 확장구				도시 발전 신구					생태 5구
	둥청 東城 시청 西城	차오양 朝陽	하이뎬 海澱	펑타이 豐台	스징산 石景山	퉁저우 通州	순이 順義	다싱 大興	창핑 昌平	팡산 房山	생태 5구
2004	34	91	64	33	15	17	16	17	29	11	16
2016	48	175	139	80	19	57	43	82	103	28	33
증가율	41.2	92.3	117.2	142.4	26.7	235.3	168.8	382.4	255.2	154.5	106.3

* 생태 5구(생태 함양 발전구): 먼터우거우門頭溝, 핑구平谷, 화이러우懷柔, 미윈密雲, 옌칭延慶
* 출처: 베이징시통계국 자료를 바탕으로 필자가 재정리.

핵심구인 둥청구東城區와 시청구西城區의 유동인구 증가율이 41.2%에 불과하고 핵심구를 둘러싸고 있는 4개의 도시 기능 확장구에서는 103% 증가하는데 그친 반면, 농촌지역에서 성향결합부로 그 성격이 변화되고 있는 도시 발전 신구 5개 구에서는 248%에 달하는 높은 증가율을 보이고 있다. 즉, 자연지리적 요인으로 인해 인구밀도가 낮은 생태 5구 지역을 제외한다면, 시내 중심부로부터 거리가 멀수록 유동인구의 증가율도 높게 나타나고 있다. 이는 유동인구의 거주지가 점점 외곽으로 밀려나는 양상을 뚜렷하게 보여주는 것으로, 성중촌 전면 정리사업이 비록 베이징 외래인구의 증가를 억제하는데 효과를 보지 못했지만, 시장의 기제를 통해 그들을 외곽으로 '몰아내는' 데는 상당히 효과적이었음을 방증한다.

유동인구 분산 정책은 2011년 3월에 발표된 베이징시의 '제12차 5개년 규획'에서 한층 구체적인 전략으로 체계화되었다. 그 핵심은 베이징의 인구 밀집 현상을 해소하기 위해 거주 공간과 산업 업종, 그리고 증명서를 통한 유동인구 관리 체계(以房管人, 以業控人, 以證管人)를 구축하여 시행하겠다는 것이다.

이는 성중촌 개조 및 성향결합부 재개발 등 2005년부터 전면적으로 추진해 오던 '거주 공간을 통한 유동인구 유입 억제 정책'의 기조를 계속 유지하는 한편, 그 효율성 제고를 위해 도시의 장기 성장 전략에 따라 육성 업종과 제한 업종을 구분하여 후자를 더 먼 외곽이나 주변의 성·시로 분산시키며, 궁극적으로는 거주증·영업허가증·재산증 등 베이징시정부가 직접 발급한 증명서에 근거하여 인구의 유동을 관리하겠다는 전략이다.

그에 따라 베이징시는 2011년부터 업종을 통한 관리 정책을 본격적으로 시행하고 있다. 이 정책은 2003년부터 순이구順義區에서 시범적으로 실시되었는데, 〈표 1〉에 볼 수 있듯이 2004~2016년간 순이구의 유동인구 증가율은 여건이 비슷한 퉁저우通州, 창핑昌平, 다싱大興에 비해 훨씬 낮은 수치를 나타내 효과가 입증되었다. 그 요체는 산업 발전의 효과가 미미하고 인구의 유동과 밀집을 야기하는 일부 업종을 행정적 수단을 통해 정리하는 것이다. 특히 요식업이나 미용 등 전통적인 서비스업과 소규모 잡화, 의류 및 건자재 등의 업종에 관리 규범을 엄격히 적용하여 대대적으로 정리하는 한편, 추가적인 영업허가증 발급을 제한하고 있다. 이들 업종은 전통적으로 도시지역의 성중촌 내에서 외래유동인구가 도시민들을 고객으로 운영·종사해오던 일자리에 속한다. 그러나 최근에는 외곽의 성중촌 내에서 다양한 지역의 수많은 외래인구가 자체 수요를 창출하며 성중촌이 독립적인 생활공동체로 유지될 수 있게끔 기여했다는 점을 고려할 때, 이 정책이 미칠 파급이 상당할 것으로 예상된다. 베이징에서 동향촌의 명맥을 겨우 유지해오던 푸젠춘 건자재업자들이 6환로 밖의 수이둔 지역으로 이전하고, 저장춘의 의류 업체들이 더 멀리 허베이성 융칭현으로 옮겨가는 것도 이러한 배경에서다.

6. 성중촌에 드리운 그림자

성중촌은 오늘날 중국 대도시 중심부의 빌딩 숲과 근교의 고급 아파트 단지 부근에 낡아빠진 '알박기' 마을의 모습으로 드문드문 남아 있다. 사라진 성중촌이 그랬던 것처럼 도시 안의 성중촌도 지방정부와 부동산 개발상에 의해 철거되고 있으며, 근교의 성중촌 또한 근처 빌딩 숲의 짙은 그림자에 눌려 머지않아 사라질 운명으로 보인다. 허름한 모습의 성중촌은 관련 당사자의 입장과 이해관계에 따라 개조의 대상으로, 투자의 기회로, 또는 낯선 곳의 보금자리로 서로 다르게 여겨질 것이다. 그러나 객관적으로 확실한 사실은 오늘날의 이 성중촌 현상에는 지난 60여 년간 중국 사회 변화의 흔적이 선명하게 남아 있다는 점이다.

성중촌 현상이 중국에서 중요한 사회적 이슈로 등장한 것은 2000년대에 들어서다. 그러나 이 말이 곧 성중촌이 2000년대에 들어 생겨난 현상이라는 것을 의미하지는 않는다. 앞서 살펴본 바와 같이, 성중촌이라는 용어가 사용되기 이전에 이미 성중촌의 특성을 지닌 여러 동향촌이 생겨났다. 다만 당시의 사회경제적 조건에 따라 그 존재 양태와 작동 방식이 2000년대의 그것과 다소 달랐을 뿐이다. 오늘날 중국의 성중촌 현상을 이렇게 동향촌과의 관계 속에서 바라보는 것은 도시 공간을 둘러싼 복합적인 현실의 역사적 연속성과 단절성을 통합적으로 이해하는 데 도움이 된다. 그뿐만 아니라 여러 관련 주체들의 다양한 입장과 전략, 특히 지방정부를 포함한 국가의 정책적 변화의 흐름을 파악하는 데도 유용하다.

베이징의 경우, 1990년대까지 지방정부는 성중촌과 유동인구의 문제를 도시 공간보다는 사람의 이동에 대한 직접적 통제의 측면에서 다루었다. 거시적이고 장기적인 도시계획보다 개혁기 이전의 제도적 유산, 특히 호구제도를 통치의 기본 틀로 적용한 것이다. 그러나 2000년대 들어 유동인구가 급증하고 그들의 거주 공간인 성중촌의 불법 건축물 개조와 관련하여 토지 권리의 문제가 중요한 이슈로 부각됨에 따라, 베이징 지방정부는 호구제도의 부분적 변경을 통해 집체 소유의 성중촌 공간에 직접적으로 개입할 여지를 마련했다. 유동인구 급증에 따라 심각한 인구 압력에 직면한 지방정부는 한 걸음 더 나아가 좀 더 장기적인 도시계획의 틀 위에서 성중촌에 대한 전면적인 정리 작업을 추진하고 있다. 이러한 일련의 정책 변화는 베이징 지방정부의 유동인구 및 성중촌 문제에 대한 전략이 강압적인 행정적 조치와 함께 시장 기제를 활용하여 도시 공간을 통제하는 이중의 방식으로 전환되고 있음을 시사한다. 성중촌에 드리운 그림자가 더 짙어지고 이농민들의 삶도 더 외진 변두리로 내몰릴 수밖에 없는 이유이다.

부록

미주

1부 : 도시화, 신형도시화

도시화를 통해 본 개혁기 중국

1 胡彬, 『區域城市化的演進機制與組織模式』, 2008, 130~132쪽.

2 彭森·陳立等, 『中國經濟體制改革重大事件』 (上), 2008, 3~6쪽.

3 「廣東省委福建省關於對外經濟活動和靈活措施的兩個報告」(1979)와 「當前試辦經濟特區工作中若幹問題的紀要」(1979).

4 長江, 「珠江三角洲和閩南廈漳泉地區座談會紀要」, 1985.

5 孫久文·彭薇, 「我國城市化進程的特點及其與工業化的關系研究」, 『區域與城市經濟』, 2010年 第4期, 2010, 53쪽.

6 박인성, 「체제전환기 중국 도시계획의 성격과 역할 고찰」, 『한중사회과학연구』, 2009, 312~313쪽.

7 농촌집체 토지 사용권 유전流轉 문제의 유래와 관련한 내용은 박인성·조성찬, 『중국의 토지개혁 경험』, 2011, 152~153쪽 참고.

8 陳映芳, 『城市中國的邏輯』, 2012, 18~19쪽.

9 첸리췬錢理群 지음, 연광석 옮김, 『모택동 시대와 포스트 모택동 시대 1949~2009 (상)』, 한울, 2012, 82~86쪽.

10 楊德才, 『中國經濟史新論 (下)』, 2009, 808~809쪽.

11 孫頻捷, 『市民化還是屬地化: 失地農民身份認同的建構』, 2013, 45~48쪽.

12 陳映芳, 앞의 책, 18~19쪽; 楊德才, 앞의 책, 809~810쪽.

급속한 도시화의 아이콘, 선전—이중도시, 이민도시로서의 발전

1 「兩個羅芳村的故事: 深圳村民到香港後建立起新的羅芳村」, 『南方都市報』 2015. 4. 29; 「"雙城"居民 深圳香港兩個羅芳村的故事」, 『南方都市報』 2015. 4. 29(http://www.oeeee.com/ 검색일: 2016. 4. 20).

2 이런 측면에서 선전을 분석한 책은 다음을 참고할 것. 이일영 편, 『경제특구 선전(深圳)의 복합성: 窓과 거울』, 한신대학교출판부, 2008.

3 중국 국내적으로는 개혁·개방 30주년, 경제특구 30주년을 기념하여 선전 경제특구의 경험을 되짚어 보는 여러 다양한 총서 시리즈가 나온 바 있다. 한국에서 선전의 복합성 및 새로운 변화에 대해 모색한 집단적 연구는 이일영 편, 『경제특구 선전(深圳)의 복합성: 窓과 거울』, 한신대학교출판부, 2008이 대표적이다.

4 중국의 도시와 농촌 지역의 구분은 단순히 행정적인 요소만으로 분류되지 않으며 다소 복잡하다. 도시 개발에서 가장 문제가 되는 것은 토지소유권인데, 기본적으로 도시의 토지는 국가 소유이고 농촌의 토지는 집체 소유라는 점이 가장 큰 차이다.

5 중국 정부의 「국가 신형도시화 규획」은 다음의 관방 홈페이지를 참고할 것. 「新型城鎮化」(http://www.gov.cn/zhuanti/xxczh/ 검색일: 2016. 4. 20).

6 최근 「국가 신형도시화 규획」은 '인간의 도시화'를 추진하고 도시화의 질적 수준을 높인다는 점에서 주목을 받고 있다.

7 선전 경제특구의 일반적인 발전에 대해서는 다음을 주로 참고했다. 이일영, 앞의 책; 윤종석, 「'선전의 꿈'과 발전 담론의 전환: 2000년대 사회적 논쟁을 통해 본 선전 경제특구의 새로운 위상 정립」, 『현대중국연구』 제17집 제1호, 2015; 陶一桃·魯志國 主編, 『中國經濟特區史要』, 商務印書館, 2010; 董建中 主編, 『深圳經濟變革大事』, 海天出版社, 2008; 孟偈 主編, 『深圳社會變革大事』, 海天出版社, 2008; 沈桀 主編, 『深圳觀念變革大事』, 海天出版社, 2008; 段亞兵, 『創造中國第一的深圳人』, 人民出版社, 2010; 梁英平·謝春紅 等, 『深圳十大觀念解讀: 歷史背景·文化內涵·時代價值』, 廣州: 中山大學出版社, 2012.

8 「深圳成爲全國首個無農村城市」, 『深圳特區報』 2010. 9. 29(http://sztqb.sznews.com 검색일: 2016. 4. 20).

9 董建中, 앞의 책; 孟偈, 앞의 책.

10 梁英平·謝春紅, 앞의 책.

11 段亞兵, 앞의 책.

12 2000년대 선전 위기론 논쟁에서 사회적 논쟁을 통해 새로운 발전 전략 및 발전 담론의 전환을 모색했다. 윤종석, 앞의 글.

13 박정동, 『現代中國經濟論: 經濟特區의 經濟的 效果』, 법문사, 1993.; 박철현, 「중국 발전모델 전환형 특구의 형성: 충칭 량장신구兩江新區에 대한 다중스케일 분석」, 『공간과 사회』 제56권, 2016; Chen, Xiangming. and de'Medici, "From a Fishing Village via an Instant City to a Secondary Global City: The "Miracle" and Growth Pains of Shenzhen Special Economic Zone in China" in Chen, Xiangming. and Ahmed Kanna., eds., *Rethinking Global Urbanism: Comparative Insights from Secondary Cities*, Routledge, 2012.

14 윤종석, 「체제전환과 중국의 선전 경제특구: 전환과 발전의 이중주로서의 예외공간」, 박배균·이승욱·조성찬 편, 『특구: 국가의 영토성과 동아시아의 예외공간』, 2017.

15 이일영, 「서문」, 이일영 편, 앞의 책, 8~9쪽.

16 김진경, 「홍콩과 심천의 상호전략적 활용에 관한 연구」, 『월간한중』 제6권 제2호, 2005; 박민규·왕붕·강명구, 「중국 선전 경제특구 성공에 있어 '연결도시'로서 홍콩의 역할」, 『국토계획』 제50권 제1호, 2015; Wu, weiping, "Proximity and complementarity in Hong Kong-Shenzhen industrialization", *Asian Survey*, Vol. 37, No. 8, 1997.

17 산업고도화와 관련해서는 다음을 주로 참고했다. 장영석, 「홍콩-선전 관계의 변화: '전방 상점, 후방 공장' 모델에서 '지역통합' 모델로의 전환」, 이일영 편, 『경제특구 선전(深圳)의 복합성: 窓과 거울』, 한신대학교출판부, 2008; 陶一桃·魯志國 主編, 앞의 책; 梁山文, 『深香經濟合作的理論與實踐』, 人民出版社, 2010; 袁易明 主編, 『中國經濟特區産業結構演進與原因』, 商務印書館, 2010; 魏達志 主編, 『深圳電子信息産業的改革與創新』, 商務印書館, 2010; 林淩, 「深圳的工業發展與産業結構調整」, 『開放導報』 2004年 2月 第1期, 2004.

18 董建中, 앞의 책.

19 1981~1993년간 선전 경제특구의 급속한 경제성장과 산업구조의 변화를 보면, 동기간 선전 경제특구의 성장 동력은 1차산업이나 3차산업의 발전에서 비롯되었다기보다는 외국인의 직접투자에 의한 2차산업의 발전에서 나왔다고 할 수 있다. 장영석,

앞의 글, 112쪽, 재인용.

20 梁山文, 앞의 책.

21 공업은 선전에서 가장 중요한 산업으로, 외국자본의 도입과 고정자산투자는 선전 공업화의 주요한 동력이었다. 袁易明, 앞의 책. 그러나 2000년대 중후반 이후에는 서비스업도 중요해지고 있다.

22 산업고도화(industrial upgrading, 產業結構陞級)란 주로 산업구조의 고도화, 즉 1차산업에서 2차산업, 다시 3차산업으로의 산업 간 고도화 및 저부가가치 산업에서 고부가가치 산업으로의 요소 고도화를 지칭한다. 그러나 국제적 분업과 글로벌 가치사슬(global value chain)의 관점에서 볼 때 가치사슬의 고도화 또한 산업고도화와 관련된다. 김계환·윤정현·노영진·김지혜·안현호·정영화, 『산업고도화를 위한 제도와 정책: 한국의 경험과 개도국에 대한 시사점』, 산업연구원, 2014.

23 吳德群, 「高新技術產業第一支柱地位凸顯」, 『深圳特區報』 2009. 10. 30(http://sztqb.sznews.com/ 검색일: 2016. 4. 20); 袁易明, 앞의 책; 魏達志 主編, 『深圳電子信息產業的改革與創新』, 商務印書館, 2010.

24 林淩, 앞의 글; 袁易明, 앞의 책.

25 2001년 중국의 WTO 가입과 글로벌 자본의 유치를 위한 중국 지방정부들의 노력은 중국을 '세계의 공장'으로 만드는 데 크게 기여했다. 당시 중국 지방정부들의 탈규제와 기업 유치 노력은 '바닥을 향한 질주(race to the bottom)'라 불릴 정도로 치열했다.

26 장영석, 앞의 글, 112~113쪽.

27 袁易明, 앞의 책.

28 장영석, 앞의 글, 114~128쪽.

29 陶一桃·魯志國, 앞의 책; 袁易明, 앞의 책.

30 이런 측면에서, 홍콩뿐만 아니라 둥관과 후이저우 지역을 묶어 발전 전략을 모색하는 시도는 그 나름의 합리성을 갖는다.

31 「深莞惠一體化」, 『百度百科』(http://baike.baidu.com/ 검색일: 2016. 4. 20).

32 「深圳超1.6萬學生往返香港上學, 路上需花2-4小時」, 『人民日報海外版』 2013. 6. 17(http://paper.people.com.cn 검색일: 2016. 4. 25).

33 모 인터뷰이에 따르면, 선전과 홍콩에서 두 도시 생활을 하는 인구를 40만 명으로 추산하기도 한다.

34 도시건설용지의 경우, 개혁·개방 이후 변화에 대한 모든 수치를 찾기는 어렵다. 다만 2004년 30,406.19km^{2}에서 2014년 49,982.74km^{2}로 크게 증가한 바 있다.

35 선전은 외부로부터 인구가 상당수 유입되고 인구 이동도 매우 빈번한 지역이다. 그 때문에 각 조사에 따라 인구수에 다소 차이가 나타난다.

36 「深圳眞實的人口城市化水平只有22%」, 『南方都市報』 2016. 1. 14(http://epaper.oeeee.com/ 검색일: 2016. 4. 20).

37 선전 지역의 점수적립제 호구 및 거주증 제도에 대한 좀 더 상세한 분석은 윤종석, 앞의 글, 135~142쪽 참조할 것.

38 「深圳流動動人口超1500萬 爲本市戶籍人口的5倍」, 『深圳商報』 2013. 10. 29(http://www.sznews.com/ 검색일: 2016. 4. 20).

39 복합 위험 사회의 등장과 그것이 중국에서 갖는 함의를 다룬 글로는 장경섭, 「복합위험사회: 압축적 근대성과 한국의 위험질서」, 정근식·씨에리종 편, 『한국과 중국의 사회변동 비교연구』, 나남, 563~587쪽을 참고할 것.

중국에서 도시민이 된다는 것—위계적 시민권과 서열화

1 http://www.jiemian.com/article/528463.html(검색일: 2016. 4. 25) 2만 6,000명 중 1만 1,000명은 바로 상하이 거민호구를 취득했고, 나머지 1만 5,000명은 '점수적립제 거주증'을 취득한 뒤에 일정한 절차를 거쳐 다시 상하이 거민호구로 전환한 경우이다. 여기서 거민호구란 2013년 7월 '점수적립제 거주증' 제도가 정식 실시된 이후 2014년 8월 1일 국무원이 「호구제도 개혁의 진일보 개혁에 관한 국무원의 의견(國務院關於進一步推進戶口制度改革的意見)」을 발표하여, 농업호구와 비농업호구의 구분을 취소하고 '거민호구居民戶口'로 통합한 뒤 생겨난 개념이다.

2 1세대 농민공은 1980년대 말 도시로 이동해온 농민공들을 가리키고, 신세대 농민공은 1980년대와 1990년대 출생자들을 가리키는데, 1세대 농민공들보다 평균적인 기술 능력과 학력이 높다.

3 베이징의 전체 면적은 16,808km^2, 도심 6구의 면적은 1,362.1km^{2}로, 서울시 면적(605.28km^2)의 두 배가 넘는다.

4 Stephen Castles, "Hierarchical Citizenship in a World of Unequal Nation-

States", *Political Science and Politics*, Volume 38, Issue 4, Cambridge University Press, 2010; Stephen Castles, "Nation and Empire: Hierarchies of Citizenships in the New Global Order", *International Politics*, Volume 42, Palgrave Macmillan, 2005.

2부 : 공간의 정치경제

국제대도시이기를 거부하다—홍콩의 도시공간운동

1 羅永生,『殖民無間道』, HK: Oxford University Press, 2007, 56쪽.

2 呂大樂,『唔該, 埋單: 一個社會學家的香港筆記』, Oxford University Press, 2007, 42쪽.

3 백지운은 중국에 대한 타이완과 홍콩의 '문명적 우월성' 인식은 냉전적 유산인 '문명-전제(專制)' 대립 구도에 바탕하며, 탈냉전 시대에 여전히 냉전적 논리와 감각이 지속되는 상황에 대한 중국의 대응은 고도의 정치성을 요구하는 과제라는 날카로운 지적을 했다.(백지운,「중국은 어떤 국가가 될 것인가: 타이완·홍콩 문제를 보는 한 가지 시각」,『황해문화』 92호, 2016) 중국의 문명 담론에 대해서는 김월회,「'문명'을 포섭한 중화: 중화와 '문명(civilization)', 그 길항의 궤적」,『인물과 사상』 통권 136호, 2009년 8월호; 이혜경,「청인(淸人)이 만난 두 '보편'문명: 중화와 시빌라이제이션」,『철학사상』 제32호, 2009; 조경란,「중국 탈서구중심주의 담론의 아포리아」,『중국근현대사연구』 68집, 2015; 전인갑,『현대중국의 제국몽』, 학고방, 2016; 이욱연,『포스트 사회주의 시대 중국 지성: '중국' 재발견의 길』, 서강대학교출판부, 2017 참조.

4 중국 대륙에서 홍콩으로 온 이주민의 성격은 시기에 따라 달랐지만(장정아,「중국 본토인의 시기별 홍콩이주와 그 특징」,『중국근현대사연구』 25집, 2005), 19세기 중반부터 대거 이주해온 상인들은 홍콩 화인華人 사회에서 중심 집단을 이루었다(Ma, Kwok-ming, "Civil Society and Hong Kong", *Chinese Sociology and Anthropology* Vol. 30, No. 3, 1998).

5 羅永生,『殖民無間道』, HK: Oxford University Press, 2007, 61쪽.

6 葉蔭聰,『爲當下懷舊: 文化保育的前世今生』, 香港: 香港中文大學, 2010, 74쪽.

7 홍콩에서 '황후皇后'라는 명칭은 영국 여왕(Queen)을 가리킨다. 두 부두의 철거반대 운동이 야기한 집단기억 담론과 식민주의 논란, 그리고 이 운동이 홍콩 정체성에서 지니는 의미에 대해서는 장정아,「우리의 기억, 우리의 도시: 집단기억과 홍콩 정체성」,『동북아문화연구』 17집, 2008 참고.

8 林輝,「踏著前人的步履，在正拆卸的鐘樓下，我們，開始絕食」,『香港獨立媒體』 2006. 12. 16.(http://www.inmediahk.net/node/173730, 검색일: 2017. 9. 28)

9 安徒,「天星: 香港意識的搖籃」,『香港獨立媒體』 2006. 12. 17(http://www.inmediahk.net/node/174766, 검색일: 2017. 9. 27)

10「港督履新地, 見證殖民史」,『明報』 2006. 12. 24.

11 陳慧燕,「後殖民香港在全球化下的城市公刊與文化身份」, 馬國明 主編,『組裝 香港』, 香港: 嶺南大學文化研究系, 2010, 210쪽.

12 장정아,「우리의 기억, 우리의 도시: 집단기억과 홍콩 정체성」,『동북아문화연구』 17집, 2008, 93~105쪽.

13 馬國明,「拆得走天星, 拆不走殖民思維」,『明報』 2006. 12. 17.

14 陳景輝,「維港, 利東街, 天星: 回歸後的三場空間運動」,『明報』 2007. 2. 6.

15 '도시에 대한 권리(도시권)' 개념은 도시에 거주하는 주민 누구나 도시가 제공하는 편익을 누릴 뿐 아니라 도시 정치와 행정에 참여하고, 자신이 원하는 도시를 만들 권리를 의미한다. 르페브르의 이 개념은 이후 하비(Harvey), 퍼셀(Purcell), 디켈(Dikeç)로 이어지며, 개인적 권리를 넘어선 권리, 그리고 국민국가를 단위로 한 근대적 시민권의 한계를 극복하는 것으로서 도시권의 의미가 강조되었다. 이와 관련된 논의에 대해서는 강현수,『도시에 대한 권리: 도시의 주인은 누구인가』, 책세상, 2010; 최병두,「탈신자유주의를 위한 대안적 도시 전략」,『공간과 사회』 통권 37호, 2011; 강현수·황진태 엮음,『도시와 권리: 현대도시권리담론』, 라움, 2012, 그리고 도시권에서의 권리 개념에 대판 비판적 논의로는 서영표,「도시적인 것, 그리고 인권? '도시에 대한 권리' 논의에 대한 비판적 개입」,『마르크스주의연구』 9권 4호, 2012 등 참고.

16 Holston, James, "Insurgent Citizenship in an Era of Global Urban Peripheries", *City & Society* Vol. 21, Issue 2, 2009, p. 257.

17 임춘성은 홍콩 영화를 통해, 김혜준은 홍콩 문학을 통해 홍콩에서 외국인 노동자의

차별적 지위를 분석했다. 임춘성, 「홍콩영화에 재현된 홍콩인의 정체성과 동남아인의 타자성」, 임춘성·홍석준·박혁순·이헌종, 『홍콩과 홍콩인의 정체성』, 학연문화사, 2006; 김혜준, 「'나의 도시' 속에서 사라져버린 사람들: 홍콩문학 속의 외국인 여성 가사노동자 '페이용(菲傭)'」, 『코기토』 69호, 2011.

18 신이민이란 용어에는 대륙 이주민에 대한 차별적 함의가 담겨 있다. 홍콩에 온 지 몇 십 년이 지났어도 홍콩식 광둥어와 홍콩 생활에 익숙하지 않은 사람들은 여전히 일상생활에서 '신이민'으로 불리며 딱지 붙여진다(장정아, 「타자로서의 이주민: 홍콩의 중국본토 이주민(新移民)」, 『비교문화연구』 8집 2호, 2002 참조). 신이민이 홍콩 영상 매체에서 어떻게 타자화되어왔는지에 대한 분석으로는 윤영도, 「홍콩 영상매체 속 '내지 신이민' 재현과 문화정치학의 변천」, 『중국현대문학』 63호, 2012 참조.

19 홍콩의 헌법에 해당하는 「기본법」에 따르면 '대륙 자녀'는 홍콩 거주권을 가질 수 있다. 그러나 너무 많은 사람이 몰려와 홍콩에 부담을 줄 것이라는 우려로 논란이 야기되었고, 중국 정부의 법 해석과 오랜 분쟁을 거치며 결국 소송에서 패해 대륙으로 돌아갔다. 장정아, 「타자의 의미: '홍콩인' 정체성을 둘러싼 싸움」, 『한국문화인류학』 36집 1호, 2003 참조.

20 「流動民主課室(下): 由抗爭現場走到日常的民主」, 一小步사이트(https://littlepost.hk/2014/12/29/floatingclassroom/)

21 林麗玲, 「民主的日常: 由社區聆聽到社區組織」, 『信報』 2016. 2. 24.

22 삼수이포 지역에 관련된 내용은 장정아, 「빈민가에서 문화유산의 거리로: 홍콩 삼쉬포지역 사례를 통해 본 도시권」, 『동북아문화연구』 36집, 2013의 일부를 수정·보완한 것이다.

23 思網絡, 『生活·深水埗』, 香港: 深水埗區議會, 2007; 鄭敏華 主編, 『深水埗故事: 從社區公共歷史建築看地方發展史及其人文價值』, 香港: 深水埗區議會市區更新及歷史建築保育工作小組, 2010.

24 Holston, James, "Insurgent Citizenship in an Era of Global Urban Peripheries", *City & Society* Vol. 21, Issue 2, 2009, p. 246.

25 홍콩에서 쓰이는 '본토'와 '본토주의'의 의미와 번역어 문제에 대해서는 장정아, 「'본토'라는 유령: 토착주의를 넘어선 홍콩 정체성의 가능성」, 『동향과 전망』 98호, 2016, 196~198쪽 참조.

26 홍콩역사박물관의 전시 분석을 통해 '홍콩 스토리'가 어떻게 쓰여왔는지를 분석

한 글로는 하세봉, 「전시와 담론 사이의 로컬리티: 홍콩역사박물관 상설전의 경우」, 『중국학보』 71집, 2015; 류영하, 『중국 민족주의와 홍콩 본토주의: 홍콩역사박물관의 스토리텔링을 중심으로』, 산지니, 2014가 있다. 하세봉은 박물관 전시에서 홍콩 스토리의 주어가 명확히 스스로를 드러내고 있지 않음을, 류영하는 '중국다움'과 '홍콩다움'이 상충을 일으키고 있음을 보여주었다.

27 그래이버(David Graeber)는 미국의 월가 점령 당시 적극 참여하며 다음과 같은 아나키스트적 원리에 찬사를 보냈다. "기존 정치제도의 정당성 인정 거부, 기존 법질서의 정당성 거부, 위계 만들기 거부, 동의에 기반한 직접민주주의 형식 만들기."(데이비드 그래이버, 「월스트리트 점거운동의 아나키스트적 뿌리」, Aljazeera, 2011. 11. 30, 고병권, 『점거, 새로운 거번먼트: 월스트리트 점거운동 르포르타주』, 그린비, 2012) 나는 우산혁명의 경우 표면적으로는 이러한 아나키스트적 원리들이 실행되는 듯 보였을지 몰라도 실제 그 과정이 모두에게 너무 고통스러웠다는 점에서 낭만화의 위험을 경계하는 입장이다. 장정아, 「'이 폐허를 응시하라': 홍콩 우산혁명과 그 이후의 갈등이 드러낸 것」, 『황해문화』 92호, 2016 참조.

28 임대근은 반환 이전에도 이후에도 홍콩인은 사회적 삶을 박탈당한 채 동물적·생물적 삶만이 허용되어온 '호모 사케르'라는 점에서 우리가 홍콩을 문제화하기 위해서는 경제적 소비와 대중문화 층위에서 살펴보는 논의가 중요하다고 제시한다. 임대근, 「희미한 흔적과 대체된 상상: 한국의 대중과 함께 홍콩을 문제화하기」, 『중국현대문학』 71집, 2014.

29 홍콩의 맥락에서 좌익은 넓은 의미의 평등·정의를 옹호하며 점진적 방법의 사회운동을 주장하는 이들이고, 우익은 중국-홍콩 간 갈등을 핵심 모순으로 보면서 급진적 혁명의 필요성을 주장하는 이들을 가리킨다. 우익 본토파의 주장은 중국에 대한 극단적 배타성과 우월감을 기반으로 하여 우익 포퓰리즘·파시즘 등으로 불린다.

30 陳景輝, 「十年回想 皇后碼頭運動的'本土'」, 『明報』 2017. 6. 17.

31 羅永生, 『殖民無間道』, HK: Oxford University Press, 2007, 65쪽.

32 장정아, 「홍콩인: '국제도시의 시민'에서 '국민'으로」, 김광억 외, 『종족과 민족: 그 단일과 보편의 신화를 넘어서』, 아카넷, 2005.

33 강현수, 「'도시권' 개념 및 관련 실천 운동의 흐름」, 『공간과 사회』 통권 32호, 2009, 53쪽.

34 Harvey, David, "The Right to the City", *New Left Review* No. 53, 2008, p. 23

35 강현수, 「'도시권' 개념 및 관련 실천 운동의 흐름」, 『공간과 사회』 통권 32호, 2009, 63쪽.

36 서영표, 「도시적인 것, 그리고 인권? '도시에 대한 권리' 논의에 대한 비판적 개입」, 『마르크스주의연구』 9권 4호, 2012; 곽노완, 「도시 및 공간 정의론의 재구성을 위한 시론: 에드워드 소자의 '공간정의'론에 대한 비판적 재구성을 위하여」, 『철학사상』 49호, 2013.

37 임춘성은 '홍콩 이야기를 풀어나갈 적절한 화자가 누구일까'라는 질문을 던지면서 위치와 시선의 문제를 제기한 바 있다. 현재 홍콩에서 그 화자가 명확하게 대두한다고 할 수는 없지만, 홍콩스토리를 이야기하는 위치와 시선에 변화가 일어나고 있는 것은 분명하다. 임춘성, 「홍콩문학의 정체성과 탈식민주의」, 임춘성·홍석준·박혁순·이헌종, 『홍콩과 홍콩인의 정체성』, 학연문화사, 2006.

38 홍콩에서 좌파가 곧 친중파와 동일시되어 조롱의 대상이 되어온 역사에 대해서는 장정아, 「'본토'라는 유령: 토착주의를 넘어선 홍콩 정체성의 가능성」, 『동향과 전망』 98호, 2016, 205~208쪽 참조.

39 周蕾, 「殖民者與殖民者之間: 九十年代香港的後殖民自創」, 『今天』 8期, 1995 등.

40 Mathews, Gordon, Eric Kit-wai Ma, and Tai-lok Lui, *Hong Kong, China: Learning to belong to a nation*, London and New York: Routledge, 2008.

옛 주택은 옛 정책, 새 주택은 새 정책—상하이의 주택제도 개혁

1 俞可平, 「"中國模式"與思想解放」, http://theory.people.com.cn/GB/49150/49152/8365627.html(검색일: 2016. 7. 30); 張維爲, 「從東歐困境看中國模式」, http://www.aisixiang.com/data/31133.html(검색일: 2016. 7. 30); 王建芹, 「體制變革的中國模式」, 『理論月刊』 2009年 第02期.

2 Sebastian Heilmann and Elizabeth J. Perry, "Embracing Uncertainty: Guerilla Policy Style and Adaptive Governance", in Heilmann and Perry, eds., *Mao's Invisible Hand: The Political Foundations of Adaptive Governance in China*, Cambridge MA: Harvard University Asia Center, 2011, p. 3.

3 중국의 주택제도 개혁을 다룬 연구는 대단히 많다. 한국 내 연구만 꼽아보면, 박

인성, 「체제전환기 중국의 주택개혁 경험에 관한 연구」, 『국토계획』 제36권 제2호, 2001; 백승기, 「중국 도시주택제도의 개혁에 관한 연구: '계획'에서 '시장'으로의 전환」, 『지방정부연구』 제7권 제2호, 2003; 김영진·장홍밍·임반석, 「중국의 주택제도 개혁과 '단위체제'의 해체: 상해시를 중심으로」, 『국제·지역연구』 12권 3호, 2003; 김수한·조영관, 「중국과 러시아의 주택 사유화와 주택개혁 비교 연구」, 『중소연구』 제34권 제1호, 2010.

4 于思遠, 『房地産住房改革運作全書』, 中國建材工業出版社, 1998, 251~252쪽.

5 于思遠, 위의 책, 253쪽.

6 成思危, 『中國城鎮住房制度改革』, 民主與建設出版社, 1999, 122쪽.

7 朱鎔基, 「關於住房制度改革問題(1997年 1月 24日)」, http://www.china.com.cn/guoqing/2012-09/ 10/content_26748198.htm(검색일: 2016. 7. 30).

8 上海市, 「上海市住房制度改革實施方案」, 『文匯報』 1991年 3月 17日.

자본과 강탈의 도시, 광저우

1 United Nations Population Division, *World Urbanization Prospects: The 2014 Revision*, New York: United Nations, 2015 참조.

2 Shin HB, "Unequal cities of spectacle and mega-events in China", *City* 16(6), 2012 참조.

3 Wainwright O, "Zaha Hadid's mega mall accused of 'destroying' Beijing's heritage", *The Guardian*, 2013. 8월 2일.

4 *ibid*에서 재인용.

5 Shin HB, "Contesting speculative urbanisation and strategising discontents", *City* 18(4-5), 2014a, pp. 510~512 참조.

6 Hsing Y-t, *The great urban transformation: Politics of land and property in China*, Oxford: Oxford University Press, 2010; Wu F, "Neo-urbanism in the making under China's market transition", *City* 13(4), 2009; Shin HB, op.cit., 2014a.

7 Hsing Y-t, op.cit., 2010; Lin GCS, Li X, Yang FF, and Hu FZY, "Strategizing urbanism in the era of neoliberalization: state power reshuffling, land

development and municipal finance in urbanizing China", *Urban Studies* 52(11), 2015.

8 Shin HB, "Residential redevelopment and entrepreneurial local state: The implications of Beijing's shifting emphasis on urban redevelopment policies", *Urban Studies* 46(13), 2009 참조.

9 Zhan JV, "Explaining central intervention in local extra-budgetary practices in China", *Asian Survey* 51(3), 2011, p. 500.

10 *ibid.*

11 Haila A, "Why is Shanghai building a giant speculative property bubble?", *International Journal of Urban and Regional Research* 23, 1999; Shin HB, op.cit., 2009.

12 Zhan JV, op.cit., 2011, p. 502.

13 Zhan JV, op.cit., 2011, p. 501.

14 Wu F, "Urbanization", In Tay WS, and So AY (eds) *Handbook of contemporary China*, Singapore: World Scientific, 2011, p. 254.

15 Lin GCS, Li X, Yang FF, and Hu FZY, op.cit., 2015.

16 Tian LI, "The "Chengzhongcun" Land Market in China: Boon or Bane?: A Perspective on Property Rights", *International Journal of Urban and Regional Research* 32(2), 2008; Chung H, "Building an image of villages-in-the-city: A clarification of China's distinctive urban spaces", *International Journal of Urban and Regional Research* 34(2), 2010.

17 Hsing Y-t, op.cit., 2010.

18 Wu F, "Changes in the Structure of Public Housing Provision in Urban China", *Urban Studies* 33(9), 1996; Wu F, op.cit., 2009.

19 Duckett J, *The Entrepreneurial State in China: Real Estate and Commerce Departments in Reform Era Tianjin*, London: Routledge, 1998; Oi JC, *Rural China takes off: Institutional foundations of economic reform*, Berkeley and Los Angeles, CA: University of California Press, 1999; Shin HB, op.cit., 2009; Unger J, and Chan A, "Inheritors of the boom: Private enterprise and the role of local government in a rural South China township", *The China Journal* 42, 1999.

20 Harvey D, *A brief history of neoliberalism*, Oxford: Oxford University Press, 2005; Harvey D, *The new imperialism*, Oxford: Oxford University Press, 2003.

21 Harvey D, op.cit., 2005, p. 178.

22 Shin HB, "Urban spatial restructuring, event-led development and scalar politics", *Urban Studies* 51(14), 2014b.

23 Shin HB, op.cit., 2012.

24 Ye L, "Urban regeneration in China: Policy, development, and issues", *Local Economy* 26, 2011.

25 "For the first time, Guangzhou municipal office of three olds regeneration responds to hot spots: the government never expects to make money"(in Chinese), *Nanfang Daily*, 2010. 4. 24.

26 *ibid.*

27 Lin GCS, Li X, Yang FF, and Hu FZY, op.cit., 2015, p. 1974.

28 ibid.

29 Lin GCS, Li X, Yang FF, and Hu FZY, op.cit., 2015, pp. 1975~1976.

30 Schoon S, "Three olds: Experimental urban restructuring with Chinese characteristics, Guangzhou and Shenzhen in comparison", In Altrock U, and Schoon S (eds) *Maturing megacities: The Pearl River Delta in progressive transition*, Dordrecht: Springer, 2014, p. 111.

31 Schoon S, and Altrock U, "Three Olds redevelopment in Guangzhou", In: Wu F, Zhang F, and Webster C (eds) *Rural Migrants in Urban China: Enclaves and Transient Urbanism*, London: Routledge, 2013, pp. 230~231.

32 Schoon S and Altrock U, op.cit., 2013, p. 231.

33 Schoon S, op.cit., 2014.

34 Cao G, Feng C, and Tao R, "Local "land finance" in China's urban expansion: Challenges and solutions", *China & World Economy* 16(2), 2008, p. 24.

35 그럼에도 불구하고 법에 명문화된 것과는 상반되게 개혁 시기 산업화 과정에서 수많은 농촌 토지의 도시 용도로의 불법 용도 변경이 이루어졌다. 예를 들어 Lin GCS, and Ho SPS, "The state, land system, and land development processes in contemporary China", *Annals of the Association of American Geographers* 95(2),

2005 논문 참조.

36 Wang YP, Wang Y, and Wu J, "Urbanization and informal development in China: Urban villages in Shenzhen", *International Journal of Urban and Regional Research* 33(4), 2009.

37 Smith N, "Toward a theory of gentrification: A back to the city movement by capital, not by people", *Journal of the American Planning Association* 45(4), 1979; Smith N, *The New Urban Frontier: Gentrification and the Revanchist City*, London; New York: Routledge, 1996 참조.

38 "Guangzhou's Three Olds Office lists nine urbanised villages for demolition before the Asian Games", *New Express Daily*, 2010. 2월 25일.

39 GZURO(Guangzhou Urban Redevelopment Office), Pazhou Village(http://www.gzuro.gov.cn/azcg/45/852.html), 2013.

40 Liang Z, And Wang Y, "Exploring urbanised village redevelopment planning: The case of Guangzhou's Pazhou village redevelopment"(in Chinese), 2013.

41 Schoon S, op.cit., 2014, p. 113.

42 이 글에서 설명한 파저우 성중촌의 재개발 현황 등 상세 내용은 촌민과의 면담 및 2010년 말 보상 관련 민사재판 판결문에 소개된 내용에 근거했다.

43 Doshi S, "The politics of the evicted: Redevelopment, subjectivity, and difference in Mumbai's slum frontier", *Antipode* 45(4), 2013 참조.

44 Schoon S, and Altrock U, op.cit., 2013, p. 230 참조.

45 Wang YP, Wang Y, and Wu J, "Urbanization and informal development in China: Urban villages in Shenzhen", *International Journal of Urban and Regional Research* 33(4), 2009.

46 Tian LI, op.cit., 2008, pp. 287~288.

47 Wu F, Zhang F, and Webster C, "Informality and the development and demolition of urban villages in the Chinese peri-urban area", *Urban Studies* 50(10), 2013, p. 1931.

48 Shin HB, "Living on the edge: Financing post-displacement housing in urban redevelopment projects in Seoul", *Environment and Urbanization* 20(2), 2008 참조.

49 Fang K, and Zhang Y, "Plan and market mismatch: Urban redevelopment in Beijingduring a period of transition", *Asia Pacific Viewpoint* 44(2), 2003; Shin HB, op.cit., 2014a; Yang Y-R, and Chang C-h, "An urban regeneration regime in China: A case study of urban redevelopment in Shanghai's Taipingqiao area", *Urban Studies* 44(9), 2007 등 참조; 또한 Lees L, Shin HB, and López-Morales E, *Planetary gentrification*, Cambridge: Polity Press, 2016, 7장 참조.

50 Shin HB, op.cit., 2012, pp. 738~739 참조.

51 Shao Q, *Shanghai gone*, Lanham, Maryland: Rowman & Littlefield Publishers, 2013.

52 Anagnost A, "The corporeal politics of quality (suzhi)", *Public Culture* 16(2), 2004.

53 Shin HB, op.cit., 2014a.

토지, 욕망에 지다—공공토지 사유화 경향과 대책

1 박인성·조성찬, 『중국의 토지개혁 경험: 북한 토지개혁의 거울』, 한울, 2011, 19~69쪽에 크게 의존함.

2 에드가 스노우 지음, 홍수원 옮김, 『중국의 붉은 별』(하), 두레, 1995, 206쪽.

3 조성찬, 「선전 경제특구 공공토지임대제 개혁과정에서 지대 납부 방식의 중요성 연구」, 『현대중국연구』, 제13집 1호, 2011. 8, 324쪽.

4 위의 논문 327쪽; 조성찬, 「중국 토지연조제 실험이 북한 경제특구 공공토지임대제에 주는 시사점」, 『한중사회과학연구』, 통권 22호, 2012. 1, 253쪽.

5 中国社会科学院 财务经济研究所外, 『中国城市土地使用与管理』, 北京 : 经济科学出版社, 1992.

6 张清勇, 『中国农地转用开发问题研究』, 中国人民大学 土地管理学博士论文, 2010, 44~70쪽.

7 이러한 이론 체계를 필자는 지가신용화폐론으로 정리했다. 이 이론의 가장 큰 특징은 지대 자본화와 신용화폐 창조를 결합했다는 점이다. 조성찬, 「거품 의존형 오

너십 소사이어티 전략과 전세대란의 인과관계 연구」, 『공간과 사회』 통권 제34호, 2010, 87~119쪽.

8 박인성·조성찬, 앞의 책, 2011, 395~397쪽.

9 박인성, 『중국의 도시화와 발전축』, 한울, 2009, 142쪽.

10 조성찬, 「개혁개방 전후 중국의 주택공급체계 변화 과정 및 시사점」, 서울연구원 내부 과제, 2016. 6.

11 왕붕, 「해외 부동산 시장동향: 중국 부동산 시장동향」, 『부동산 포커스』 Vol. 88 Sep. 9. 2015, 94쪽.

12 중국 경제지인 『第一財經』의 보도 내용으로, 오광진, 「중국, 5번째 마이너스 금리 시대… 부동산 경기 뜰까」, 『조선비즈』, 2015. 10. 26에서 인용.

13 박인성·조성찬, 앞의 책, 2011, 355~356쪽.

14 「住宅土地使用权到期 续期按房产价格三分之一缴费」, 『中國日報』 2016. 4. 17.

15 「중국식 시장경제 '토지사용권' 만료 임박에 부동산 시장 긴장」, 『뉴스핌』 2016. 4. 18.

16 박인성·조성찬, 앞의 책, 2011, 357쪽.

17 조성찬, 앞의 글, 2011, 328쪽.

18 庐山区统计局, 「统计局数据 受政策影响 深圳和上海房价上升率超过其它城市」, 2016. 1. 19.

19 조성찬, 「선전 경제특구 공공토지임대제 개혁 과정에서 지대 납부 방식의 중요성 연구」, 『현대중국연구』 제13집 1호, 2011. 8, 344~352쪽.

20 流水, 「上海土地使用制度改革的再思」, 『上海土地』 第2期, 2009, 12~14쪽.

21 상하이시의 구체적인 토지연조제 체계는 조성찬, 앞의 글, 2011, 268쪽 참조.

22 상하이시 경제위원회 주임으로서 푸둥 경제특구 실험을 성공적으로 추진한 황치판黃奇帆은 충칭시 시장으로 재임하면서 다시 충칭 모델을 성공적으로 이끌어냈다. 그는 2016년 현재 국무원 비서장으로 재임 중이다.

23 中国城市中心, 「地票交易: 一举多得的中国实践创举」 2016. 1. 14.

24 추이즈위안 지음, 김진공 옮김, 『프티부르주아 사회주의 선언—자유사회주의와 중국의 미래』, 돌베개, 2014.

25 「8분기 연속 中 성장률 1위 충칭… 長江 상류에 제2의 푸둥 건설 중」, 『조선비즈』 2016. 4. 24.

26 World Bank, *China 2030: building a modern, harmonious, and creative society*, Washington, DC: World Bank, 2013.

27 박인성·조성찬, 앞의 책, 2011, 284~285쪽.

항저우, 관광도시에서 스마트 도시로

1 朱文晶·阮重晖·李明超,「杭州智慧城市建设与智慧经济发展路径研究—基于系统集成的视角」,『城市观察』 2015年 第2期, 117~118쪽.

2 中国杭州, http://www.hangzhou.gov.cn/art/2016/6/16/art_1201704_47.html(검색일: 2017. 7. 14)

3 廖世菊,「智慧城市发展水平评价及差异比较」, 重庆大学硕士学位论文, 2016, 51쪽.

4「市民卡工程」,『杭州(生活品质版)』 2014年 Z2期, 55쪽.

5 编辑部,「用"城市大脑"打造人工智能杭州样本」,『杭州科技』 2017年 第2期, 6쪽.

6「以杭州为例, 聊一聊如何给城市装上"大脑"」, 2017. 8. 5, http://www.tmtpost.com/2725625.html(검색일: 2017. 8. 5)

7 한국정보화진흥원,「중국의 Bigdata 정책 2016~2020 분석」,『BigData Monthly』 Vol 27, 2017, 3쪽.

8 Crunch Base, https://www.crunchbase.com/organization/yinxinggu-capital#/entity(검색일: 2017. 8. 6)

9 Dt Dream, www.dtdream.com/(검색일: 2017. 8. 6)

10 云栖小镇. 百度百科, https://baike.baidu.com/item/%E4%BA%91%E6%A0%96%E5%B0%8F%E9%95%87(검색일: 2017. 8. 2)

11 阿里与富士康牵手云栖小镇, http://hz.house.ifeng.com/column/guide/2015zjlhlp(검색일: 2017. 8. 2)

12 Dunning, J. H., "Relational assets, networks, and international business activity: Extended thoughts on Dunning", Presented in the AIM-IMD Distinguished Scholar Forum, Academy of Management Meeting, Denver, 2002.

13 임창호·김정섭,「산업집적의 외부효과가 도시경제성장에 미치는 영향—공적 외부효과를 중심으로」,『국토계획』 38(3), 2003, 189쪽.

14 사라 엘우드, 「기조강연: '도시재생과 스마트시티'」, 『부산발전포럼』 165, 2017, 66~71쪽.

3부 : 노동과 불평등

도시의 '사회적' 불평등 속 농촌 출신 청년 노동자의 삶

1 원톄쥔 지음, 김진공 옮김, 『백년의 급진』, 돌베개, 2013.

2 잉싱 편, 장영석 옮김, 『중국사회』, 사회평론아카데미, 2017, 151쪽. 이 책에서 허장쑤이는 1950년대 이후 국가가 채택했던 일련의 도농 차별 정책을 '행정 주도형 도농이원구조'로 명명하면서, 신중국 성립 이전 자본주의 경제 침투에 따른 '태생적 도농이원구조' 및 1990년대 말 이후의 '시장 주도형 도농이원구조'와 구분하고 있다.

3 Ding, Chengri, and Erik Lichtenberg, "Land and Urban Economic Growth in China", *Journal of Regional Science*, Vol. 51, No. 2, 2011; Ye, Lin, and Alfred M. Wu, "Urbanization, Land Development, and Land Financing: Evidence from Chinese Cities", *Journal of Urban Affairs*, Vol. 36, No. 1, 2014.

4 조반나 프로카치, 「사회경제학과 빈곤의 통치」, 콜린 고든·그래엄 버첼·피터 밀러 편, 『푸코 효과—통치성에 관한 연구』, 2014, 246쪽.

5 제임스 퍼거슨 지음, 조문영 옮김, 『분배정치의 시대—기본소득과 현금지급이라는 혁명적 실험』, 여문책, 2017, 274쪽.

6 이 글의 3장과 5장에는 필자의 이전 논문(조문영, 「'신세대 농민공'의 자원봉사 활동을 통해 본 국가 주도 윤리적 시민권의 성격과 함의」, 『현대중국연구』 제16집 1호, 2014)의 내용 일부가 포함되어 있다.

7 Mary Ann O'Donnell, Winnie Wong, and Jonathan Bach, "Introduction: Experiments, Exceptions, and Extensions", *Learning from Shenzhen: China's Post-Mao Experiment from Special Zone to Model City*, The University of Chicago Press, 2017, p. 16.

8 안치영, 「선전(深圳) 경제특구의 형성과 발전 및 전환—논쟁을 중심으로」, 이일영

편, 『경제특구 선전(深圳)의 복합성—窓과 거울』, 한신대학교출판부, 2008, 36~39쪽.

9 윤종석, 「'선전의 꿈'과 발전담론의 전환—2000년대 사회적 논쟁을 통해 본 선전 경제특구의 새로운 위상 정립」, 『현대중국연구』 제17집 제1호, 2015, 115~125쪽.

10 陳文定, 『深圳这些年: 一座被"筹谋"的先城』, 中國發展出版社, 2010, 2쪽.

11 丁當, 「我, 工人, 小小草」, 深圳小小草工友家園, 『小草年年錄10周年記念册 2003. 8~2013. 8』, 2013, 8쪽.

12 윤종석, 「이민도시 선전의 도시발전과 농민공의 사회경제적 권리에 관한 연구—호구제도와 사회보험제도를 중심으로」, 『도시연구: 역사·사회·문화』 제4호, 2010, 116쪽.

13 윤종석, 「급속한 도시화의 아이콘, 선전—이중도시, 이민도시로서의 발전」, 『도시로 읽는 현대중국 2—개혁기』, 역사비평사, 2017, 73쪽.

14 錢文忠·習風, 「把人生中向善的可能變成現實」, 王京生 主编, 『深圳十大观念』, 深圳报业集团出版社, 2011, 285쪽.

15 선전자원봉사자연합회(深圳義工聯合會) 홈페이지 참조.(www.sva.org.cn)

16 王京生 主编, 『深圳十大觀念』, 深圳報業集團出版社, 2011, 320쪽.

17 孫仲勇, 『社會組織培育指南』, 北京大學出版社, 2015, 181~182쪽.

18 李潤華, 「深圳社工作研究」, 嚴書翔 主編, 『深圳社工作實務』, 中國社出版社, 2010, 31쪽.

19 장윤미, 「세계화와 중국 신노동계급 조직의 변화—선전 사례」, 이일영 편, 『경제특구 선전(深圳)의 복합성: 窓과 거울』, 한신대학교출판부, 2008, 236~240쪽.

20 深圳市龍華新區大浪辦事處, 綜合開發研究院, 『大浪青工"活力第三8小時时"調査研究報告』, 2013, 9~12쪽 참조. 이후 서술하는 연구팀의 논의는 이 보고서의 내용을 토대로 한다.

21 이 글에서는 행정 권역으로서의 시와 구, 언론과 학술 작업을 통해 이미 알려진 인물에 대해서는 실명을 사용하고, 폭스콘 노동자와 자원봉사자의 경우 가명으로 처리할 것이다.

22 明亮, 「'農民工市民化'是新型城鎮化的關鍵」, 2013, 5쪽(미출간).

23 조문영, 「사회복지(社會工作)의 일상적 연행을 통해 본 중국 국가의 구조적 폭력—선전 폭스콘 공장지대를 중심으로」, 『중소연구』 제38권 제1호, 2014, 227쪽 참조.

24 http://www.sohu.com/a/122406627_487443(검색일: 2017. 1. 20)

25 Muehlebach, Andrea, *The Moral Neoliberal: Welfare and Citizenship in Italy*, The University of Chicago Press, 2012, pp. 6~8.

26 *ibid.*, p. 18.

27 Yanagisako, J. Sylvia, *Producing Culture and Capital: Family Firms in Italy*, Princeton University Press, 2002, p. 7.

28 잉싱 편, 앞의 책, 90~91쪽.

29 http://www.sznews.com/news/content/2014-07/17/content_9824708.htm, 2017년 7월 20일 검색.

30 조문영·이승철, 「'사회'의 위기와 '사회적인 것'의 범람—한국과 중국의 '사회건설' 프로젝트에 관한 소고」, 『경제와 사회』 113호, 2017.

31 『다랑의 벗(大浪之友)』 팸플릿 참조.

32 潘毅, 陳慧玲, 馬克·塞爾登, 『蘋果背後的生與死: 生産線上的富士康工人』, 中華書局, 2015, xii쪽.

33 제임스 퍼거슨, 앞의 책, 272쪽.

34 Xinyuan Wang, *Social Media in Industrial China*, UCL Press, 2016, pp. 6~7.

35 *ibid.*, pp. 115~120.

36 안토니오 네그리, 마이클 하트 지음, 정남영·윤영광 옮김, 『공통체—자본과 국가 너머의 세상』, 사월의 책, 2014, 227쪽.

37 데이비드 하비 지음, 한상연 옮김, 『반란의 도시』, 에이도스, 2014, 232, 235쪽.

38 앤디 메리필드 지음, 김병화 옮김, 『마주침의 정치』, 이후, 2015, 215쪽.

39 위의 책, 157쪽.

도시 사회관리와 노동체제 개혁의 딜레마

1 中國行政管理學會課題組, 「加快我國社會管理和公共服務改革的研究報告」, 『中國行政管理』, 2005(2).

2 뤄쓰치·백승욱, 「'사회치리(社會治理)'로 방향전환을 모색하는 광둥성의 사회관리 정책」, 『현대중국연구』 제17권 2호, 2016.

3 張娜, 「社會治理背景下遼寧省社會工作發展情况概述」, 『시진핑 시대 중국 사회관리

정책의 변화와 기층 사회의 대응 연구프로젝트, 중국 동북지역 조사보고서』, 2016. (미출간)

4 백승욱·장영석·조문영·김판수, 「시진핑 시대 중국 사회건설과 사회관리」, 『현대중국연구』 제17권 1호, 2015.

5 위의 글.

6 胡哲夫, 「建立勞動爭議網格化排查預警網絡體系: 吉林省長春市朝陽區勞動人事爭議仲裁工作創新舉措」, 『勞動保障世界』, 2013(9).

7 장윤미, 「중국 '안정유지(維穩)'의 정치와 딜레마」, 『동아연구』 제64권, 2013, 109쪽.

8 위의 글, 122~125쪽.

9 孔祥鴻, 「廣東省勞動政策述評」, 『廣東社會治理和勞動政策項目報告』(「현 시기 중국 광둥성 노동정책 평가」, 『한국사회학연구』 제7호, 2016).

10 黃巧燕, 「最新《廣東省企業集體合同條例》分析」(「광둥성 기업단체협약 조례 제정의 법률 분석」, 『한국사회학연구』, 2016, 제7호).

11 정규식·이종구, 「중국 노동관계 제도화에 대한 안정유지(維穩)와 권리 수호(維權)의 각축—창더시 월마트 파업 사건을 중심으로」, 『한중사회과학연구』 통권 38호, 2016.

12 孔祥鴻, 「廣東省勞動政策述評」, 『廣東社會治理和勞動政策項目報告』(「현 시기 중국 광둥성 노동정책 평가」, 『한국사회학연구』 제7호, 2016.

13 장영석·백승욱, 「노동자 집단적 저항의 일상화와 중국의 노동정책 변화」, 2015년 현대중국학회 추계학술대회 발표문.

14 莊文嘉, 「'調解優先'能緩解集體性勞動爭議嗎?: 其於1999~2011年省際面板數據的實證檢驗」, 『社會學研究』 2013年 第5期; 장영석·백승욱, 위의 글, 2015.

15 孔祥鴻, 「廣東省勞動政策述評」, 『廣東社會治理和勞動政策項目報告』(「현 시기 중국 광둥성 노동정책 평가」, 『한국사회학연구』 제7호, 2016.

16 백승욱·조문영·장영석, 「'사회'로 확장되는 중국 공회(노동조합)—광둥성 공회의 체제 개혁을 중심으로」, 『한국사회학』 제51집 제1호, 2016.

17 聞效儀, 「工會直選: 廣東實踐的經驗與教訓」, 『開放時代』, 2014年 第5期

18 장영석·백승욱, 「노동자 집단적 저항의 일상화와 중국의 노동정책 변화」, 2015년 현대중국학회 추계학술대회 발표문.

19 高靜, 「廣州工會的職工服務社會組織—工會工作站(或工會職工服務站)調研報告」,

『廣東社會治理和勞動政策項目報告』, 2015.(미출간)

20 위위안 파업 사건의 전개 과정 및 분석은 黃岩·劉劍,「激活稻草人: 東莞裕元罷工中的工會轉型」,『西北師大學報(社會科學版)』 2016年 1期을 참조했다.

21 1998년에 「광둥성 사회양로보험 조례」가 제정되어 실시된 이래, 광둥성의 양로보험금 납부 기준은 직공이 임금 총액의 8%, 기업이 직공 임금 총액의 14%를 납부하도록 했다. 이 두 기금이 직공의 개인 계좌와 통합 계좌로 입금된다. 납부 만기는 15년이고, 직공이 퇴직할 때 양로금을 수령할 수 있도록 되어 있다. 주택공적금은 기업이 직공 임금 총액의 5%를 납부하도록 되어 있으며, 직공이 이직할 때 자유롭게 인출할 수 있다. 黃岩·劉劍,「激活稻草人: 東莞裕元罷工中的工會轉型」,『西北師大學報(社會科學版)』 2016年 1期.

노후공업도시로 풀어본 동북 문제

1 柳巖,「"東北不是黑社會": 大衆文化的城市江湖想像與社會主義銹帶的情感結構」,『文化硏究』 第22輯, 2015.

2 마이클 부라보이 지음, 정범진 옮김,『생산의 정치』, 박종철출판사, 1999.

3 박철현,「사회주의 시기 중국 동북 지역의 국가와 기업: 대련기차차량창의 전형단위제를 중심으로」,『만주연구』, 제20집, 2015.

4 박철현, 위의 글, 2015, 148~151쪽.

5 Barry Naughton, *Growing out of The Plan: Chinese Economic Reform 1978~1993*, Cambridge University Press, 1996, pp. 26~56.

6 동북 지역 노후공업도시에서 포착되는 '약한 국가(지방정부) vs 강한 사회(기업)'의 구도는, 중앙기업들이 지방정부에 구속되지 않는 자율성만 의미하지 않고 중앙정부로부터 갖는 자율성까지 의미하는 것으로 보아야 한다. 이런 의미에서 '이중적' 자율성이다.

도시를 뒤덮은 담장—게이티드 커뮤니티와 도시 공간의 불평등

1 게이티드 커뮤니티는 그 속성에 근거해 '폐쇄적 공동체', '배타적 거주지' 등으로도 번역하지만 일반적으로는 본래의 의미를 정확하게 전달하기 위해 영어 표현을 그대로 사용한다. 특히 이 글에서는 출입문과 담장이라는 물리적 구조물과 게이티드 커뮤니티의 관계 역시 하나의 논점에 해당하기 때문에 정확한 논의 지점의 전달을 위해 '게이티드 커뮤니티'라는 표현을 사용했다.

2 게이티드 커뮤니티를 의미하는 각 용어들은 큰 구분 없이 혼용되고 있는데, 양춘옌楊春燕과 민수閔書의 경우 '출입제한 커뮤니티'라는 용어를 사용하면서 게이티드 커뮤니티는 완전한 폐쇄적 기구가 아니며, 비거주민에 대한 통행 차단이라는 점에서 폐쇄적 커뮤니티보다 '출입제한 커뮤니티'가 더 적합한 용어라고 구분하기도 했다.

3 장왕펑張旺鋒 등은 신축 단지에서 게이티드 커뮤니티의 비율이 70% 이상이라고 언급하고 있으며, 양훙핑楊紅平은 현재 중국에서 도시 신축 주택단지의 80% 이상이 출입통제형의 관리 방식(門禁式管理模式)을 채용하고 있다고 본다. 하지만 선행 연구들은 이러한 판단의 근거를 명확하게 제시하지 않았는데, 다만 류인劉銀과 리바오위李報宇의 경우 상품주택이 대부분 게이티드 커뮤니티의 형태를 취한다는 점에서 전체 부동산 투자액 대비 상품주택 투자액을 근거로 16개 중점 도시에서 게이티드 커뮤니티의 비율이 70%라고 추정하기도 했다.

4부 : 네트워크와 예외 공간

초원과 도시의 동맹—윤리적 소비와 사막화 방지

1 사막화 문제에 꾸준한 관심을 기울여왔던 한국에서는 중국보다 6년 앞선 2011년에 제10차 유엔 사막화방지협약 총회가 창원에서 개최되었다.

2 중국 중산층의 소비문화에 대해서는 Jaffrelot, C. & P. van der Veer, *Patterns of middle class consumption in India and China*, New Delhi: SAGE Publications India, 2008; Latham, K., S. Thompson & J. A. Klein, *Consuming China: approaches to*

cultural change in contemporary China, London and New York: Routledge, 2006; Zhang, L., *In search of paradise: Middle-class living in a Chinese metropolis*, Ithaca and London: Cornell University Press, 2012 참조.

3 Klein, Jakob, "Creating ethical food consumers? Promoting organic foods in urban Southwest China", *Social Anthropology* 17(1), 2009.

4 2010년 현지조사 당시 B마을은 105가구, 342명이었다. 마징馬京·진하이金海의 2002년 조사에서는 70가구, 300여 명의 인구 중에 몽골족이 260여 명으로 약 85%를, 나머지는 한족이었다. 마을 서기 우르투의 증언에 따르면, 2002년에 비해서 2010년에 인구수 대비 가구 수가 크게 증가한 것은 현 50~60대의 중장년층의 자식들이 결혼하여 독립가구를 구성했기 때문이다. 馬京·金海, 『蒙古族: 內蒙古正藍旗巴音呼舒查嘎調查』, 雲南: 雲南大學出版社, 2004.

5 UNCCD, 1994.

6 Cronon, William, *Nature's Metropolis: Chicago and the Great West*, New York: W·W·Norton&Company, 1991, p. 269.

7 중국과학원 프로젝트가 끝나는 2012년부터는 목축민이 운영하는 바이거리 합작사에서 직접 병아리를 구입, 사육 판매하는 체계를 갖추게 되었다.

8 김천호·박영선, 「몽골과 중앙아시아의 식문화비교」, 『비교민속학』 22, 2002.

9 중국인들은 온전한 것을 좋아한다고 한다. 머리까지 먹는 사람들이 많아서 빠지면 무언가 부족하다고 생각한다.

10 Cochoy F., *Une sociologie du packaging ou l'âne de Buridan face au marché*, PUF: Paris, 2002.

11 문옥표, 「"안전한 식품"의 신화와 현실—GM 콩에 대한 한국인의 반응」, 『비교문화연구』 14(1), 2008.

12 오명석, 「이슬람적 소비의 현대적 변용과 말레이시아의 할랄 인증제—음식, 이슬람법, 과학, 시장의 관계」, 『한국문화인류학』 45(3), 2012.

13 봉황위성 다큐멘터리, 〈황사대(黃沙帶)를 찾아서〉.

14 「草原上的散養柴鷄」(http://sannong.cntv.cn/program/meirinj/20110831/104823.shtml)

15 「在草原上牧鷄」(http://sannong.cntv.cn/program/kejiyuan/20111101/107499.shtml)

16 「草原牧鷄」(http://sannong.cntv.cn/program/lczx/20120822/103545.shtml)

17 「植物學家爲啥要養鷄」(http://sannong.cntv.cn/program/kejiyuan/20121106/107314.shtml)

18 중국 국영방송인 CCTV 1은 가짜 계란 특집을 방영하기도 했다. 〈焦點訪談: 假蛋真相〉(2010. 12. 26), http://news.cntv.cn/china/20101226/104669_1.shtml.

19 Croll, E., *China's new consumers: social development and domestic demand*, New York: Routledge, 2006.

20 징쥔은 1090년대 중반에 중국 대도시(베이징)에서 이미 아이들을 위한 소비가 가구 전체 소비의 70%를 차지하고 있으며, 이는 미국의 40%와 비교했을 때 높은 비율임을 밝혔다. Jing, Jun, *Feeding China's Little Emperors: Food, Children, and Social Change*, California: Stanford University, 2000, pp. 6~7.

21 판매점은 베이징의 서쪽 끝에 위치해 있는 반면 쓰후이는 베이징의 동쪽 끝에 있기 때문에, 상품을 직접 구입하기 위해서는 꽤 먼 거리를 운전해서 와야 한다.

22 Croll, E., *China's new consumers: social development and domestic demand*, New York: Routledge, 2006.

23 Klein, Jakob, "Creating ethical food consumers? Promoting organic foods in urban Southwest China", *Social Anthropology* 17(1), 2009.

24 거슬러 올라가보면 초원에서 소와 양 같은 가축의 사육이 급격하게 증가한 것, 그리고 그로 인한 사막화나 초원 식생의 파괴가 가중되고 있다는 점은 현대사회 도시민들의 고기 섭취 욕구 및 소비의 증가와 별개로 생각할 수 없다. 목축민들이 가축의 사육 마릿수를 증가시키는 것은 그들의 경제적 이익 추구와 직결되는 도시의 소비구조 변화와 상관관계가 있다.

25 Cronon, William, *Nature's Metropolis: Chicago and the Great West*, New York: W·W·Norton&Company, 1991, p. 257.

26 ibid.

27 ibid., p. xvii.

1 국가통계국의 통계에 따르면, 2016년 말 기준으로 호구 소재지 이외의 지역에서 6개월 이상 체류 중인 유동인구는 약 2억 4,500만 명이며, 그중 약 1억 7,000만 명이 성-시-자치구의 경계를 넘어 원거리 이동을 한 것으로 추정된다. 개혁·개방 이후 지속적으로 증가한 유동인구는 2014년 약 2억 7,000만 명으로 최고치에 달한 이후 조금씩 감소하고 있다.

2 김영구·장호준, 『중국의 사회와 문화』, 한국방송통신대학교출판문화원, 2016, 86~88쪽.

3 성중촌은 비단 성향결합부에만 형성되었던 것이 아니라 시가지 지역에서도 형성되었다. 도시 개혁 이후 국유기업과 국가행정기관 등 단위 소속의 도시민들이 단위로부터 분배받은 시내의 낡은 주택을 외지 이주민들에게 임대하고 새로운 주택으로 이사하는 경향이 생겨났다. 이러한 경향은 1990년대 후반 이후 더욱 확산되었으며, 이후 도시 중심부의 성중촌 현상을 야기한 직접적인 원인이 되었다.

4 성중촌이 성향결합부에 집중된 요인에 대한 이하의 내용은 정종호, 「북경시의 도시재개발 정책과 북경 '동향촌'의 변화」, 『현대중국연구』 제9집 2호, 2008, 46~50쪽을 참조했다. 정종호는 이 논문을 통해 국내 처음으로 성중촌 개조 현상을 소개했다.

5 호구戶口와 거의 같은 개념으로 호적戶籍이 있다. 호구가 각 개인이 특정 주소지와 결합되는 법률적 자격에 관한 것이라면, 호적은 각 개인의 그러한 자격을 공식적으로 기록해 놓은 근거에 관한 것이다. 따라서 각 개인의 입장에서는 호구가, 관련 정부 부문의 입장에서는 호적이 일차적인 관심사가 되는 경우가 많다. 그러나 호구와 호적은 그 개념 정의상 서로를 필요로 하며 또한 사실상 동일한 제도적 실재를 지칭하기 때문에 국내는 물론 중국의 학계에서도 별다른 구분 없이 통용되고 있다. 중국 호구제도의 주요 내용과 2000년대 중반까지의 개혁 과정에 대해서는 이민자, 『중국 호구제도와 인구이동』, 폴리테이아, 2007 참고.

6 「토지관리법」 등에 의거하여 농민은 2023년까지 농지사용권을 향유할 수 있으며, 2007년에 시행된 「물권법」에서는 권리 기한의 종료 시 농지사용권을 관련 법령에 따라 연장할 수 있으며 주택용지에 대한 권리는 자동 연장된다고 규정하고 있다. 농촌 토지제도의 개혁 과정에 대해서는 장호준, 「개혁·개방 이후 중국의 농촌 토지제도 개혁: 토지도급경영권 이전(流轉) 기제의 형성을 중심으로」, 『중국연구』 제52권,

2011를, 중국 토지제도 전반의 변천 과정에 대해서는 박인성·조성찬, 『중국의 토지 개혁 경험』, 한울, 2011 참고.

7 「토지관리법」과 「민법통칙」은 공통적으로 "집체 소유 토지는 법률에 의거하여 촌농촌집체가 소유하며 촌집체경제조직 또는 촌민위원회가 경영·관리한다."고 명시하고 있으나, 그 어떠한 법률도 촌농촌집체와 집체경제조직의 규모와 범위 등을 명확하게 규정하지 않았다. 장호준, 앞의 글, 564쪽.

8 각 동향촌의 형성 과정과 변화 양상에 대한 서술은 1997년 이래 필자가 베이징 방문 및 현지 조사를 통해 수집한 자료와 다음 자료를 참고하여 요약·재구성한 것이다. 허난춘과 푸젠춘은 穆易, 「走进北京移民'村落'」, 『中国社会报』 2004年 6月10日, Gu, Chaolin & Haiyong Liu, "Social Polarization and Segregation in Beijing", in J. Logan ed., *The New Chinese City: Globalization and Market Reform*, Oxford: Blackwell, 2002; Jeong, Jong-Ho, "From Illegal Migrant Settlements to Central Business and Residential Districts", *Habitat International*, 35(3), 2011 참고. 안후이춘은 장호준, 「중관촌 모델과 비공식 신용거래관행」, 『현대중국연구』 제12집 2호, 2011; Chang, Ho-Jun, "Markets Hidden on Thoroughfares: The Social Construction of Economic Informality/Illegality in Zhongguancun, China", Ph.D. Dissertation, Columbia University, 2009 참고. 저장춘은 정종호, 「중국의 '流動人口'와 국가-사회 관계 변화: 北京 '浙江村' 사례를 중심으로」, 『비교문화연구』 제6권 2호, 2000; 정종호, 「북경시의 도시재개발 정책과 북경 '동향촌'의 변화」, 『현대중국연구』 제9집 2호, 2008; Zhang, Li., *Strangers in the City: Reconfigutations of space, power, and social networks within China's floating population*, Stanford: Stanford University Press, 2001; 崔靖芳·陈沙沙, 「'家'在京城: 北京流动人口分布调查」, 『民生周刊』 2014年 1期 참고.

9 정종호, 「북경시의 도시재개발 정책과 북경 '동향촌'의 변화」, 『현대중국연구』 제9집 2호, 2008, 54~55쪽.

10 농민의 호구 신분 개편에 따라 발생하는 사회보장 등의 문제에 대해서는 李強, 「中國城市化進程中的'半融入'與'不融入'」, 『河北學刊』 2011年 5期 참고.

11 정종호, 앞의 글, 58쪽.

12 정종호는 베이징의 신장춘新疆村과 저장춘 사례를 통해 이러한 '제도 변경 – 재개발' 방식에 입각한 성중촌 재개발 과정을 구체적으로 분석한 바 있다. 정종호, 앞의 글,

51~63쪽.

13 정무 공개 창구인 '수도의 창(首都之窗)'에 게재된 글에 따르면, 2005년 당시 베이징에는 두 가지 종류의 성중촌이 346개 존재했는데, 그 하나는 비교적 시내 중심부에 위치하고 있으나 관리와 개발이 제대로 이루어지지 않아 낙후된 형태로 231가 있었으며, 다른 하나는 5환로 이내의 성향결합부에 위치한 행정촌으로 115개가 있었다. 베이징 3환로 이내의 중심부에 위치한 성중촌에는 건물 지하실을 개조하여 만든 공간에 여전히 적잖은 외래 이농민들이 거주하고 있는 것으로 알려져 있다.

14 2009년 총상주인구가 1,800만 명을 넘어섰기 때문에 결과적으로는 이 전제가 무의미해져버렸다. 결국 2011년 3월에 발표된 '제12차 5개년 규획'에서는 베이징의 인구 수용 능력 한계치를 2,300만 명으로 상향 조정했다.

참고문헌

1부 : 도시화, 신형도시화

도시화를 통해 본 개혁기 중국

롼밍阮銘 지음, 이용빈 옮김, 『덩샤오핑 제국 30년』, 한울아카데미, 2016.

박인성, 『중국의 도시화와 발전축』, 한울아카데미, 2009.

박인성, 「중국의 신형도시화 배경과 도시정책 동향」, 『세계와 도시』 Vol. 10, 2015.

박인성, 「체제전환기 중국 도시계획의 성격과 역할 고찰」, 『한중사회과학연구』 제7권 3호(통권 15호), 2009.

박인성·조성찬, 『중국의 토지개혁 경험』, 한울아카데미, 2011.

첸리췬錢理群 지음, 연광석 옮김, 『모택동 시대와 포스트 모택동 시대 1949~2009 (상)』, 한울아카데미, 2012.

孙久文·彭薇, 「我国城市化进程的特点及其与工业化的关系研究」, 『区域与城市经济』, 2010年 第4期, 北京: 中国人民大学书报资料中心, 2010.

孙频捷, 『市民化还是属地化: 失地农民身份认同的建构』, 上海社会科学院出版社, 2013.

陈映芳, 『城市中國的逻辑』, 三联书店, 2012.

杨德才, 『中国经济史新论(下)』, 经济科学出版社, 2009.

胡彬, 『区域城市化的演进机制与组织模式』, 上海财经大学出版社, 2008.

彭森·陈立等, 『中国经济体制改革重大事件(上)』, 中国人民大学出版社, 2008.

급속한 도시화의 아이콘, 선전—이중도시, 이민도시로서의 발전

中國統計局(http://www.stats.gov.cn/tjsj/)

深圳統計(http://www.sztj.gov.cn)

「新型城鎮化」(http://www.gov.cn/zhuanti/xxczh/)

「深莞惠一體化」,『百度百科』(http://baike.baidu.com/)

김진경,「홍콩과 심천의 상호 전력적 활용에 관한 연구」,『월간한중』 제6권 제2호, 2005.

박민규·왕봉·강명구,「중국 선전 경제특구 성공에 있어 '연결도시'로서 홍콩의 역할」,『국토계획』 제50권 제1호, 2015.

박정동,『現代中國經濟論: 經濟特區의 經濟的 效果』. 서울: 법문사, 1993.

박철현,「중국 발전모델 전환형 특구의 형성: 충칭 량장신구(兩江新區)에 대한 다중스케일 분석」,『공간과 사회』 제56권, 2016.

윤종석,「'선전의 꿈'과 발전 담론의 전환: 2000년대 사회적 논쟁을 통해 본 선전 경제특구의 새로운 위상정립」,『현대중국연구』 제17집 제1호, 2015.

윤종석,「체제전환과 중국의 선전 경제특구: 전환과 발전의 이중주로서의 예외공간」, 박배균·이승욱·조성찬 편,『특구: 국가의 영토성과 동아시아의 예외공간』, 알트, 2017.

이일영 편,『경제특구 선전(深圳)의 복합성: 窓과 거울』, 한신대학교출판부, 2008.

장경섭,「복합위험사회: 압축적 근대성과 한국의 위험질서」, 정근식·씨에리종 편,『한국과 중국의 사회변동 비교연구』, 나남, 2013.

장영석,「홍콩-선전 관계의 변화: '전방 상점, 후방 공장' 모델에서 '지역통합' 모델로의 전환」, 이일영 편,『경제특구 선전(深圳)의 복합성: 窓과 거울』, 한신대학교출판부, 2008.

段亞兵,『創造中國第一的深圳人』, 人民出版社, 2010.

陶一桃·魯志國 主編,『中國經濟特區史要』, 商務印書館, 2010.

董建中 主編,『深圳經濟變革大事』, 海天出版社, 2008.

梁山文,『深香經濟合作的理論與實踐』, 人民出版社, 2010.

梁英平·謝春紅 等,『深圳十大觀念解讀: 歷史背景·文化內涵·時代價值』, 廣州: 中山大學出版社, 2012.

林淩,「深圳的工業發展與産業結構調整」,『開放導報』 2004年 2月 第1期, 2004.
孟僞 主編,『深圳社會變革大事』, 海天出版社, 2008.
沈桀 主編,『深圳觀念變革大事』, 海天出版社, 2008.
袁易明 主編,『中國經濟特區産業結構演進與原因』, 商務印書館, 2010.
魏達志 主編,『深圳電子信息産業的改革與創新』, 商務印書館, 2010.
Chen, Xiangming. and de'Medici, "From a Fishing Village via an Instant City to a Secondary Global City: The "Miracle" and Growth Pains of Shenzhen Special Economic Zone in China" in Chen. Xiangming. and Ahmed Kanna., eds., *Rethinking Global Urbanism: Comparative Insights from Secondary Cities*, Routledge, 2012.
Wu, weiping, "Proximity and complementarity in Hong Kong-Shenzhen industrialization", *Asian Survey*, Vol. 37, No. 8, 1997.

중국에서 도시민이 된다는 것—위계적 시민권과 서열화

北京市人民政府辦公廳,「關於實施北京市工作居住證制度的若干意見」(2003年 6月 19日).
北京市人民政府,「北京市居住證管理辦法」(2015年 12月 10日).
北京市人民政府,「北京市積分落戶管理辦法(征求意見稿)」(2015年 12月 10日).
上海市人民政府,「上海市人民政府關於進一步推進本市戶籍制度改革的若干意見」(2016年 4月 25日).
上海市人民政府,「上海市居住證積分管理試行辦法」(2013年 6月 13日).
肖紅,「中山市職業教育專業設置與經濟産業結構的適應性探析」,『職業教育研究』, 2010年 5期.
余時飛,「珠江三角洲産業結構昇級策略研究: 基於中山市産業結構調整的調研」,『企業活力』, 2010年 5期.
中山市經濟貿易局 編,「實施雙轉移戰略 進一步調整優化産業結構」,『中山經貿』, 第21期.
Stephen Castles, "Nation and Empire: Hierarchies of Citizenships in the New Global

Order", *International Politics*, Volume 42, Palgrave Macmillan, 2005.

Stephen Castles, "Hierarchical Citizenship in a World of Unequal Nation-States", *Political Science and Politics*, Volume 38, Issue 4, Cambridge University Press, 2010.

http://www.sz.gov.cn/tjj/tjj/xxgk/tjsj/tjgb/201404/t20140408_2337341.htm(검색일: 2016. 4. 20).

http://news.ifeng.com/gundong/detail_2013_12/17/32184589_0.shtml(검색일: 2016. 4. 25).

http://zwgk.gd.gov.cn/007332999/201304/t20130422_372792.html(검색일: 2016. 4. 25).

http://www.jiemian.com/article/528463.html(검색일: 2016. 4. 25).

2부 : 공간의 정치경제

국제대도시이기를 거부하다—홍콩의 도시공간운동

강현수, 「'도시권' 개념 및 관련 실천 운동의 흐름」, 『공간과 사회』 통권 32호, 2009.

강현수, 『도시에 대한 권리: 도시의 주인은 누구인가』, 책세상, 2010.

강현수·황진태 엮음, 『도시와 권리: 현대도시권리담론』, 라움, 2012.

곽노완, 「도시 및 공간 정의론의 재구성을 위한 시론: 에드워드 소자의 '공간정의'론에 대한 비판적 재구성을 위하여」, 『철학사상』 49호, 2013.

김월회, 「'문명'을 포섭한 중화: 중화와 '문명(civilization)', 그 길항의 궤적」, 『인물과 사상』 통권 136호, 2009년 8월호.

김혜준, 「'나의 도시' 속에서 사라져버린 사람들: 홍콩문학 속의 외국인 여성 가사노동자 '페이용(菲傭)'」, 『코기토』 69호, 2011.

데이비드 그래이버(David Graeber), 「월스트리트 점거운동의 아나키스트적 뿌리」, Aljazeera, 2011. 11. 30, 고병권, 『점거, 새로운 거번먼트: 월스트리트 점거운동 르포르타주』, 그린비, 2012.

류영하, 『중국 민족주의와 홍콩 본토주의: 홍콩역사박물관의 스토리텔링을 중심으로』, 산지니, 2014.

백지운, 「중국은 어떤 국가가 될 것인가: 타이완·홍콩 문제를 보는 한 가지 시각」, 『황해문화』 92호, 2016.
서영표, 「도시적인 것, 그리고 인권? '도시에 대한 권리' 논의에 대한 비판적 개입」, 『마르크스주의연구』 9권 4호, 2012.
윤영도, 「홍콩 영상매체 속 '내지 신이민' 재현과 문화정치학의 변천」, 『중국현대문학』 63호, 2012.
이욱연, 『포스트 사회주의 시대 중국 지성: '중국' 재발견의 길』, 서강대학교출판부, 2017.
이혜경, 「청인(淸人)이 만난 두 '보편'문명: 중화와 시빌라이제이션」, 『철학사상』 제32호, 2009.
임대근, 「희미한 흔적과 대체된 상상: 한국의 대중과 함께 홍콩을 문제화하기」, 『중국현대문학』 71집, 2014.
임춘성, 「홍콩문학의 정체성과 탈식민주의」, 임춘성·홍석준·박혁순·이헌종, 『홍콩과 홍콩인의 정체성』, 학연문화사, 2006.
임춘성, 「홍콩영화에 재현된 홍콩인의 정체성과 동남아인의 타자성」, 임춘성·홍석준·박혁순·이헌종, 『홍콩과 홍콩인의 정체성』, 학연문화사, 2006.
장정아, 「타자로서의 이주민: 홍콩의 중국본토 이주민(新移民)」, 『비교문화연구』 8집 2호, 2002.
장정아, 「타자의 의미: '홍콩인' 정체성을 둘러싼 싸움」, 『한국문화인류학』 36집 1호, 2003.
장정아, 「중국본토인의 시기별 홍콩이주와 그 특징」, 『중국근현대사연구』 25집, 2005.
장정아, 「홍콩인: '국제도시의 시민'에서 '국민'으로」, 김광억 외, 『종족과 민족: 그 단일과 보편의 신화를 넘어서』, 아카넷, 2005.
장정아, 「우리의 기억, 우리의 도시: 집단기억과 홍콩 정체성」, 『동북아문화연구』 17집, 2008.
장정아, 「빈민가에서 문화유산의 거리로: 홍콩 삼쉬포지역 사례를 통해 본 도시권」, 『동북아문화연구』 36집, 2013.
장정아, 「'이 폐허를 응시하라': 홍콩 우산혁명과 그 이후의 갈등이 드러낸 것」, 『황해문화』 92호, 2016.
장정아, 「'본토'라는 유령: 토착주의를 넘어선 홍콩 정체성의 가능성」, 『동향과 전망』 98

호, 2016.
전인갑, 『현대중국의 제국몽: 중화의 재보편화 100년의 실험』, 2016.
조경란, 「중국 탈서구중심주의 담론의 아포리아」, 『중국근현대사연구』 68집, 2015.
최병두, 「탈신자유주의를 위한 대안적 도시 전략」, 『공간과 사회』 통권 37호, 2011.
하세봉, 「전시와 담론 사이의 로컬리티: 홍콩역사박물관 상설전의 경우」, 『중국학보』 71집, 2015.
羅永生, 『殖民無間道』, HK: Oxford University Press, 2007.
林麗玲, 「民主的日常: 由社區聆聽到社區組織」, 『信報』 2016. 2. 24.
馬國明, 「拆得走天星, 拆不走殖民思維」, 『明報』, 2006. 12. 17.
思網絡, 『生活·深水埗』, 香港: 深水埗區議會, 2007.
安徒, 「天星: 香港意識的搖籃」, 『香港獨立媒體』 2006. 12. 17(http://www.inmediahk.net/node/174766, 검색일: 2017. 9. 27)
呂大樂, 『唔該, 埋單: 一個社會學家的香港筆記』, Oxford University Press, 2007.
葉蔭聰, 『爲當下懷舊: 文化保育的前世今生』, 香港: 香港中文大學, 2010.
姚冠東, 「深耕細作」, 『謎米香港』 2014. 12. 22(http://goo.gl/zTxfn5, 검색일: 2017. 11. 1)
林輝, 「踏著前人的步履, 在正拆卸的鐘樓下, 我們, 開始絕食」, 『香港獨立媒體』, 2006. 12. 16.(http://www.inmediahk.net/node/173730, 검색일: 2017. 9. 28)
鄭敏華 主編, 『深水埗故事: 從社區公共歷史建築看地方發展史及其人文價值』, 香港: 深水埗區議會市區更新及歷史建築保育工作小組, 2010.
周蕾, 「殖民者與殖民者之間: 九十年代香港的後殖民自創」, 『今天』 8期, 1995.
陳景輝, 「維港, 利東街, 天星: 回歸後的三場空間運動」, 『明報』 2007. 2. 6.
陳景輝, 「十年回想 皇后碼頭運動的'本土'」, 『明報』 2017. 6. 17.
陳慧燕, 「後殖民香港在全球化下的城市公刊與文化身份」, 馬國明 主編, 『組裝 香港』, 香港: 嶺南大學文化研究系, 2010.
Harvey, David, "The Right to the City", *New Left Review* No. 53, 2008.
Holston, James, "Insurgent Citizenship in an Era of Global Urban Peripheries", *City & Society* Vol. 21, Issue 2, 2009.
Ma, Kwok-ming, "Civil Society and Hong Kong", *Chinese Sociology and Anthropology* Vol. 30, No. 3, 1998.

Mathews, Gordon, Eric Kit-wai Ma, and Tai-lok Lui, *Hong Kong, China: Learning to belong to a nation*, London and New York: Routledge, 2008.

옛 주택은 옛 정책, 새 주택은 새 정책—상하이의 주택제도 개혁

Sebastian Heilmann and Elizabeth J. Perry, "Embracing Uncertainty: Guerilla Policy Style and Adaptive Governance," in Heilmann and Perry, eds., *Mao's Invisible Hand: the political foundations of adaptive governance in China*, Cambridge MA: Harvard University Asia Center, 2011.

成思危,『中国城镇住房制度改革』, 民主与建设出版社, 1999.

郭树清,「住房分配货币化的风险与抉择」,『经济研究』, 2000年 第9期.

冀文海,「吴敬链如是说」,『银行家』, 2001年 第1期.

上海市政府,「上海市住房制度改革实施方案」,『文匯报』, 1991年3月17日.

王沪宁,「改革中的心理因素」,『同济大学学报』, 1991年 第2卷 第2期.

『文匯报』 记者,「房改讨论开始转入总结收尾阶段」,『文匯报』, 1990年 12月 25日.

徐振良,「住房制度改革的取向与目标」,『文匯报』, 1991年 1月 5日.

于思远,『房地產住房改革运作全书』, 中国建材工业出版社, 1998.

朱镕基,「关于住房制度改革问题」(1997年 1月 24日), http://www.china.com.cn/guoqing/2012-09/10/content_26748198.htm(검색일: 2016. 7. 30).

朱亚鹏,『住房制度改革』, 中山大学出版社, 2007.

자본과 강탈의 도시, 광저우

Anagnost A, "The corporeal politics of quality (suzhi)", *Public Culture* 16(2), 2004.

Cao G, Feng C and Tao R, "Local "land finance" in China's urban expansion: Challenges and solutions", *China & World Economy* 16(2), 2008.

Chung H, "Building an image of villages-in-the-city: A clarification of China's distinctive urban spaces", *International Journal of Urban and Regional Research* 34(2), 2010.

Doshi S, "The politics of the evicted: Redevelopment, subjectivity, and difference in Mumbai's slum frontier", *Antipode* 45(4), 2013.

Duckett J, *The Entrepreneurial State in China: Real Estate and Commerce Departments in Reform Era Tianjin*, London: Routledge, 1998.

Fang K, and Zhang Y, "Plan and market mismatch: Urban redevelopment in Beijingduring a period of transition", *Asia Pacific Viewpoint* 44(2), 2003.

GZURO(Guangzhou Urban Redevelopment Office), Pazhou Village(http://www.gzuro.gov.cn/azcg/45/852.html), 2013.

Haila A, "Why is Shanghai building a giant speculative property bubble?", *International Journal of Urban and Regional Research* 23, 1999.

Harvey D, *A brief history of neoliberalism*, Oxford: Oxford University Press, 2005.

Harvey D, *The new imperialism*, Oxford: Oxford University Press, 2003.

Harvey D, "The urban process under capitalism: A framework for analysis", *International Journal of Urban and Regional Research* 2(1-4), 1978.

Hsing Y-t, *The great urban transformation: Politics of land and property in China*, Oxford: Oxford University Press, 2010.

Lees L, Shin HB, and López-Morales E, *Planetary gentrification*, Cambridge: Polity Press, 2016.

Lefebvre H, *The urban revolution*, (translated by R Bononno), Minneapolis: University of Minnesota Press, 2003.

Liang Z, And Wang Y, "Exploring urbanised village redevelopment planning: The case of Guangzhou's Pazhou village redevelopment"(in Chinese)(http://www.cpiso.cn/jsyj/ghsj/2013/6/3/352.shtml), 2013.

Lin GCS, and Ho SPS, "The state, land system, and land development processes in contemporary China", *Annals of the Association of American Geographers* 95(2), 2005.

Lin GCS, Li X, Yang FF, and Hu FZY, "Strategizing urbanism in the era of neoliberalization: state power reshuffling, land development and municipal finance in urbanizing China", *Urban Studies* 52(11), 2015.

Oi JC, *Rural China takes off: Institutional foundations of economic reform*, Berkeley and Los Angeles, CA: University of California Press, 1999.

Shao Q, *Shanghai gone*, Lanham, Maryland: Rowman & Littlefield Publishers, 2013.

Schoon S, "Three olds: Experimental urban restructuring with Chinese characteristics, Guangzhou and Shenzhen in comparison", In Altrock U and Schoon S. (eds) *Maturing megacities: The Pearl River Delta in progressive transition*, Dordrecht: Springer, 2014.

Schoon S and Altrock U, "Three Olds redevelopment in Guangzhou", In: Wu F, Zhang F, and Webster C (eds) *Rural Migrants in Urban China: Enclaves and Transient Urbanism*, London: Routledge, 2013.

Shin HB, "Contesting speculative urbanisation and strategising discontents", *City* 18(4-5), 2014a.

Shin HB, "Urban spatial restructuring, event-led development and scalar politics", *Urban Studies* 51(14), 2014b.

Shin HB, "Unequal cities of spectacle and mega-events in China", *City* 16(6), 2012.

Shin HB, "Residential redevelopment and entrepreneurial local state: The implications of Beijing's shifting emphasis on urban redevelopment policies", *Urban Studies* 46(13), 2009.

Shin HB, "Living on the edge: Financing post-displacement housing in urban redevelopment projects in Seoul", *Environment and Urbanization* 20(2), 2008.

Smith N, *The New Urban Frontier: Gentrification and the Revanchist City*, London; New York: Routledge, 1996.

Smith N, "Toward a theory of gentrification: A back to the city movement by capital, not by people", *Journal of the American Planning Association* 45(4), 1979.

Tian LI, "The "Chengzhongcun" Land Market in China: Boon or Bane?: A Perspective on Property Rights", *International Journal of Urban and Regional Research* 32(2), 2008.

Unger J, and Chan A, "Inheritors of the boom: Private enterprise and the role of local government in a rural South China township", *The China Journal* 42, 1999.

Wainwright O, "Zaha Hadid's mega mall accused of 'destroying' Beijing's heritage", *The Guardian*, 2013. 8. 2.

Wang YP, Wang Y, and Wu J, "Urbanization and informal development in China: Urban villages in Shenzhen", *International Journal of Urban and Regional Research* 33(4), 2009.

Wu F, "Urbanization", In Tay WS, and So AY (eds) *Handbook of contemporary China*, Singapore: World Scientific, 2011.

Wu F, "Neo-urbanism in the making under China's market transition", *City* 13(4), 2009.

Wu F, "Changes in the Structure of Public Housing Provision in Urban China", *Urban Studies* 33(9), 1996.

Wu F, Zhang F, and Webster C, "Informality and the development and demolition of urban villages in the Chinese peri-urban area", *Urban Studies* 50(10), 2013.

Yang Y-R, and Chang C-h, "An urban regeneration regime in China: A case study of urban redevelopment in Shanghai's Taipingqiao area", *Urban Studies* 44(9), 2007.

Ye L, "Urban regeneration in China: Policy, development, and issues", *Local Economy* 26, 2011.

Zhan JV, "Explaining central intervention in local extra-budgetary practices in China", *Asian Survey* 51(3), 2011.

토지, 욕망에 지다—공공토지 사유화 경향과 대책

김윤상, 『지공주의』, 경북대학교출판부, 2009.

박인성, 『중국의 도시화와 발전축』, 한울, 2009.

박인성·조성찬, 『중국의 토지개혁 경험: 북한 토지개혁의 거울』, 한울, 2011.

에드가 스노우 지음, 홍수원 옮김, 『중국의 붉은 별』(하), 두레, 1995.
왕붕, 「해외 부동산 시장동향: 중국 부동산 시장동향」, 『부동산 포커스』 Vol. 88 Sep. 9. 2015.
조성찬, 「거품 의존형 오너십 소사이어티 전략과 전세대란의 인과관계 연구」, 『공간과 사회』 통권 제34호, 2010.
조성찬, 「선전 경제특구 공공토지임대제 개혁과정에서 지대 납부 방식의 중요성 연구」, 『현대중국연구』 제13집 1호, 2011. 8.
조성찬, 「중국 토지연조제 실험이 북한 경제특구 공공토지임대제에 주는 시사점」, 『한중사회과학연구』 통권 22호, 2012. 1.
조성찬, 「개혁개방 전후 중국의 주택공급체계 변화 과정 및 시사점」, 서울연구원 내부과제, 2016. 6.
추이즈위안 지음, 김진공 옮김, 『프티부르주아 사회주의 선언: 자유사회주의와 중국의 미래』, 돌베개, 2014.
World Bank, *China 2030: building a modern, harmonious, and creative society*, Washington, DC: World Bank, 2013.
中华人民共和国国土资源部 , 『2011 中国国土资源统计年鉴』, 2011.
张清勇, 『中国农地转用开发问题研究』, 中国人民大学 土地管理学博士论文, 2010.
中国社会科学院财务经济研究所外 , 『中国城市土地使用与管理』, 北京: 经济科学出版社, 1992.
流水, 「上海土地使用制度改革的再思」, 『上海土地』 第2期, 2009.
深圳商报, 『深圳地产25年大事记』, 2006. 2. 1.
庐山区统计局, 「统计局数据 受政策影响 深圳和上海房价上升率超过其它城市」, 2016. 1. 19.
中国城市中心, 「地票交易: 一举多得的中国实践创举」 2016. 1. 14.

항저우, 관광도시에서 스마트 도시로

사라 엘우드, 「기조강연: '도시재생과 스마트시티'」, 『부산발전포럼』 165, 2017.
임창호·김정섭, 「산업집적의 외부효과가 도시경제성장에 미치는 영향—공적 외부효과를 중심으로」, 『국토계획』 38(3), 2003.

한국정보화진흥원, 「중국의 Bigdata 정책 2016~2020 분석」, 『BigData Monthly』 Vol 27, 2017.

「厉害! 5年数据盘点, 带你揭秘令人称奇的云栖小镇!」, 2017. 3. 17, 『房天下』, http://news.hz.fang.com/2017-03-17/24695978.htm(검색일: 2017. 7. 25)

廖世菊, 「智慧城市发展水平评价及差异比较」, 重庆大学硕士学位论文, 2016.

云栖小镇. 百度百科, https://baike.baidu.com/item/%E4%BA%91%E6%A0%96%E5%B0%8F%E9%95%87(검색일: 2017. 8. 2)

「市民卡工程」, 『杭州(生活品质版)』 2014年 Z2期.

阿里与富士康牵手云栖小镇, http://hz.house.ifeng.com/column/guide/2015zjlhlp(검색일: 2017. 8. 2)

「以杭州为例, 聊一聊如何给城市装上"大脑"」, 2017. 8. 5, http://www.tmtpost.com/2725625.html(검색일: 2017. 8. 5)

朱文晶·阮重晖·李明超, 「杭州智慧城市建设与智慧经济发展路径研究 — 基于系统集成的视角」, 『城市观察』 2015年 第2期.

中国杭州, http://www.hangzhou.gov.cn/art/2016/6/16/art_1201704_47.html(검색일: 2017. 7. 14)

编辑部, 「用"城市大脑"打造人工智能杭州样本」, 『杭州科技』 2017年 第2期.

Crunch Base, https://www.crunchbase.com/organization/yinxinggu-capital#/entity(검색일: 2017. 8. 6)

Dt Dream, www.dtdream.com/(검색일: 2017. 8. 6)

Dunning, J. H., "Relational assets, networks, and international business activity: Extended thoughts on Dunning", Presented in the AIM-IMD Distinguished Scholar Forum, Academy of Management Meeting, Denver, 2002.

3부 : 노동과 불평등

도시의 '사회적' 불평등 속 농촌 출신 청년 노동자의 삶

안치영, 「선전(深圳) 경제특구의 형성과 발전 및 전환—논쟁을 중심으로」, 이일영 편, 『경제특구 선전(深圳)의 복합성—窓과 거울』, 한신대학교출판부, 2008.

안토니오 네그리, 마이클 하트 지음, 정남영·윤영광 옮김, 『공통체—자본과 국가 너머의 세상』, 사월의 책, 2014.

앤디 메리필드 지음, 김병화 옮김, 『마주침의 정치』, 이후, 2015.

원톄쥔 지음, 김진공 옮김, 『백년의 급진』, 돌베개, 2013.

윤종석, 「이민도시 선전의 도시발전과 농민공의 사회경제적 권리에 관한 연구—호구제도와 사회보험제도를 중심으로」, 『도시연구: 역사·사회·문화』 제4호, 2010.

윤종석, 「'선전의 꿈'과 발전담론의 전환—2000년대 사회적 논쟁을 통해 본 선전 경제특구의 새로운 위상 정립」, 『현대중국연구』 제17집 제1호, 2015.

윤종석, 「급속한 도시화의 아이콘, 선전—이중도시, 이민도시로서의 발전」, 『도시로 읽는 현대중국 2—개혁기』, 역사비평사, 2017.

잉싱 편, 장영석 옮김, 『중국사회』, 사회평론아카데미, 2017.

장윤미, 「세계화와 중국 신노동계급 조직의 변화—선전 사례」, 이일영 편, 『경제특구 선전(深圳)의 복합성—窓과 거울』, 한신대학교출판부, 2008.

제임스 퍼거슨 지음, 조문영 옮김, 『분배정치의 시대—기본소득과 현금지급이라는 혁명적 실험』, 여문책, 2017.

조문영, 「사회복지(社會工作)의 일상적 연행을 통해 본 중국 국가의 구조적 폭력—선전 폭스콘 공장지대를 중심으로」, 『중소연구』 제38권 제1호, 2014.

조문영, 「'신세대 농민공'의 자원봉사 활동을 통해 본 국가 주도 윤리적 시민권의 성격과 함의」, 『현대중국연구』 제16집 1호, 2014.

조문영·이승철, 「'사회'의 위기와 '사회적인 것'의 범람—한국과 중국의 '사회건설' 프로젝트에 관한 소고」, 『경제와 사회』 113호, 2017.

조반나 프로카치, 「사회경제학과 빈곤의 통치」, 콜린 고든·그래엄 버첼·피터 밀러 편, 『푸코 효과—통치성에 관한 연구』, 2014.

明亮, 「'農民工市民化'是新型城鎮化的關鍵」, 2013(미출간).

孫仲勇,『社會組織培育指南』, 北京大學出版社, 2015.

深圳市龍華新區大浪辦事處, 綜合開發研究院,『大浪青工"活力第三8小時时"調查研究報告』, 2013.

深圳市"志願者之城"建設工作領導小組辦公室,『深圳市志願服務信息化工作資料匯編』, 2013.

王京生 主编,『深圳十大觀念』, 深圳報業集團出版社, 2011.

李潤華,「深圳社工作研究」, 嚴書翔 主編,『深圳社工作實務』, 中國社出版社, 2010.

錢文忠·習風,「把人生中向善的可能變成現實」, 王京生 主编,『深圳十大观念』, 深圳报业集团出版社, 2011.

丁當,「我, 工人, 小小草」, 深圳小小草工友家園,『小草年年錄10周年記念册 2003. 8~2013. 8』, 2013.

陳文定,『深圳这些年: 一座被"筹谋"的先城』, 中國發展出版社, 2010.

潘毅, 陳慧玲, 馬克·塞爾登,『蘋果背後的生與死: 生產線上的富士康工人』, 中華書局, 2015.

許傳新,「新生代農民工城市生活中的社會心態」,『思想政治工作研究』, 10期, 2007.

Ding, Chengri, and Erik Lichtenberg, "Land and Urban Economic Growth in China", *Journal of Regional Science*, Vol. 51, No. 2, 2011.

Muehlebach, Andrea, *The Moral Neoliberal: Welfare and Citizenship in Italy*, The University of Chicago Press, 2012.

O'Donnell, Mary Ann, Winnie Wong, and Jonathan Bach, "Introduction: Experiments, Exceptions, and Extensions", *Learning from Shenzhen: China's Post-Mao Experiment from Special Zone to Model City*, The University of Chicago Press, 2017.

Xinyuan Wang, *Social Media in Industrial China*, UCL Press, 2016.

Yanagisako, J. Sylvia, *Producing Culture and Capital: Family Firms in Italy*, Princeton University Press, 2002.

Ye, Lin, and Alfred M. Wu, "Urbanization, Land Development, and Land Financing: Evidence from Chinese Cities", *Journal of Urban Affairs*, Vol. 36, No. 1, 2014.

뤄쓰치·백승욱, 「'사회치리(社會治理)'로 방향전환을 모색하는 광둥성의 사회관리 정책」, 『현대중국연구』, 제17권 2호, 2016.

백승욱·김판수·정규식, 「중국 동북 지역 사회관리 정책에서 나타나는 당·정 주도성」, 『현대중국연구』 제19권 2호, 2017.

백승욱·장영석·조문영·김판수, 「시진핑 시대 중국 사회건설과 사회관리」, 『현대중국연구』 제17권 1호, 2015.

백승욱·조문영·장영석, 「'사회'로 확장되는 중국 공회(노동조합)—광둥성 공회의 체제 개혁을 중심으로」, 『한국사회학』 제51집 제1호, 2016.

장영석·백승욱, 「노동자 집단적 저항의 일상화와 중국의 노동정책 변화」, 2015년 현대중국학회 추계학술대회 발표문.

장윤미, 「중국 '안정유지(維穩)'의 정치와 딜레마」, 『동아연구』 제64권, 2013.

정규식, 「중국 노동체제의 제도적 특성과 노동자 저항의 정치적 동학」, 성공회대학교 박사학위논문, 2017.

정규식·이종구, 「중국 노동관계 제도화에 대한 안정유지(維穩)와 권리 수호(維權)의 각축—창더시 월마트 파업 사건을 중심으로」, 『한중사회과학연구』 통권 38호, 2016.

高靜, 「廣州工會的職工服務社會組織—工會工作站(或工會職工服務站)調研報告」, 『廣東社會治理和勞動政策項目報告』, 2015.(미출간)

聞效儀, 「工會直選: 廣東實踐的經驗與教訓」, 『開放時代』, 2014年 第5期.

王江松, 「廣東省勞動關系地方立法應該, 可以, 如何走在全國的前列」, 首屆珠三角勞動關系研討會參會論文, 『新公民運動』, 2014.

張娜, 「社會治理背景下遼寧省社會工作發展情況概述」, 『시진핑 시대 중국 사회관리 정책의 변화와 기층사회의 대응 연구프로젝트, 중국 동북지역 조사보고서』, 2016.(미출간)

中國行政管理學會課題組, 「加快我國社會管理和公共服務改革的硏究報告」, 『中國行政管理』, 2005(2).

莊文嘉, 「'調解優先'能緩解集體性勞動爭議嗎?: 基於1999~2011年省際面板數據的實證檢驗」, 『社會學硏究』 2013年 第5期.

孔祥鴻, 「廣東省勞動政策述評」, 『廣東社會治理和勞動政策項目報告』(「현 시기 중국 광

등성 노동정책 평가」, 『한국사회학연구』 제7호, 2016).
付城, 「新公共管理視角下的社區社會管理創新研究」, 『社會科學戰線』 2011年 第11期.
胡哲夫, 「建立勞動爭議網格化排查預警網絡體系: 吉林省長春市朝陽區勞動人事爭議仲裁工作創新舉措」, 『勞動保障世界』, 2013(9).
黃岩·劉劍, 「激活稻草人: 東莞裕元罷工中的工會轉型」, 『西北師大學報(社會科學版)』 2016年 1期.
黃巧燕, 「最新《廣東省企業集體合同條例》分析」(「광둥성 기업단체협약 조례 제정의 법률 분석」, 『한국사회학연구』, 2016, 제7호).

노후공업도시로 풀어본 동북 문제

리정李政, 「중국 동북 지역, 새로운 발전의 기회 맞아」(http://csf.kiep.go.kr/expertColr/M004000000/view.do?articleId=14470 검색일: 2016. 7. 27).
마이클 부라보이 지음, 정범진 옮김, 『생산의 정치』, 박종철출판사, 1999.
박철현, 「사회주의 시기 중국 동북 지역의 국가와 기업: 대련기차차량창의 전형단위제를 중심으로」, 『만주연구』, 제20집, 2015.
배리 노턴 지음, 이정구·전용복 옮김, 『중국 경제: 시장으로의 이행과 성장』, 서울경제경영, 2007.
胡禮梅, 「轉形中的資源型城市與老工業基地的比較」, 『資源與産業』 第10券 1期, 2008年 2月.
柳巖, 「"東北不是黑社會": 大衆文化的城市江湖想像與社會主義銹帶的情感結構」, 『文化研究』 第22輯, 2015.
田毅鵬 漆思, 『"單位社會"的終結 : 東北老工業基地"典型單位制"背景下的社區建設』, 社會科學文獻出版社, 2005.
何一民 周明長, 「156項工程與中國工業城市發展」, 『當代中國史研究』, 第14卷 2期, 2007.
Barry Naughton, *Growing out of The Plan: Chinese Economic Reform 1978~1993*, Cambridge University Press, 1996.

도시를 뒤덮은 담장—게이티드 커뮤니티와 도시 공간의 불평등

Atkinson, R. and Blandy, S. (eds.), *Gated Communities*, London and New York: Routledge, 2006.

Blakely, E. and Snyder, M., *Fortress America: Gated Communities in the United States*, Washington DC.: Brookings Institution Press, 1999.

Breitung, W., "Enclave urbanism in China: Attitudes towards gated communities in Guangzhou", *Urban Geography*, 33(2), 2012.

Caldeira, T., *City of Walls: Crime, Segregation, and Citizenship in Sao Paulo,* Berkeley, Los Angeles and London: University of California Press, 2000.

Davis, M., *Ecology of Fear: Los Angeles and the Imagination of Disaster*, New York: Metropolitan Books, 1998.

Foldvary, F., *Public Goods and Private Communities: The Market Provision of Social Services*, Cheltenham: Edward Elgar Publishing, 1994.

Low, S., *Behind the Gates: Life, Security, and the Pursuit of Happiness in Fortress America*, New York and London: Routledge, 2003.

Marcuse, P., "Walls of fear and walls of support", in Ellin, N. (eds.), *Architecture of Fear*, Princeton University Press, 1997.

Mitchell, D., "The end of public space?", *Annals of the Association of American Geographers*, 85, 1995.

Wu, F., "Gated and packaged suburbia: Packaging and branding Chinese suburban residential development", *Cities*, 27, 2010.

封丹·Breitung, W.·朱竑,「住宅郊区化背景下门禁社区与周边邻里关系—以广州丽江花园为例」,『地理研究』30(1), 2011.

林晓群·朱喜钢·孙洁·刘风豹,「现阶段封闭社区的社会隔离效应分析—以北京市一小区为例」,『城市问题』2016年(12).

刘银·李报宇,「从门禁社区到中国式节约型社区」,『时代建筑』2009年(26).

宋伟轩·朱喜钢,「中国封闭社区—社会分异的消极空间响应」,『规划师』2009(25).

杨春燕·闵书,「门禁社区研究的理论框架与中国模型」,『华中建筑』26, 2008.

杨红平,「城市门禁社区兴起的深层机理」,『城市问题』2011年(12).

张旺锋·陈晓耀·耿莎莎, 「单位大院与封闭社区的主要空间特征对比与思考」, 『山西建筑』 39(22), 2013.

4부 : 네트워크와 예외 공간

초원과 도시의 동맹—윤리적 소비와 사막화 방지

김천호·박영선, 「몽골과 중앙아시아의 식문화비교」, 『비교민속학』 22, 2002.

문옥표, 「"안전한 식품"의 신화와 현실—GM 콩에 대한 한국인의 반응」, 『비교문화연구』 14(1), 2008.

오명석, 「이슬람적 소비의 현대적 변용과 말레이시아의 할랄 인증제—음식, 이슬람법, 과학, 시장의 관계」, 『한국문화인류학』 45(3), 2012.

馬京·金海, 『蒙古族: 內蒙古正藍旗巴音呼舒查嘎調查』, 雲南: 雲南大學出版社, 2004.

Cochoy F., *Une sociologie du packaging ou l'âne de Buridan face au marché*, PUF: Paris, 2002.

Croll, E., *China's new consumers: social development and domestic demand*, New York: Routledge, 2006.

Cronon, William, *Nature's Metropolis: Chicago and the Great West*, New York: W·W·Norton&Company, 1991.

Jaffrelot, C. & P. van der Veer, *Patterns of middle class consumption in India and China*, New Delhi: SAGE Publications India, 2008.

Jing, Jun, *Feeding China's Little Emperors: Food, Children, and Social Change*, California: Stanford University, 2000.

Klein, Jakob, "Creating ethical food consumers? Promoting organic foods in urban Southwest China", *Social Anthropology* 17(1), 2009.

Latham, K., S. Thompson & J. A. Klein, *Consuming China: approaches to cultural change in contemporary China*, London and New York: Routledge, 2006.

Zhang, L., *In search of paradise: Middle-class living in a Chinese metropolis*, Ithaca and London: Cornell University Press, 2012.

김영구·장호준, 『중국의 사회와 문화』, 한국방송통신대학교출판문화원, 2016.
박인성·조성찬, 『중국의 토지개혁경험』, 한울, 2011.
이민자, 『중국 호구제도와 인구이동』, 폴리테이아, 2007.
장호준, 「개혁개방 이후 중국의 농촌 토지제도 개혁: 토지도급경영권 이전(流轉) 기제의 형성을 중심으로」, 『중국연구』 제52권, 2011.
장호준, 「중관촌 모델과 비공식 신용거래관행」, 『현대중국연구』 제12집 2호, 2011.
정종호, 「중국의 '流動人口'와 국가-사회 관계 변화: 北京 '浙江村' 사례를 중심으로」, 『비교문화연구』 제6권 2호, 2000.
정종호, 「북경시의 도시재개발 정책과 북경 '동향촌'의 변화」, 『현대중국연구』 제9집 2호, 2008.
厉基巍, 「北京城中村整治初步研究」, 清华大学博士论文, 2011.
李强, 「中国城市化进程中的'半融入'与'不融入'」, 『河北学刊』 2011年 5期.
崔靖芳·陈沙沙, 「'家'在京城: 北京流动人口分布调查」, 『民生周刊』 2014年 1期.
冯晓英, 「论北京'城中村'改造: 兼述流动人口聚居区合作治理」, 『人口研究』 2010年 6期.
穆易, 「走进北京移民'村落'」, 『中国社会报』 2004年 06月10日.
北京市, 『北京市国民经济和社会发展第十二个五年规划纲要』, 2011.
北京市规划委员会, 『北京城市总体规划(2004~2020年)』, 2004.
北京市统计局(http://www.bjstats.gov.cn/).
首都之窗(http://www.beijing.gov.cn/).
Chang, Ho-Jun, "Markets Hidden on Thoroughfares: The Social Construction of Economic Informality/Illegality in Zhongguancun, China", Ph.D. Dissertation, Columbia University, 2009.
Gu, Chaolin & Haiyong Liu, "Social Polarization and Segregation in Beijing", in J. Logan ed., *The New Chinese City: Globalization and Market Reform*, Oxford: Blackwell, 2002.
Jeong, Jong-Ho, "From Illegal Migrant Settlements to Central Business and Residential Districts", *Habitat International*, 35(3), 2011.
Zhang, Li., *Strangers in the City: Reconfigutations of space, power, and social networks within*

China's floating population, Stanford: Stanford University Press, 2001.

찾아보기

나

다

라

마

바

사

아

자

차

카

타

파

하

이 책의 집필진

※ 필진은 가나다순으로 정리했다. 이 책에 실린 글의 저본이 사전에 학술지에 발표되었을 경우, 해당 서지 사항을 바로 아래에 밝혀두었다. 별도의 서지 표기가 없는 것은 이 책에서 처음 발표되는 글이다. 학술지 수록 논문들 역시 단행본 체제에 맞춰 대폭 수정·보완 및 재구성을 거쳤음을 밝혀둔다.

김도경 | 옛 주택은 옛 정책, 새 주택은 새 정책—상하이의 주택제도 개혁

「1990년대 중국 주택제도 개혁과 도시 기득권의 확립」, 『역사비평』 116호, 2016.

고려대학교 중어중문학과를 졸업했고, 푸단대학교 사회학과에서 '중국 산아제한론의 학술권위 획득'에 대한 연구로 박사학위를 받았다. 성균중국연구소 연구교수를 거쳐 현재 한국교원대학교 중국어교육과 조교수로 재직 중이다. 대표 논문으로는 「중국 토지제도를 보는 두 개의 시각」, 역서로는 『탈향과 귀향 사이에서』 등이 있다.

노수연 | 항저우, 관광도시에서 스마트 도시로

노수연·김성옥, 「항저우시의 스마트도시 건설 메커니즘: 시티 브레인(City Brain) 사례를 중심으로」, 『중국과 중국학』 32호, 2017.

고려대학교 글로벌 학부 조교수로 재직 중이다. 기업전략을 전공했고 최근의 관심 주제는 중국의 지역 및 산업이다. 대표 논저로는 『디지털경제의 진전과 산업혁신정책의 과제: 주요국 사례를 중심으로』(공저), 『중국의 문화콘텐츠 발전현황과 지역별 협력방안』(공저) 등이 있다.

박인성 | 도시화를 통해 본 개혁기 중국

「개혁기 중국의 도시화 경험」, 『역사비평』 115호, 2016.

한성대학교 부동산대학원 한중부동산컨설팅 전공 주임교수로 재직 중이다. 이전에는 중국 저장대학浙江大學 토지관리학과 및 도시관리학과 교수, 충남연구원 중국연구팀장, 국토연구원 연구위원으로 근무했다. 서울시립대학교(건축공학), 서울대학교 환경대학원(도시설계), 중국인민대학교(지역경제)에서 공부했으며, 토지 및 부동산 정책·제도를 연구하고 있다. 주요 저서로 『중국의 도시화와 발전축』, 『중국의 토지개혁 경험』(공저), 『중국경제지리론』(공저) 등이 있다.

박철현 | 중국에서 도시민이 된다는 것—위계적 시민권과 서열화 / 노후공업도시로 풀어본 동북 문제

「개혁기 위계적 시민권과 중국식 도시사회의 부상」, 『역사비평』 115호, 2016; 「중국 동북 지역 연구의 새로운 가능성—'노후공업도시'」, 『역사비평』 116호, 2016.

서울대학교 동양사학과를 졸업하고 국제대학원을 거쳐 중국인민대학교에서 사회학 박사학위를 받았다. 현재 국민대학교 중국인문사회연구소 HK연구교수로 재직 중이다. 관심 주제는 중국 사회주의, 동북 지역, 도시, 기층 사회, 공장 체제, 냉전 정치경제학 등이다. 대표 논저로는 『다롄연구: 초국적 이동과 지배, 교류의 유산을 찾아서』(공저), 『특구: 국가의 영토성과 동아시아의 예외공간』(공저), 「중국 개혁기 사회관리체제 구축과 지방정부의 역할 변화: 1990년대 상하이 푸동 개발의 공간생산과 지식」, 「개혁기 상하이 도시재생의 문화정치: "석고문" vs "공인신촌"의 논쟁을 중심으로」 등이 있다.

신현방 | 자본과 강탈의 도시, 광저우

「중국 개혁기 자본의 도시, 강탈의 도시로의 이행—광주의 사례를 중심으로」, 『역사비평』 116호, 2016.

영국 런던정치경제대학(London School of Economics and Political Science) 지리환경학과에서 부교수로 재직 중이며, 경희대학교 에미넌트 스콜라(Eminent Scholar)이다. 도시학 및 도시지리를 전공했으며, 동아시아 도시 경험 연구를 바탕으로 젠트리피케이션, 메가이벤트, 철거, 도시권 등을 주제로 활발한 저술 활동을 하고 있다. 대표 논저로 *Global Gentrifications: Uneven Development and Displacement*(공편), *Planetary Gentrification*(공저), 「안티 젠트리피케이션: 무엇을 할 것인가」(편저) 등이 있다. 현재 단독저서 *Making China Urban*과 공동편서 *Contesting Urban Space in East Asia, The Political Economy of Mega Projects in Asia*를 저술 중이다.

윤종석 | 급속한 도시화의 아이콘, 선전—이중도시, 이민도시로서의 발전

「중국의 급속한 도시화—이중도시, 이민도시로서 선전의 도시발전」, 『역사비평』 115호, 2016.

서울대학교 동양사학과를 졸업한 뒤, 사회학과에서 석사를 마치고 박사과정을 수료했다. 사회변동의 시각에서 중국 개혁·개방 체제의 발전과 전환에 관심을 갖고, 개발주의 정치경제, 산업·노동, 이주와 시민권, 탈사회주의 개혁, 계급·계층 등에 관심을 가져왔다. 특히 박사논문에서는 체제 전환과 발전 과정을 인구 유동과 농민공, 복지의 변화 등을 통해 설명하고자 준비 중이다. 대표 논문으로는 「현대성과 모델의 지식정치: 중국 선양瀋陽 톄시구鐵西區 개조의 공간적 재현과 기억의 재구성」(공저), 「'선전의 꿈'과 발전 담론의 전환: 2000년대 사회적 논쟁을 통해 본 선전 경제특구의 새로운 위상정립」, 「중국 전기자동차 산업발전과 전망: 중국 정부의 산업육성정책 평가를 중심으로」(공저), 「중국 사회 거버넌스(治理) 확산 속 동북지역 사구건설의 진화: 노후사구老舊社區의 모범화」(공저) 등이 있다.

이선화 | 초원과 도시의 동맹—윤리적 소비와 사막화 방지

중국 산둥대학교 인류학과 조교수로 재직 중이다. 인류학을 전공했고, 최근에는 중국의 생태환경 문제에 관심을 갖고 있다. 대표 논저로는 「중국 내몽고 초원의 위기와 사막화 논쟁: 초원목계가 등장하기까지」, 「초원을 나는 닭(草原飛鷄): 중국 내몽고 초원 사막화방지의 생태정치」, 「중국 내몽고 초원 몽골족 생활방식의 다변화: 황막초원 지역 몽골족 마을의 사례」 등이 있다.

이성호·이승욱 | 도시를 뒤덮은 담장—개혁개방 이후 중국의 게이티드 커뮤니티와 도시 공간의 불평등

「중국 특색의 게이티드 커뮤니티?: 개혁개방 이후 중국의 게이티드 커뮤니티에 대한 비판적 재해석」, 『대한지리학회지』, 제52권 제5호, 2017. 10.

이성호 : 서울연구원 전략연구실 초빙부연구위원으로 재직 중이다. 지리학을 전공했고, 최근에는 주로 중국의 주택제도를 중심으로 한 도시 개발 과정에 대해 연구하고 있다. 대표 논저로는 「주택상품화 이후 중국 주택시스템의 지역적 실행과 지방정부 주도의 시장화」, 「중국 저렴주택 모델의 지방적 분화」 등이 있다.

이승욱 : 카이스트 인문사회과학부 조교수로 재직 중이다. 지리학을 전공했고, *Antipode*, *Geopolitics*, *Journal of Contemporary Asia*, *Political Geography* 등의 저널에 동아시아 정치경제 및 지정학 관련 연구를 발표했다. 대표 논저로 「특구: 국가의 영토성과 동아시아의 예외 공간」 등이 있다.

장정아 | 국제대도시이기를 거부하다—홍콩의 도시공간운동

인천대학교 중어중국학과 교수이자 중국·화교문화연구소장으로 재직 중이다. 서울대학교 인류학과에서 박사학위를 받았고, 최근에는 중국 문화유산의 정치학과 문화민족주의, 홍콩인의 정체성과 새로운 시민권의 가능성, 그리고 국경國境과 변경邊境의 의미에 대해 관심을 갖고 연구한다. 주요 논저로는 *Intangible Cultural Heritage in Contemporary China*(공저), 『종족과 민족: 그 단일과 보편의 신화를 넘어서』(공저), 「'이 폐허를 응시하라': 홍콩 우산혁명과 그 이후의 갈등이 드러낸 것」, 「'본토'라는 유령: 토착주의를 넘어선 홍콩 정체성의 가능성」, 「동아시아 지역질서의 재구성 再論: 중심의 상대화를 위한 모색」(공저), 「홍콩의 법치와 식민주의: 식민과 토착의 뒤틀림」 등이 있다.

장호준 | 도시 개발 속 스러져간 동향촌—베이징 성중촌의 어제와 오늘

「동향촌의 변화를 통해 본 베이징 성중촌 현상과 개조」, 『역사비평』 116호, 2016.

서울대학교와 미국 컬럼비아대학교에서 문화인류학을 전공했다. 인천대학교 중국학술원 HK교수를 거쳐 현재 한국방송통신대학교 중어중문학과에 재직 중이다. 모방·복제 문화, 비공식 경제, 민간 조직 등 중국 도시 기층의 사회와 문화 현상에 대해 연구해왔으며, 대표 논저로 「현대성의 공간적 재현: 중관촌의 역사와 상징의 재구성」, 「중국 비공식경제론의 사회정치적 함의」, 「중국의 모방복제 문화와 지적재산권의 문화정치」, 「당대 중국의 동향상회와 지역 거버넌스」, 『중국문화산책』, 『현대중국입문』, 『중국의 사회와 문화』 등이 있다.

정규식 | 도시 사회관리와 노동체제 개혁의 딜레마

「중국 노동 체제의 제도적 특성과 노동자 저항의 정치적 동학」, 성공회대학교 사회학과 박사학위논문, 2017.

성공회대학교 노동사연구소 연구위원으로 재직 중이다. 성공회대학교에서 사회학 전공으로 박사학위를 받았으며, 중국 노동 및 사회에 대한 연구를 매개로 역사적 자본주의와 사회주의 이후의 대안사회 체제에 관해 고민하고 있다. 대표 저역서로 『중국 신노동자의 형성』(공역), 『동아시아의 산업변동과 생활세계』, 주요 논문으로 「중국 동북지역 사회관리 정책에서 나타나는 당정 주도성」, 「중국 노동관계 제도화에 대한 안정유지와 권리 수호의 각축」 등이 있다.

조문영 | 도시의 '사회적' 불평등 속 농촌 출신 청년 노동자의 삶

연세대학교 문화인류학과 부교수로 재직 중이다. 문화인류학을 전공했고, 최근에는 한국과 중국 '사회'의 빈곤에 관심을 갖고 연구하고 있다. 대표 저서로 *The Specter of "the People": Urban Poverty in Northeast China*, 『정치의 임계, 공공성의 모험』(공저), 『헬조선 인 앤 아웃』(공저), 역서로는 『분배정치의 시대』가 있다.

조성찬 | 토지, 욕망에 지다—공공토지 사유화 경향과 대책

「중국의 도시화와 공공토지 사유화」, 『역사비평』 116호, 2016.

토지+자유연구소에서 통일북한센터장으로 일하고 있다. 서울시립대학교에서 도시공학을, 서울대학교 환경대학원에서 도시 및 지역계획을, 중국인민대학교에서 토지정책을 전공하고 박사학위를 취득했다. 주요 연구 분야는 도시재생, 공공토지임대제 및 중국과 북한의 부동산 정책 등이다. 주요 저서로는 『상생도시』, 『중국의 토지개혁 경험: 북한 토지개혁의 거울』(공저), 『토지정의, 대한민국을 살린다』(공저) 등이 있다.